Service-Wohnen für Senioren

T0237013

Claudia Kempf

Service-Wohnen
für Senioren

Eine empirische Untersuchung
zu Dienstleistungsqualität,
Customer Voluntary
Performance und Preisfairness

 Springer VS

Claudia Kempf
Leipzig, Deutschland

Zugleich: Dissertation an der Universität Leipzig, 2014.

.

ISBN 978-3-658-08209-3   ISBN 978-3-658-08210-9 (eBook)
DOI 10.1007/978-3-658-08210-9

Die Deutsche Nationalbibliothek verzeichnet diese Publikation in der Deutschen Nationalbi-
bliografie; detaillierte bibliografische Daten sind im Internet über http://dnb.d-nb.de abrufbar.

Springer VS
© Springer Fachmedien Wiesbaden 2015
Das Werk einschließlich aller seiner Teile ist urheberrechtlich geschützt. Jede Verwertung, die
nicht ausdrücklich vom Urheberrechtsgesetz zugelassen ist, bedarf der vorherigen Zustimmung
des Verlags. Das gilt insbesondere für Vervielfältigungen, Bearbeitungen, Übersetzungen,
Mikroverfilmungen und die Einspeicherung und Verarbeitung in elektronischen Systemen.
Die Wiedergabe von Gebrauchsnamen, Handelsnamen, Warenbezeichnungen usw. in diesem
Werk berechtigt auch ohne besondere Kennzeichnung nicht zu der Annahme, dass solche
Namen im Sinne der Warenzeichen- und Markenschutz-Gesetzgebung als frei zu betrachten
wären und daher von jedermann benutzt werden dürften.
Der Verlag, die Autoren und die Herausgeber gehen davon aus, dass die Angaben und Informa-
tionen in diesem Werk zum Zeitpunkt der Veröffentlichung vollständig und korrekt sind.
Weder der Verlag noch die Autoren oder die Herausgeber übernehmen, ausdrücklich oder
implizit, Gewähr für den Inhalt des Werkes, etwaige Fehler oder Äußerungen.

Gedruckt auf säurefreiem und chlorfrei gebleichtem Papier

Springer Fachmedien Wiesbaden ist Teil der Fachverlagsgruppe Springer Science+Business Media
(www.springer.com)

Geleitwort

Die Arbeit von Claudia Kempf widmet sich dem Dienstleistungs-
angebot des betreuten Wohnens unter Rückgriff auf Konzepte aus
dem Dienstleistungsmanagement. Betreutes Wohnen meint dabei
eine Wohnform, die aufgrund ihrer Ausstattung und ihrer flankie-
renden medizinischen und sonstigen Dienstleistungsangebote den
Bewohnern ein selbständiges Leben ermöglichen soll. Nicht zuletzt
aufgrund der demographischen Entwicklung wird betreutes Wohnen als Dienstleistung in Zukunft an Bedeutung zunehmen.

Frau Kempf untersucht drei Fragestellungen: die Treiber der
wahrgenommenen Dienstleistungsqualität aus Sicht der Kunden,
das Konzept der „Customer Voluntary Performance", also durch
Kunden der Dienstleistung freiwillig erbrachte Leistungen, sowie
die wahrgenommene Preisfairness der Dienstleistung.

Die Arbeit von Frau Kempf ist aus mehreren Gründen sowohl
von hoher wissenschaftlicher als auch praktischer Relevanz: Betreutes Wohnen ist aufgrund eines hohen Integrationsgrades des
Kunden in den Dienstleistungserstellungsprozess als auch aufgrund
einer hohen Heterogenität der Dienstleistungsqualität geradezu
prädestiniert dafür, mit Hilfe der in der Dienstleistungsforschung
entwickelten Konzepte und empirischen Ansätze untersucht zu
werden. Dies ist bisher nur in Einzelfällen geschehen. Frau Kempf
schließt somit eine interessante Forschungslücke.

Insbesondere das Konzept des „Customer Voluntary Performance" ist in dem Kontext Pflege gut zu studieren. Claudia Kempf
zeigt, dass es Unternehmen gelingen kann, gezielt die Ressource
„Kunde" zu stimulieren und so nicht bloß eigene Unternehmensres-
sourcen zu minimieren, sondern auch die Zufriedenheit der Kunden

zu steigern. Ebenso interessant ist das Konzept der Preisfairness, da seit Jahren der privat zu erbringende Beitrag der Versicherten an der Pflege zunimmt. Die Fragen, wie die Preispolitik von Pflegedienstleistungen gestaltet werden sollte und für welche Leistungen Versicherte bereit sind, einen größeren Eigenanteil zu tragen, sind somit nicht nur von hoher theoretischer sondern vor allen Dingen praktischer Relevanz.

Die Arbeit ist aber auch aus praktischer Sicht äußerst interessant: In der Politik wird derzeit vermehrt über die Bedeutung der Qualität von Pflege diskutiert. Insbesondere die Qualitätssicherung durch den externen Medizinischen Dienst bei den Krankenversicherungen ist hierbei in die Diskussion geraten. Vor diesem Hintergrund ist die Diskussion der Treiber der subjektiv wahrgenommenen Servicequalität und deren empirische Analyse als wertvoller Diskussionsbeitrag zu begrüßen.

Frau Kempf wendet zu diesem Zweck eine Reihe von empirischen Forschungsansätzen an, die sich in kluger Weise ergänzen und das komplexe Phänomen der Pflegedienstleistung in beeindruckender Tiefe durchdringen: von qualitativen inhaltsanalytischen bis hin zu quantitativen Discrete Choice und Strukturgleichungsmodellen. Dabei kommen jedoch nie die interdisziplinäre theoretische Fundierung zu kurz und vor allen Dingen nicht ein tiefes Verständnis und der hohe Respekt vor dieser ganz besonderen Dienstleistung.

Univ.-Prof. Dr. habil. Dubravko Radić

VI

Vorwort

Mein herzlichster Dank gilt meinem Doktorvater Herrn Prof. Dr. Dubravko Radić für seine ausgezeichnete fachliche Unterstützung, sowie sein großes Engagement und seine Unterstützung hinsichtlich der Zusammenarbeit mit der Collegium Augustinum gGmbH. Weiterhin danke ich Herrn Prof. Dr. Thorsten Posselt für die Übernahme des Zweitgutachtens.

Großer Dank gebührt der Geschäftsführung der Collegium Augustinum gGmbH, Herrn Prof. Dr. Markus Rückert, insbesondere Herrn Dr. Johannes Rückert und Frau Eva Maria Lettenmeier, welche im Rahmen eines Forschungsprojektes die Erhebung der Daten ermöglichten und viele wertvolle Anregungen für die Arbeit gaben.

Ausdrücklich möchte mich bei den Bewohnern des Augustinums bedanken – für die Teilnahme an der Befragung, ihre Offenheit bei Gesprächen und ihre Hinweise, welche mir einen tiefen Einblick in ihr Wohn- und Lebensumfeld ermöglicht haben. Ohne sie hätte die vorliegende Arbeit in dieser Form nicht entstehen können.

Weiterhin möchte ich mich beim gesamten Lehrstuhlteam bedanken, bei meinen Kollegen, Frau Sandra Dijk und Herrn Tilo Bellm für die konstruktiven Gespräche und die schöne Zeit am Lehrstuhl, bei Frau Lindner-Rösner mit ihrer immer guten Laune bei der Bearbeitung der Reiseanträge und sonstigen Formalitäten sowie den studentischen Hilfskräften, hier bei Sebastian Schellbach, Marcel Beckert und Karolin Schellenberger.

Meiner lieben Freundin Frau Dr. Carolyn Becker danke ich ganz besonders für die kritische Durchsicht der Arbeit.

Ebenso möchte ich mich herzlichst bei meiner Familie, Frau Barbara Lackner Kempf, Herrn Wolfgang Kempf und Carl Kempf sowie bei meinem zukünftigen Mann, Michele Solis Teora Rivière, für ihre Unterstützung bedanken.

Ein besonderes Anliegen ist mir, einen symbolischen Dank meiner geliebten Oma, Frau Gertraude Lauckner, verstorben am 02. August 1992, auszusprechen. Ich habe ihr unzählige schöne Kindheitserinnerungen zu verdanken, gleichzeitig konnte sie mich die Würde und den Respekt vor dem Alter lehren und mein Interesse an unterschiedlichen Wissensgebieten fördern. Ihr widme ich diese Arbeit.

Claudia Kempf

Inhaltsverzeichnis

Abkürzungsverzeichnis

CVP	Customer Voluntary Performance
FMEA	Fehlermöglichkeits- und –einflussanalyse
FRAP	Frequenz-Relevanz-Analyse für Probleme
MDK	Medizinischer Dienst der Krankenkassen
SGB	Sozialgesetzbuch
WBVG	Gesetz zur Regelung von Verträgen über Wohnraum mit Pflege- oder Betreuungsleistungen
WoM	Word-of-Mouth

Abbildungsverzeichnis

XXII

Tabellenverzeichnis

XXXVIII

1 Einleitung[1]

> „Der Zivilisationsgrad einer Gesellschaft wird daran gemessen, wie sie mit ihren Betagten umgeht!"

Albert Einstein (1879 – 1955)

Das Zitat von Einstein verdeutlicht, der Umgang mit den Betagten geht uns alle an. Gleichzeitig zeigt das Zitat aber auch, dass es sich dabei nicht um ein neues Thema handelt, wenngleich es an Aktualität nichts verloren hat – vielmehr jedoch hat es an Brisanz zugenommen. So stehen aktuell die demografische Entwicklung und ihre Auswirkungen auf die Gesellschaft und Wirtschaft im Fokus der medialen und politischen Diskussion.

Die vorliegende Arbeit widmet sich dabei dem Service-Wohnen für Senioren, besser als betreutes Wohnen bekannt. Beide Begriffe werden in der Arbeit synonym[2] verwendet. Dabei ist das Konzept betreutes Wohnen gesetzlich nicht geschützt, was zur Folge hat, dass die Leistungsangebote und auch die Kostenstrukturen signifikant variieren können.[3] Die folgenden zentralen gemeinsamen Kriterien sollten jedoch bei betreuten Seniorenwohnanlagen vorhanden sein:[4] eine nach Lage, Zuschnitt und Ausstattung altersgerechte Wohnung, welche den Bewohnern eine selbstständige Haushalts- und Lebensführung ermöglicht, mit einem Hilfs-, Betreuungs- und Beratungsangebot entsprechend den persönlichen Bedürfnissen und Wünschen des Bewohners. Weiterhin sollten die

---

[1] Mit allen verwendeten Personenbezeichnungen sind stets beide Geschlechter gemeint.
[2] Ebenfalls wird in der vorliegenden Arbeit Betreutes Wohnen, als feststehender Begriff, synonym verwendet.
[3] Vgl. Kremer-Preiß/Stolarz (2003), S. 115.
[4] Vgl. Kremer-Preiß (1997), S. 67 f.

Bewohner in die sozialen Strukturen des Wohnumfeldes und der Mietergemeinschaft eingebunden werden.

Die Zielsetzung der Arbeit besteht darin, Wohnen und Pflege unter dem Gesichtspunkt des Dienstleistungsmanagements zu untersuchen. Ein Fokus wird auf die Variablen Dienstleistungsqualität, Customer Voluntary Performance (CVP), als eine freiwillig durch den Kunden erbrachte Leistung, sowie Preisfairness gelegt. Eine Vielzahl von Wissenschaftsbereichen beschäftigt sich mit dem Alter – die Integration und Verknüpfung der Erkenntnisse der Dienstleistungsforschung in Bezug auf die Pflege wurde bislang jedoch nur von wenigen Forschern[5] aufgegriffen. Dabei wird im Rahmen der Arbeit der jeweilige theoretische Forschungsstand zu Dienstleistungsqualität, CVP und Preisfairness theoretisch dargelegt und anschließend im Kontext der Altenpflege exploriert.

Durch das Pflege-Weiterentwicklungsgesetz von 2008 wurden das interne Qualitätsmanagement von stationären Pflegeeinrichtungen und ambulanten Pflegediensten sowie die externe Qualitätssicherung durch den medizinischen Dienst der Krankenversicherung (MDK) grundlegend weiterentwickelt.[6] Die bestehenden gesetzlichen Anforderungen und Messansätze werden in der Arbeit kritisch diskutiert. Weiterhin stellt die Verfasserin differente Konzepte zur Messung von Qualität aus dem Dienstleistungsmanagement vor, anhand derer die Zielstellung verfolgt werden kann, dass auch die

---

[5] Exemplarisch kann dabei auf folgende Autoren verwiesen werden: Falk (1998); Fließ/Marra/Reckenfelderbäumer (2005); Heinlein/Anderson (2003); Meyer (2009); Schneider (2010).

[6] Vgl. Geraedts/Holle/Vollmar/Bartholomeyczik (2011), S. 187; Gerber (2011a), S. 181; Gerber/Friedrich (2011), S. 178 f.; Medizinischer Dienst des Spitzenverbandes Bund der Krankenkassen und der GKV-Spitzenverband (2009), S. 3; Medizinischer Dienst des Spitzenverbandes Bund der Krankenkassen und der GKV-Spitzenverband (2009a), S. 3.

Dienstleistung Pflege konsequent an den Anforderungen und Bedürfnissen des Bewohners bzw. Kunden ausgerichtet werden kann.

CVP sind eine freiwillig durch den Kunden erbrachte Leistungen, die ein Unternehmen unterstützen, Dienstleistungsqualität zu erbringen und daher gefördert werden sollten.[7] Die daraus entstehenden positiven Effekte können quantitativer Art sein, indem durch die Leistungsübernahme Kosten gesenkt werden können, da diese sonst der Anbieter selbst erbringen müsste und zum anderen qualitativer Art, so kann durch eine Rückmeldung und Beteiligung der Bewohner/Kunden die Dienstleistungsqualität bzw. die Dienstleistung Pflege als solches kontinuierlich verbessert werden. Auch in Bezug auf die Mitarbeiter offenbaren sich die positiven Auswirkungen durch subjektives Wohlbefinden.[8] Die Relevanz zeigt sich daher insbesondere vor dem Hintergrund des Fachkräftemangels von Pflegepersonal.

Pflege und Gesundheit werden immer teurer – laut der OECD-Gesundheitsdatenbank steigt in Deutschland seit 1992 der Anteil der privaten Gesundheitsausgaben gemessen an den gesamten Ausgaben für Gesundheit relativ kontinuierlich.[9] Jedoch muss Pflege auch zukünftig im Rahmen der demografischen Entwicklung finanzierbar bleiben. Aus diesem Grund wird in der vorliegenden Arbeit die Variable Preisfairness untersucht. Ein Schwerpunkt der Forschung besteht dabei in der Untersuchung der Leistungsangebote von betreuten Wohnanlagen. Welche qualitativen und quantitativen Leistungskriterien sollten laut der Bewohner in einem betreuten Wohnen vorhanden sein und worin unterscheidet sich ihre Sichtweise von der Sichtweise zukünftiger Bewohner, die ihren Einzug

---

[7] Vgl. Bettencourt (1997), S. 384.
[8] Vgl. Garma/Bove (2011), S. 644.
[9] Vgl. Bührlen (2009), S. 13. e. 1.

erst planen und wie viel sind diese Leistungskriterien den Bewohnern und zukünftigen Bewohnern aus nutzentheoretischer Sicht wert? Bei der Betrachtung der Präferenzstruktur (was ist gewünscht von den Bewohnern und zukünftigen Bewohnern) wird gleichzeitig auch der Preis als ein Leistungskriterium mit untersucht.

Die empirische Untersuchung wird mit zwei Probandengruppen durchgeführt – den Bewohnern von betreuten Wohnanlagen und Interessenten, im Folgenden als Prospects[10] bezeichnet, welche noch nicht in einem betreuten Wohnen leben – mit dem Ziel, umfassende Einsichten in das komplexe Forschungsfeld des Service-Wohnens zu gewinnen und um den Forschungsgegenstand aus differenten Blickwinkeln betrachten zu können.

---

[10] Die Begriffe Prospects und Interessenten werden in der Arbeit synonym verwendet.

2 Forschungsbeitrag und Charakterisierung der eigenen Untersuchung

Die Zielsetzung der vorliegenden Arbeit besteht einerseits darin, theoretisch fundiert das Service-Wohnen für Senioren unter Dienstleistungsgesichtspunkten zu betrachten, wobei im ersten Teil der Arbeit der Dienstleistungsbegriff sowie der Markt für Pflegedienstleistungen erörtert werden: Für die Dienstleistungsqualität, die CVP und die Preisfairness werden in einem ersten Schritt Termini definiert. In einem zweiten Schritt schließt sich ein Überblick zum Stand der Forschung an. Nachfolgend werden jeweils die drei Variablen in einem dritten Schritt im Kontext der Pflege theoretisch untersucht. Die theoretischen Ausführungen bilden dabei die Grundlage für die empirische Untersuchung.

Zum anderen ergeben sich – aufbauend auf den theoretischen Erkenntnissen – in empirischer Hinsicht die folgenden Zielsetzungen:

- Wahl eines geeigneten Erhebungsdesigns, um dem speziellen Forschungsanspruch mit älteren Menschen gerecht zu werden. Es wird ein gemischtes Design mit sequenzieller Vorgehensweise, ein Sequenzial Mixed Design, verwendet. Dieses ist zweistufig aufgebaut: Mit einem vorgeschalteten, leitfadenzentrierten Interview, um den Diskurs zu erweitern, und einem Fragebogen, welcher im ersten Teil eine Conjoint-Analyse und im zweiten Teil standardisierte Skalen für eine Strukturgleichungsmodellierung sowie soziodemografische Fragen beinhaltet.
- Die empirische Untersuchung wird bei zwei Probandengruppen durchgeführt – den Bewohnern von betreuten Wohnanlagen und den Interessenten (Prospects), die noch nicht in einem betreuten Wohnen leben. Dabei werden in der Arbeit die signifikanten Unterschiede zwischen den beiden Gruppen und die daraus resultierenden Implikationen dargestellt.
- Im Rahmen der Dienstleistungsqualität wird die Zufriedenheit bzgl. der Bereiche Wohnen, Verpflegung, Freizeit und Kultur, Service, Weiche Faktoren, Pflege und das Gesamtangebot in vier betreuten Wohnanlagen erhoben.

- Anhand der indirekten Befragungstechnik, der Conjoint-Analyse, werden die Leistungsangebote von betreutem Wohnen evaluiert, um so die relativen Wichtigkeiten der Eigenschaftsausprägungen für betreute Wohnanlagen zu ermitteln. Zum Zeitpunkt der Erhebung war der Verfasserin noch keine empirische Studie bzgl. einer Conjoint-Analyse für betreutes Wohnen bekannt.
- In einem Kausalmodell werden u. a. die Variablen Customer Voluntary und Preisfairness untersucht, um die Wirkbeziehungen untereinander und mit anderen Variablen abzubilden. Von Forschungsinteresse ist dabei insbesondere, der Einfluss von Social-Emotional Support, als auch Instrumental Support und Involvement auf die drei Dimensionen von CVP: Word-of-Mouth, Customer Cooperation und Customer Participation.
- Basierend auf den Ergebnissen der empirischen Forschung werden Handlungsempfehlungen für das Management abgeleitet.

Bedingt durch die Zielsetzung besteht die Arbeit aus drei Teilen – einem theoretischen (Kapitel 1 bis 7) und einem empirischen Teil (Kapitel 8 bis 10) sowie einem Schlussteil, in welchem die Ergebnisse abschließend kritisch gewürdigt werden (Kapitel 11).

Gegenstand von Kapitel 3 sind konzeptionelle Grundlagen zum Dienstleistungsbegriff, dabei wird die Dienstleistungsqualität definiert, Pflege wird als personenbezogene Dienstleistung beschrieben und es wird erforscht, inwieweit der Begriff des Kunden und kundenorientiertes Handeln in der Pflege vorhanden sind.

In Kapitel 4 wird der Markt für Pflegedienstleistungen in Deutschland untersucht, dabei werden die demografische Entwicklung und ihre Auswirkungen auf den Pflegemarkt, die verschiedenen Wohnformen für Senioren, die den Verbleib im alten Wohnumfeld ermöglichen, wie stationäre Pflegeeinrichtungen, ambulante Pflege, das betreute Wohnen, und Wohnformen, wie die Senioren-WG, Quartierswohnen, das Mehrgenerationenhaus und Smart Homes für Senioren, sowie die Finanzierung der Pflege über die Pflegeversicherung beschrieben.

Kapitel 5 widmet sich der Dienstleistungsqualität: Aufbauend auf dem Verständnis von Qualität wird nun die Dienstleistungsqualität definiert. Dem schließt sich eine Betrachtung des Forschungsstandes an, bei welchem die verschiedenen Ansätze zur Messung der Dienstleistungsqualität und als Exkurs Theorien und Konzepte zur Entstehung von Kundenzufriedenheit systematisiert werden. Weiterhin wird das Konzept der Service-Profit-Chain vorgestellt, welches u. a. den Zusammenhang zwischen Servicequalität und Unternehmensergebnis verdeutlicht. Den Abschluss bildet die Darstellung der Dienstleistungsqualität im Pflegebereich. Dabei werden das interne Qualitätsmanagement und die externe -sicherung, als -prüfung durch den MDK, kritisch diskutiert, sowie das GAP-Modell und die SERVQUAL-Analyse im Pflegekontext beschrieben.

Kapitel 6 beschäftigt sich mit dem Konzept der CVP, welche eine freiwillige, durch den Kunden erbrachte Leistung mit den Dimensionen Loyalität, Kooperation und Partizipation darstellt. Für die Darstellung des State-of-the-Art werden empirische Veröffentlichungen bzgl. CVP zusammengefasst dargestellt und weitere Forschungsansätze, welche wie CVP eine freiwillig erbrachte Kundenleistung beinhalten, vorgestellt. Im Kontext von Altenpflege wurde das Konstrukt in seiner Gesamtheit bislang noch nicht erforscht, deshalb werden einzelne freiwillige durch den Bewohner bzw. Kunden erbrachte Leistungen betrachtet, wie u. a. die aktive Einbringung des Bewohners in dem Heimbeirat, die Zusammenarbeit zwischen Pflegeeinrichtungen und den Angehörigen, Senioren als peer-helper (Hilfeleistungen von Gleichaltrigen für Gleichaltrige) und die positiven Effekte von Unterstützungsleistungen.

In Kapitel 7 wird das Konstrukt Preisfairness betrachtet: Bislang liegt noch kein einheitliches Verständnis des Begriffs Preisfairness vor,[11] sodass eine Auswahl der verschiedenen Definitionen aufgeführt wird. Dem schließt sich ein Überblick zum Stand der Forschung an, bei dem u. a. grundlegende Theorien zur Erklärung des Konstrukts Preisfairness beschrieben und empirische Studien vorgestellt werden. Ebenso wird Preisfairness im Pflegekontext betrachtet, so werden u. a. für die stationäre und die ambulante Pflege die Möglichkeiten der Preisgestaltung beschrieben. Da die empirische Untersuchung in einem betreuten Wohnen im Premiumpreissegment durchgeführt wurde, werden abschließend die Kaufmotive von Luxuskonsumenten beleuchtet.

Der empirische Teil der Arbeit beginnt mit Kapitel 8, in welchem die Konstrukte, aufbauend auf den vorangestellten theoretischen Erkenntnissen, operationalisiert werden und das Untersuchungsmodell mit den Hypothesen dargestellt wird. Ebenfalls erfolgt ein kurzer theoretischer Exkurs zu den Variablen Involvement und Glück.

Die verwendete Methodik wird in Kapitel 9 vorgestellt. Es wird ebenfalls auf die Besonderheiten in der Befragung von älteren Personen eingegangen. Dem schließt sich die Beschreibung des Erhebungsdesigns, ein sequenzielles Mixed-Method-Design, mit einem leitfadenzentrierten Interview und einem Fragebogen an. Weiterhin werden noch die zeitliche Durchführung der empirischen Studie und der Pretest erläutert.

Der Schwerpunkt der Arbeit besteht in der Darstellung der Ergebnisse in Kapitel 10. Zuerst werden die qualitativen Ergebnisse

---

[11] Vgl. Fassnacht/Mahadevan (2010), S. 299.

vorgestellt. Danach werden die Stichproben der Bewohner und Prospects nach soziodemografischen Merkmalen beschrieben, ihre Entscheidungsgründe für ein betreutes Wohnen vorgestellt, die sozialen Kontakte und Netzwerke, das Freizeitverhalten, wie bspw. die Nutzung von kulturellen Angeboten sowie die Wahrnehmung von Glück, dargestellt. In Bezug auf die Dienstleistungsqualität werden die Ergebnisse der Conjoint-Analyse (Discrete-Choice-Modellierung) und die deskriptiven Ergebnisse bzgl. der Zufriedenheit sowie der empfundenen Wichtigkeit, dem Involvement, gezeigt. Anschließend werden die Ergebnisse bzgl. der latenten Variablen CVP und Preisfairness untersucht. Innerhalb der Ergebnispräsentation wird der Fokus auf die Strukturgleichungsmodellierung mittels Partial-Least-Square (PLS)-Pfadmodellierung gelegt. Dazu wird die Vorgehensweise der Datenanalyse mittels der PLS-Pfadmodellierung theoretisch vorgestellt und anschließend werden die Struktur- und Messmodelle der Untersuchung den jeweils theoretisch beschriebenen Prüfkriterien unterzogen. Die Ergebnisse werden differenziert dargestellt – so wird das Gesamt-Modell, bei welchem die beiden Gruppen, Bewohner und Prospects, zusammen betrachtet werden, das Bewohner-Modell und das Prospect-Modell unterschieden. Für die Prüfung, ob ein Einfluss der moderierenden Variablen Bewohner oder Prospects auf die Modellbeziehungen vorliegt, wird ein Gruppenvergleich vorgenommen. Als Abschluss erfolgt eine Zusammenfassung der Ergebnisse.

Im letzten Kapitel (Kapitel 11) werden ebenjene Ergebnisse kritisch gewürdigt. Anhand der gewonnenen Erkenntnisse werden Restriktionen aufgezeigt, denen die Untersuchung unterliegt, ein Forschungsausblick dargelegt und Implikationen für die Pflegepraxis sowie die Wissenschaft gegeben.

3 Merkmale und Definition des Dienstleistungs-begriffes

Im folgenden Kapitel werden Herangehensweisen zur Begriffsabgrenzung von Dienstleistungen dargestellt und auf deren Basis der Dienstleistungsbegriff definiert, welcher für diese Arbeit Gültigkeit besitzt (Kapitel 3.1). Daran anknüpfend wird in Kapitel 3.2 der Begriff der Pflege abgegrenzt. Dabei werden Gemeinsamkeiten wie auch Unterschiede im Vergleich zu anderen Dienstleistungen erarbeitet und Besonderheiten von Pflegedienstleistungen herausgestellt. Abschließend wird in Kapitel 3.3 die Frage diskutiert, inwieweit der Kundenbegriff in der Pflege eine Rolle spielt.

3.1 Der Dienstleistungsbegriff[12]

KLEINALTENKAMP unterscheidet drei Herangehensweisen zur Begriffsabgrenzung von Dienstleistungen:[13]

- Das enumerative Verfahren, wobei Unternehmen aufgrund der Zugehörigkeit zu einer Branche bzw. einem Bereich als Dienstleistungsunternehmen definiert werden. Kritisch zu betrachten ist die Zuordnung von Unternehmen, welche Dienstleistungen mit einem hohen Anteil oder Verbund von Sachleistungen anbieten. Es handelt sich dabei lediglich um eine grobe Klassifizierung, nicht um eine trennscharfe wissenschaftliche Betrachtung.
- Ein volkswirtschaftlich geprägter Ansatz, bei welchem alle Dienstleistungsunternehmen dem tertiären Sektor[14] angehören. Diesem Ansatz fehlt es jedoch ebenfalls an Trennschärfe, da ein und dieselbe Dienstleistung unter-

---

[12] Der Begriff Services wird synonym in der vorliegenden Arbeit zum Dienstleistungsbegriff verwendet.
[13] Vgl. Kleinaltenkamp (2001), S. 29 ff.
[14] Es wird dabei unterschieden in den primären Sektor der Produktgewinnung, wie Landwirtschaft, Forstwirtschaft und Fischerei, den sekundären Sektor der Produktverarbeitung v. a. verarbeitendes Gewerbe wie Industrie und Handwerk und den tertiären Sektor der Dienstleistungsbereich, wie bspw. Handel, Verwaltung, Kommunikation, Wissenschaft sowie das Sozial- und Gesundheitswesen. Vgl. Geißler (2011), S. 163.

schiedlichen Sektoren – aufgrund der Möglichkeit der Selbsterstellung oder des Fremdbezugs – zugerechnet werden kann.

▪ Die wissenschaftliche Vorgehensweise, bei der Dienstleistungen anhand konstitutiver Merkmale in eine Potenzial-, Prozess- und Ergebnisorientierung abgegrenzt werden.

Die Abgrenzung von Dienstleistungen anhand einzelner Leistungsmerkmale wird in folgender Abbildung (siehe Abb. 1) dargestellt.

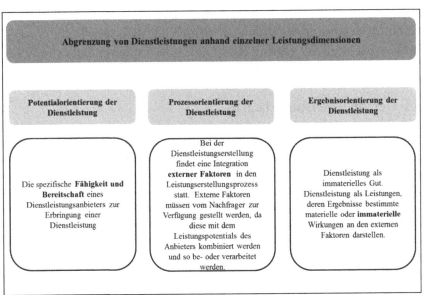

Abbildung 1:   Abgrenzung von Dienstleistungen anhand einzelner Leistungsdimensionen

Quelle: Eigene Darstellung in Anlehnung an Kleinaltenkamp (2001), S. 41 ff.; Meffert/Bruhn (2009), S. 16ff.

12

Dienstleistungen lassen sich daher nach MEFFERT und BRUHN wie folgt definieren:

„Dienstleistungen sind selbstständige, marktfähige Leistungen, die mit der Bereitstellung […] und/oder dem Einsatz von Leistungsfähigkeiten […] verbunden sind (Potenzialorientierung). Interne […] und externe Faktoren (also solche, die nicht im Einflussbereich des Dienstleisters liegen, werden im Rahmen des Erstellungsprozesses kombiniert (Prozessorientierung). Die Faktorenkombination des Dienstleistungsanbieters wird mit dem Ziel eingesetzt, an den externen Faktoren, an Menschen […] und deren Objekten […] nutzenstiftende Wirkungen […] zu erzielen (Ergebnisorientierung)."[15]

Einen weiteren Ansatz zur Klassifizierung bieten MORGAN und ROE, indem sie zwischen positivem und negativem Service unterscheiden – dabei ordnen sie Gesundheitsdienst-leistungen dem Bereich des negativen Services zu.[16] Negativer Service trägt folgende Kennzeichen: Es sind Dienstleistungen, welche bei Notfällen benötigt werden, wenn Probleme entstehen oder um sich gegen unerwünschte Risiken abzusichern.[17]

Es bietet sich an, einen kurzen Exkurs bzgl. der von VARGO und LUSCH entwickelten service-dominat-logic darzulegen. Dies ist ein neuartiges Paradigma, welches den Wechsel von einer güterbasierten, goods-dominant-logic, zu einer servicezentrierten Sichtweise fokussiert.[18] Dienstleistung wird dabei definiert als

„[…] as the application of specialized competences (knowledge and skills) through deeds, processes, and performances for the benefit of another entity or the entity itself"[19].

---

[15] Meffert/Bruhn (2009), S. 19.
[16] Vgl. Morgan/Rao (2006), S. 69 ff.
[17] Vgl. Morgan/Rao (2006), S. 69.
[18] Vgl. Vargo/Lusch (2004), S. 7.
[19] Vargo/Lusch (2004), S. 2.

Bei Dienstleistungen, die direkt oder indirekt über ein Gut bereitgestellt werden, sind es die Kenntnisse und Fähigkeiten (Kompetenzen) des Anbieters, welche die entscheidende Rolle in der Wertschöpfung darstellen und nicht die Güter, die nur zuweilen zur Unterstützung genutzt werden.[20] In der service-dominant-logic sind Güter immer noch relevant, jedoch ist der Service übergeordnet.[21] Eine entscheidende Rolle wird dabei dem Kunden zugewiesen. So definieren VARGO und LUSCH 2004 den Kunden als Co-Produzent, er ist dabei aktiv in den Prozess der Werterstellung eingebunden.[22] In 2007 erweitern VARGO und LUSCH den Begriff des Kunden als Co-Produzent in Co-Creator, um die Interaktion bei der Werterstellung zu verdeutlichen.[23]

3.2 Pflege als personenbezogene Dienstleistung

Der deutsche Berufsverband für Pflegeberufe definiert Pflege[24], basierend auf der Definition des internationalen Council of Nurses (ICN), wie folgt:

> „Pflege umfasst die eigenverantwortliche Versorgung und Betreuung, allein oder in Kooperation mit anderen Berufsangehörigen, von Menschen aller Altersgruppen, von Familien oder Lebensgemeinschaften, sowie von Gruppen und sozialen Gemeinschaften, ob krank oder gesund, in allen Lebenssituationen (Settings). Pflege schließt die Förderung der Gesundheit, Verhütung von Krankheiten und die Versorgung und Betreuung kranker, behinderter und sterbender Menschen ein. Weitere Schlüsselaufgaben der Pflege sind Wahrnehmung der Interessen und Bedürfnisse (Advocacy), Förderung einer sicheren Umgebung, Forschung, Mitwirkung in der Gestaltung der Gesundheitspolitik sowie im Management des Gesundheitswesens und in der Bildung"[25].

---

[20] Vgl. Vargo/Lusch (2008), S. 256.
[21] Vgl. ebd.
[22] Vgl. Vargo/Lusch (2004), S. 11.
[23] Vgl. Vargo/Lusch (2007), S. 7.
[24] Aufgrund des Kontexts der Arbeit, bezieht sich der Begriff Pflege im Weiteren auf die Altenpflege.
[25] Deutscher Berufsverband für Pflegeberufe (2011).

Dabei wird der Pflegebegriff auf eine professionelle Pflege durch einen Alten-, Gesundheits- und Kinderkrankenpfleger oder Gesundheits- und Krankenpfleger beschränkt.[26]

Ausgangspunkt bei der Gestaltung von Pflegedienstleistungen ist der Patient, dabei stellt Pflege meistens keine homogene Einzelleistung als Kern der Leistungserbringung dar, sondern vielmehr ein Leistungsbündel.[27] Am Beispiel eines betreuten Wohnens besteht die Dienstleistung Pflege aus Grund- und Behandlungspflege[28], daneben stehen ebenso Leistungselemente, wie bspw. die Ausstattung des Hauses und der Wohnungen, die Verpflegung, das Freizeit- und Kulturangebot und das Verhalten der Mitarbeiter. Für die Einteilung der Leistungselemente eignet sich die Kategorienbildung in Such-, Erfahrungs- und Vertrauenseigenschaften.[29] Sucheigenschaften einer Leistung können bereits vor dem Kauf bestimmt werden,[30] sie liegen dabei nur für die Potenzialdimension einer Dienstleistung vor, da der Nachfrager diese explizit eruieren kann[31]. Für das betreute Wohnen sind diese bspw. die Lage und Ausstattung des Hauses. Hingegen können die Erfahrungseigenschaften erst nach dem Kauf bzw. während der Konsumption evaluiert werden.[32] Erfahrungseigenschaften fließen in das Qualitätsurteil der Patienten ein, jedoch können die Erlebnisse von anderen

---

[26] Vgl. ebd.

[27] Vgl. Fließ et al. (2005), S. 400.

[28] Die Abgrenzung von Behandlungs- und Grundpflege zeigt sich wie folgt: „Behandlungspflege umfasst Maßnahmen der ärztlichen Behandlung, die an Fachkräfte delegiert werden und die nicht auf der Grundlage einer medizinischen Indikation im Rahmen eines individuellen Behandlungsplan dazu dienen, Krankheiten zu heilen, ihre Verschlimmerung zu verhüten oder Krankheitsbeschwerden zu lindern. Zur Grundpflege gehören die gewöhnlichen und regelmäßig wiederkehrenden Verrichtungen im Ablauf des täglichen Lebens." Mittelstaedt (1998), S. 7.

[29] Vgl. Darby/Karni (1973), S. 68; Laband (1991), S. 497 ff.; Fließ et al. (2005), S. 400; Nelson (1970), S. 312.

[30] Vgl. Nelson (1970), S. 312.

[31] Vgl. Fließ et al. (2005), S. 400.

[32] Vgl. Nelson (1970), S. 312.

Patienten oder Probewohnen die Erfahrung der eigentlichen Leistungsinanspruchnahme vorwegnehmen bzw. beeinflussen.[33] Im Dienstleistungskontext ist die Prozessdimension durch Erfahrungseigenschaften gekennzeichnet.[34] Die Vertrauenseigenschaften können weder vor noch nach dem Kauf durch den Kunden beurteilt werden[35] und zeigen sich demnach in der Ergebnisdimension der Pflegeleistung.[36] Im Bereich einer Pflegeeinrichtung sind hier insbesondere reputationsaufbauende und vertrauensbildende Maßnahmen von Bedeutung, wie die Reputation einer Einrichtung, die Qualifikation des Pflegepersonals oder Gütesiegel.[37]

BERRY und BENDAPUDI zeigen in ihrer Veröffentlichung „Health Care: A Fertile Field for Service Research"[38] die Besonderheiten von Pflegedienstleistungen auf. Methodisch gehen sie anhand eines Mixed-Method-Ansatzes mit Interviews, Fokusgruppen, Beobachtung und als Mystery Patient im Forschungsfeld Krankenhaus vor.[39] Für sie ist Pflege eine der wenigen Dienstleistungen, die Menschen benötigen, aber nicht unbedingt wollen, zugleich aber auch die persönlichste und wichtigste Dienstleistung und gemeinhin die einzige Dienstleistung, bei welcher die Kunden nicht die genauen Kosten kennen.[40] Dabei weisen Gesundheitsdienstleistungen folgende Gemeinsamkeiten im Vergleich zu anderen Dienstleistungen auf: Die Behandlung als eine intangible Dienstleistung wird kombiniert und unterstützt durch Güter, wie bspw. medizinische Instrumente, Gesundheitsdienstleistungen, sind verbunden mit hohem Personalaufwand und wissens-intensiv, der

---

[33] Vgl. Fließ et al. (2005), S. 402.
[34] Vgl. Fließ et al. (2005), S. 400.
[35] Vgl. Darby/Karni (1973), S. 68 f.
[36] Vgl. Fließ et al. (2005), S. 400.
[37] Vgl. Fließ et al. (2005), S. 402.
[38] Vgl. Berry/Bendapudi (2007).
[39] Vgl. Berry/Bendapudi (2007), S. 112 f.
[40] Vgl. Berry/Bendapudi (2007), S. 111 f.

Patient muss physisch anwesend sein[41], wenn die Behandlung vorgenommen wird, Pflegedienstleistungen sind vergänglich und es ist oftmals schwierig für den Patienten, den Service zu beurteilen, auch wenn dieser bereits erbracht wurde.[42] Unterschiede zwischen Gesundheitsdienstleistungen und Dienstleistungen im Allgemeinen sind: Es stellt eine Herausforderung für einen Anbieter dar, Leistungen einer Person anzubieten, die krank ist, Schmerzen hat, Unsicherheit verspürt und Angst hat – unter diesen Umständen sind Patienten meist emotionaler, anspruchsvoller und sensibler, bei einer stationären Behandlung leben die Patienten auch in dem Dienstleistungsumfeld des Anbieters, was beinhaltet, dass sie ihre persönliche Freiheit partiell aufgeben – in Bezug auf das Krankenhauszimmer wird auf einen Mangel an physischer und mentaler Stimulation und ein Verzicht auf Privatsphäre verwiesen, die für eine erfolgreiche Durchführung der Dienstleistung notwendig sind, wobei auch hier die Kooperation des Patienten benötigt wird, Gesundheitsdienstleistungen verstehen den individuellen Kunden holistisch, indem sie neben der gesundheitlichen Verfassung, das Alter, die mentale Verfassung, die Lebensgeschichte, den Vorlieben und familiären Umständen auch die finanzielle Situation berücksichtigen, es bestehen weiterhin gewisse Gefahren, wie bspw. durch Krankenhauskeime bedingte Infektionen und medizinische Fehler, aber auch, dass die Mitarbeiter möglicherweise durch ein hohes Stresspotenzial aufgrund einer physischen und psychischen Belastung gekennzeichnet sind.[43] Diese herausgestellten Gemeinsamkeiten und Unterschiede können dabei auch auf den Bereich der Altenpflege übertragen werden.

---

[41] Als Uno-Actu-Prinzip wird bezeichnet, dass die internen und externen Produktionsfaktoren zwingend im Rahmen der Dienstleistungserstellung aufeinandertreffen. Vgl. Meffert/Bruhn (2009), S. 44.
[42] Vgl. Berry/Bendapudi (2007), S. 113 f.
[43] Vgl. Berry/Bendapudi (2007), S. 114 ff.

Da eine relativ große Abhängigkeit zwischen den Patienten und dem Anbieter bzw. den Mitarbeitern besteht, führt dies dazu, dass einige der Akteure in den Einrichtungen eine geringe Notwendigkeit sehen, serviceorientiert zu handeln.[44] Die Implementierung des Dienstleistungsgedanken bedarf einer grundlegenden Veränderung der Unternehmenskultur, welche die gesamte Organisation mit ihren Strukturen und Prozessen umfasst.[45]

Da Pflegedienstleistungen einige Besonderheiten im Vergleich zu Dienstleistungen aufweisen und sie in der Gesamtheit der Leistungsbündel betrachtet werden müssen, besteht ein interdisziplinärer Forschungsauftrag an die Pflegewissenschaft und die Wirtschaftswissenschaften für theoretische Konzepte und Machbarkeitsstudien, welche den Patienten in seiner Gesamtheit mit allen Abhängigkeitsstrukturen betrachtet und sein Wohlergehen fokussiert.

3.3 Der Kundenbegriff in der Pflege

Wie in Kapitel 3.2 dargestellt wurde, ist Pflege als personenbezogene Dienstleistung durch eine hohe Integration des Pflegebedürftigen in den Prozess der Pflege gekennzeichnet. Momentan besteht in der Pflege ein Paradigmenwechsel[46]

„[...] von einem vorrangig medizinorientierten Berufsverständnis zu einer eigenständigen, auf den Pflegeempfänger hin orientierten Disziplin, die auf gesicherten pflegewissenschaftlichen Erkenntnissen basiert und eine permanente Weiterentwicklung erfährt"[47].

---

[44] Vgl. Sachweh (2005), S. 42 f. i. V. m. Esslinger/Rager (2010), S. 514.
[45] Vgl. ebd.
[46] Vgl. Vosseler/Birnbaum/Prochowski/Zech (2006), S. 600.
[47] Vosseler et al. (2006), S. 600.

Inwieweit wird jedoch in der Pflege[48] der alte Mensch als Kunde im betriebswirtschaftlichen Sinne gesehen und verstanden?

In der ambulanten Pflege wurde durch die Einführung der Pflegeversicherung die Beziehung zwischen den ambulanten Pflegediensten und Pflegebedürftigen neu abgegrenzt, indem das Vertragsverhältnis unabhängig von einer ärztlichen Verordnung definiert wurde – die Pflegebedürftigen wurden somit zu Kunden.[49] WINGENFELD führte eine qualitative Befragung mittels zwölf leitfadengestützter Interviews mit Patienten ab 67 Jahren, die von ambulanten Pflegediensten betreut werden, durch – dabei wurde der Begriff „Kunde" von den Befragten kein einziges Mal verwendet, sondern sie bezeichnen sich selbst als Patienten.[50] Nach WINGENFELD entspricht der Begriff Kunde nicht dem Sprachgebrauch sowie dem Selbstverständnis der Patienten und wird partiell als Ausdruck einer Kommerzialisierung der Pflegebeziehung verstanden, die nicht den Vorstellungen von der Zusammenarbeit mit Pflegediensten entspricht.[51]

Nach KELLE, NIGGEMANN und METJE wird in der stationären Pflege bedingt durch das Aufkommen von ingenieurs- und betriebswirtschaftlichen Diskursen über das Qualitätsmanagement der (ältere) Mensch als Kunde verstanden sowie angesprochen und seine Kundenzufriedenheit dient als Maßstab für die Qualität der erbrachten Leistung.[52] Jedoch diskutieren die Autoren den Kundenbegriff kritisch – denn die Autonomie der Kunden ist stark eingeschränkt, da die Struktur des Marktes vom Handeln der Kostenträ-

---

[48] Dabei wird insbesondere der Kundenbegriff in der ambulanten und in der stationären Pflege betrachtet.
[49] Vgl. Wingenfeld (2003), S. 5.
[50] Vgl. Wingenfeld (2003), S. 13 i. V. m. S. 27.
[51] Vgl. Wingenfeld (2003), S. 27.
[52] Vgl. Kelle/Niggemann/Metje (2008), S. 163.

ger und Leistungsanbieter bestimmt wird, sowie durch hohe administrative und rechtliche bestimmte Marktzutrittsschranken, welche die Gründung und Erweiterung stationärer Pflegeeinrichtungen erschweren und oftmals nicht erlauben, dass die Pflegebedürftige oder Angehörige ihren Heimplatz frei wählen können.[53] Als weitere Kritikpunkte führt KELLE an, dass pflegebedürftige Menschen meistens nur wenig Einfluss auf die Qualität und den Inhalt des Angebotes nehmen können, für welches sie sich entscheiden bzw. kann die Entscheidung auch von Dritten, etwa den Angehörigen, getroffen werden. Zudem sind die Pflegebedürftigen oftmals aufgrund ihrer physischen und psychischen Situation nicht fähig, die Qualität von Leistungen zu beurteilen und sie befinden sich in einer existentiellen Abhängigkeit von dem Anbieter, wobei asymmetrische Machtverhältnisses zwischen dem Dienstleister und dem Pflegebedürftigen bestehen. Des Weiteren ist das Angebot einer Pflegeeinrichtung, bevor es in Anspruch genommenen wird, für den Pflegebedürftigen nur wenig konkret und transparent.[54]

Insbesondere stoßen in einer stationären Pflegeeinrichtung zwei verschiedene Welten aufeinander: Die Lebenswelt der Bewohner vs. die Arbeitswelt der Mitarbeiter – es besteht eine Altersdivergenz, die Lebenserfahrungen sind verschieden (bspw. mit einer durch Kriegserfahrungen geprägten Bewohnerschaft, welche verschiedenste politische Systeme erlebt hat, während die Mitarbeiter in einem politisch friedvollen Umfeld der heutigen Konsum- und Informationsgesellschaft leben), die psychische Verfassung (so werden die Bewohner mit dem eigenen Tod konfrontiert, hingegen stehen die Mitarbeiter „mitten im Leben"), der Gesundheitszustand (Bewohner sind oftmals krank – im Gegensatz zu den gesunden Mitarbeitern), die Rollenverteilung, bei welcher die Bewohner ei-

---

[53] Vgl. Kelle et al. (2008), S. 168.
[54] Vgl. Kelle (2007), S. 116.

nen passiven Part und die Mitarbeiter einen aktiven Part innehaben, die Verschiedenheit der Körperlichkeit (Bewohner sind „schutzlos und unbekleidet" und die Mitarbeiter „stark und generell bekleidet") und auch die Kommunikation ist nicht vergleichbar (bei den Bewohnern meist primär reduziert auf das Pflegepersonal, hingegen verfügen die Mitarbeiter über ein großes soziales Netzwerk).[55] Diese Unterschiede implizierten, dass Bewohner Erwartungen und Erfahrungen im Hinblick auf die Dienstleistung haben, welche den Mitarbeitern nicht immer als leicht nachvollziehbar bzw. erfüllbar erscheinen.[56]

Ein weiterer Forschungsansatz ist, dass beim Kundenbegriff die ausschließliche Konzentration auf den betroffenen Patienten erweitert wird, um die am Entscheidungsprozess bei der Inanspruchnahme von Pflegeleistungen beteiligten Personen und Institutionen, wie bspw. professionelle Entscheidungsbeeinflusser (Ärzte und Therapeuten), aber auch unprofessionelle Entscheidungsbeeinflusser (Angehörige, Freunde und Mitpatienten) und institutionelle Einflussnehmer (Kostenträger/Krankenversicherungen und Krankenhäuser), sowie Entscheidungsbeeinflusser (Patientenorganisationen und Betroffenengruppen) zu berücksichtigen.[57]

Im fünften Bericht zur Lage der älteren Generation in der Bundesrepublik Deutschland wird festgestellt, dass in der aktuellen Diskussion zur Patientenorientierung in der medizinischen und pflegerischen Versorgung ein Mehr an Selbstbestimmung für die Patienten und eine Stärkung der Eigenverantwortung durch die Patienten gefordert wird.[58] Die älteren Patienten weisen ein neues

---

[55] Vgl. Sachweh (2005), S. 42 f. i. V. m. Esslinger/Rager (2010), S. 514.
[56] Vgl. ebd.
[57] Vgl. Geraedts et al. (2011), S. 186; Meyer (2009), S. 258 ff.
[58] Vgl. Bundesministerium für Familie, Senioren, Frauen und Jugend (2005), S. 152 f.

Selbstbewusstsein auf, so bemängeln sie die fehlende Mitbestimmung in der Gesundheitspolitik sowie der Selbstverwaltung, unzureichend durchgesetzte Patientenrechte, Defizite an Informationen und Aufklärung, Intransparenz des Leistungsangebots, der Strukturen sowie Abläufe und den Zustand, unmündiger Patient statt Partner im Behandlungsprozess zu sein.[59] Hier besteht ein weiterer Forschungsbedarf, dabei kann jedoch auf die theoretischen Grundlagen aus dem Qualitätsmanagement sowie aus der Entscheidungstheorie zurückgegriffen werden.[60]

Zusammenfassend kann konstatiert werden, dass es bei den differenten Organisationsformen der pflegerischen Betreuung und ihren Akteuren, aber auch bei den Pflegebedürftigen selbst, unterschiedlichste Auffassungen bzgl. des Kundenbegriffs in Pflege gibt. Diese resultieren v. a. aus den zuletzt beschriebenen Eigenschaften von Pflege.

---

[59] Vgl. ebd.
[60] Vgl. Meyer (2009), S. 259.

4 Der Markt für Pflegedienstleistungen in Deutschland

In dem folgenden Kapitel werden in Kürze die Rahmenbedingungen der Pflegeleistung in Deutschland – sowohl vom gesetzlichen Standpunkt als auch von den aktuellen Wohnangeboten im Markt – vorgestellt. In Kapitel 4.1 werden die aktuellen Rahmenbedingungen auf dem Pflegemarkt in der Bundesrepublik vorgestellt, dabei erfolgt vorab ein Exkurs zum Begriff Alter, dem sich eine Betrachtung der Pflegebedürftigen nach Versorgungsart und der Pflegequoten anschließt. Der Schwerpunkt liegt auf der zukünftigen demografischen Entwicklung und deren Auswirkungen auf den Pflegemarkt. In Kapitel 4.2 werden die verschiedenen Wohnformen für Senioren beschrieben – dabei werden stationäre Pflegeeinrichtungen, ambulante Pflege, welche den Verbleib im alten Wohnumfeld ermöglichen, das betreute Wohnen und Wohnformen wie die Senioren-WG, Quartierswohnen, das Mehrgenerationenhaus und Smart Homes für Senioren vorgestellt. Abschließend wird in Kapitel 4.3 auf die Finanzierung der Pflege über die Pflegeversicherung eingegangen.

4.1 Die demografische Entwicklung und deren Auswirkungen auf den Pflegemarkt

Ab wann ist man eigentlich alt – und wie definieren die einzelnen Wissenschaftsbereiche das Alter? Zu den wichtigsten Befunden innerhalb der Gerontologie gilt, dass eine große Heterogenität und Vielfalt von alten Menschen existiert.[61] Diese Verschiedenheit besteht sowohl zwischen den einzelnen Personen als auch zwischen

---

[61] Vgl. Baltes (1996), S. 36.

den differenten Funktionsbereichen innerhalb einer Person[62] – frei nach dem Motto „Alt ist nicht gleich alt."[63]. Die Biologie definiert das Alter als postreproduktive Phase und über alle altersbezogenen Veränderungen, welche eine Verringerung der biologischen Funktionsfähigkeit beinhalten und demnach die Sterbewahrscheinlichkeit direkt oder indirekt vergrößern.[64] Die Soziologie unterteilt den Lebenslauf eines Menschen in vier Lebensabschnitte, die sich an der Teilnahme am Arbeitsleben orientieren: Bildungsphase, Erwerbstätigkeits- und Familienphase sowie Ruhestand.[65] Der Übergang in den Ruhestand ist oftmals individuell und variabel gestaltet, sodass eine fest definierte chronologische Altersangabe für den Beginn der Lebensphase Alter eigentlich nicht möglich ist.[66] Jedoch wird in der Gerontologie der Beginn des Alters häufig mit einer chronologischen Altersgrenze von 60 oder 65 Jahren angegeben.[67]

So empfehlen die Geistes-, Sozial und Verhaltenswissenschaften, dass die historisch dominante biologische, unidirektionale Definition von Alter im Sinne eines Funktionsverlustes oder Leistungsabbau nicht im Fokus der gerontologischer Forschung stehen sollte,[68] sondern Alter als „[...] ein multidirektionales und richtungsoffenes Phänomen, das sowohl positive als auch negative Aspekte bzw. Veränderungen beinhalten kann"[69]. Diese Definition dient als Basis der vorliegenden Arbeit.

In Deutschland sind im Dezember 2011 ca. 2,5 Millionen Menschen pflegebedürftig im Sinne des Pflegeversicherungsgesetz SGB

---

[52] Vgl. ebd.
[53] Baltes (1996), S. 36.
[64] Vgl. Baltes/Baltes (1992), S. 10.
[55] Vgl. Tesch-Römer/Wurm (2009) S. 10.
[66] Vgl. ebd.
[57] Vgl. ebd.
[58] Vgl. Baltes/Baltes (1992), S. 11.
[59] Baltes/Baltes (1992), S. 11.

XI.[70] Nach §14 Abs. 1 SGB XI werden Personen als pflegebedürftig bezeichnet,

„[...] die wegen einer körperlichen, geistigen oder seelischen Krankheit oder Behinderung für die gewöhnlichen und regelmäßig wiederkehrenden Verrichtungen im Ablauf des täglichen Lebens auf Dauer, voraussichtlich für mindestens sechs Monate, in erheblichem oder höherem Maße (§ 15) der Hilfe bedürfen"[71].

Dabei werden drei Pflegestufen[72] und eine Härtefallregelung bzgl. des benötigen Zeitaufwandes für die Pflege unterschieden.

Die Wahrscheinlichkeit, pflegebedürftig zu werden, nimmt mit steigendem Alter zu.[73] Ab ca. 80 Jahren weisen Frauen eine deutlich höhere Pflegequote auf als Männer.[74] Gründe dafür sind einerseits die Unterschiede in der gesundheitlichen Entwicklung bei Frauen und Männern und andererseits, dass ältere Frauen häufig allein leben und daher im Fall der Pflegebedürftigkeit auf externe Unterstützung angewiesen sind, während pflegebedürftige Männer häufig zuerst von ihrer Partnerin versorgt werden.[75] Folgende Abbildung (siehe Abb. 2) stellt für die Bundesrepublik Deutschland die Pflegequote[76] gestaffelt nach dem Alter dar.

---

[70] Vgl. Statistisches Bundesamt (2013), S. 7.
[71] Sozialgesetzbuch – Elftes Buch (1994).
[72] Nach § 15 SGB XI wird die Pflegestufe I für erheblichen Pflegebedürftige, die Pflegstufe II für Schwerpflegebedürftige und die Pflegestufe III für Schwerstpflegebedürftige unterschieden. Vgl. Sozialgesetzbuch – Elftes Buch (1994).
[73] Vgl. Statistisches Bundesamt (2013), S. 8.
[74] Vgl. ebd.
[75] Vgl. ebd.
[76] Die Wahrscheinlichkeit pflegebedürftig zu sein.

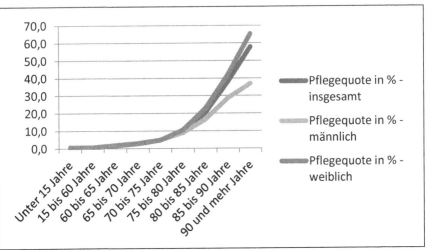

Abbildung 2: Pflegequote in den Altersstufen, Stand Dezember 2011

Quelle: Eigene Darstellung in Anlehnung an Statistisches Bundesamt (2011), S. 9.

1,76 Millionen Pflegebedürftigen werden zu Hause versorgt – davon werden knapp zwei Drittel allein durch Angehörige zu Hause und rund ein Drittel von Angehörigen zusammen oder vollständig durch ambulante Pflegedienste gepflegt.[77] Im Gegensatz dazu werden 734.000 pflegebedürftige Personen in Heimen vollstationär versorgt.[78] Dies zeigt, dass die häusliche Versorgung als Idealform gesehen wird und ein Pflegeheim eher als Ersatzlösung gesehen wird.[79] Dass 70 % der Pflegebedürftigen zu Hause versorgt werden,

[77] Vgl. Statistisches Bundesamt (2013), S. 7.
[78] Vgl. ebd.
[79] Vgl. Blinkert (2007), S. 228.

verdeutlicht den Grundsatz „ambulant vor stationär"[80] nach § 3 SGB XI.

In nachfolgender Abbildung (siehe Abb. 3) ist die Anzahl der Pflegebedürftigen nach den Versorgungsarten für die Bundesrepublik Deutschland dargestellt.

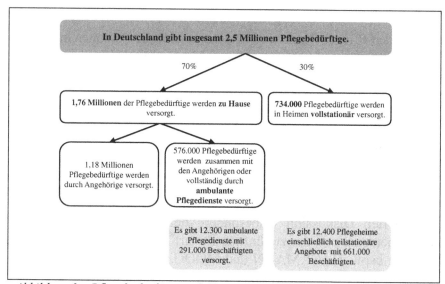

Abbildung 3:   Pflegebedürftige nach Versorgungsart, Stand Dezember 2011

Quelle: Eigene Darstellung in Anlehnung an Statistisches Bundesamt (2013), S. 5.

---

[80] So wird der Grundsatz „ambulant vor stationär" im Gesetz zur Neuausrichtung der Pflegeversicherung vom 23.10.2012 gestärkt. Dazu gehört bei einer ambulanten Betreuung, die freie Wahlmöglichkeit zwischen Leistungen und Zeiteinheiten, so kann bspw. mit dem Pflegedienst vereinbart werden, ob die Zeit für einen Spaziergang oder zur Körperpflege genutzt werden soll. Ein weiterer Leistungsschwerpunkt für Pflegedienste soll neben der Grundpflege und der hauswirtschaftlichen Versorgung, die Betreuung, die sich speziell an Demenzerkrankte richtet, sein. Außerdem sollen neue Wohnformen gefördert werden. Vgl. Die Bundesregierung (2012).

In den ambulanten Pflegediensten arbeiten 291.000 Personen – dies entspricht bei einer Gewichtung nach der jeweiligen Arbeitszeit rund 193.000 Vollzeitstellen.[81] Die Tätigkeitsschwerpunkte sind bei 70 % der Mitarbeiter die Grundpflege, 13 % erbringen eine hauswirtschaftliche Versorgung, 6 % sind als Pflegedienstleiter tätig und 5 % sind für die Verwaltung oder Geschäftsführung des Dienstes tätig.[82]

In den Pflegeheimen sind insgesamt 661.000 Personen beschäftigt – dies entspricht bei einer Gewichtung nach der jeweiligen Arbeitszeit rund 480.000 Vollzeitstellen.[83] Die Tätigkeitsschwerpunkte sind bei 66 % der Mitarbeiter Pflege und Betreuung, 17 % erbringen eine hauswirtschaftliche Versorgung, 9 % arbeiten in der Verwaltung, Haustechnik oder sonstigen Bereichen und 8 % der Mitarbeiter sind für die soziale Betreuung der Bewohner vorgesehen.[84]

Aktuell steht in der wissenschaftlichen wie auch an der praxisorientierten Diskussion insbesondere der Fachkräftemangel von Pflegepersonal und der zukünftige Bedarf[85] im Fokus. So prognostizieren bspw. HACKMANN und MOOG, dass der Personalbedarf bis zum Jahr 2050 im ambulanten Bereich auf mindestens 290.000 bzw. maximal auf 480.000 Vollzeitkräfte ansteigt und in der stationären Heimpflege auf mindestens eine Million Pflegekräfte bzw. maximal 1,3 Millionen.[86] SIMON beleuchtet kritisch die Beschäftigungsstrukturen in Pflegeberufen, indem er Teilstatistiken des

---

[81] Vgl. Statistisches Bundesamt (2013), S. 10.
[82] Vgl. ebd.
[83] Vgl. Statistisches Bundesamt (2013), S. 16.
[84] Vgl. Statistisches Bundesamt (2013), S. 17.
[85] Dabei kann exemplarisch u. a. auf die folgenden Studien verwiesen werden: Hackmann/Moog (2010), S. 131 f.; Hackmann (2009), S. 1 ff.; Lennartz/Kersel (2011), S. 14 ff.
[86] Vgl. Hackmann/Moog (2010), S. 131.

Gesundheitswesens, welche im Rahmen einer Vollerhebung mit einer gesetzlicher Auskunftspflicht der befragten Einrichtungen erhoben wurden, für die Jahre 1999 bis 2009 zusammengeführt hat.[87] Die wichtigsten Ergebnisse dabei sind:[88]

- Die Zahl des Pflegepersonals und die Zahl der Pflegefachkräfte sind insgesamt niedriger als bislang angenommen – somit müssten Prognosen anhand einer angepassten Datengrundlage erstellt werden.
- Der Beschäftigungszuwachs wurde durch Ausweitung der Teilzeitbeschäftigung in den Pflegeberufen erreicht – dies zeigt, dass es bei den Pflegefachkräften ein erhebliches Arbeitszeitpotenzial gibt, das momentan nicht genutzt wird bzw. verfügbar ist.
- Es gibt deutliche Unterschiede zwischen den verschiedenen Einrichtungen und Pflegeberufen – im Zeitraum von 1999 bis 2009 ist die Zahl des Pflegepersonals in ambulanten Pflegeeinrichtungen um ca. 77.5000 (56 %) und in Pflegeheimen um ca. 134.000 (45 %) gestiegen, während die Krankenhäuser die Zahl ihres Pflegepersonals um ca. 14.200 (3,4 %) reduzierten.
- Das Krankenhaus bleibt weiterhin der wichtigste Arbeitgeber im Bereich der Pflege – wenn jedoch in der öffentlichen Wahrnehmung und gesundheitspolitischen Diskussion Pflege ausschließlich mit ambulanten Pflegediensten und stationären Pflegeheimen gleichgesetzt wird, entspricht dies nicht der Realität.
- Es stellt sich ein Strukturwandel innerhalb der Pflegeberufe ein – der Anteil der Altenpfleger und Altenpflegehelfer ist gestiegen, hingegen ist der Anteil der Gesundheits- und Krankenpfleger sowie der Gesundheits- und Kinderkrankenpfleger in Bezug auf die Gesamtzahl der Beschäftigten gesunken.
- In den Pflegeberufen besteht eine überproportionale Ausweitung der Teilzeitbeschäftigung – Gründe dafür liegen nur in einem geringen Maße an den persönlichen Lebensumständen, wie bspw. Kinderbetreuung, sondern sind bedingt durch eine strukturelle Veränderung des Arbeitsplatzangebots, indem Vollzeit- in Teilzeitstellen zur Flexibilisierung des Personaleinsatzes und zur Einsparung von Personalkosten umgewandelt werden und eine durch Unterbesetzung verursachte chronische Überlastung des Pflegepersonals. Der Schwerpunkt in der öffentlichen Diskussion sollte daher verstärkt

---

[87] Vgl. Simon (2012), S. 65.
[88] Vgl. Simon (2012), S. 65 ff.

auf die Arbeitsbedingungen und die Struktur des Arbeitsplatzangebotes gerichtet werden.

Wie wird sich die Pflegequote zukünftig entwickeln? Die statistischen Bundesämter des Bundes und der Länder beschreiben zwei Zukunftsszenarien bzgl. der Entwicklung von Pflegebedürftigen in Deutschland:[89]

- Beim ersten Szenario, dem sog. Status-Quo-Szenario, wird der momentane Stand der Pflegequoten auf die veränderte Bevölkerungsstruktur bis zu den Jahren 2030 bzw. 2050 übertragen. Annahmen in diesem Modell sind: Die zu erwartende Zunahme der Lebenserwartung wird auf die Pflegequoten in den Altersgruppen keine Auswirkungen haben, dabei ist unbestimmt, ob zukünftig verbesserte Diagnose-, Therapie- und Rehabilitationsmöglichkeiten einen späteren Eintritt der Pflegebedürftigkeit im Zuge der steigenden Lebenserwartung bewirken oder ein längeres Leben nur zu mehr Jahren, die jedoch in Pflegebedürftigkeit verbracht werden, führt. Weiterhin wird davon ausgegangen, dass bedingt durch die zunehmende Alterung der Gesellschaft ebenfalls ein Anstieg der Zahl der Pflegebedürftigen wahrscheinlich ist. Nach der statistischen Schätzung sind im Jahr 2020 ca. 2,90 Millionen und im Jahr 2030 etwa 3,37 Millionen Pflegebedürftige zu erwarten. Die Zahl der Pflegebedürftigen wird dabei von 2007 bis 2030 um 50 % ansteigen. Ebenso wird der Anteil der Pflegebedürftigen an der Gesamtbevölkerung zunehmen – dieser Anteil beträgt 2010 2,7 % und wird bis 2020 auf 3,6 % und bis zum Jahr 2030 auf 4,4 % ansteigen. Weiterhin werden deutliche Verschiebungen bei den Altersstrukturen erwartet, so waren im Jahr 2007 rund 35 % der Pflegebedürftigen 85 Jahre und älter, im Jahr 2020 beträgt dieser Anteil der Altersgruppe rund 41 % und im Jahr 2030 rund 48 %.
- Bei dem zweiten, eher optimistisch ausgeprägten Szenario wird von sinkenden Pflegequoten ausgegangen. Dabei werden folgende Annahmen getroffen: Bedingt durch den medizinisch-technischem Fortschritt und bzw. oder einer gesünderen Lebensweise tritt eine Verbesserung des Gesundheitszustandes in den jeweiligen Altersgruppen ein, wodurch das Pflegerisiko in den Altersgruppen abnimmt. Als Ergebnis wird daher eine Verschiebung des Pflegerisikos in ein höheres Alter entsprechend der steigenden Lebens-

---

[89] Vgl. Statistische Ämter des Bundes und der Länder (2010), S. 26 ff.

erwartung erwartet. Für das Jahr 2020 werden rund 2,72 Millionen und für das Jahr 2030 rund. 3,0 Millionen Pflegebedürftige erwartet. Die Zahl der Pflegebedürftigen steigt somit um 21 % bis zum Jahr 2020 und dann um weitere 33 % bis zum Jahr 2030 im Vergleich zum Stand im Jahr 2007 mit 2,25 Millionen Pflegebedürftigen. Zum Vergleich im Status-Quo-Szenario wird ein Anstieg der Zahl der Pflegebedürftigen auf 2,9 Millionen Pflegebedürftige im Jahr 2020 und 3,37 Millionen Pflegebedürftige im Jahr 2030 prognostiziert. Der Anteil der Pflegebedürftigen an der Gesamtbevölkerung liegt bei 3,4 % im Jahr 2020 und bei 3,9 % im Jahr 2030 etwas niedriger als im Status-Quo-Szenario. Hingegen werden bei den Altersstrukturen der Pflegebedürftigen etwas höhere Ausprägungen als im Status-Quo-Szenario erwartet.

Deutschland ist wie alle modernen industriellen Dienstleistungsgesellschaften in den letzten Jahrzehnten säkularen demografischen Tendenzen unterworfen – z. B. dem Geburtenrückgang, der steigenden Lebenserwartung, der Alterung der Bevölkerung und Multiethnizität, unter welcher die Einwanderung von ethnischen Minderheiten verstanden wird.[90] Seit 2003 nimmt Deutschlands Bevölkerung jedoch ab – dieser Rückgang ist kontinuierlich und wird sich zukünftig noch verstärken.[91] Ende 2008 lebten ca. 82 Millionen Menschen in Deutschland, es werden für das Jahr 2060 zwischen 65 Millionen, bei einer jährlicher Zuwanderung von 100.000 Personen und 70 Millionen, bei jährlicher Zuwanderung von 200.000 Personen, prognostiziert.[92] Die deutlich steigende Lebenserwartung und gleichzeitig eine verringerte Säuglingssterblichkeit sind bedingt durch Fortschritte in Medizin, Gesundheitsvorsorge, Hygiene und Unfallverhütung sowie eine allgemeine Wohlstandssteigerung.[93] Die Alterung der Bevölkerung wirkt sich insbesondere bei Hochbetagten aus – im Jahr 2008 lebten etwa 4

---

[90] Vgl. Geißler/Meyer (2011), S. 41.
[91] Vgl. Statisches Bundesamt (2009), S. 12.
[92] Vgl. ebd.
[93] Vgl. Geißler/Meyer (2011), S. 50.

Millionen Personen in Deutschland, die 80-Jahre oder älter sind, dies entsprach 5 % der Bevölkerung, diese Zahl wird jedoch kontinuierlich steigen und mit über 10 Millionen im Jahr 2050 den bis dahin höchsten Wert erreichen.[94] Zwischen 2050 und 2060 sinkt dann die Zahl der Hochbetagten auf 9 Millionen, was ungefähr 14 % der Bevölkerung entspricht.[95]

Dieser soziale und demografische Wandel wird nicht verhindern werden können. Insofern steht die Bundesrepublik Deutschland vor der Herausforderung, Strukturen zu schaffen, die auch unter den veränderten Bedingungen eine qualitativ hochwertige und humane Versorgung von Pflegebedürftigen ermöglicht.[96] Dies beinhaltet eine Ausweitung des Angebots an altersgerechten Wohnungen und Wohnangeboten sowie Investitionen in das Wohnumfeld und Infrastruktur, um Menschen mit eingeschränkter Mobilität ein möglichst langes selbstständiges Leben in ihrer gewohnten Umgebung zu ermöglichen.[97] Weiterhin sollte ein Fokus auf das Personalwesen in der Altenpflege gelegt werden, da es sich bei dieser wie in Kapitel 3.2 gezeigt, um eine intensive, umfangreiche und personenbezogene Dienstleistung handelt, die hohe psychische und physische Anforderungen an die Mitarbeiter stellt und bedingt durch den demografischen Wandel, werden Pflegekräfte zukünftig verstärkt eine knappe Ressource darstellen.

4.2 Wohnen im Alter

Den Begriff „Wohnen im Alter" wird oftmals mit einer besonderen Wohnform für das Alter verknüpft – dabei ist jedoch die häufigste

---

[94] Vgl. Statisches Bundesamt (2009), S. 16.
[95] Vgl. ebd.
[96] Vgl. Blinkert (2007), S. 239.
[97] Vgl. Bundesministerium für Verkehr, Bau und Stadtentwicklung (2011), S. 21.

Wohnform im Alter das Wohnen im „normalen" Wohnungsbestand, auch wenn die Personen auf Hilfe und Pflege angewiesen sind.[98]

Wenn man die verschiedenen Wohnformen, die Senioren zur Verfügung stehen, systematisiert, plädieren KREMER-PREIß und STOLARZ, dass es folgerichtig sei, dies aufgrund von Entscheidungssituationen – solange wie möglich zu Hause bleiben oder die Wohnsituation selbst verändern oder die Wohnsituation verändern, weil es nicht mehr anders geht – der beteiligten Personen zu tun und nicht wie bis zum jetzigen Zeitpunkt üblich, anhand des Versorgungsangebotes.[99] In der folgenden Abbildung (siehe Abb. 4) werden die verschiedenen Wohnformen für Senioren, gegliedert nach Entscheidungssituationen, schematisiert dargestellt.

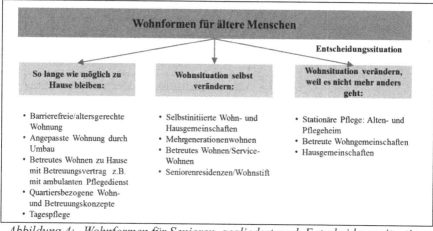

Abbildung 4: Wohnformen für Senioren, gegliedert nach Entscheidungssituationen

Quelle: Eigene Darstellung in Anlehnung an Kremer-Preiß/Stolarz (2003), S. 15 ff.

---

[98] Vgl. Bundesministerium für Verkehr, Bau und Stadtentwicklung (2011), S. 9.
[99] Vgl. Kremer-Preiß/Stolarz (2003), S. 20.

Die Entwicklung, welche der Altenwohnbau im Zeitablauf vollzogen hat, stellt das KURATORIUM DEUTSCHE ALTERSHILFE anhand von fünf Generationen dar. In der nächsten Abbildung (siehe Abb. 5) werden die Generationsabfolge des Altenwohnbaus und die jeweiligen Kennzeichen dargestellt. Die Wohnformen in der vierten und fünften Generation können dabei sowohl ambulant als auch stationär betrieben werden.[100]

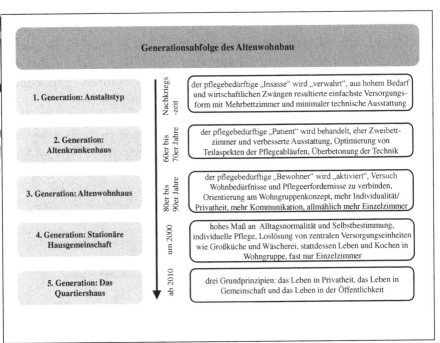

Abbildung 5: Generationsabfolge des Altenwohnbaus

Quelle: Eigene Darstellung in Anlehnung Bramberger (2005), S. 31 ff.; Bundesministerium für Verkehr, Bau und Stadtentwicklung (2011), S. 28; Michell-Auli (2011), S. 11; Michell-Auli/Kremer-Preiss/Sowinski (2010), S. 32.

---

[100] Vgl. Michell-Auli (2011), S. 12.

34

In den folgenden Kapiteln werden die einzelnen Wohnformen für ältere Menschen näher vorgestellt.

4.2.1 Stationäre Pflege: Das Pflegeheim

Deutschlandweit existierten Dezember 2011 rund 12.400 voll- bzw. teilstationäre Pflegeheime – davon 54 % in freigemeinnütziger Trägerschaft, 40 % in privater Trägerschaft und 5 % mit öffentlichen Trägern.[101] 94 % der Heime versorgen ältere Menschen, in 2 % der Heime werden v. a. behinderte Menschen betreut, 3 % der Heime haben sich auf geronto-psychiatrische Patienten spezialisiert und in 1 % der Heime werden überwiegend Schwerkranke oder Sterbende versorgt.[102] 10.700 Pflegeheime bieten vollstationäre Dauerpflege an, die restlichen Heime bieten entweder Kurzzeitpflege und/oder Tages- sowie Nachtpflege an.[103] Von den insgesamt 876.000 Pflegeheimplätzen entfallen 831.000 (95 %) auf die vollstationäre Dauerpflege – davon leben 500.000 Bewohner in einem 1-Bett-Zimmer und 324.000 Plätze sind auf 2-Bett-Zimmer verteilt.[104]

Das Altenpflegeheim hat in den vergangenen Jahren deutlich an Akzeptanz verloren, so befürchten die älteren Menschen[105], dass „individuelle Fähigkeiten und Bedürfnisse nicht ausreichend berücksichtigt werden und auch Selbstbestimmung, Selbstständigkeit sowie soziale Integration verloren gehen"[106]. Gründe dafür sind, dass sich die Bewohner in ein fremdes System einordnen müssen, verbunden mit festgelegten Essens-, Schlafens- und Betreuungszeiten.[107] Weitere Gründe, die gegen eine stationäre

---

[101] Vgl. Statistisches Bundesamt (2013), S. 16.
[102] Vgl. ebd.
[103] Vgl. ebd.
[104] Vgl. ebd.
[105] Vgl. Kremer-Preiß/Stolarz (2003), S. 127.
[106] Kremer-Preiß/Stolarz (2003), S. 127.
[107] Vgl. Kuhn-Zuber (2012), S. 16.

Pflegeeinrichtung sprechen, sind die höheren Kosten im Vergleich zur ambulanten Betreuung in den Pflegestufen I und II.

In einer stationären Pflegeeinrichtung müssen, neben den Pflegekosten, noch Ausgaben für Unterkunft und Verpflegung, die sog. Hotelkosten, und eine Investitionskostenpauschale gezahlt werden.[108] Die Kosten für Unterkunft, Verpflegung und Investitionskosten, von nicht oder nur partiell öffentlich geförderten Pflegeeinrichtungen und Zusatzleistungen, soweit diese vereinbart wurden, werden nicht von der Pflegeversicherung getragen, sondern dem Bewohner als Eigenanteil in Rechnung gestellt.[109] Die Pflegekasse zahlt entsprechend der Pflegestufe einen Pauschalbetrag für die Pflegeleistung und die soziale Betreuung an das Pflegeheim, den Pflegesatz in Höhe von 1.023 EUR bei der Pflegestufe I, 1.279 EUR bei der Pflegestufe II und 1.510 EUR bei der Pflegestufe III, sowie bei Härtefällen 1.918 EUR (Stand 01.01.2012).[110]

Die Gründe, warum die Gesamtkosten der Pflegestufe III im ambulanten Bereich über denen der stationären Versorgung liegen, ist darauf zurückzuführen, dass ein Schwerstpflegebedürftiger trotz der Kosten für Unterkunft und Verpflegung sowie der Investitionskostenpauschale kostengünstiger in einem Pflegeheim versorgt werden kann, als wenn bedingt durch den hohen Pflegeaufwand der Pflegebedürftige mehrmals am Tag durch einen Pflegedienst versorgt wird.[111]

Die Pflegebedürftigen, die im Pflegeheim betreut werden, unterscheiden sich von den Pflegebedürftigen, welche zu Hause ver-

---

[108] Vgl. Hacker/Hackmann/Raffelhüschen (2011), S. 26.
[109] Vgl. Stradinger (2012), S. 85.
[110] Vgl. Stradinger (2012), S. 84.
[111] Vgl. Hacker et al. (2011), S. 26.

sorgt werden:[112] So sind die Bewohner eines Pflegeheimes älter im Vergleich zu den ambulant Versorgten, bei den Heimbewohnern ist die Hälfte 85 Jahre und älter, während bei den Pflegebedürftigen, die häuslich betreut werden, nur ca. ein Drittel 85 Jahre und älter ist, weiterhin werden Schwerstpflegebedürftige eher im Pflegeheim betreut als ambulant. Der Anteil der Pflegebedürftigen in der Stufe III, was der höchsten Pflegestufe entspricht, beträgt im Heim 20 % – bei den zu Hause Versorgten 9 % und der Frauenanteil in einem Pflegeheim ist mit 74 % deutlich höher ausgeprägt als bei den ambulant Versorgten mit 62 %.

Das Pflegeheim unterliegt dem Gesetz zur Regelung von Verträgen über Wohnraum mit Pflege- oder Betreuungsleistungen (WBVG) und den landesspezifischen Heimgesetzregelungen.

Die Pflege in einer vollstationären Einrichtung kann in Anspruch genommen werden, wenn häusliche oder teilstationäre Pflege nicht möglich ist oder im Einzelfall nicht in Betracht kommt, z. B. wenn eine Pflegeperson fehlt bzw. keine Pflegebereitschaft der Angehörigen vorhanden ist, die Pflegeperson überfordert ist, bei drohender oder eingetretener Verwahrlosung, bei einem vollziehbaren Sicherheitsbedürfnis des Pflegebedürftigen oder wenn die räumlichen Gegebenheiten eine Pflege zu Hause nicht erlauben.[113]

4.2.2 Ambulante Pflege

Wie schon in Kapitel 4.1 beschrieben, werden in Deutschland 70 % der Pflegebedürftigen ambulant in ihrem gewohnten Wohnumfeld versorgt. Zum Stand 15.11.2011 sind 12.300 ambulante Dienste

---

[112] Vgl. Statistisches Bundesamt (2013), S. 8.
[113] Vgl. Stradinger (2012), S. 82.

zugelassen, davon überwiegt mit 63 % die private Trägerschaft, der Anteil der freigemeinnützigen beträgt 36 % und der Anteil der öffentlichen Träger beträgt lediglich 1 %.[114]

Bevor Menschen Pflegeleistungen in Anspruch nehmen, haben sie oft einen hohen Bedarf an nicht-pflegerischer Unterstützung, wie bei der Organisation des täglichen Lebens mit Einkauf, Hilfe im Haushalt, bei der Essenszubereitung, bei Arzt- und Behördenbesuche, aber auch Begleitung zu kulturellen Veranstaltungen, sowie kommunikativer und sozialer Betreuung.[115] Diese haushaltsnahen Dienstleistungen werden durch die Kommune, durch private Anbieter sowie durch bürgerschaftlich engagierte Menschen oder gemeinnützige und kirchliche Organisationen angeboten und haben zum Ziel, den Verbleib in der eigenen Wohnung zu sichern.[116]

Positiv hervorzuheben ist, dass im Bereich der ambulanten Pflege sehr viele Ausgestaltungsmöglichkeiten bestehen und – wenn die notwendigen Voraussetzungen und Rahmenbedingungen geschaffen sind – dass das Wohnen in der eigenen Häuslichkeit eine optimale Wohnform darstellt, welche von den älteren Menschen präferiert wird.[117]

Kritisch zu betrachten ist hingegen, dass – obwohl die pflegenden Angehörigen bei einer Inanspruchnahme von Leistungen der Pflegeversicherung regelmäßig kontrolliert werden müssen – es immer wieder vorkommt, dass pflegebedürftige Menschen partiell unsachgemäß und fehlerhaft versorgt werden und ab einem gewissen Grad der Pflegebedürftigkeit Angehörige oft mit der Pflege

---

[114] Vgl. Statistisches Bundesamt (2013), S. 10.
[115] Vgl. Kuhn-Zuber (2012), S. 21.
[116] Vgl. ebd.
[117] Vgl. Ministerium für Arbeit und Soziales Baden-Württemberg (2006), S. 9.

überfordert sind.[118] Weiterhin unterliegt die pflegerische Versorgung durch privat beschäftigte Pflegekräfte keiner unmittelbaren Kontrolle.[119] Ebenso sind in manchen Haushalten die hygienischen und hauswirtschaftlichen Bedingungen mangelhaft.[120]

Wenn Pflegebedürftige in ihrer bisherigen Wohnung bzw. Haus bleiben möchten, können die Pflegekassen im Rahmen der Pflegeversicherung subsidiär Zuschüsse für bauliche Maßnahmen und technische Hilfen in der Wohnung des Pflegebedürftigen gewähren, wenn dadurch die ambulante Pflege überhaupt erst ermöglicht, erleichtert oder mit dem Ziel verbunden ist, eine möglichst selbstständige Lebensführung wiederherzustellen.[121] Ebenfalls können die Kosten für einen Umzug in eine Wohnung, welche die Rahmenbedingungen für die Unterbringung eines Pflegebedürftigen verbessert, bezuschusst werden.[122]

4.2.3 Betreutes Wohnen/Service-Wohnen

Der Begriff betreutes Wohnen ist nicht gesetzlich geschützt, was zur Folge hat, dass die Leistungsangebote und auch die Kostenstrukturen stark variieren, so gibt es keine gesetzlichen Regelungen, welche Leistungen angeboten werden müssen und auch keine Kontrollinstanz, die über die Einhaltung von Leistungsstandards wacht, wie bspw. die Heimaufsicht für stationäre Pflegeeinrichtungen.[123] Demnach können betreute Wohnanlagen unterschiedliche Organisationsformen aufweisen: Die Dienstleistungen bis hin zur

---

[118] Vgl. ebd.
[119] Vgl. ebd.
[120] Vgl. ebd.
[121] Vgl. Deutscher Verband für Wohnungswesen, Städtebau und Raumordnung e.V. (2009), S. 26.
[122] Vgl. ebd.
[123] Vgl. Kremer-Preiß/Stolarz (2003), S. 115.

ambulanten Pflege werden von externen Anbietern[124] übernommen, vom Anbieter vorgehaltenes Personal erbringt die ambulante Pflege, sowie Wohnanlagen mit einem integriertem stationären Pflegebereich und Wohnanlagen, die in Kooperation mit einer Pflegeeinrichtung stationäre Pflege anbieten.[125] Zwar gibt es eine eigens für betreute Wohnanlagen geschaffene DIN 77800 mit Qualitätsanforderungen an Anbieter der Wohnform betreutes Wohnen für ältere Menschen und ebenfalls existieren Gütesiegel, jedoch entsprechen in der Praxis die meisten betreuten Wohnanlagen nicht den dort formulierten Vorgaben und Empfehlungen.[126]

Trotz dieser Diversität sollten nach KREMER-PREIß folgende zentrale gemeinsame Kriterien bei betreuten Seniorenwohnanlagen vorhanden sein:[127]

- Eine nach Lage, Zuschnitt und Ausstattung altersgerechte Wohnung, welche jedoch nicht eine Barrierefreiheit nach DIN 18025 umfasst.
- Den Bewohnern wird eine selbstständige Haushalts- und Lebensführung ermöglicht.
- Die Bewohner werden in soziale Strukturen des Wohnumfeldes und der Mietergemeinschaft eingebunden.
- Es gibt ein Hilfs, Betreuungs- und Beratungsangebot entsprechend den persönlichen Bedürfnissen und Wünschen der Bewohner.

In der Regel bezahlen die Bewohner eine Kaltmiete oder einen Kaufpreis für die Wohnung sowie Nebenkosten und eine Betreuungspauschale.[128] Der Kaufpreis bzw. die Miete für eine Service-Wohnung liegt meist 10 bis 20 % über den ortsüblichen Preisen.[129]

---

[124] Dem Bewohner obliegt dabei die Wahl.
[125] Vgl. Krings-Heckemeier/Braun/Schmidt/Schwedt (2006), S. 58.
[126] Vgl. Gennrich (2011), S. 20.
[127] Vgl. Kremer-Preiß (1997), S. 67 f.
[128] Vgl. Kremer-Preiß/Stolarz (2003), S. 115.
[129] Vgl. LBS Bausparkasse der Sparkassen (2007), S. 7.

Folgende Zielvorstellungen werden mit einem betreuten Wohnen verbunden:[130]

- Eine Ausgrenzung und soziale Isolation wie bei einer stationären Heimunterbringung soll vermieden werden.
- Durch eine Absicherung und bzw. oder Wiederherstellung einer selbstständigen Haushalts- und Lebensführung mithilfe ambulanter Dienste soll ein stationärer Heimaufenthalt vermieden oder hinausgezögert werden.
- Soziale Beziehungen und die Bindung zum Stadtteil können durch ein wohnortnahes Angebot erhalten werden und ein Leben in der Gemeinschaft wird gefördert.
- Bei Anbietern im Verbundsystem besteht die Möglichkeit, ambulante, teilstationäre und stationäre Pflegeangebote in Anspruch zu nehmen.
- Bei vergleichbaren Leistungen ist das betreute Wohnen eine kostengünstigere Wohnmöglichkeit im Vergleich zur stationären Pflege.
- Der Wohnungsmarkt wird entlastet.

Wohnstifte, ebenfalls Seniorenresidenzen genannt, befinden sich im hochpreisigen Marktsegment, zeigen häufig einen hotelähnlichen Charakter und sind gekennzeichnet durch überdurchschnittlich gut ausgestattete Appartements, ein großzügiges Angebot an Gemeinschaftsflächen, wie bspw. repräsentativer Eingangsbereich, Bibliothek, Schwimmbad, hochwertig ausgestattete Aufenthaltsräume und bieten ein vielfältiges Freizeit- und Kulturangebot.[131] Eine pflegerische Betreuung kann ambulant im eigenen Appartement erfolgen oder es werden vollstationäre Pflegeleistungen in räumlich abgetrennten Bereichen, in der sog. Pflegestation, angeboten.[132] Im Unterschied zum betreuten Wohnen sind die Bewohner oftmals verpflichtet, neben den Betreuungsleistungen weitere Dienstleistungen, wie bspw. Versorgung mit Mahlzeiten oder Wohnungsreinigung zum Pauschalpreis, auch als Pensionspreis be-

---

[130] Vgl. Kremer-Preiß (1997), S. 68.
[131] Vgl. Krings-Heckemeier et al. (2006), S. 58.
[132] Vgl. ebd.

zeichnet, abzunehmen.[133] Die Betreuung und Pflege sind wie in einem stationären Pflegeheim geregelt und unterliegen dem Heimgesetz. [134]

4.2.4 Betreute Wohn- und Hausgemeinschaften, Quartierwohnen, Mehrgenerationenhaus und Smart Homes für Senioren

Betreute Wohn- und Hausgemeinschaften für Pflegebedürftige[135]

Betreute Wohn- und Hausgemeinschaften für Pflegebedürftige stellen eine Alternative zu einer stationären Betreuung im Pflegeheim dar:[136] Pflegebedürftige leben in einem gemeinsamen Haushalt, jeder Bewohner hat sein eigenes Zimmer oder Appartement und gemeinsam nutzt man Wohnküche und Aufenthaltsräume. Den Haushalt und das Gruppenleben organisieren Betreuungskräfte und bei Bedarf können pflegerische Leistungen durch das Pflegepersonal erbracht werden. Diese Wohnform besteht sowohl im stationären wie auch im ambulanten Bereich. Für den stationären Bereich bedeutet dies, ein Pflegeheim richtet seine Organisationstruktur nach dem vorab beschriebenen Prinzip der Hausgemeinschaft aus. Im ambulanten Bereich hat dies zur Folge: Der Bewohner einer betreuten Wohn- oder Hausgemeinschaft weist den Status eines Mieters auf und besitzt Wahlfreiheit in Bezug auf Betreuungs- und Dienstleistungen.[137]

---

[133] Vgl. Kremer-Preiß/Stolarz (2003), S. 17 i. V. m. S. 115.
[134] Vgl. Kremer-Preiß/Stolarz (2003), S. 17.
[135] Weitere synonyme Bezeichnungen für diese Wohnform sind Pflegewohngruppe, Pflegewohnung oder begleitete Wohngruppe. Vgl. Kremer-Preiß/Stolarz (2003), S. 19.
[136] Vgl. Bundesministerium für Verkehr, Bau und Stadtentwicklung (2011), S. 28.
[137] Vgl. Kuratorium Deutsche Altenhilfe (2004), S. 5.

42

Quartierwohnen

Es wird davon ausgegangen, dass ganze Siedlungen altern und insofern mit Problemstellungen von älteren Menschen konfrontiert sind, deshalb werden von Wohnungsbaugesellschaften oder Initiativgruppen Unterstützungsleistungen für die ältere Menschen angeboten und Gemeinschaftsaktivitäten unter allen Bewohnern organisiert.[138] Im Fokus steht die Förderung des generationsübergreifenden Zusammenlebens und der Nachbarschaftshilfe.[139]

Neben einer altersgerechten Ausstattung der Wohnungen hat insbesondere das Wohnumfeld eine zentrale Bedeutung für die Lebensqualität von Senioren.[140] Ein optimales Wohnumfeld ist gekennzeichnet durch möglichst wenige bauliche Barrieren, eine gute Erreichbarkeit von medizinischen Einrichtungen, wie z. B. Arzt und Apotheke, Einkaufsgelegenheiten sowie von Bus- oder Bahnstationen und besitzt eine soziale Infrastruktur, z. B. in Form von Pflegestützpunkten und Begegnungsstätten.[141]

Gemeinschaftliche Wohnformen – das Mehrgenerationenhaus

In Deutschland gibt es schon seit mehr als 20 Jahren gemeinschaftliche Wohnformen, in denen mehrere Generationen zusammen leben.[142] Dabei geht der gemeinschaftliche Aspekt weit über eine nachbarschaftliche Hilfe hinaus: Das gemeinschaftliche Leben wird in Selbstverwaltung organisiert und man unterstützt sich mit kleinen niedrigschwelligen Hilfen gegenseitig.[143] Die gegenseitigen

---

[138] Vgl. Kremer-Preiß/Stolarz (2003), S. 18.
[139] Vgl. ebd.
[140] Vgl. Deutscher Verband für Wohnungswesen Städtebau und Raumordnung e.V. (2009), S. 8.
[141] Vgl. ebd.
[142] Vgl. Bundesministerium für Verkehr, Bau und Stadtentwicklung (2011), S. 28.
[143] Vgl. ebd.

Hilfeleistungen sollen die jeweiligen gruppenspezifischen Problemstellungen vermindern und Vereinsamungstendenzen entgegenwirken.[144]

Smart Homes

Spezifische Bedarfe von älterer Menschen bestehen in Folgendem: Möglichst lange zu Hause zu verbleiben, die Selbstständigkeit erhalten und zu fördern, eine bessere Lebensqualität und Teilhabe am sozialen Leben, Sicherheit und Wohnkomfort zu erhöhen, besserer Umgang mit chronischen Erkrankungen sowie Förderung von Mobilität und Kommunikation.[145] Das Bundesministerium für Bildung und Forschung hat das Forschungsprogramm: „Altersgerechte Assistenzsysteme für ein gesundes und unabhängiges Leben (AAL)"[146] initiiert, um den Bedarf speziell von älteren Menschen zu unterstützen. Im Bereich des Wohnens existieren viele Ansätze für eine technische Unterstützung bei alltäglichen Verrichtungen, die unter dem Begriff „smart homes", „smart neighbourhood" oder „Multimedia-Services" subsumiert werden.[147] EU-weit werden in ca. 60 Modellprojekten Smart-Home-Konzepte mit ambienter Technik getestet – ambient wird dabei, als intelligente, nicht offensichtliche Umgebungstechnik, die sich dem Alltag der Nutzer anpasst, verstanden.[148]. Ein Smart Home kann wie folgt definiert werden:

> „Das Smart Home ist ein privat genutztes Heim (z. B. Eigenheim, Mietwohnung), in dem die zahlreichen Geräte der Hausautomation (wie Heizung, Beleuchtung, Belüftung), Haushaltstechnik (wie z. B. Kühlschrank, Waschmaschine), Konsumelektronik und Kommunikationseinrichtungen zu intelligenten Gegenständen werden, die

---

[144] Vgl. Kremer-Preiß/Stolarz (2003), S. 18.
[145] Vgl. Fachinger/Koch/Henke/Troppens/Braseke/Merda (2012), S. 6.
[146] Vgl. Bundesministerium für Bildung und Forschung (o. J.).
[147] Vgl. Spellerberg/Grauel/Schelisch (2009), S. 6.
[148] Vgl. ebd.

44

sich an den Bedürfnissen der Bewohner orientieren. Durch Vernetzung dieser Gegenstände untereinander können neue Assistenzfunktionen und Dienste zum Nutzen des Bewohners bereitgestellt werden und einen Mehrwert generieren, der über den einzelnen Nutzen der im Haus vorhandenen Anwendungen hinausgeht."[149]

Zum heutigen Zeitpunkt sind jedoch moderne Hausautomatisierungs- und Assisted-Living-Anwendungen noch wenig verbreitet.[150]

4.3 Finanzierung von Pflege – die Pflegeversicherung

Die Pflegeversicherung wurde 1995 wird in Form einer „Sozialen Pflegeversicherung" als eigenständiger fünfter Zweig des Sozialversicherungssystems eingeführt bzw. besteht im Rahmen einer privaten Pflegepflichtversicherung.[151] Die Organisation der Pflegeversicherung entspricht den Grundsätzen der Krankenversicherung – alle Versicherten der Gesetzlichen Krankenversicherung gehören automatisch der sozialen Pflegeversicherung an und private Krankenversicherte sind verpflichtet, eine private Pflegeversicherung abzuschließen.[152] Dabei sind die jeweiligen Leistungen der sozialen und privaten Pflegeversicherung nahezu identisch, währenddessen große Unterschiede bei der Finanzierung bestehen.[153] Die soziale Pflegeversicherung finanziert sich über das Umlageverfahren durch lohnbezogene Beiträge, hingegen finanziert sich die private Pflegeversicherung durch leistungsorientierte Beiträge, die sich am individuellen Pflegerisiko des Versicherten orientieren.[154]

---

[149] Vgl. Strese/Seidel/Knape/Botthof (2010), S. 8.
[150] Vgl. Grauel/Spellerberg (2007), S. 194.
[151] Vgl. Donges/Eekhoff/Franz/Fuest/Möschel/Neumann (2005), S. 7.
[152] Vgl. Raddatz (2008), S. 4.
[153] Vgl. ebd.
[154] Vgl. Raddatz (2008), S. 4 i. V. m. S. 5.

Für die soziale Pflegeversicherung resultiert aus der zukünftigen demografischen Entwicklung ein zweifaches Problem: Zum einen nimmt die Zahl der Pflegebedürftigen überproportional zu und zum anderen führt der Rückgang bei den potenziell Erwerbstätigen dazu, dass sich die Einnahmenbasis der sozialen Pflegeversicherung verschlechtert.[155] Weitere kostentreibende Probleme bestehen in den steigenden Preisen von Pflegedienstleistungen bedingt durch die mehr benötigten Pflegekräfte, Leistungsausweitungen und die deutliche Abnahme von häuslicher Pflege und Betreuung durch Familienangehörige in Zukunft, welche den sich bereits andeutenden Trend zur professionellen Pflege sowie insbesondere zur stationären Pflege weiter verstärken wird.[156] Dieser Trend wird auch als „Heimsog-Effekt" oder „Hospitalisierungstrend" bezeichnet, also eine Wende von der vergleichsweise „günstigeren" ambulanten Pflege zur „teureren" stationären Pflege hin.[157]

Die gesetzlichen Rahmenbedingungen der sozialen Pflegeversicherung werden im Elften Sozialgesetzbuch, SBG XI geregelt. Die Voraussetzung für Leistungen aus der Pflegeversicherung ist die Pflegebedürftigkeit nach § 14 SBG XI. Die Leistungen der sozialen Pflegeversicherung bestehen aus zwei Komponenten: dem Pflegegeld, welches aus Zahlungen an die Pflegebedürftigen im Rahmen der häuslichen Pflege bestehen, und den Sachleistungen, die Zahlungen an Dritte für Leistungen der ambulanten und stationären Pflege.[158] Nach § 4 Abs. 1 SGB XI richtet sich die Art und der Umfang der Leistungen nach dem Grad der Pflegebedürftigkeit und ob häusliche, teilstationäre oder stationäre Pflege in Anspruch genommen wird. Pflegeleistungen, welche über die Leistungen der

---

155 Vgl. Raddatz (2008), S. 11.
156 Vgl. ebd.
157 Vgl. Häcker/Raffelhüschen (2006), S. 1 f.
158 Vgl. Donges et al. (2005), S. 8.

sozialen Pflegeversicherung hinausgehen, müssen vom Pflegebedürftigen selbst, seinen Familienangehörigen, als Elternunterhalts-
bedarf oder gegebenenfalls bei nichtausreichenden finanziellen
Mitteln seitens der Sozialhilfe getragen werden.[159] Das Pflegeversicherungsgesetz kann daher als „Teilkaskoversicherung" verstanden
werden, indem sowohl Schutz als auch Eigenverantwortung festlegt
sind – so kann bezogen auf die Pflegeleistungen der Versicherte
gemäß seiner Pflegebedürftigkeit einzelne Leistungskomplexe einkaufen, die dann in vorgegebenen Stufen von der Pflegekasse be-
zahlt werden.[160]

Die Grundsätze der Pflegeversicherung, können als Pflegeziele
formuliert werden und sind in folgender Tabelle (siehe Tab. 1) dargestellt.

Tabelle 1: Pflegeziele im SGB XI

Pflegeziele	SGB XI	Grundsatz
möglichst selbstständiges und selbstbestimmtes Leben, das der Würde des Menschen entspricht	§ 2 Abs. 1	Selbstbestimmung
angemessenen Wünschen bei der Gestaltung der Hilfe soll (wenn möglich) entsprochen werden → Wahlfreiheit zwischen Einrichtungen und Diensten	§ 2 Abs. 2	
auf religiöse Bedürfnisse Rücksicht nehmen	§ 2 Abs. 3	

---

[159] Vgl. Donges et al. (2005), S. 8 f. i. V. m. Hacker et al. (2011), S. 103.
[160] Vgl. Meyer (2009), S. 240 i. V. m. S. 241.

Pflegeziele	SGB XI	Grundsatz
möglichst selbstständiges und selbstbestimmtes Leben, das der Würde des Menschen entspricht	§ 2 Abs. 1	Selbstbestimmung
möglichst lange in der häuslichen Umgebung bleiben → die Pflegeversicherung soll mit ihren Leistungen vorrangig die häusliche Pflege und die Pflegebereitschaft der Angehörigen und Nachbarn unterstützen	§ 3	Vorrang der häuslichen Pflege
aktive Mitwirkung an Krankenhausbehandlung und Rehabilitation → um Pflegebedürftigkeit zu vermeiden	§ 6 Abs. 1	Eigenverantwortung/Mitwirkung des Pflegebedürftigen
aktivierende Pflege	§ 6 Abs. 2	
unterstützen und fördern der Bereitschaft zu humaner Pflege und Betreuung → durch hauptberufliche und ehrenamtliche Pflegekräfte sowie Angehörige, Nachbarn und Selbsthilfegruppen	§ 8 Abs. 2	Gemeinsame Verantwortung aller Beteiligten
hinwirken auf eine neue Kultur des Helfens und der menschlichen Zuwendung		
Ausbau und Weiterentwicklung von pflegerischen Versorgungsstrukturen		
humane und aktivierende Pflege unter Achtung der Menschenwürde		Pflichten der Beteiligten
entsprechend dem allgemein anerkannten Stand medizinisch-pflegerischer Erkenntnisse zu pflegen, versorgen und betreuen	§ 11 Abs. 1	Pflichten der Pflegeeinrichtung
Hilfe im Sinne von Unterstützung in der teilweisen oder vollständigen Übernahme der Verrichtungen im Ablauf des täglichen Leben	§ 14 Abs. 4	Begriff der Pflegebedürftigkeit
Hilfe im Sinne von Beaufsichtigung oder Anleitung mit dem Ziel der eigenständigen Übernahme dieser Verrichtungen		

Pflegeziele	SGB XI	Grundsatz
Aktivierung des Pflegebedürftigen um vorhandene Fähigkeiten zu erhalten und verlorene Fähigkeiten zurückzugewinnen	§ 28 Abs. 4	Leistungsgrundsätze
der Gefahr der Vereinsamung entgegenzuwirken		
Bedürfnisse nach Kommunikation berücksichtigen		

Quelle: Eigene Darstellung in Anlehnung an Vogel (1994), S. 351 und
Sozialgesetzbuch – Elftes Buch (1994).

5 Dienstleistungsqualität

Aufgrund der abgeleiteten Besonderheiten von Dienstleistungen in Kapitel 3.1 und 3.2 zeigt sich ebenfalls deren Bedeutung. Die Qualität von Dienstleistungen ist für einen Konsumenten schwieriger zu beurteilen als die Qualität von Gütern.[161] So ist bspw. durch die Immaterialität und die Integration des externen Faktors ein einheitliches Qualitätsniveau nicht immer möglich.[162]

In Kapitel 5.1 wird zunächst der Begriff Dienstleistungsqualität[163] definiert. In Kapitel 5.2 wird weiterhin auf den Stand der Forschung eingegangen – es werden die verschiedenen Ansätze zur Messung der Dienstleistungsqualität systematisiert, dabei wird schwerpunktmäßig auf das das GAP-Modell und SERVQUAL-Verfahren eingegangen sowie das latente Konstrukt Zufriedenheit untersucht. Weiterhin wird das Konzept der Service-Profit-Chain vorgestellt, die u. a. den Zusammenhang zwischen Servicequalität und Unternehmensergebnis verdeutlicht. Abschließend wird in Kapitel 5.3 die Relevanz der Dienstleistungsqualität im Pflegebereich dargestellt.

5.1 Begriffsdefinition

Qualität kann als ein komplexes und facettenreiches Konzept verstanden werden, bei dem es schwierig ist, eine eindeutige Begriffsabgrenzung und Definition zu finden.[164] Eine Analyse der Literatur

---

[161] Vgl. Parasuraman/Zelthaml/Berry (1985), S. 42.
[162] Vgl. Meffert/Bruhn (2009), S. 185.
[163] In der vorliegenden Arbeit werden die Begriff Dienstleistungsqualität und Servicequalität synonym verwendet.
[164] Vgl. Garvin (1984), S. 39.

zeigt, dass eine Koexistenz verschiedener Qualitätsverständnisse besteht.[165] Das Wort Qualität hat seinen etymologischen Ursprung im lateinischen Wort qualitas, was wie beschaffen bedeutet und somit die Beschaffenheit, Güte oder den Wert beinhaltet.[166]

Das Institut für Normierung definiert in der Norm EN ISO 9000:2005 „Qualitätsmanagementsysteme – Grundlagen und Begriffe" Qualität als *„Grad, in dem ein Satz inhärenter Merkmale Anforderungen erfüllt"*[167] wird. Dies impliziert, je besser die Anforderungen erfüllt werden, desto höher ist die Qualität. Jedoch sagt ZINK, dass die Erfüllung von Anforderungen nicht direkt etwas über die Qualität dieser Erfüllung aussagt und so muss die Zufriedenheit als zusätzliches Kriterium für die Qualität eingebunden werden.[168] ZINK definiert Qualität daher als „Erfüllung von (vereinbarten) Anforderungen zur dauerhaften Kundenzufriedenheit."[169]

GARVIN unterscheidet fünf Ansätze, um den Qualitätsbegriff umfassend zu klassifizieren:[170]

- Der transzendente Ansatz (Transcendent Approach) bei welchem Qualität als „innate excellence"[171] verstanden wird. Gleichermaßen zeichnet sich Qualität durch absolute und universelle Wiedererkennung sowie durch allerhöchste Standards und Ausführungsgüte aus. Dennoch kann Qualität nicht präzise definiert werden, da sie nicht analysierbar ist, sondern sie kann lediglich durch Erfahrung erschließbar gemacht werden kann.
- Der produktorientierte Ansatz (Product-based Approach) bei welchem Qualität eine präzise und exakt messbare Variable darstellt. Qualitätsunterschiede werden als Unterschiede in der Quantität behandelt. Eine Verbesserung

---

[165] Vgl. Hentschel (2000), S. 292.
[166] Vgl. Bruhn (2000), S. 33.
[167] DIN Deutsches Deutsches Institut für (2005), S. 18.
[168] Vgl. Zink (2004), S. 44.
[169] Zink (2004), S. 44.
[170] Vgl. Garvin (1984), S. 25 ff.
[171] Garvin (1984), S. 25.

der Qualität kann nur durch höhere Kosten erzielt werden. Qualität wird als inhärente Eigenschaft gesehen und nicht als Zuschreibung.

- Der kundenorientierte Ansatz (User-based Approach) bei welchem Qualität durch den Kunden bestimmt wird. Dieser Ansatz ist eine idiosynkratrische, personenbezogene Sichtweise auf Qualität und somit höchst subjektiv.
- Der herstellungsorientierte Ansatz (Manufacturing-based Approach) basiert auf der Sichtweise des Anbieters. Qualität wird über die Produktion und Produktionskontrolle definiert. Abweichungen vom Standard bedeuten eine Minderung der Qualität.
- Der wertorientierte Ansatz (Value-based Approach), worin Qualität über das Preis-Leistungsverhältnis, also über ein Austauschverhältnis, definiert wird. Qualität als ein Maß für die Güte der Leistung wird gleichgesetzt mit einem materiellen Wert, welches ein hybrides Konstrukt darstellt und in der Praxis schwierig anwendbar ist.

Auf Grundlage der verschiedenen Ansätze des Qualitätsbegriffes und aufgrund der konstitutiven Besonderheiten von Dienstleistungen wird Dienstleistungsqualität wie folgt definiert:[172]

„Dienstleistungsqualität ist die Fähigkeit eines Anbieters, die Beschaffenheit einer primär intangiblen und der Kundenbeteiligung bedürfenden Leistung gemäß den Kundenerwartungen auf einem bestimmten Anforderungsniveau zu erstellen. Sie bestimmt sich aus der Summe der Eigenschaften bzw. Merkmale der Dienstleistung, bestimmten Anforderungen gerecht zu werden."[173]

Die Definition von BRUHN zeigt, dass die Dienstleistungsqualität sich durch ein mehrdimensionales Spannungsfeld zusammensetzt, welche sich durch die Kunden, Wettbewerber und das eigene Unternehmen ergibt.[174]

---

[172] Vgl. Bruhn (2008), S. 38.
[173] Bruhn (2008), S. 38.
[174] Vgl. Bruhn (2008), S. 36 f.

5.2 Stand der Forschung

BRUHN sieht die Hauptaufgabe des Qualitätsmanagements darin, die Unternehmensleistung bzw. die Dienstleistung entsprechend den Kundenanforderungen zu erstellen.[175] Der Ausgangspunkt dabei ist die Messung der Dienstleistungsqualität.[176]

In folgender Abbildung (siehe Abb. 6) sind die Ansätze zur Messung der Dienstleistungsqualität mit Beispielen dargestellt:

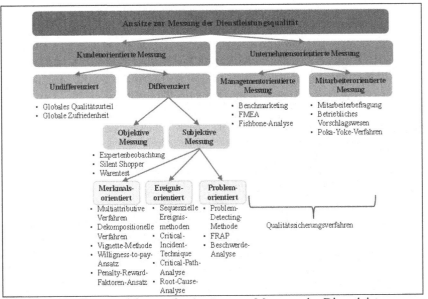

Abbildung 6: Systematisierung der Ansätze zur Messung der Dienstleistungsqualität mit Beispielen

Quelle: Eigene Darstellung in Anlehnung an Bruhn (2008), S. 130; Hentschel (2000), S. 296; Meffert/Bruhn (2009), S. 196.

---

[175] Vgl. Bruhn (2008), S. 129.
[176] Vgl. ebd.

Nachfolgend werden die Verfahren der kundenorientierten Qualitätsmessung und die der unternehmensorientierten Messung kurz beschrieben. Aufgrund des immer noch anhaltenden Forschungsinteresses der wissenschaftlichen Community[177] wird der Schwerpunkt auf die multiattributiven Messverfahren mit dem SERVQUAL-Ansatz von PARASURAMAN, ZEITHAML und BERRY gelegt, welches theoretisch innerhalb des GAP-Modells eingebunden ist. Die Conjoint-Analyse als ein Beispiel für dekompositionelles Verfahren und die Motivation, dieses Verfahren in den eigenen Forschungsprozess zu integrieren, wird in Kapitel 10.3.2 dargelegt.

Grundsätzlich lassen sich zwei Perspektiven differenzieren, um die Anforderungen an die Dienstleistungsqualität zu messen:[178]

1. Der kundenorientierte Messansatz, bei dem eine Messung aus Sicht der Kunden erfolgt. Dieser wird in objektive und subjektive Messansätze untergliedert.
2. Der unternehmensorientierte Messansatz, bei welchem eine Messung aus der Sicht von Unternehmensmitgliedern, entweder aus Sicht des Managements oder der Mitarbeiter, erfolgt.

Der kundenorientierte Messansatz lässt sich weiter unterteilen in einen undifferenzierten und einen differenzierten Ansatz. Qualität wird daher „mehr oder weniger differenziert bzw. auf verschiedenen Abstraktionsebenen gesehen werden"[179]. Bei undifferenzierten Qualitätsmessungen wird ein globales Qualitätsurteil und bei der differenzierten Qualitätsmessung werden Teilqualitäten ermittelt. Bei globalen Qualitätsurteilen ist der Erkenntnisgewinn relativ gering, deshalb wird

---

[177] Dabei kann exemplarisch auf Bruhn (2008), S. 146; Carman (1990), S. 33 ff.; Cronin/Taylor (1994), S. 125 ff.; Curry/Stark/Summerhill (1999), S. 329 ff.; Lee/Delene/Bunda/Kim (2000), S. 233 ff.; Pakdil/Harwood (2005), S. 15 ff.; Parasuraman/Zeithaml/Berry (1991), S. 420 ff. Zeithaml/Berry/Parasuaman (1996), S. 36 ff. verwiesen werden.
[178] Vgl. Bruhn (2008), S. 129; Meffert/Bruhn (2009), S. 195.
[179] Hentschel (2000), S. 295.

anschließend ausführlich auf die differenzierte Qualitätsmessung eingegangen. Differenzierte Qualitätsmerkmale können nur produkt- bzw. leistungsspezifisch erhoben werden – bei einem höheren Aggragationsniveau wird daher empfohlen, relativ abstrakte Qualitätsdimensionen abzufragen.[180] Die differenzierte Qualitätsmessung kann nach objektiven oder nach subjektiven Kriterien erfolgen. Die Messung der Dienstleistungsqualität erfolgt nach objektiven Kriterien, wenn für die einzelnen Merkmale einer Dienstleistung intersubjektive nachprüfbare und eindeutige Indikatoren bestehen oder die Evaluierung durch den Einsatz von neutralen dritten Personen[181] erfolgt.[182] Insbesondere lassen sich die Komponenten der Potenzialdimension einer Dienstleistung nach objektiven Kriterien überprüfen, sodass ein Anbieter diese nicht vernachlässigen sollte, da sie dem Konsumenten ein objektives Bild von der zu erwartenden Dienstleistungsqualität vermitteln.[183]

Zur Messung aus Kundensicht nach objektiven Kriterien gehören u. a.:

- das Silent-Shopper-Verfahren,
- die Expertenbeobachtung und
- der Dienstleistungs- und Warentest, bspw. durch die Stiftung Warentest.

Das Silent-Shopper-Verfahren wird auch Schein- bzw. Testkunden-Verfahren oder Mystery-Shopper-Verfahren genannt. Silent-Shopper sind Testkunden, die eine reale Dienstleistungssituation simulieren, welche jedoch für den Mitarbeiter als solche nicht zu erkennen sind, um Rückschlüsse auf eventuelle Mängel im

---

[180] Vgl. ebd.
[181] Beim Einsatz dritter Personen geht man von einer quasi-objektiven Messung aus, da die Wahrnehmung von subjektiven Leistungsbestandteilen, wie bspw. Freundlichkeit eines Kundenberaters, der Subjektivität unterliegt. Vgl. Meffert/Bruhn (2009), S. 198.
[182] Vgl. Meffert/Bruhn (2009), S. 197.
[183] Vgl. ebd.

Dienstleistungsprozess zu schließen.[184] Als Beispiel im Health Care Bereich ist eine empirische Untersuchung von BERRY und BENDAPUDI anzuführen, bei der die beiden Autoren als „Mystery Patients" in einem Krankenhaus waren.[185]

Die Expertenbeobachtung – bei dieser erfassen und analysieren geschulte Experten oftmals durch eine nicht-teilnehmende Beobachtung den Leistungserstellungsprozess, um Erkenntnisse über Mängel und das dadurch beeinflusste Kundenverhalten zu generieren.[186]

Wenn die Messung der Dienstleistungsqualität nach subjektiven Kriterien erfolgt, lassen sich merkmals-, ereignis- und problemorientierte Verfahren differenzieren.

Bei den merkmalorientierten Verfahren setzt sich die globale Dienstleistungsqualität aus der Bewertung der einzelnen Leistungselemente zusammen.[187] Während bei den ereignisorientierten Verfahren die wahrgenommene Dienstleistungsqualität in Bezug auf die Kundenkontaktpunkte untersucht wird, da Kunden während eines Dienstleistungsprozesses bestimmte Ereignisse als besonders qualitätsrelevant bewerten, und die problemorientierten Verfahren, die aus Kundensicht qualitätsrelevante Problemstellungen betrachten.[188]

---

[184] Vgl. Bruhn (2008), S. 132.
[185] Vgl. Berry/Bendapudi (2007), S. 113.
[186] Vgl. Bruhn (2008), S. 132.
[187] Vgl. Meffert/Bruhn (2009), S. 199.
[188] Vgl. Meffert/Bruhn (2009), S. 199 i. V. m. S. 206.

Zu den merkmalsorientierten Verfahren zählen bspw.:

- multiattributive Verfahren,
- dekompositionelle Verfahren,
- Vignette-Methode,
- Willingness-to-pay-Methode und der
- Penalty-Reward-Faktoren-Ansatz.

Multiattributive Verfahren sind kundenorientierte, differenzierte sowie subjektive Verfahren und gehen von der Annahme aus, dass „[...] globale Qualitätsurteile das Ergebnis der individuellen Einschätzung verschiedener Qualitätsmerkmale sind"[189]. Als Beispiele für ein multiattributives Verfahren werden nachfolgend das GAP-Modell und der SERVQUAL-Ansatz zur Messung der Dienstleistungsqualität vorgestellt.

Das GAP-Modell der Dienstleistungsqualität von PARASURAMAN, ZEITHAML und BERRY stellt einen umfassenden multiattributiven Ansatz zur Messung der Dienstleistungsqualität aus Kunden- und Unternehmenssicht dar. Der Ansatz wurde auf Basis von Tiefeninterviews mit Führungskräften von Dienstleistungsunternehmen in den Bereichen Banken, Kreditkartenunternehmen, Wertpapierhandel sowie Reparatur-/ Instandhaltungsservice und Fokusgruppeninterviews mit Konsumenten entwickelt.[190] Dabei definieren die Autoren Diskrepanzen, sog. Lücken bzw. GAPS, als:

„A set of key discrepancies or gaps exists regarding executive perceptions of service quality and the tasks associated with service delivery to consumers. These gaps can be major hurdles in attempting to deliver a service which consumers would perceive as being of high quality."[191]

---

[189] Hentschel (2000), S. 297.
[190] Vgl. Parasuraman et al. (1985), S. 43.
[191] Parasuraman et al. (1985), S. 44.

Die grafische Darstellung der fünf GAPS und die modellierten Zusammenhänge sind in der folgenden Abbildung (siehe Abb. 7) dargestellt.

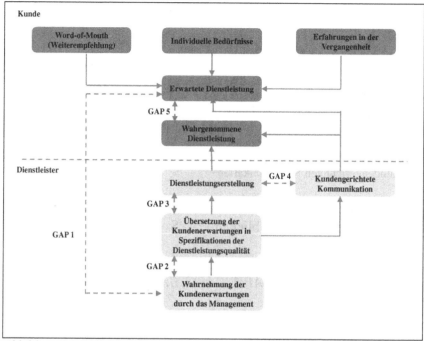

Abbildung 7: GAP-Modell der Dienstleistungsqualität

Quelle: Eigene Darstellung in Anlehnung an Parasuraman et al. (1985), S. 44.

Dabei ist die Kundenperspektive oberhalb der waagerechten gestrichelten Linie dargestellt, die Perspektive des Dienstleister unterhalb. Die Erwartungen der Kunden an eine Dienstleistung resultieren aus der Weiterempfehlung, individuellen Bedürfnissen und aus Erfahrungen aus der Vergangenheit. Bei der Beurteilung der Dienstleistung durch den Kunden stellt die erwartete Leistung den SOLL-Wert dar und die wahrgenommene Leistung den IST-Wert.

Die Abweichung zwischen der Kundenerwartung und der Kunden-
wahrnehmung stellt die Dienstleistungsqualität dar und entspricht
der GAP 5.

Die GAP 5 resultiert aus den vier folgenden innerbetrieblichen
GAPS:[192]

- GAP 1 – die Diskrepanz zwischen den Kundenerwartungen und deren
  Wahrnehmung durch das Management
- GAP 2 – die Diskrepanz zwischen der Wahrnehmung durch das Manage-
  ment und deren Umsetzung in Spezifikationen der Dienstleistungsqualität
- GAP 3 – die Diskrepanz zwischen den Spezifikationen der Dienstleistungs-
  qualität und der Dienstleistungserstellung
- GAP 4 – die Diskrepanz zwischen der Dienstleistungserstellung und der
  kundengerichteten Kommunikation

Zusammenfassend kann der Zusammenhang zwischen der GAP
5 und den vier innerbetrieblichen GAPS wie folgt dargestellt werden:[193]

$$GAP\ 5 = f(GAP\ 1, GAP\ 2, GAP\ 3, GAP\ 4).$$

Nach MEFFERT und BRUHN wirken die folgenden Einfluss-
faktoren auf die einzelnen GAPS:[194]

- GAP 1 zeigt auf, dass Unternehmen eine fehlende oder falsche Vorstellung
  von den Bedürfnissen und Erwartungen ihrer Kunden haben können. Gründe dafür können in mangelhaften Marktforschungsaktivitäten, einer unzu-
  länglichen aufwärtsgerichteten Kommunikation des Kundenkontaktperso-
  nals zum Management und einer hohen Anzahl von Hierarchieebenen liegen.

---

[192] Vgl. Parasuraman et al. (1985), S. 44 ff.
[193] Vgl. Parasuraman et al. (1985), S. 46.
[194] Vgl. Meffert/Bruhn (2009), S. 192 f.

- Die Umsetzungsdefizite in der GAP 2 liegen an einer mangelnden Verpflichtung des Managements gegenüber dem Prinzip der Dienstleistungsqualität, einer unscharfen Zielformulierung in Bezug auf die Servicequalität, Instrumente und Verfahren zur Standardisierung werden nicht eingesetzt und das Management trifft falsche Annahmen, inwieweit Kundenerwartungen erfüllbar sind.
- GAP 3 zeigt das Ausmaß, in welchem das Servicepersonal die Dienstleistung nicht auf dem vom Management erwarteten Niveau erbringt, weil es über eine unzureichende Qualifikation verfügt, die Kriterien der Leistungsüberwachung nicht angepasst sind und eine unzureichende Teamarbeit vorliegt.
- GAP 4 stellt die Diskrepanz zwischen den tatsächlich erstellten und der vorab versprochenen Leistungen dar, die durch übertriebene Versprechungen in der Unternehmenskommunikation und durch fehlende Informationen entsteht.

Der SERVQUAL-Ansatz ist ein Verfahren, welches die GAP 5 operationalisiert. Die Messung der Dienstleistungsqualität erfolgt dabei über 22 Items, welche die folgenden fünf Dimensionen der Dienstleistungsqualität repräsentieren:[195]

- Tangibles (materielles Umfeld) – die physische Infrastruktur, Ausstattung und das Erscheinungsbild der Mitarbeiter.
- Realibility (Zuverlässigkeit) – das Vermögen den versprochenen Service zuverlässig und sorgfältig anzubieten.
- Responsiveness (Reaktionsfähigkeit) – die Bereitschaft, dem Kunden zu helfen und die Dienstleistung sofort anzubieten.
- Assurance (Leistungskompetenz) – das Fachwissen und zuvorkommendes Auftreten der Mitarbeiter sowie deren Fähigkeit, Vertrauen und Zuversicht auszustrahlen.
- Empathy (Einfühlungsvermögen) – die fürsorgliche Aufmerksamkeit des Dienstleistungsanbieters für jeden einzelnen Kunden.

Zu jedem Item werden dabei zwei Aussagen in Form einer Doppelskala formuliert, zum einen die Erwartungen als *expectation*

---

[195] Vgl. Parasuraman et al. (1988), S. 23 f.; Zeithaml et al. (1990), S. 24 ff.

statement, *„should do so"* und zum anderen die Wahrnehmungen als *perception statement, „does so"* abzufragen.[196] Es wird eine 7er Skala verwendet – wobei „1" einer starken Ablehnung und „7" einer starken Zustimmung entspricht.[197] Für jedes Item kann die Differenz zwischen Wahrnehmung und Erwartung durch simple Subtraktion berechnet werden – die Ergebnisse liegen dabei zwischen -6 und +6.[198] Je größer der Wert ist, desto höher wird die wahrgenommene Dienstleistungsqualität eingeschätzt.[199] Der SERVQUAL-Gesamtscore, als ein globales Qualitätsurteil, berechnet sich aus der Durchschnittsbildung über die Differenzen aller Items.[200]

In der Literatur werden insbesondere die Doppelskala und die unterstellte Allgemeingültigkeit des Ansatzes kritisiert.[201] So führt HENTSCHEL aus, dass eine Doppelskala hohe Ansprüche an die Probanden stellt, da sie die Erfahrungen mit den verschiedenen Komponenten der untersuchten Dienstleistung nachträglich in einer relativ abstrakten Erwartungs- und Wahrnehmungsskala beantworten müssen.[202] Weiterhin kritisiert HENTSCHEL, dass die Operationalisierung der Erwartungen, als fiktive Idealleistungen, zu einem logischen Widerspruch mit der Aussage führt, dass die Mitte des Qualitätskontinuums gute und schlechte Qualität voneinander trennt.[203] Das impliziert, dass ein Dienstleistungsanbieter seine Leistung besser als Idealleistung anbieten muss, damit diese positiv

---

[196] Vgl. Zeithaml et al. (1990), S. 24.
[197] Vgl. ebd.
[198] Vgl. ebd.
[199] Vgl. ebd.
[200] Vgl. Zeithaml et al. (1990), S. 177.
[201] Dabei kann u. a. auf Bernhardt/Donthu/Kennett (2000), S. 165; Carman (1990), S. 43 ff. und Hentschel (2000), S. 311 f verwiesen werden.
[202] Vgl. Hentschel (2000), S. 311.
[203] Vgl. Hentschel (2000), S. 312.

eingeschätzt wird.[204] Um die Doppelskala zu umgehen, schlagen CRONIN und TAYLOR vor, nur die wahrgenommene Service-Qualität mit dem SERVPERF-Ansatz abzufragen.[205]

Kritisch äußern sich MEFFERT/BRUHN in Bezug auf die Operationalisierung von GAP 5 durch den SERVQUAL-Ansatz und stellen infrage, ob das GAP-Modell branchenunabhängig verwendet werden kann, da die Struktur und die implizit unterstellten Dienstleistungsprozesse auf den Bereich der Finanz- und Reparaturleistungen konzipiert wurde.[206]

Bei einem dekompositionellen Ansatz werden in einem ersten Schritt mithilfe globaler Qualitätsurteile eine Rangreihe der Leistungen mit unterschiedlichen Merkmalsausprägungen gebildet und in einem zweiten Schritt die Teilqualitäten berechnet.[207]

Bei der Vignette-Methode gilt es, bei Qualitätsurteilen in komplexen Situationen die Faktoren zu identifizieren, die für ein positives oder negatives Urteil ausschlaggebend sind.[208] Es wird angenommen, dass relativ wenige Faktoren die gesamte Leistungswahrnehmung bestimmen.[209] Dabei werden die Probanden um ein Globalurteil für eine Vignette, welche eine fiktive Situation darstellt, die mit definierten Stimuli, den „Critical Quality Characteristics"[210] beschrieben wird, gebeten.[211] Wenn die Vignette gut konstruiert und einem Pretest unterzogen wurde, kann sie eine reale Situation

---

[204] Vgl. ebd.
[205] Vgl. Cronin/Taylor (1992), S. 59 ff.; Cronin/Taylor (1994), S. 125 ff.
[206] Vgl. Meffert/Bruhn (2009), S. 195.
[207] Vgl. Bruhn (2008), S. 149.
[208] Vgl. Govers (1993), S. 386.
[209] Vgl. Pepels (2008), S. 33.
[210] Das sind Attribute, die aus Kundensicht für die Qualitätsbeurteilung von Interesse sind. Vgl. Bruhn (2008), S. 150.
[211] Vgl. Govers (1993), S. 386.

simulieren.[212] Dabei stellt das Qualitätsurteil die abhängige Variable dar und die Charakteristika der Vignette sind die unabhängigen, die erklärenden Variablen.[213]

Bei einem Willingness-to-Pay-Ansatz wird aus dem Ausmaß der Preisbereitschaft auf die Qualität geschlossen – je höher die Preisbereitschaft, desto höher wird die Qualität eingeschätzt.[214] Dabei wird von einer wertorientierten Perspektive ausgegangen[215], bei welcher das folgende Begriffsverständnis besteht „perceived value ist he consumer´s overall assessment of the utility of a product based on perceptions of what is received and what is given."[216] Der Kunde kommt zu einem Qualitätsurteil, indem er die Leistung mit den für ihn entstandenen „Opfern" in finanzieller, zeitlicher, psychischer oder physischer Art vergleicht.[217] Meistens werden diese „Opfer" durch den Preis beschrieben.[218] Der Preis hat zwei gegenseitige Funktionen: Zum einen kann er als Opfer wahrgenommen werden und zum anderen als Symbol für ein Plus an Qualität, Wert oder Prestige.[219] Eine Leistung kann nach dem Willingness-to-Pay-Ansatz wie folgt beurteilt werden:[220]

- Der Nutzen einer Leistung wird zu dem Preis in Beziehung gesetzt.
- Der Preis wird als eine Komponente zusätzlich zu den anderen Leistungskomponenten in multiattributiven oder dekompositionellen Verfahren mit aufgenommen.

---

[212] Vgl. Schoenberg/Ravdal (2000), S. 63 f.
[213] Vgl. Govers (1993), S. 387.
[214] Vgl. Pepels (2008), S. 48.
[215] Vgl. Schmitz/Picard (2006), S. 162.
[216] Zeithaml (1988), S. 14.
[217] Vgl. Bruhn (2008), S. 153.
[218] Vgl. ebd.
[219] Vgl. Ulaga/Chacour (2001), S. 530.
[220] Vgl. Bruhn (2008), S. 153 f.

Der Penalty-Reward-Faktoren-Ansatz nach BRANDT basiert auf der Annahme, dass jede Dienstleistung über Penalty-Faktoren und Reward-Faktoren verfügt:[221]

- Penalty-Faktoren, also „minimum requirements", deren Vorhandensein die wahrgenommene Dienstleistungsqualität nicht steigert, deren Fehlen bzw. Nichterfüllung beim Kunden jedoch Unzufriedenheit hervorrufen, woraufhin er das Unternehmen mit „demerits" bestraft.
- Reward-Faktoren, also „value added features", erzeugen eine höhere Qualitätswahrnehmung beim Kunden, die er mit „Bonuspunkten" honoriert. Ihr Fehlen bzw. Nichterfüllung erzeugt im Gegensatz zu den Penalty-Faktoren keine Unzufriedenheit.

Zielsetzung des Ansatzes ist es daher, die Penalty-Faktoren zu identifizieren.[222]

Die zweite Untergruppe der subjektiven Messverfahren sind die ereignisorientierten Verfahren. Hierzu zählen bspw.:

- Sequenzielle Ereignismethode,
- Critical-Incident-Technique,
- Critical-Path-Analyse und
- Root-Cause-Analyse.

Die sequenzielle Ereignismethode basiert auf einer Zerlegung eines Dienstleistungsprozesses in mehrere Teilprozesse anhand eines „Blueprints". [223] Dieser kann wie folgt definiert werden:

„Blueprinting is a holistic method of seeing in snapshot form what is essentially a dynamic, living phenomenon. For process design purposes, a blueprint should document all process steps and points of divergence in a specific service. This documentation must be carried to whatever level of detail is needed to distinguish between any two competing services. In other words, specific blueprints of real ser-

---

[221] Vgl. Brandt (1988), S. 35 f.
[222] Vgl. Bruhn (2008), S. 158.
[223] Vgl. Bruhn (2008), S. 167.

vices are more productive than generic or generalized visualizations in working out position strategies based on process"[224].

Auf Grundlage des Blueprint werden die befragten Kunden in einem Interview gebeten, den Ablauf des Dienstleistungsprozesses noch einmal gedanklich-emotional nachzuvollziehen.[225]

FLANAGAN entwickelte die Critical-Incident-Technique, dabei definiert er ein (kritisches) Ereignis als

„[b]y an incident is meant any observable human activity that is sufficiently complete in itself to permit inferences and predictions to be made about the person performing the act. To be critical, an incident must occur in a situation where the purpose or intent of the act seems fairly clear to the observer and where its consequences are sufficiently definite to leave little doubt concerning its effects"[226].

Im Rahmen der Critical-Incident-Technique werden die Kunden in offenen standardisierten Interviews gebeten, kritische Ereignisse während eines Dienstleistungsprozesses zu schildern.[227]

Die Critical-Path-Analyse, auch Switching-Path-Analyse genannt, ist eine Weiterentwicklung der Critical-Incident-Methode – mit dem Ziel, Abwanderungsprozesse des Kunden von einem Dienstleistungsanbieter zu messen.[228] Ebenfalls untersucht die Root-Cause-Analyse in einem mehrstufigen Verfahren die Ursachen von Kundenabwanderungen.[229]

---

[224] Shostack (1987), S. 35 f.
[225] Vgl. Bruhn (2008), S. 169.
[226] Flanagan (1954), S. 327.
[227] Vgl. Meffert/Bruhn (2009), S. 208.
[228] Vgl. Bruhn (2008), S. 174.
[229] Vgl. Bruhn (2008), S. 178.

Die dritte Untergruppe der subjektiven Messverfahren sind die problemorientierten Messansätze. Beispiele für diesen Messansatz zur Messung der Dienstleistungsqualität sind:

- Problem-Detecting-Methode,
- Frequenz-Relevanz-Analyse für Probleme (FRAP),
- Beschwerde-Analyse und
- Word-of-Mouth-Analyse.

Bei der Problem-Detecting-Methode steht die Dringlichkeit der Problembehebung im Mittelpunkt – bei welcher Kundenkontaktsituationen mit einem niedrigen vs. einem hohem Problemaufkommen und einem niedrigen vs. einem hohem kundenseitigen Problemeindruck oder Prioritäten von geringster bis höchster Dringlichkeit als Ergebnis im Rahmen einer Matrix visualisiert werden.[230]

Der Ablauf stellt sich dabei wie folgt dar:[231]

- Zusammenstellung und Erhebung von möglichen Problemen,
- aus Kundensicht werden die Probleme nach dem Auftreten ihrer Häufigkeit und nach ihrer Problembedeutung für das Leistungsergebnis geordnet, gewichtet und komprimiert,
- Erstellung eines Fragebogens mit Statement zu den Problemen,
- anschließend erfolgt die Datenerhebung und Datenauswertung.

Die Frequenz-Relevanz-Analyse für Probleme (FRAP) ist eine Weiterentwicklung der Problem-Detecting-Methode, dabei werden – unter der Annahme, dass ein Dienstleistungsanbieter sich umso dringlicher um ein Problem kümmern muss, je häufiger es auftritt und je bedeutsamer es für den Kunden ist – Kunden werden nach

---

[230] Vgl. Pepels (2008), S. 39 i. V. m. S. 40.
[231] Vgl. Pepels (2008), S. 39.

dem Auftreten von Problemen, dem Ausmaß ihrer Verärgerung und ihrer Verhaltensreaktion befragt.[232]

Die Beschwerde-Analyse wertet die in Kundenbeschwerden enthaltenen negativen kritischen Ereignisse aus.[233] Beschwerden werden dabei wie folgt definiert:

> „Artikulationen von Unzufriedenheit, die gegenüber Unternehmen oder auch Drittinstitutionen mit dem Zweck geäußert werden, auf ein subjektiv als schädigend empfundenes Verhalten eines Anbieters aufmerksam zu machen"[234].

LURIA, GAL und YAGIL zeigen in ihrer empirischen Studie hinsichtlich der Bereitschaft von Mitarbeitern über Beschwerden zu berichten, dass leitende Mitarbeiter in den Dienstleistungserstellungsprozess involviert und über Fehlabläufe bei der Dienstleistungserstellung informiert werden wollen sowie erwarten, dass Mitarbeiter Probleme im Kundenkontakt berichten.[235] Die leitenden Mitarbeiter sollten dabei den Wert der Information, welcher in informellen Beschwerden und in der Unzufriedenheit, die Kunden gegenüber den Kundenkontaktmitarbeitern äußern, enthalten ist, verstehen und folglich Kommunikationsprozesse und -mechanismen implementieren, um diese Informationen zu erhalten, analysieren und Qualitätsverbesserungen einleiten zu können.[236] Eine quantitative Beschwerdeanalyse kann anhand von Kreuztabellierung und Frequenz-Relevanz-Analysen die relative Bedeutung von Kundenproblemen bestimmen, während die qualitative Be-

---

[232] Vgl. Bruhn (2008), S. 184 f.
[233] Vgl. Stauss/Seidel (2007), S. 62.
[234] Stauss/Seidel (2007), S. 49.
[235] Vgl. Luria/Gal/Yagil (2009), S. 169.
[236] Vgl. Luria et al. (2009), S. 171.

schwerdeanalyse die genauen Ursachen der Kundenunzufriedenheit identifiziert.[237]

Der unternehmensorientierte Messansatz lässt sich zusätzlich unterteilen in einen management- und einen mitarbeiterorientierten Ansatz. Die managementorientierten Messansätze analysieren die aus der Sichtweise des Managements für den Kunden relevanten Qualitätsaspekte einer Dienstleistung.[238] Bei den mitarbeiterorientierten Ansätzen wird die externe und interne Qualitätswahrnehmung der Mitarbeiter erhoben.[239]

Zu den managementorientierten Ansätzen zählen bspw.:

- Benchmarking,
- Fehlermöglichkeits- und -einflussanalyse (FMEA) und
- Fishbone Analyse.

Benchmarking verfolgt zwei Ziele: Die Leistungsabweichung soll im Vergleich zu anderen Unternehmen aufgezeigt werden und die best practice, als die Praktiken, die eine bessere Leistungen ermöglichen, identifiziert werden.[240] In diesem Sinn definiert SPENDOLINI auf dem Einband seines Werkes „The Benchmarking Book" Benchmarking als

„a continuous, systematic process for evaluating the products, services and work processes of organizations that are recognized as representing best practices for the purpose of organizational improvement"[241].

---

[237] Vgl. Meffert/Bruhn (2009), S. 211.
[238] Vgl. Meffert/Bruhn (2009), S. 213.
[239] Vgl. Meffert/Bruhn (2009), S. 216.
[240] Vgl. Wertz/Sesterhenn (2004), S. 8.
[241] Spendolini (1992).

Benchmarking-Analysen werden nach der Art des Vergleichspartners in internes, wettbewerbsorientiertes, funktionales und generisches Benchmarking unterteilt.[242] In der nachfolgenden Tabelle (siehe Tab. 2) werden die Arten des Benchmarking näher erläutert.

Tabelle 2: Arten des Benchmarking

Arten des Benchmarking	Beschreibung
Internes Benchmarking	Das Benchmarking findet im eigenen Unternehmen statt, wobei sich dezentrale Einheiten mit gleicher Funktionserfüllung untereinander vergleichen.
Wettbewerbsorientiertes Benchmarking	Hier wird mit dem direkten Wettbewerber verglichen. Für das Gelingen und den Erfolg eines wettbewerbsorientierten Benchmarking ist eine win-win-Situation für die Vertragspartner wichtig. Um dies zu gewährleisten, werden die Vergleiche meist durch eine neutrale dritte Instanz durchgeführt.
Funktionales Benchmarking	Bei diesem Ansatz werden aus unterschiedlichen Branchen die Prozesse, die gleich in ihrer Funktion sind, verglichen.
Generisches Benchmarking	Als umfangreichster Ansatz werden über Branchengrenzen hinweg, unabhängig von Wettbewerb und Funktion, vergleichbare Abläufe identifiziert, beschrieben und verglichen.

Quelle: Eigene Darstellung in Anlehnung an Wertz/Sesterhenn (2004), S. 8 f.

Bei der Fehlermöglichkeits- und -einflussanalyse (FMEA) zeigt sich, dass für die Dienstleistungsunternehmen Fehlervermeidung als ein zentrales Thema des Qualitätsmanagements zu verstehen ist, denn bedingt durch die gleichzeitige Produktion und Konsumption einer Leistung ist eine Nachbesserung oftmals nicht möglich.[243]

---

[242] Vgl. Wertz/Sesterhenn (2004), S. 8.
[243] Vgl. Bruhn (2008), S. 192.

70

Der Ablauf erfolgt in vier Phasen: Fehlerbeschreibung aller denkbaren Fehler und Irrtumsmöglichkeiten während eines Dienstleistungsprozesses, Risikobeurteilung, Maßnahmen der Qualitätsverbesserung werden festgelegt und Erfolgsbeurteilung.[244]

Bei der Fishbone-Analyse wird ein Diagramm in der Form eines Fisches erstellt. Der Kopf des Fisches stellt das zu lösende Problem dar und die Gräten des Fisches sind die zentralen Dimensionen, die auf das Problem einwirken.[245] Die Nebeneinflussgrößen werden dabei an der Linie der Haupteinflussgröße dargestellt. Die Fishbone-Analyse als Ursache-Wirkungs-Diagramm ist zur Problemanalyse geeignet und für die Mitarbeiter eine mögliche Diskussionsgrundlage, um das Bewusstsein und Verständnis für die spezifischen Probleme der Dienstleistungserstellung zu schaffen sowie durch die Haupt- und Nebeneinflussgrößen Anknüpfungspunkte für eine Qualitätsverbesserung zu erreichen.[246]

Bei den mitarbeiterorientierten Messansätzen wird die Qualitätswahrnehmung der Mitarbeiter erhoben.[247] Beispiele hierfür sind:

- Mitarbeiterbefragung,
- Betriebliches Vorschlagswesen und
- Poka-Yoke-Verfahren.

Bei der Mitarbeiterbefragung wird eine Qualitätsbeurteilung aus der Sicht der Mitarbeiter mittels merkmalsorientierter Ansätze vorgenommen.[248] STOCK systematisiert die Mitarbeiterbefragung

---

[244] Vgl. Meffert/Bruhn (2009), S. 213.
[245] Vgl. Ostasiewski/Fugate (1994), S. 23.
[246] Vgl. Bruhn (2008), S. 196.
[247] Vgl. Bruhn (2008), S. 198; Meffert/Bruhn (2009), S. 216.
[248] Vgl. Bruhn (2008), S. 199.

anhand des Balance-Scorecard-Ansatzes[249] mit den vier folgenden Perspektiven:[250]

- Interne Perspektive: Wie können im Unternehmen die „harten" Faktoren, wie bspw. das Prozessmanagement, und die „weichen" Faktoren, wie bspw. Mitarbeiterzufriedenheit, optimal gestaltet werden?
- Lern- und Innovationsperspektive: Wie können organisationales Lernen und Innovation im Unternehmen langfristig sichergestellt werden?
- Kundenbezogene Perspektive: Wie wird das Unternehmen von Kunden wahrgenommen? Dabei stehen die Kundenanforderungen im Fokus, sodass die Mitarbeiterbefragung sich auf die Gestaltung von kundenbezogenen Prozessen bezieht und die Bedürfnisse als auch die Zufriedenheit erfasst.
- Wirtschaftliche Perspektive: Wie kann der Unternehmenswert gesteigert werden?

Dabei verfügen die Mitarbeiter mit Kundenkontakt in allen vier Perspektiven über eine hohe Bewertungskompetenz, während intern eingesetzte Mitarbeiter eine relative hohe Kompetenz in Bezug auf die interne und wirtschaftliche Perspektive aufweisen.[251]

Für Mitarbeiter, welche einen ständigen Kundenkontakt aufweisen, sollte es bei (zukünftigen) qualitätsrelevanten Problemen jederzeit möglich sein, mit dem Management in Kontakt treten zu können – eine Möglichkeit ist das Betriebliche Vorschlagswesen, bei dem bspw. Der Mitarbeiter Vorschläge notiert, indem er Qualitätsprobleme und ihre Lösung beschreibt.[252] Bei Annahme des Vor-

---

[249] Mit der Balance-Score-Card von KAPLAN und NORTON werden die Vision und die Strategie eines Unternehmens anhand vier Perspektiven: der Finanz-Perspektive, der Kunden-Perspektive, der Lern- und Wachstums-Perspektive und der interne Prozess-Perspektive, beschrieben. Dabei werden für jede Perspektive Ziele, Kennzahlen, Vorgabe und Maßnahmen definiert. Vgl. Kaplan/Norton (1996), S. 76.
[250] Vgl. Stock (2006), S. 379 f.
[251] Vgl. Stock (2006), S. 381.
[252] Meffert/Bruhn (2009), S. 216.

schlages wird in der Regel eine Prämierung, die sich an den einge-
sparten Kosten orientiert, gezahlt.[253]

Das Poka-Yoke-Verfahren hat zum Ziel das Null-Fehler-Prinzip
– dabei werden Fehlerursachen beseitigt oder kenntlich gemacht,
um vermeidbare Qualitätsmängel zu verhindern.[254]

Die zuvor genannten Ausführungen zeigen, es existiert eine
Vielzahl von Verfahren zur Messung der Dienstleistungsqualität mit
unterschiedlichen Zielsetzungen und Perspektiven, wie der kundenorientierten und der unternehmensorientierten Sichtweise. Die
Auswahl der Verfahren sollte sich daher an der Zielsetzung und den
vorhandenen Ressourcen orientieren. Weiterhin sollte kritisch beleuchtet werden, ob bei den Verfahren auch die Gütekriterien empirischen Forschens mit Objektivität, Validität und Reliabilität eingehalten werden können. Nach PEPELS eignen sich insbesondere die
merkmals- und ereignisorientierten Ansätze zur Messung der Qualität – bzw. er schlägt vor, verschiedene Ansätze miteinander zu
kombinieren.[255] Im nachfolgenden Kapitel werden einige Verfahren
zur Messung der Dienstleistungsqualität im Kontext von Gesundheitsdienstleistungen diskutiert.

Kundenzufriedenheit

Es folgt ein Exkurs zur Kundenzufriedenheit, da beide Konstrukte,
die Dienstleistungsqualität und die Zufriedenheit, in einem engen
Zusammenhang zueinander stehen. So ist für PARASURAM,
ZEITHAML und BERRY die erwartete Servicequalität ein globales
Urteil oder eine Einstellung in Bezug auf die Superiorität einer

---

[253] Vgl. ebd.
[254] Vgl. Pepels (2008), S. 53.
[255] Vgl. Pepels (2008), S. 54.

Dienstleistung, während die Zufriedenheit an eine spezifische Transaktion gekoppelt ist.[256] Zum Abschluss des Kapitels wird die Service-Profit-Chain betrachtet, die u. a. den Zusammenhang zwischen der Dienstleistungsqualität und der Kundenzufriedenheit beleuchtet.

In der folgenden Tabelle (siehe Tab. 3) wird ein Überblick über die verschiedenen Ansätze zur Erklärung der Entstehung von Kundenzufriedenheit aufgestellt. Das Confirmation-/Disconfirmation-Paradigma wird dabei als integrativer Rahmen verstanden, in welchem speziellere Ansätze zur Erklärung der Entstehung von Kundenzufriedenheit eingeordnet werden können.[257]

---

[256] Vgl. Parasuraman et al. (1988), S. 16.
[257] Vgl. Homburg/Stock-Homburg (2006), S. 23.

Tabelle 3: Überblick über Theorien und Konzepte zur Entstehung von Kundenzufriedenheit

Theorien	Erklärung	Ausgewählte Autoren
Confirmation-/Disconfirmation-Paradigma	Die Kundenzufriedenheit resultiert aus dem Abgleich mit der Erfahrung bei der Inanspruchnahme einer Leistung, dem IST mit dem Vergleichsstandard des Kunden, dem SOLL. Konfirmation, also Bestätigung besteht, wenn die IST-Leistung, der SOLL-Leistung entspricht. Wenn die IST-Leistung > SOLL-Leistung ist, bedeutet dies eine positive Diskonfirmation, das Zufriedenheitsniveau liegt über dem Konfirmationsniveau. Wenn die IST-Leistung < SOLL-Leistung ist, bedeutet dies eine negative Diskonfirmation, das Zufriedenheitsniveau liegt unter dem Konfirmationsniveau, es besteht also Unzufriedenheit.	Churchill Jr./ Surprenant, (1982) Fournier/Mick (1999)
Assimilationstheorie	Auch als Konsistenztheorie bezeichnet, ist als eine Weiterentwicklung der Dissonanztheorie von Festinger (1962). Annahmen sind: Dissonanz ist psychologisch gesehen unerwünscht, deshalb streben Personen nach einem kognitiven Gleichgewicht. Wenn jedoch eine kognitive Dissonanz vorliegt, eine Diskrepanz zwischen den Erwartungen und der wahrgenommenen Realität, wird ein Mechanismus zur Reduzierung dieser aktiviert, welcher als Assimilationseffekt bezeichnet wird. Folglich wird die Zufriedenheit an das Konfirmationsniveau angeglichen.	Cardozo (1965) Festinger (1962) Olshavsky/Miller (1972)

75

Theorien	Erklärung	Ausgewählte Autoren
Kontrasttheorie	Sie basiert auf der „Adaption-Level-Theory" von HELSON (1964). Es wird angenommen, dass der Kunde bei einer Diskrepanz zwischen der Erwartung, dem SOLL und der tatsächlichen Leistung, dem IST, eine nachträgliche Korrektur einer dieser beiden Größen vornimmt. Dabei neigen die Kunden, die Diskrepanz zwischen den Erwartungen und der wahrgenommenen Realität zu vergrößern. Diese Korrektur wird als Kontrast-Effekt bezeichnet. Das Verhalten führt dabei zu einer Vergrößerung der Diskonfirmation. Bei einer Diskonfirmation wird ein Überraschungseffekt ausgelöst – der je nach positiver bzw. negativer Diskonfirmation dazu führt, dass die Abweichung von der Erwartung als extrem positiv bzw. negativwahrgenommen wird.	Helson (1964) Hovland/ Harvey/Sherif (1957) Kenrick/ Gutierres (1980) Oliver (1981)
Assimilations-Kontrasttheorie	Die Assimilations-Kontrasttheorie ist eine Synthese aus Assimilations- und Kontrasttheorie und geht auf die „Social Judgment Theory" von SHERIF und HOVLAND (1961) zurück. Die Höhe der Diskrepanz zwischen der Erwartung und der tatsächlichen Leistung gibt vor, ob ein Mechanismus ausgelöst wird, der zu einer Verringerung, dem Assimilationseffekt oder zu einer Vergrößerung, dem Kontrasteffekt, führt. Dabei werden drei Bereiche unterschieden: Der Akzeptanzbereich, die Indifferenzzone und der Ablehnungsbereich. Im Akzeptanzbereich weicht die tatsächliche Leistung nur geringfügig von den Erwartungen ab, sodass die Person, die Wahrnehmung bzgl. der Realität bzw. die Erwartungen nachträglich anpasst, was dem Assimilationseffekt entspricht. Wenn die Diskrepanz im Indifferenzbereich der Person liegt, erfolgt keine Anpassung. Wenn die Diskrepanz im Ablehnungsbereich der Person liegt, weicht die tatsächliche Leistung stark von der Erwartung ab, was zu einer Vergrößerung der Diskrepanz zwischen den Erwartungen und der wahrgenommen Realität führt, dem Kontrasteffekt. Die Breite des Akzeptanz-/Ablehnungsbereich wird von der Ich-Beteiligung, dem Involvement, beeinflusst – je höher das Involvement, desto geringer ist der Akzeptanzbereich.	Homburg/Stock-Homburg (2006) Hovland/Harvey/Sherif (1957) Meyers-levy/Tybout (1997) Sherif/Hovland (1961)

Theorien	Erklärung	Ausgewählte Autoren
Typologisierung der Formen der Zufriedenheit	Es wird angenommen, dass das Erwartungsniveau im zeitlichen Verlauf variiert und das Leistungsniveau konstant bleibt. Es werden dabei von STAUSS und NEUHAUS fünf Kundentypen unterschieden: 1. der „fordernd Zufriedene", 2. der „stabil Zufriedene", 3. der „resignativ Zufriedene", 4. der „stabil Unzufriedene" und 5. der „fordernd Unzufriedene".	Homburg/Stock-Homburg (2006) Stauss/Neuhaus (2004)
Attributionstheorie	Nach KELLEY (1973) ist die Attributionstheorie „a theory about how people make causal explanations, about how they answer questions beginning with 'why?' It deals with the information they use in making causal inferences, and with what they do with this information to answer causal questions." In Bezug auf die Kundenzufriedenheit bedeutet dies, dass bedingt durch Attributionen (Ursachenzuschreibung), auch bei einem gleichen Konfirmationsniveau, unterschiedliche Zufriedenheitsgrade auftreten können. In Bezug auf die Ursachen können drei Dimensionen unterschieden werden: Der Ort (intern oder extern), die Stabilität und die Kontrollierbarkeit.	Bitner (1990) Kelley (1973) Weiner (1980)
Prospect-Theorie	Die Prospect-Theorie ist eine Nutzentheorie – der Nutzen wird über eine positive oder negative Abweichung von einem Referenzpunkt, Gewinn bzw. Verlust, definiert. Es wird angenommen, dass sich die Personen risikoavers verhalten. Ein wesentlicher Unterschied zwischen den Annahmen der Prospect-Theorie und den Annahmen des Konstruktes Kundenzufriedenheit besteht darin, dass die Prospect-Theorie eine a-priori-Perspektive vornimmt, während bei der Kundenzufriedenheit eine ex-post-Betrachtung besteht. Bei der Betrachtung der Kundenzufriedenheit wird der Referenzpunkt als Erwartungsniveau und der Nutzen als Zufriedenheit interpretiert. Bei Nichterfüllung der Kundenerwartung entsteht eine stärkere Unzufriedenheit als bei der Übererfüllung der Erwartungen in gleichem Ausmaß Zufriedenheit.	Homburg/Stock-Homburg (2006) Puto (1987) Tversky/Kahne-man (1986)

Theorien	Erklärung	Ausgewählte Autoren
Mehr-Faktoren-Modell der Kundenzufriedenheit	Die Annahmen basieren auf die Zwei-Faktoren von HERZBERG (1966), der zwei Faktoren, Hygienefaktoren, dissatisfiers, und Motivatoren, satisfiers, unterscheidet. Auf das Konstrukt der Zufriedenheit übertragen, bedeutet dies, dass nicht alle Leistungen gleichermaßen zur Zufriedenheit beitragen. Kundenanforderungen werden in Basis-, Leistungs- und Begeisterungsfaktoren unterteilt. Basisfaktoren sind das Pendant zu den Hygienefaktoren und werden vom Kunden als selbstverständlich vorausgesetzt. Bei Erfüllung wird das Konfirmationsniveau der Zufriedenheit nicht erreicht, während bei der Nichterfüllung das Zufriedenheitsniveau unter das Konfirmationsniveau absinkt, also Unzufriedenheit beim Kunden besteht. Leistungsanforderungen werden vom Kunden explizit verlangt, dabei wird angenommen, dass ein linearer Zusammenhang zwischen der Kundenzufriedenheit und dem Erfüllungsgrad der Leistung besteht. Dies bedeutet, dass die Zufriedenheit bei Übereinstimmung der Erwartungen mit der Erfüllung auf dem Konfirmationsniveau liegt. Wenn die Erwartungen nicht erfüllt bzw. übererfüllt werden, liegt die Zufriedenheit unterhalb bzw. oberhalb des Konfirmationsniveaus. Begeisterungsfaktoren werden vom Kunden nicht explizit verlangt und erwartet, sodass diese keinen negativen Einfluss auf die Zufriedenheit haben. Bei der Erfüllung der Begeisterungsfaktoren hat dies einen überproportional starken positiven Einfluss auf die Zufriedenheit. Methoden zur Identifikation von Basis-, Leistungs- und Begeisterungsfaktoren sind: die Critial Incident Technique, Lob- und Beschwerdeanalyse, die Regressionsanalyse, die „Kano"-Methode und das Importance Grid.	Herzberg (1966) Homburg/Stock-Homburg (2006) Matzler/Bailom (2006) Matzler/Sauerwein/ Stark (2006)

Quelle: Eigene Darstellung in Anlehnung an Bitner (1990), S. 70; Churchill Jr./Surprenant, (1982), S. 492 ff.; Festinger (1962), S. 3; Hovland/Harvey/Sherif (1957), S. 245; Homburg/Stock-Homburg (2006), S. 20 ff.; Kelley (1973), S. 107; Kenrick/Gutierres (1980), S. 133 ff.; Matzler/Bailom (2006), S. 263; Matzler et al. (2006), S. 295; Puto (1987); Sherif/Hovland (1961), S. 128 ff.; Stauss/Neuhaus (2004), S. 91f.; Tversky/Kahneman (1986), S. 258; Weiner (1980), S. 186 ff.

Unter anderem wird in der Service-Profit-Chain der Zusammenhang zwischen der Dienstleistungsqualität und der Kundenzufriedenheit dargestellt, welcher nachfolgend erläutert wird. Die Service-Profit-Chain, als kausale Kette, stellt einen Zusammenhang zwischen den „hard-factors", wie Gewinn und Markterfolg, und den „soft factors", wie der Mitarbeiter- und Kundenzufriedenheit, dar. Den Ausgangspunkt bildet die interne Servicequalität, welche einen Einfluss auf die Mitarbeiterzufriedenheit hat. Zufriedene Mitarbeiter fühlen sich an das Unternehmen gebunden und zeigen weiterhin eine hohe Mitarbeiterproduktivität. Die Mitarbeiterzufriedenheit führt zum externen Servicenutzen, also zu der wahrgenommenen Servicequalität durch den Kunden. Wird die wahrgenommene Servicequalität positiv durch den Kunden bewertet, sind diese zufrieden und zeigen sich loyal gegenüber dem Unternehmen, was positive Auswirkungen auf die ökonomischen Kennzahlen Umsatz und Rentabilität nach sich zieht. In konsekutiver Abbildung (siehe Abb. 8) wird die Service-Profit-Chain dargestellt.

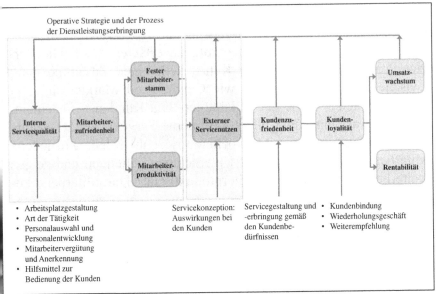

The figure contains the following labels:

Operative Strategie und der Prozess der Dienstleistungserbringung

Interne Servicequalität — Mitarbeiter-zufriedenheit — Fester Mitarbeiter-stamm — Mitarbeiter-produktivität — Externer Servicenutzen — Kundenzu-friedenheit — Kunden-loyalität — Umsatz-wachstum — Rentabilität

- Arbeitsplatzgestaltung
- Art der Tätigkeit
- Personalauswahl und Personalentwicklung
- Mitarbeitervergütung und Anerkennung
- Hilfsmittel zur Bedienung der Kunden

Servicekonzeption: Auswirkungen bei den Kunden

Servicegestaltung und -erbringung gemäß den Kundenbe-dürfnissen

- Kundenbindung
- Wiederholungsgeschäft
- Weiterempfehlung

Abbildung 8: Service-Profit-Chain

Quelle: Eigene Darstellung in Anlehnung
Heskett/Jones/Loveman/Sasser/Schlesinger (1994), S. 166 und
Heskett/Jones/Loveman/Sasser/Schlesinger (2008), S. 120.

Die Service-Profit-Chain ist eine vereinfachte Darstellung der Realität. So weisen KAMAURA, MITTAL und de ROSA in ihrer empirischen Überprüfung der Service-Profit-Chain nach, dass Kundenzufriedenheit allein keine Garantie für Rentabilität darstellt – „*superior satisfation alone is not an unconditional gurantee of profitability.*"[258] Ebenfalls ist die Richtung der postulierten Wirkungsbeziehung, dass sich die Mitarbeiter- auf die Kundenzufriedenheit auswirkt, kritisch zu beleuchten. Denn nach HALLER besteht in der wissenschaftlichen

---

[258] Kamakura/Mittal/de Rosa/Mazzon (2002), S. 194.

Community keine einhellige Meinung, ob sich die Mitarbeiter- positiv auf die Kundenzufriedenheit auswirkt.[259]

5.3 Relevanz im Pflegebereich

Für alle ambulanten und stationären Pflegeeinrichtungen wurde durch die Einführung der Pflegeversicherung im Jahr 1995 eine Verpflichtung zur Beteiligung an Maßnahmen der Qualitätssicherung vorgeschrieben.[260] Dabei hat der MDK die Aufgabe, als externe Qualitätssicherungsmaßnahme im Auftrag der Landesverbände der Pflegekassen, die Qualitätsprüfungen in ambulanten Pflegediensten und stationären Pflegeeinrichtungen durchzuführen.[261] Durch das Pflege-Weiterentwicklungsgesetz von 2008 wurden das interne Qualitätsmanagement von stationären Pflegeeinrichtungen und ambulanten Pflegediensten sowie die externe Qualitätssicherung durch den MDK folgendermaßen grundlegend weiterentwickelt:[262]

- Eine stärkere Anerkennung des internen Qualitätsmanagements – die Träger der Pflegeeinrichtungen bleiben verantwortlich für die Qualität ihrer Leistungserbringung, die auf eine stetige Sicherung und Weiterentwicklung der Pflegequalität ausgerichtet ist. Daher sind sie verpflichtet, Maßnahmen der Qualitätssicherung und ein Qualitätsmanagement nach §113 SGB XI durchzuführen, Expertenstandards nach §113a SGB XI anzuwenden sowie bei Qualitätsprüfungen nach §114 SGB XI mitzuwirken.
- Expertenstandards sind verbindlich festgeschrieben – diese wurden auf der Grundlage pflegewissenschaftlicher Erkenntnisse und praxisrelevante Maßnahmen von einem Expertenteam erarbeitet, um bestimmte Gefahren – wie

---

[259] Vgl. Haller (2012), S. 238.
[260] Vgl. Geraedts et al. (2011), S. 185.
[261] Vgl. Gerber/Friedrich (2011), S. 177.
[262] Vgl. Geraedts et al. (2011), S. 187; Gerber (2011a), S. 181; Gerber/Friedrich (2011), S. 178 f.; Medizinischer Dienst des Spitzenverbandes Bund der Krankenkassen und der GKV-Spitzenverband (2009), S. 3; Medizinischer Dienst des Spitzenverbandes Bund der Krankenkassen und der GKV-Spitzenverband (2009a), S. 3.

z. B. Dekubitusentstehung oder Mangelernährung – vorzubeugen, aber auch, um komplexe Versorgungssituationen wie bspw. Entlassungsmanagement zu gestalten.

- Es besteht eine größere Transparenz bzgl. der Ergebnisse der Qualitätsprüfung – es existiert die Möglichkeit, dass die Verbraucher sich u. a. im Internet über die Prüfergebnisse des MDK, im sog. Transparenzbericht, informieren können und dadurch einen Eindruck über die Qualität der jeweiligen Pflegeeinrichtungen erhalten. Dieses Vorgehen hat zum Ziel, den Verbraucherschutz zu fördern und einen Qualitätswettbewerb zwischen Pflegeeinrichtungen zu initiieren.

- Ab dem Jahr 2011 werden alle Pflegeeinrichtungen jährlich einer unangemeldeten Qualitätsprüfung des MDK unterzogen. Die Qualitätsprüfung umfasst dabei die Struktur-, Prozess- und Ergebnisqualität.

Diese Bestimmungen sind in Kapitel 11 des SGB XI „Qualitätssicherung, Sonstige Regelungen zum Schutz der Pflegebedürftigen" in den §§ 112 – 120 festgeschrieben.

FISCHER und GERBER beschreiben den Ablauf einer grundsätzlich unangemeldeten, ein- bis zweitätigen Qualitätsprüfung vor Ort durch den MDK wie folgt:[263] In der ersten Phase wird ein Einführungsgespräch geführt, bei dem die Einrichtung über Anlass und Ablauf der Prüfung informiert wird und die Prüfer die geplante Vorgehensweise erläutern. Die wichtigsten Ziele dieser Phase sind der Aufbau von Vertrauen und das Generieren von Klarheit sowie Struktur. In der zweiten Phase wird die versichertenbezogene Prozess- und Ergebnisqualität überprüft, welche auch den Schwerpunkt jeder Qualitätsprüfung darstellt. Dies beinhaltet eine Befragung und Inspektion des gesundheitlichen und pflegerischen Zustands von ausgewählten Pflegebedürftigen, welche deren und des gesetzlich bestellten Betreuers Einverständnis voraussetzt. Die Generierung einer Stichprobe ist abhängig von der Größe der Einrich-

---

[263] Vgl. Frischer/Gerber (2011), S. 187 f.

tung. Entsprechend der Verteilung der Pflegestufen in der Einrichtung und innerhalb der Pflegestufen werden die Pflegebedürftigen zufällig ausgewählt. Es erfolgt ein Abgleich mit den Informationen aus der Pflegedokumentation und den standardisierten Bewertungskriterien für die Pflegequalität. Eine mündliche Befragung zur Zufriedenheit wird mit den auskunftsfähigen Pflegebedürftigen der Stichprobe durchgeführt. In der dritten Phase werden die organisatorischen Voraussetzungen der Einrichtung anhand der Struktur- und Prozessqualität mit Befragung der Führungsebene geprüft. Ziel dabei ist es, Abläufe und Strukturen kritisch zu hinterfragen und positive Ergebnisse sowie Verbesserungs- und Lösungsmöglichkeiten im Dialog herauszuarbeiten. In der vierten Phase wird ein Abschlussgespräch geführt, bei dem die wichtigsten Ergebnisse der Leitung der Pflegeeinrichtung mitgeteilt werden. In der abschließenden Phase wird ein Prüfungsbericht erstellt, welcher eine Zusammenfassung der wichtigsten Ergebnisse sowie einen Empfehlungsteil enthält.

In nachfolgender Tabelle (siehe Tab. 4) werden die Transparenzkriterien vorgestellt, welche eine Teilmenge der Qualitätskriterien des MDK bilden.[264] Für stationäre Pflegeeinrichtungen existieren 82 Transparenzkriterien, aufgeteilt in fünf Qualitätsbereiche, und für ambulante Pflegeeinrichtungen 49 Transparenzkriterien, aufgeteilt in vier Qualitätsbereiche. Für die Gesamtbenotung werden im stationären und im ambulanten Bereich die Befragung der Bewohner bzw. Kunden nicht mit eingerechnet, sondern getrennt ausgewiesen.

---

[264] Vgl. Medizinischer Dienst des Spitzenverbandes Bund der Krankenkassen und der GKV-Spitzenverband (2009), S. 8; Medizinischer Dienst des Spitzenverbandes Bund der Krankenkassen und der GKV-Spitzenverband (2009a), S. 8.

Tabelle 4: Transparenzkriterien für die Pflegequalität für stationäre Pflegeeinrichtungen und für ambulante Pflegedienste

	Qualitätsbereich	Anzahl Qualitätskriterien	Beispiel-Items
Stationäre Pflegeeinrichtungen	**Pflege und medizinische Versorgung**	35	• Ist bei Bedarf eine aktive Kommunikation mit dem Arzt nachvollziehbar? • Entspricht die Durchführung der behandlungspflegerischen Maßnahmen den ärztlichen Anordnungen? • Entspricht die Medikamentenversorgung den ärztlichen Anordnungen? • Wird das individuelle Sturzrisiko erfasst? • Wird die erforderliche Körperpflege den Bedürfnissen und Gewohnheiten des Bewohners entsprechend durchgeführt? • Wird die Pflege im Regelfall von denselben Pflegekräften durchgeführt? • Werden die Mitarbeiter/innen regelmäßig in Erster Hilfe und Notfallmaßnahmen geschult?
	Umgang mit demenzkranken Bewohnern	10	• Wird bei Bewohnern mit Demenz die Biografie des Heimbewohners beachtet und bei der Tagesgestaltung berücksichtigt? • Werden bei Bewohner mit Demenz Angehörige und Bezugspersonen in die Planung der Pflege einbezogen? • Wird bei Bewohnern mit Demenz die Selbstbestimmung in der Pflegeplanung berücksichtigt? • Wird das Wohlbefinden von Bewohnern mit Demenz im Pflegealltag ermittelt und dokumentiert und werden daraus Verbesserungsmaßnahmen abgeleitet?

Qualitätsbereich	Anzahl Quali-tätskriterien	Beispiel-Items
Soziale Betreuung und Alltagsgestaltung	10	• Werden im Rahmen der sozialen Betreuung Gruppenangebote gemacht? • Werden im Rahmen der sozialen Betreuung Einzelangebote gemacht? • Gibt es Aktivitäten zur Kontaktaufnahme/Kontaktpflege mit dem örtlichen Gemeinwesen? • Gibt es Maßnahmen zur Kontaktpflege zu den Angehörigen? • Sind die Angebote der sozialen Betreuung auf die Struktur und Bedürfnisse der Bewohner ausgerichtet? • Verfügt die Pflegeeinrichtung über ein Beschwerdemanagement?
Wohnen, Verpflegung, Hauswirtschaft und Hygiene	9	• Ist die Gestaltung der Bewohnerzimmer, z. B. mit eigenen Möbeln, persönlichen Gegenständen und Erinnerungsstücken sowie die Entscheidung über ihre Platzierung möglich? • Wirken die Bewohner an der Gestaltung der Gemeinschaftsräume mit? • Kann der Zeitpunkt des Essens im Rahmen bestimmter Zeitkorridore frei gewählt werden? • Werden Speisen und Getränke in für die Bewohner angenehmen Räumlichkeiten und entspannter Atmosphäre angeboten?

Stationäre Pflegeeinrichtungen

85

	Qualitätsbereich	Anzahl Qualitätskriterien	Beispiel-Items
Stationäre Pflegeeinrichtungen	Befragung der Bewohner	18	• Wird mit Ihnen der Zeitpunkt von Pflege- und Betreuungsmaßnahmen abgestimmt? • Entscheiden Sie, ob Ihre Zimmertür offen oder geschlossen gehalten wird? • Hat sich für Sie etwas zum Positiven geändert, wenn Sie sich beschwert haben? • Sind die Mitarbeiter höflich und freundlich? • Nehmen sich die Pflegenden ausreichend Zeit für Sie? • Entsprechen die sozialen und kulturellen Angebote Ihren Interessen? • Können Sie jederzeit Besuch empfangen? • Erhalten Sie die zum Waschen abgegebene Wäsche zeitnah, vollständig und in einwandfreiem Zustand aus der Wäscherei zurück?
Ambulante Pflegeeinrichtungen	Pflegerische Leistungen	17	• Werden die individuellen Wünsche zur Körperpflege im Rahmen der vereinbarten Leistungserbringung berücksichtigt? • Werden die individuellen Wünsche zum Essen und Trinken im Rahmen der vereinbarten Leistungserbringung berücksichtigt? • Werden die individuellen Ressourcen und Risiken bei der Ernährung erfasst, wenn hierzu Leistungen vereinbart sind? • Werden die vereinbarten Leistungen zur Mobilität und deren Entwicklung nachvollziehbar durchgeführt? • Werden bei Menschen mit Demenz die biografischen und anderen Besonderheiten bei der Leistungserbringung beachtet?

	Qualitätsbereich	Anzahl Qualitätskriterien	Beispiel-Items
Ambulante Pflegeeinrichtungen	**Ärztlich verordnete pflegerische Leistungen**	10	• Basieren die pflegerischen Maßnahmen zur Behandlung der chronischen Wunden oder des Dekubitus auf dem aktuellen Stand des Wissens? • Entspricht die Medikamentengabe der ärztlichen Verordnung? • Wird die Blutzuckermessung entsprechend der ärztlichen Verordnung durchgeführt, ausgewertet und werden hieraus die erforderlichen Konsequenzen gezogen?
	Dienstleistung und Organisation	10	• Wird durch den Pflegedienst vor Vertragsbeginn ein Kostenvoranschlag über die voraussichtlich entstehenden Kosten erstellt? • Gibt es eine schriftliche Regelung zum Umgang mit Beschwerden? • Gibt es einen Fortbildungsplan, der sicherstellt, dass alle in der Pflege tätigen Mitarbeiter in die Fortbildungen einbezogen werden? • Ist der Verantwortungsbereich/sind die Aufgaben für die leitende Pflegefachkraft geregelt? • Wird die ständige Erreichbarkeit und Einsatzbereitschaft des Pflegedienstes im Hinblick auf die vereinbarten Leistungen sichergestellt?

	Qualitätsbereich	Anzahl Quali-tätskriterien	Beispiel-Items
Ambulante Pflegeeinrichtungen	**Befragung der Kunden**	12	• Wurden Sie durch den Pflegedienst vor Leistungsbeginn darüber informiert, welche Kosten Sie voraussichtlich selbst übernehmen müssen? • Werden mit Ihnen die Zeiten der Pflegeeinsätze abgestimmt? • Fragen die Mitarbeiter des Pflegedienstes Sie, welche Kleidung Sie anziehen möchten? • Kommt ein überschaubarer Kreis von Mitarbeitern des Pflegedienstes zu Ihnen? • Hat sich nach einer Beschwerde etwas zum Positiven geändert? • Respektieren die Mitarbeiter des Pflegedienstes ihre Privatsphäre? • Sind Sie mit den hauswirtschaftlichen Leistungen des Pflegedienstes zufrieden?

Quelle: Eigene Darstellung in Anlehnung an Medizinischer Dienst des Spitzenverbandes Bund der Krankenkassen und der GKV-Spitzenverband (2009), S. 214 ff.; Medizinischer Dienst des Spitzenverbandes Bund der Krankenkassen und der GKV-Spitzenverband (2009a), S. 184 ff.

Die Notengebung, bei welcher jedes einzelne Transparenzkriterium anhand eines Skalenwertes von 0 (schlechteste Bewertung) bis 10 (besten Bewertung) bewertet wird, gestaltet sich für den stationären und ambulanten Bereich wie folgt:

Tabelle 5: Notengebung Transparenzkriterien

Noten		Skalenwert
Sehr gut	1 bis 1,4	8,7 – 10
Gut	1,5 bis 2,4	7,3 – < 8,7
Befriedigend	2,5 bis 3,4	5,9 – < 7,3
Ausreichend	3,5 bis 4,4	4,5 – < 5,9
Mangelhaft	4,5 bis 5,0	0 – < 4,5

Quelle: Eigene Darstellung in Anlehnung an den Medizinischen Dienst des Spitzenverbandes Bund der Krankenkassen und den GKV-Spitzenverband (2009), S. 190; Medizinischer Dienst des Spitzenverbandes Bund der Krankenkassen und der GKV-Spitzenverband (2009a), S. 190

Für jeden Qualitätsbereich wird aus den Punkten der dazugehörigen Transparenzkriterien ein Mittelwert gebildet und diesem dann eine Note zugeordnet.[265] Die Gesamtnote wird über die Mittelwerte aller Transparenzkriterien errechnet.[266] Somit wird der Qualitätsbereich „Pflege und medizinische Versorgung" mit 35 in der stationären Pflege bzw. „Pflegerische Leistungen" mit 17 von insgesamt 37 relevanten Transparenzkriterien für die Gesamtnote in der ambulanten Pflege gewertet. Im Transparenzbericht wird die Gesamtnote einer Pflegeeinrichtung im Vergleich zur Gesamtnote aller über-

---

[265] Vgl. Geraedts et al. (2011), S. 189.
[266] Vgl. ebd.

prüften Einrichtungen eines Bundeslandes dargestellt.[267] Weiterhin werden bei der Darstellung der Ergebnisse neben der Gesamtnote auch die einzelnen Bereichsnoten und die Note der Bewohnerzufriedenheit veröffentlicht.

In nachfolgender Tabelle (siehe Tab. 6) sind die Durchschnittsnoten für das Jahr 2011 (Stand 05.12.2011) dargestellt. Im Bundesdurchschnitt werden dabei sehr gute bis gute Noten in allen Qualitätsbereichen sowohl für die stationäre als auch für die ambulante Pflege erreicht.

Tabelle 6: Durchschnittsnoten der geprüften Pflegeeinrichtungen Stand 05.12.2011

Qualitätsbereich	Note Bundesdurchschnitt
stationäre Pflegeeinrichtungen	
Pflege und medizinische Versorgung	1,8
Umgang mit demenzkranken Bewohnern	1,6
Soziale Betreuung und Alltagsgestaltung	1,5
Wohnen, Verpflegung, Hauswirtschaft und Hygiene	1,2
Gesamtnote	1,3
Befragung der Bewohner	1,2

---

[267] Vgl. ebd.

Qualitätsbereich	Note Bundesdurchschnitt
ambulante Pflegeeinrichtungen	
Pflegerische Leistungen	2,3
Ärztlich verordnete pflegerische Leistungen	1,8
Dienstleistung und Organisation	1,4
Gesamtnote	1,7
Befragung der Kunden	1,0

Quelle: Eigene Darstellung in Anlehnung an DatenClearingStelle (2011), S. 2.

Nach dem Medizinischen Dienst des Spitzenverbandes Bund der Krankenkassen e.V. wird von den Pflegeeinrichtungen die Bedeutung der eigenen Transparenznoten sehr different wahrgenommen,[268] inwieweit eine schlechte Note dazu führte, dass Bewohner aus einer stationären Einrichtung auszogen oder Kunden den ambulanten Dienst wechselten, ist nicht bekannt. Jedoch haben die Noten laut den Pflegeeinrichtungen Auswirkungen auf die Mitarbeiterakquise. In Einzelfällen werden Prüfberichte mit negativem Inhalt dazu benutzt, arbeitsrechtliche Schritte gegen Mitarbeiter einzuleiten. Auf der anderen Seite werben Pflegeeinrichtungen zunehmend in der Kommunikation nach außen mit guten Prüfbewertungen.

Hingegen kommt die wissenschaftliche Evaluierungsstudie zur Beurteilung der Pflege-Transparenzvereinbarungen von HASSELER und WOLF-OSTERMANN zu dem Schluss,[269] dass die Noten einen Einfluss auf die persönliche Entscheidung nehmen, indem durch sie eine Vorauswahl bzgl. der Pflegeeinrichtungen getroffen

---

[268] Vgl. Medizinischer Dienst des Spitzenverbandes Bund der Krankenkassen e.V. (2012), S. 186.
[269] Vgl. Hasseler/Wolf-Ostermann (2010), S. 280.

wird, jedoch spielen weitere Kriterien wie Wohnortnähe, eigener Eindruck vor Ort, Weiterempfehlungen von Bekannten und Freunden sowie weiche Kriterien eine weitere Rolle für die Entscheidungsfindung.

Kritisch diskutiert werden u. a. folgende Inhalte der Pflege-Transparenzvereinbarungen:[270]

- Durch die Angabe einer Gesamtnote wird befürchtet, dass dieser eine zu große Bedeutung beigemessen werden könnte und es so zu einer Nivellierung der jeweiligen Noten bei den einzelnen Transparenzkriterien führt. Durch die Gleichgewichtung der Kriterien bei der Durchschnittsbildung können schlechte Noten im pflegerischen Bereich durch gute Bewertungen bzgl. der Strukturqualität partiell kompensiert werden.
- Die Zuordnung der Skalenwerte zu den Noten führt zu einer „zu guten" Darstellung der Ergebnisse.
- Bei der Bewohner- bzw. Kundenbefragung wird insbesondere auf eine vermute Abhängigkeitsposition verwiesen, da Fremdeinschätzung und die Befragung der Pflegebedürftigen sehr stark differieren können. Weiterhin wird die zu geringe Anzahl der Befragten in Bezug auf die Repräsentativität kritisiert.
- Die Pflegenoten fokussieren die medizinisch-pflegerische Qualität und konzentrieren sich auf Struktur- und Prozessqualität, während die Lebensqualität und selbstbestimmte Teilhabe der Pflegebedürftigen unterpräsentiert ist.
- Die Vorgabe, dass die Pflegebedürftigen nach dem Zufallsprinzip für die Stichprobe bei der Prüfung ausgewählt werden, garantiert nicht immer, dass Personen mit pflegerischen Problemkonstellationen wie Dekubitus oder Sondenernährung in die Stichprobe eingehen, was zu dem Ergebnis führt, dass der Umgang einer Pflegeeinrichtung mit derartigen Spezialfällen nicht ausreichend geprüft und dargestellt werden kann.
- Bei der Veröffentlichung der Ergebnisse wird die Darstellung im Internet nicht in Frage gestellt, für die Informationssuche der Interessenten sollte sie jedoch um weitere Zugangswege erweitert werden – bspw. durch Ausdru-

---

[270] Vgl. Gerber (2011), S. 192; Hasseler/Wolf-Ostermann (2010), S. 234 ff.; Stoffer (2011), S. 8.

cke beim behandelnden Arzt. Im Mittelpunkt sollte die Übersichtlichkeit und Zweckmäßigkeit stehen.

KLIE und STOFFER gehen sogar soweit, dass die Transparenzkriterien für sie kein geeignetes Instrument zur Messung der Pflegequalität darstellt und fordern mit ihrem „Moratorium Pflegenoten" dessen Abschaffung.[271]

Einen alternativen Prüfansatz zur Messung der Ergebnisqualität für stationäre Pflegeeinrichtungen stellen WINGENFELD et al. vor, mit Kriterien in den fünf folgenden Qualitätsbereichen:[272]

1. Erhalt und Förderung von Selbstständigkeit,
2. Schutz vor gesundheitlichen Schädigungen und Belastungen,
3. Unterstützung bei spezifischen Bedarfslagen,
4. Wohnen und hauswirtschaftliche Versorgung,
5. Tagesgestaltung und soziale Beziehungen.

Die Voraussetzung für die Kriterien sind die Eignung: des Vergleiches der Ergebnisqualität in verschiedenen Einrichtungen, für eine öffentliche Qualitätsberichterstattung, zur Anwendung im internen Qualitätsmanagement der Einrichtungen und für individuelle Kontrolle von Pflegeergebnissen bei externen Qualitätsprüfungen.[273]

Zusammengefasst müssen für die Transparenzkriterien bzw. bei den Qualitätskriterien des MDK die Gütekriterien für quantitative Forschung gelten, nämlich Validität, Reliabilität und Objektivität. Die zuvor dargestellte Diskussion zeigt, dass gewisse methodische Mängel momentan noch bestehen. Insbesondere sollte der Frage

---

[271] Vgl. Jenrich (2012), S. 19; Stoffer (2011), S. 8 f.
[272] Vgl. Wingenfeld/Kleina/Franz/Engels/Mehlan/Engel (2011), S. 41 ff.
[273] Vgl. Wingenfeld et al. (2011), S. 41.

nachgegangen werden, ob das Messinstrument das misst, was es messen soll – nämlich die Qualität in einer stationären bzw. ambulanten Einrichtung – und werden alle relevanten Qualitätsbereiche abgebildet? Oder sollte der Messansatz erweitert, modifiziert oder neu formuliert werden durch das Einbeziehen von latenten Konstrukten wie Lebensqualität und selbstbestimmter Teilhabe[274] der Pflegebedürftigen.

Vor allem im Gesundheitswesen wird Qualität insbesondere durch den Einsatz von Personal beeinflusst – um eine hohe Versorgungs- und Lebensqualitäten zu erreichen, muss eine kundenorientierte Dienstleistung erbracht werden und ein Serviceverständnis der Akteure innerhalb der Dienstleistungserstellungsprozesse bei der Integration der Pflegebedürftigen erfolgen.[275] Aus diesem Grund werden anschließend Verfahren und Modelle aus der Dienstleistungsforschung untersucht, die zur Messung von Dienstleistungsqualität in der Pflegebranche genutzt werden.

Das GAP-Modell und die SERVQUAL-Analyse im Pflegebereich

Zahlreiche empirische Studien im Health Care Bereich nutzen das GAP-Modell bzw. die SERVQUAL-Analyse[276] zur Messung der Dienstleistungsqualität. Nachfolgend wird eine theoretische Ausführung von FLIEß, MARRA und RECKENFELDERBÄUMER zum GAP-Modell und zwei empirische Studien bzgl. des SERVQUAL-Ansatzes kurz vorgestellt.

---

[274] Vgl. Stoffer (2011), S. 8.
[275] Vgl. Esslinger/Rager (2010), S. 513.
[276] Exemplarisch angeführt werden Curry et al. (1999); Dagger/Sweeney (2007); Guiry/Vequist (2011); Lee et al. (2000); Pakdil/Harwood (2005); Yesilada/Yurdakul (2009).

FLIEß, MARRA und RECKENFELDERBÄUMER beschreiben für das GAP-Modell im Kontext eines Krankenhauses sowie einer Pflegerichtung die Ursachen und stellen ebenfalls Beispielfragen, um die Ursachen für die einzelnen Gaps zu identifizieren. In der nachfolgenden Tabelle (siehe Tab. 7) sind diese für Pflegeeinrichtungen zusammengefasst dargestellt.

Tabelle 7: Ursachen von Qualitätsabweichungen im Pflegekontext

Gap	Ursachen des Gaps	Fragen zur Identifizierung der Ursachen
Gap 1: Wahrnehmungslücke	• Keine Berücksichtigung der Marktforschung → die Erwartungen der Bewohner werden nicht erfasst • Kommunikation zwischen Pflegepersonal und Heimleitung/Managementebene → das Kundenkontaktpersonal kennt die Erwartungen der Bewohner, gibt diese jedoch nicht oder missverständlich an die Heimleitung/Management weiter • Hierarchiestufen – eine stark ausgeprägte Hierarchie kann verhindern, dass Informationen an die Heimleitung/ das Management weitergegeben werden bzw. werden die Informationen erhalten, aber für unglaubwürdig eingeschätzt	• Werden Kundenbefragungen durchgeführt und werden die Ergebnisse berücksichtigt? • Spricht das Pflegepersonal mit dem Bewohner über seine Erwartungen? • Spricht die Heimleitung/Management mit den Bewohnern? Wie oft? • Wie oft sprechen Pflegepersonal und Heimleitung/Management miteinander? • Wie oft sprechen Pflegepersonal und Heimleitung/Management miteinander? • Werden Anregungen des Pflegepersonals berücksichtigt? • Wie ist die Qualität des Kontaktes zwischen Pflegepersonal und Heimleitung/Management zu beurteilen? • Wie viele Hierarchieebenen bestehen zwischen Pflegepersonal und oberster Managementebene?

Gap	Ursachen des Gaps	Fragen zur Identifizierung der Ursachen
Gap 2: Spezifikationslücke	• Keine Verpflichtung der Heimleitung/ des Managements gegenüber dem Prinzip der Dienstleistungsqualität • Zielkonflikte, z. B. Qualitäts- vs. Kostenziel • Fehlende Standardisierung von Prozessen • Fähigkeiten oder Voraussetzungen zur Erfüllung der Anforderungen fehlen	• Wie viele Ressourcen (monetär, Personal) stehen für die Verbesserung der Dienstleistungsqualität zur Verfügung? • Existieren interne Qualitätsprogramme? • Gibt es einen formalen Prozess zur Aufstellung von Qualitätszielen? • Gibt es Vorgaben für die Erledigung von Aufgaben? • Gibt es unterstützende Techniken für die Erledigung von Aufgaben? • In welchem Maß sind die Kundenerwartungen erfüllbar? Sind die Voraussetzungen erfüllt und welche Maßnahmen müssen ergriffen werden?
Gap 3: Durchführungslücke	• Fehlendes Teamwork • Das wahrgenommene Ausmaß der Kontrolle • Rollenkonflikt und Rollenverständnis • Technologie-Arbeitsplatzentsprechung • Mitarbeiter-Arbeitsplatzentsprechung	• In welchem Maß engagieren sich Mitarbeiter, in welchem Maß identifizieren sie sich mit dem Unternehmen? • In welchem Maße haben Mitarbeiter das Gefühl, ihre Aufgaben unter Kontrolle zu haben? • In welchem Maße hat das Pflegepersonal den Eindruck, auf Bewohnerwünsche eingehen zu können? • Wie sind die Ziele für das Pflegepersonal definiert? • Wie umfangreich ist die erforderliche Dokumentation bei der Pflege? • In welchem Maße stehen technische Geräte und Technologien zur Verfügung?
Gap 4: Kommunikationslücke	• Horizontale Kommunikation → wie wird die Pflegedienstleistung gegenüber dem Bewohner/ Angehörigen dargestellt • Neigung zu übertriebenen Versprechungen	• In welchem Maße ist das Pflegepersonal darüber informiert, wie die Pflegeeinrichtung sich nach außen darstellt, wie und womit sie wirbt? • In welchem Maße fühlt sich die Einrichtung gefordert, neue Kunden anzuwerben?

Quelle: Eigene Darstellung in Anlehnung an Fließ et al. (2005), S. 417 ff.

Diese Ausführungen zeigen, dass im GAP-Modell als theoretischer Rahmen weitere Messverfahren integrierbar sind, da die Ursachen von Qualitätsabweichungen sehr vielschichtig sind. Um entscheidungsrelevante Informationen zu generieren, könnte daher die Heimleitung bzw. das Management von Pflegeeinrichtungen bspw. für alle vier Gaps das Instrument der Mitarbeiterbefragung oder das betriebliche Vorschlagwesen nutzen.

LEE et al. modifizieren für ihre Messung der erwarteten Servicequalität bei Gesundheitsdienstleistungen die fünf Dimensionen des SERVQUAL-Ansatzes[277] von PARASUAM et al. und ergänzen diese um zwei Dimensionen, die medizinische Kernleistung und die Professionalität/Kompetenz der Mitarbeiter.[278] Unter einer medizinischen Kernleistung werden die zentralen medizinischen Aspekte der Dienstleistung, die Verhältnismäßigkeit, die Effektivität und der Nutzen für den Patienten verstanden. Die Professionalität/Kompetenz der Mitarbeiter beinhaltet das Wissen, die technische Expertise, den Umfang der Ausbildung und die Erfahrung.[279]

CURRY et al. führen in 88 Altenheimen eine Befragung mit einem Rücklauf von 78 Bewohnern und 75 Angehörigen durch.[280] Die beiden Gruppen zeigen folgende Erwartungen (erste und zweite Priorität zusammen betrachtet) bzgl. der Qualitätsdimensionen in Altenheimen:[281] Die höchste Erwartung der Angehörigen besteht bzgl. Dimension „Einfühlungsvermögen", während bei den Bewohnern bzgl. der Leistungskompetenz die höchsten Erwartungen bestehen. Die Autoren erklären dieses Ergebnis wie folgt: Die Leistungskompetenz ist ein Schlüsselfaktor in der Pflege, da er Sicher-

---

[277] Vgl. Parasuraman et al. (1988), S. 23 f.
[278] Vgl. Lee et al. (2000), S. 235.
[279] Vgl. ebd.
[280] Vgl. Curry et al. (1999), S. 330.
[281] Vgl. Curry et al. (1999), S. 331.

heit vermittelt. Beide Gruppen erachten hingegen das materielle Umfeld am wenigsten wichtig. Nachfolgende Abbildung (siehe Abb 9) stellt die Erwartungen dar. Inwieweit die Unterschiede signifikant sind, wird jedoch nicht angegeben. Ebenfalls erfolgt keine Angabe zur Streuung der Daten.

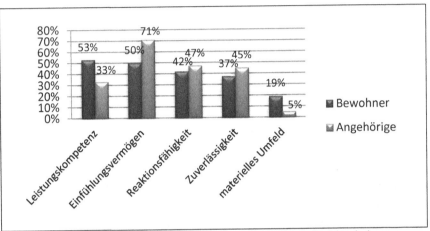

Abbildung 9: Erwartungen bzgl. der Qualitätsdimensionen in Altenheimen

Quelle: Eigene Darstellung in Anlehnung an Curry et al. (1999), S. 331.

Wie in Kapitel 5.2 gezeigt, existiert eine Vielzahl von differenten Methoden, um Dienstleistungsqualität zu messen. Oftmals können diese Verfahren auf den Pflegebereich übertragen werden bzw. werden sie auf die speziellen Gegebenheiten angepasst. Es existiert jedoch bislang keine Erhebung, inwieweit diese im Pflegemanagement bzw. von den Pflegemitarbeitern in der Praxis angewendet werden. Hier könnte ein weiterer Forschungsansatz und -bedarf bestehen. Aus der Perspektive des Dienstleistungsmanagements betrachtet, würde der ergänzende Einsatz wirtschaftswissenschaftlicher Verfahren zur Messung von Qualität eine Stärkung des Dienstleistungscharakters in der Pflege bedeuten und so den Diskurs zum Qualitätsbegriff in der Pflege erweitern.

6 Customer Voluntary Performance

In Kapitel 6.1 wird zunächst der Begriff CVP definiert. In Kapitel 6.2 wird im Anschluss daran auf den Stand der Forschung eingegangen. Abschließend wird in Kapitel 6.3 die Relevanz der Dienstleistungsqualität im Pflegebereich dargestellt.

6.1 Begriffsdefinition

BETTENCOURT entwickelt in den 90er Jahren das Konzept des CVP, welches wie folgt beschrieben werden kann:

> „[CVP] refers to helpful, discretionary behaviors of customers that support the ability of the firm to deliver service quality."[282]

CVP sind also eine freiwillig durch den Kunden erbrachte Leistung, welche ein Unternehmen unterstützen, Dienstleistungsqualität zu erbringen und daher gefördert werden sollten. Die daraus entstehenden positiven monetären Auswirkungen wurden in Kapitel 5.2 anhand der Service-Profit-Chain beschrieben. Positive Auswirkungen in Bezug auf die Mitarbeiter zeigen sich nach GARMA und BOVE zum einen im physischen Wohlergehen anhand von Wohlbefinden (bei positiven Rückmeldungen) und generellen Anregung – zum anderen ebenfalls in einem sozialen Wohlergehen anhand von Status, Verhaltens-Konfirmation und Affektion.[283]

CVP ist ein sozialer Austauschprozess, welcher die Verhaltenszustände Commitment, globale Zufriedenheit und wahrgenommene

---

[282] Bettencourt (1997), S. 384.
[283] Vgl. Garma/Bove (2011), S. 644.

Unterstützung bei den Kunden voraussetzt.[284] Dabei kann Commitment kann als eine psychologische Verpflichtung bzw. Bindung an einen Serviceanbieters verstanden werden. [285] Die wahrgenommene Unterstützung (Perceived Support) zeigt, inwieweit der Dienstleistungsanbieter Kundenbeiträge wertschätzt und um das Wohlergehen der Kunden bemüht ist. [286]

Es gibt drei Dimensionen von CVP: Loyalität, Kooperation und Partizipation. Loyalität wird beschrieben als „customers' behaviors indicating allegiance to and promotion of the organization's interests beyond individual interests"[287]. Es handelt sich bei Loyalität daher um ein Zugehörigkeitsgefühl, das bspw. durch Weiterempfehlung[288] gezeigt wird, und um kein opportunistisches Verhalten, bei welchem sich der Kunde dadurch einen persönlichen Vorteil erwartet. Kooperation bezieht sich auf das im Eigenermessen der Kunden liegende Verhalten bei der Erbringung von Qualität im Dienstleistungserstellungsprozess − „refers to discretionary customer behaviors indicating respect for the provision of quality service delivery"[289]. Kooperation kann zum einen durch Hilfestellung gegenüber anderen Kunden erfolgen, bspw. durch das Erteilen von Ratschlägen, und zum anderen in einer mehr oder weniger aktiven Rolle des Kunden als Co-Creator, bspw. ein Patient, welcher selbstständig Rehabilitationsübungen durchführt.[290] Partizipation bezieht sich auf die Beteiligung des Kunden in der Führung und Entwicklung der Organisation durch bspw. konstruktive

---

[284] Vgl. Bettencourt (1997), S. 384.

[285] Vgl. Jones/Reynolds/Mothersbaugh/Beatty (2007), S. 338.

[286] Vgl. Eisenberger/Fasolo/Davis-LaMastro (1990), S. 52; Eisenberger/Huntington/Hutchison/Sowa (1986), S. 501. Die Autoren definieren die wahrgenommene Unterstützung zwischen Mitarbeiter und Unternehmen. In der vorliegenden Arbeit wurde diese auf den Kundenkontext übertragen.

[287] Bettencourt (1997), S. 385.

[288] Es werden die Bezeichnungen Weiterempfehlung und Word-of-Mouth (WoM) synonym verwendet.

[289] Bettencourt (1997), S. 386.

[290] Vgl. ebd.

Beschwerden oder Vorschläge – „indicating active and responsible involvement in the governance and development of the organization"[291].

In nachfolgender Abbildung (siehe Abb. 10) ist das Konstrukt CVP nach BETTENCOURT dargestellt.

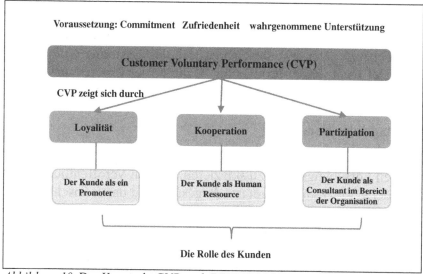

Abbildung 10: Das Konstrukt CVP nach BETTENCOURT

Quelle: Eigene Darstellung in Anlehnung an Bettencourt (1997), S. 385 f.

ROSENBAUM und MASSIAH beschreiben das Konstrukt CVP nach BETTENCOURT wie folgt:

> „CVP as behaviors in which customers promote a service establishment by exhibiting loyalty (i.e., spreading positive word of mouth; WOM), by offering an establishment suggestion for improvement (i.e., participation) or by displaying courtesy to an establishment's employees and customers (i.e., cooperation)."[292]

---

[291] Vgl. ebd.
[292] Rosenbaum/Massiah (2007), S. 258.

Customer-Citizenship-Behavior kann synonym zu CVP betrachtet werden. Es beschreibt ein Kundenverhalten, welches

> „as voluntary and discretionary behaviors that are not required for the successful production and/or delivery of the service but that, in the aggregate, help the service organization overall"[293].

Customer-Citizenship-Behavior umfasst die folgenden Dimensionen: Weiterempfehlung, anderen Kunden behilflich sein und Feedback geben.[294] Damit unterscheidet sich das Customer Citizenship von der Customer Co-Production[295], die ein erwartetes und benötigtes Verhalten für die Dienstleistungserbringung darstellt.[296]

6.2 Stand der Forschung

Um den Forschungsstand zu skizzieren, werden Veröffentlichungen bzgl. der CVP zusammengefasst dargestellt und daran anschließend weitere Forschungsansätze, die wie CVP eine freiwillig erbrachte Kundenleistung beinhalten, vorgestellt.

In den Fokus wird anschließend die Veröffentlichung „When Customers Receive Support From Other Customers" von ROSENBAUM und MESSIAH (2007) gerückt, die den Einfluss von Unterstützung der Kunden gegenüber anderen Kunden auf die CVP untersuchen – da dieser Ansatz u. a. für die empirische Untersuchung der vorliegenden Arbeit verwendet wurde. Im Fokus der traditionellen Dienstleistungsforschung steht die Beziehung zwischen Mit-

---

[293] Groth (2005), S. 11.
[294] Vgl. Groth (2005), S. 15.
[295] Siehe dazu die Ausführungen in Kapitel 3.1.
[296] Vgl. Groth (2005), S. 10 f.

arbeitern und Kunden, während noch eine Forschungslücke bzgl. der Beziehungen der Kunden untereinander besteht.[297]

Dabei testen die Autoren u. a. die Hypothese, ob die Häufigkeit, mit welcher Kunden sozial-emotionale Unterstützung und instrumentelle Unterstützung von anderen Kunden in einer Dienstleistungsumgebung erhalten, sich positiv auf ihre Bereitschaft, CVP durch a) Partizipation, b) Kooperation und c) Loyalität (Weiterempfehlung) zu zeigen, auswirkt.[298] In Bezug auf andere Kunden ist Social-Emotional Support (sozial-emotionale Unterstützung) charakterisiert durch Gesprächssituationen, in welchen u. a. über Gefühle, persönliche Belange, Ratschläge als auch Sorgen gesprochen werden, und der Instrumental Support (instrumentelle Unterstützung) wird beschrieben anhand praktischer oder finanzieller Hilfe sowie Hilfestellung bei alltäglichen Aktivitäten.[299]

Die Autoren führen die empirische Untersuchung mithilfe eines Fragebogens bei 207 Mitgliedern eines Fitnessstudios durch.[300] Bei den Ergebnissen zeigt sich, dass sozial-emotionale Unterstützung der primäre Treiber für CVP ist.[301] Für die Partizipation wird die zuvor genannte Hypothese angenommen: Sowohl sozial-emotionale Unterstützung ($\beta = 0{,}45$, $p < 0{,}01$) als auch instrumentelle Unterstützung ($\beta = 0{,}29$, $p < 0{,}01$) sind signifikante Prädiktoren in Bezug auf die Partizipation.[302] Auch für die Kooperation wird die Hypothese angenommen: Sowohl sozial-emotionale Unterstützung ($\beta = 0{,}59$, $p < 0{,}01$) als auch instrumentelle Unterstützung ($\beta = 0{,}17$, $p < 0{,}01$) sind signifikante Prädiktoren in Bezug

---

[297] Rosenbaum/Massiah (2007), S. 260.
[298] Vgl. Rosenbaum/Massiah (2007), S. 262.
[299] Vgl. Rosenbaum/Massiah (2007), S. 261.
[300] Vgl. Rosenbaum/Massiah (2007), S. 262.
[301] Vgl. Rosenbaum/Massiah (2007), S. 265.
[302] Vgl. Rosenbaum/Massiah (2007), S. 264.

auf die Kooperation.[303] Hingegen wird für die Loyalität (Weiter-empfehlung) die Hypothese nur für die sozial-emotionale Unter-stützung (β = 0,55, p < 0,01) angenommen.[304] Zusammenfassend kann festgestellt werden, dass die soziale-emotionale Unterstützung ein stärkerer Prädiktor als die instrumentelle Unterstützung ist. Für einen zukünftigen Forschungsansatz regen die Autoren an, weitere Einflussvariablen – wie bspw. Einkommen oder Einsamkeit – zu untersuchen, die Kunden anregen, andere Kunden zu unterstüt-zen.[305]

Ebenfalls in der empirischen Studie von ROSENBAUM zur sozialen Unterstützung in third places – die Datengrundlage sind Gäste (Senioren) in einem Restaurant – zeigt sich, dass emotionale Unterstützung (β = 0,66, p < 0,001) eine signifikante Einflussvari-able für Zufriedenheit und Loyalität ist, während die instrumentelle Unterstützung (β = 0,13, p < 0,10) eine schwächere Einflussvariab-le darstellt.[306]

Weitere Studien zu CVP werden in konsekutiver Tabelle (siehe Tab. 8) im Überblick dargestellt.

---

[303] Vgl. ebd.
[304] Vgl. ebd.
[305] Vgl. Rosenbaum/Massiah (2007), S. 268.
[306] Rosenbaum (2006), S. 68.

Tabelle 8: Studien zu CVP

Autoren	Untersuchungsgegenstand	Empirische Basis		Zentrale Ergebnisse
		Datengrundlage	**Analysemethode**	
Bettencourt (1997)	CVP: Kunden als Partner bei der Dienstleistungserbringung	230 Probanden – Lebensmitteleinzelhandel	Konfirmatorische Faktorenanalyse und Strukturgleichungsmodellierung	Es bestehen signifikant positive Zusammenhänge zwischen: • Commitment → Loyalität • Commitment → Partizipation • Support → Kooperation • Support → Partizipation Es besteht kein Zusammenhang zwischen der globalen Zufriedenheit und der Loyalität bzw. der Kooperation. Zwischen der globalen Zufriedenheit und der Partizipation besteht ein signifikant negativer Zusammenhang. Die Effekte von Zufriedenheit auf Loyalität und Kooperation werden ausschließlich bestimmt durch das Commitment und den wahrgenommenen Support. Zwischen dem wahrgenommenen Support und der Loyalität besteht kein Zusammenhang.

| Autoren | Untersuchungs-gegenstand | Empirische Basis | | Zentrale Ergebnisse |
		Datengrundlage	Analysemethode	
Groth (2005)	Consumer Citizen-ship Behavior: Ser-vice Delivery via Internet	400 Probanden	Konfirmatorische Faktoren-analyse	Das benötigte Co-Produktions-Verhalten wird bestimmt durch die Kunden-Sozialisation, das Ausmaß, inwieweit Kunden als Co-Produzenten Kenntnisse über den Dienstleistungserstellungs-prozess und die Werte der Organisation haben, sowie den Dienstleistungserstel-lungsprozess selbst. Consumer Citi-zenship Behavior wird stärker bestimmt durch Kunden-zufriedenheit.
Huifan (2011)	CVP: der Effekt von Kundenzufriedenheit und der Mediator-effekt der Kunden-Unternehmens-Identifikation	Kunden von Retail-banken	Struktur-gleichungs-modellier-ung (LISRL)	Es bestehen signifikant positive Zusam-menhänge zwischen: • Kundenzufriedenheit → WoM • Kundenzufriedenheit → Cooperation • Kunden-Unternehmens-Identifikation → WoM • Kunden-Unternehmens-Identifikation → Kooperation • Kunden-Unternehmens-Identifikation → Partizipation • Kundenzufriedenheit → Kunden-Unternehmens-Identifikation

Autoren	Untersuchungs-gegenstand	Empirische Basis		Zentrale Ergebnisse
		Datengrundlage	Analysemethode	
Woo, (2008)	Zuschauer-Effekt: Faktoren, welche CVP hemmen, wie Diffusion von Verant-wortung, pluralis-tische Ignoranz und die physische Anwesenheit von anderen Personen	127 Probanden im Lebensmittel-einzelhandel	Regressionsanalyse	Es bestehen signifikant positive Zusammenhänge zwischen: • wahrgenommener Unterstützung → Partizipation • Es bestehen signifikant negative Zusammenhänge zwischen: • wahrgenommener Unterstützung → pluralistische Ignoranz • wahrgenommener Unterstützung → physische Anwesenheit von anderen Personen Es bestehen signifikant negative Zusammenhänge zwischen: • wahrgenommener Unterstützung → Diffusion von Verantwortung

Quelle: Eigene Darstellung in Anlehnung an Bettencourt (1997), S. 383 ff.; Huifan (2011), S. 500 ff.; Groth, (2005), S. 14 i. V. m. S. 20; Woo, (2008), S. 1 ff.

FOWLER fasst die fünf folgenden Kritikpunkte zum Konstrukt Customer-Citizenship-Behavior zusammen:[307]

1. Primär fokussiert es die dyadische Beziehung zwischen Kunde und Mitarbeiter bzw. dem Unternehmer/anderen Kunden. Dabei wird nur wenig Aufmerksamkeit auf die Ausführungen gelegt, inwieweit Customer-Citizenship-Behavior möglicherweise beeinflusst bzw. beeinflusst wird durch die Beziehung zwischen den Kunden, den Mitarbeitern und potenziellen Kunden.

2. Es werden Beispiele des Verhaltens aufgeführt, jedoch mangelt an einem hinlänglichen Begriffsverständnis bzgl. der Konzeption und der Erscheinungsform der möglichen Dimensionen von Customer-Citizenship-Behavior.

3. Es werden nur begrenzte Erklärungen angeführt, warum Customer-Citizenship-Behavior entsteht.

4. Der Schwerpunkt liegt auf den positiven Effekten, welche Customer-Citizenship-Behavior einem Unternehmen und seinen Kunden spendet, während mögliche negative Effekte negiert werden.

5. Es wird nur wenig beachtet, falls und warum sich die Erscheinungsformen, Gründe und Effekte von Customer-Citizenship-Behavior möglicherweise aufgrund der Umstände und des Hintergrundes unterscheiden.

Bedingt durch diese Kritikpunkte wird das Konstrukt CVP im Rahmen der vorliegenden Arbeit zum einen in ein Strukturgleichungsmodell eingebettet, um die Abhängigkeiten zu weiteren latenten Variablen zu testen, und zum anderen umfangreichen deskriptiven Analysen in Bezug auf demografische Merkmale der Probanden unterzogen, um ein vielschichtiges Bild des Konstruktes im Rahmen des Untersuchungskontextes betreutes Wohnen zu erhalten.

Weitere Forschungsansätze, die wie CVP eine freiwillig erbrachte Kundenleistung beinhalten, sind u. a. Consumer-Company-

---

[307] Vgl. Fowler (2013), S. 2.

Identifikation, Customer-Extra-Role-Behavior, Customer-Citizenship-Behavior und Customer-Organizational-Citizenship-Behavior.

Die Consumer-Company-Identifikation kann wie folgt beschrieben werden:

> „is active, selective, and volitional on consumers' part and causes them to engage in favorable as well as potenzially unfavorable company-related behaviors"[308].

Nach BHATTACHARYA und SEN besteht Consumer-Company-Identifikation aus den fünf folgenden Dimensionen: Loyalität, Promotion, Recruitment, Resilienz gegenüber negativen Informationen und Unternehmensanspruch.[309] So besteht u. a. der Zusammenhang: Je höher die Kunden-Unternehmens-Identifikation beim Kunden ausgeprägt ist, desto mehr unterstützt er das Unternehmen – zum einen sozial durch positive Weiterempfehlung und zum anderen physisch durch Inanspruchnahme der Leistung.[310] Ebenfalls untersuchen AHEARNE, BHATTACHARYA und GRUEN die Consumer-Company-Identifikation: Kunden unterstützen ein Unternehmen signifikant, wenn sie sich mit ihm identifizieren – dabei unterscheiden die Autoren das Consumer-In-Role-Behavior (In-Rollenverhalten), wie Kauf, und das Consumer-Extra-Role-Behavior (Extra-Rollenverhalten), wie bspw. Weiterempfehlung, Verbesserungsvorschläge, Anwerben von neuen Kunden und proaktive Kommunikation von antizipierten Problemen.[311]

Customer-Organizational-Citizenship-Behavior ist ein

---

[308] Bhattacharya/Sen (2003), S. 77.
[309] Vgl. Bhattacharya/Sen (2003), S. 79.
[310] Vgl. Bhattacharya/Sen (2003), S. 83.
[311] Vgl. Ahearne/Bhattarcharya/Gruen (2005), S. 576 i. V. m. S. 577.

„individual behavior that is discretionary, not directly or explicitly recognized by the formal reward system and that, in the aggregate, promotes the effective functioning of the organization"*312*.

Customer-Organizational-Citizenship-Behavior umfasst dabei die Dimensionen Altruismus, Gewissenhaftigkeit, sich nicht beklagen bei trivialen Angelegenheiten, Höflichkeit und eine partizipative Orientierung.[313]

Zusammenfassend zeigt sich, es existieren unterschiedliche Ansätze in der Literatur, die das Phänomen freiwillig erbrachte Leistungen von Kunden gegenüber Unternehmen und anderen Kunden untersuchen.

6.3 Relevanz im Pflegebereich

Inwieweit zeigt sich das Konstrukt CVP mit den Dimensionen Loyalität, Kooperation und Partizipation im Pflegebereich? Im Kontext von Altenpflegeeinrichtungen wurde das Konstrukt in seiner Gesamtheit bislang noch nicht erforscht. Die Ausführungen in Kapitel 3.2 zeigen die Besonderheiten von Pflegedienstleistungen auf und weisen insbesondere darauf hin, dass die Kooperation des Kunden bzw. Bewohners für die Dienstleistungserstellung im Pflegeprozess unabdingbar ist. Gleichzeitig besteht ein Abhängigkeitsverhältnis zwischen dem Pflegebedürftigen und dem Pflegepersonal – unter diesen Voraussetzungen werden die freiwillig erbrachten Leistungen von Pflegebedürftigen gegenüber dem Anbieter von Pflegeleistungen und anderen Pflegebedürftigen untersucht.

---

[312] Organ (1988), S. 4.
[313] Vgl. Bove/Pervan/Beatty/Shiu (2009), S. 699.

Wie können die Voraussetzungen für das CVP im Pflegebereich geschaffen werden? Zum einen müssen durch den Anbieter und das Pflegepersonal die Rahmenbedingungen für eine gute Pflege geschaffen werden, welche zudem überprüfbar und bewertbar anhand der Ergebnis-, Struktur- und Prozessqualität[314] sein müssen. Zum anderen bieten sich Konzepte, wie die Gefühlsarbeit von STRAUSS, an, bei welcher die Arbeit der Pflegekräfte sich nicht nur auf das sichtbare „handwerkliche" Tun des Pflegens sowie dessen Planung und Dokumentation bezieht, sondern ein Eingehen auf die Gefühlslage und die Bedürfnisse des Gegenübers beinhaltet, die Pflege oftmals erst ermöglicht und unterstützend wirkt, ein Vertrauensverhältnis zu den Patienten und Bewohnern aufzubauen sowie ihnen auch in emotional schwierigen Situationen bspw. durch Trösten, Aufmuntern, In-den-Arm-nehmen, zu helfen. [315] So wird u. a. dem intensiven Gespräch mit den Pflegebedürftigen eine große Bedeutung für die Erledigung der Pflegeaufgaben zugemessen, da es zum gegenseitiges Kennenlernen dient auch im Zusammenhang von Identitätsarbeit/biografischer Arbeit und es den Aufbau von Vertrauen in der Interaktion fördert.[316]

Der Markt der Altenpflege kann als reguliert verstanden werden, so ist die Qualität durch Standards gesetzlich wie auch die Kosten geregelt.[317] Die Voraussetzungen für eine Abwanderung bzw. einen Wechsel eines Pflegeanbieters bestehen im Vorhandensein eines Substituts, also vorhandenen Alternativen, sodass bei Qualitätsverschlechterung eine Abwanderung möglich ist.[318] So wird ein Wechsel von Betroffenen – aufgrund mangelnder Alternativen oder weil der Aufwand als zu hoch eingeschätzt wird – oft-

---

[314] Siehe dazu die Ausführungen in Kapitel 5.3.
[315] Vgl. Büssing/Giesenbauer/Glaser (2003), S. 358 i. V. m. S. 362 f.
[316] Vgl. Büssing et al. (2003), S. 362.
[317] Vgl. Egger de Campo (2009), S. 358 f.
[318] Vgl. Egger de Campo (2009), S. 357.

mals nicht in Betracht gezogen.[319] Weiterhin wird die Entscheidung, in eine stationäre Pflegeeinrichtung zu ziehen, ausschließlich dann als endgültig angesehen, wenn eine Rückkehr in den eigenen Haushalt kaum mehr erfolgt.[320] Die Ausführungen zeigen, dass von einem gebundenen Kunden in der Altenpflege auszugehen ist.

In die Organisation einer stationären Pflegeeinrichtung können sich Bewohner aktiv in die Bewohnervertretung, den Heimbeirat, einbringen. Ein Heimbeirat oder ein Heimführsprecher ist gesetzlich in der Heimmitwirkungsverordnung vorgeschrieben.[321] Weitere Mitglieder neben den Bewohnern können Angehörige, Vertrauenspersonen oder Mitglieder der örtlichen Seniorenvertretung sein.[322] Dabei hat der Heimbeirat ein Mitspracherecht bzgl. aller Angelegenheiten, die das Leben im Heim umfassen – die Entscheidungsverantwortung verbleibt jedoch allein beim Heimbetreiber.[323] Der Heimbeirat kann somit als Bindeglied zwischen Heimleitung und den Bewohnern bzw. deren Vertretern verstanden werden.

HEUSINGER beschreibt im Rahmen ihrer Untersuchung eine weitere Form der Beteiligung im Rahmen eines bewohnerorientieren Managements: Das Heimparlament, bei welchem sich die Geschäftsführung, die Mitarbeitervertretung, der Heimberat, Ehrenamtliche und Angehörige sowie der Vorstand des Fördervereins des Pflegeheimes zweimal im Jahr trifft, um zu planen, Probleme und ihre Lösungen zu besprechen.[324]

---

[319] Vgl. Bendel/Matiaske/Schramm/Weller (2001), S. 4.
[320] Vgl. Gilberg (2000), S. 73.
[321] Vgl. Heinzelmann (2004), S. 38.
[322] Vgl. ebd.
[323] Vgl. ebd.
[324] Vgl. Heusinger (2009), S. 20.

Eine weitere Form einer indirekten freiwilligen Leistungserbringung durch den Kunden zeigt sich in der Zusammenarbeit mit den Angehörigen. Die empirische Untersuchung von ENGELS und PFEUFFER, die 233 Angehörige befragten, zeichnet folgendes Bild von Angehörigen in vollstationären Pflegeeinrichtungen:[325] Die meisten der befragten Angehörigen (81 %) versuchen, zumindest ab und zu in die Einrichtung zu kommen, und knapp Dreiviertel der Befragten leisten ihren Angehörigen regelmäßig Gesellschaft. 14 % der Angehörigen beteiligen sich aktiv an der Pflege und hauswirtschaftlichen Hilfe und 26 % bringen sich ebenfalls in die Heimangelegenheiten mit ein. Im Gegensatz dazu bringen 16 % der Angehörigen keine Zeit oder Kraft auf, sich regelmäßig um ihre Pflegebedürftigen zu kümmern. Rund die Hälfte der befragten Angehörigen nimmt regelmäßig an Angehörigentreffen teil. Im Heimbeirat sind 15 % der Angehörigen regelmäßig aktiv. Die Angehörigen beziehen überdies weitere Bewohner mit ein – 64 % der Angehörigen kümmern sich auch um andere Bewohner und 59 % der Angehörigen sind darum bemüht, gezielt Kontakte ihrer pflegebedürftigen Angehörigen mit anderen Bewohnern herzustellen. Jedoch wirken direkt bei der Pflege im engeren Sinne vergleichsweise wenige Angehörige mit – bzgl. der Frage „Ich bin bei der Pflege des Angehörigen zugegen und packe mit an" antworten 33 % der Befragten mit „ab und zu", aber nur 10 % mit „regelmäßig". An der Pflegeplanung sind 14 % der Angehörige regelmäßig beteiligt und weitere 16 % ab und zu. Was die Pflege betrifft, so können oder möchten 40 % der Angehörigen weder bei der Pflege mithelfen noch an der Pflegeplanung beteiligt werden. Jedoch wären 17 % der Angehörigen zu mehr Mitwirkung in der unmittelbaren Pflege bereit und 29 % bei der Pflegeplanung.

---

[325] Vgl. Engels/Pfeuffer (2007), S. 21 i. V. m. S. 38 ff.

Die Ergebnisse zeigen, dass die Angehörigen eine bedeutende Rolle für den Dienstleistungserstellungsprozess der Pflege innehaben, so wird instrumentelle wie auch emotionale Unterstützung und CVP erbracht. Pflegeanbieter sollten sich daher verstärkt der Arbeit mit Angehörigen widmen, da diese ein großes Potenzial zur freiwilligen Leistungserbringung für die Organisation darstellen. So erbringen sie bspw. Leistungen in der sozialen Betreuung, für welche ansonsten der Pflegeanbieter verantwortlich wäre. Weiterhin stellen sie für den Bewohner den Kontakt nach außen dar. Die freiwillige Leistungserbringung durch die Angehörigen, entbindet den Pflegeanbieter nicht von seinen Aufgaben, sondern kann als partizipatives, kooperatives und loyales Verhalten von Angehörigen, als Kunden im weiteren Sinne, verstanden werden. Dennoch sollte der Pflegeanbieter sich bewusst sein, dass ebenfalls negative Effekte[326] auftreten können, wenn bspw. Angehörige unzufrieden sind, weil sie Leistungen erbringen müssen, wie z. B. Reinigung des Bewohnerzimmers, für die eigentlich der Pflegeanbieter verantwortlich ist.

Der Umfang der geleisteten Unterstützung und der Kreis der unterstützenden Personen nimmt bei älteren Menschen als Hilfeerbringer mit dem Alter ab.[327] Insbesondere Hilfeleistungen, die körperlichen Einsatz erfordern, können im zunehmenden Alter weniger erbracht werden.[328] Nach dem Eintritt in den Ruhestand, werden durch das neue Zeitpotenzial oftmals Angehörige unterstützt, bspw. im Rahmen der Enkelbetreuung oder andere Personen mit körperlichen Beschwerden, aber auch im Rahmen von Nachbarschaftshilfe.[329]

---

[326] Siehe die Kritik von Fowler in Kapitel 6.2.
[327] Vgl. Borchers (1998), S. 183.
[328] Vgl. ebd.
[329] Vgl. ebd.

PELSMA und FLANAGAN beschreiben ein von ihnen durchgeführtes Training mit Senioren einer Rentensiedlungen (*retirement-communities*) in den USA:[330] Bei den durchgeführten Interviews äußern die Bewohner, dass emotionale und soziale Unterstützung existent sein muss, wenn neue Bewohner in die Siedlung kommen und ebenfalls für die Bewohner, welche dazu tendieren sich zu isolieren. Dabei sollte Unterstützung gegeben werden in Bezug auf: a) neue Freunde zu finden, b) das Teilen und Diskutieren von Ideen auf einem nicht oberflächlichem Niveau, c) die aktuellen Beziehungen zu verbessern und d) Unterstützung bei Einsamkeit und Krankheit zu geben. Es zeigte sich, dass die Bewohner, welche an dem Training teilnahmen, kontaktfreudig und selbstbewusst waren und partiell eine Führungsrolle in der Gemeinschaft innehatten. Die Wissenschaftler formulierten folgende Ziele: a) das Erlernen (auf spezifische Art und Weise), bessere Beziehungen innerhalb der Gruppe und in ihrem persönlichen Leben aufzubauen, b) das Erlernen von einfachen Kommunikationsfähigkeiten, welche die persönlichen Beziehungen anreichern soll, c) die Unterstützung in schwierigen Zeiten durch die Teilnehmer, d) die Teilnehmer können dann andere Bewohner als peer-helper, also Hilfe von Gleichaltrigen für Gleichaltrige, unterstützen und die anderen Bewohner in Gruppenaktivitäten anleiten und e) über diesen Zielen steht das Ziel, das Selbstbewusstsein der Teilnehmer zu steigern und ihnen das Potenzial der Arbeit eines peer-helpers nahe zu bringen.

Welchen positiven Einfluss Unterstützungsleistungen, sowohl instrumenteller wie auch emotionaler Art haben, zeigen exemplarisch die nachfolgenden empirischen Studien auf.

---

[330] Vgl. Pelsma/Flanagan (1986), S. 52 f.

BROWN, NESSE, VINOKUR und SMITH untersuchen über fünf Jahre 423 ältere Ehepaare (dabei ist der Ehemann 65 Jahre oder älter) und stellen empirisch anhand eines hierarchisch logistischen Regressionsmodells fest, dass die Personen, welche instrumentelle oder emotionale Hilfeleistungen tätigen, ein geringeres Sterberisiko aufweisen.[331]

STROEBE, STROEBE, ABAKOUMKIN und SCHUT weisen empirisch nach, dass soziale Unterstützungen einen signifikant hohen negativen Einfluss auf die soziale Einsamkeit nehmen.[332] Dies bedeutet, je mehr soziale Unterstützung Personen geben bzw. erhalten, desto weniger einsam sind sie.

LYYRA und HEIKKINEN zeigen in ihrer empirischen Studie mit 80-jährigen Einwohnern einer finnischen Stadt (n = 206), dass eine starke Verbindung zwischen der wahrgenommenen emotionalen Unterstützung, welche das Selbstwertgefühl, emotionale Nähe und die Gelegenheit der Fürsorge beinhaltet, und dem Überleben von älteren Frauen besteht.[333] Sie verweisen auf das Gefühl, gebraucht zu werden und geschätzt zu werden, welches die Stärke verleiht, auf sich acht zu geben.[334] Während zwischen der instrumentellen sozialen Unterstützung, die Beratung (im Sinne von Ratschlag oder Information und einem vertrauensvollen Bündnispartner, jemanden auf dem in besonderen Umständen zählen kann) beinhaltet, und der Mortalität von älteren Frauen kein Zusammenhang besteht.[335] Bei den Männern besteht kein signifikanter Zusammenhang zwischen der wahrgenommenen emotionalen Unterstützung und der Mortalität – die Anzahl von ernsthaften Erkran-

---

[331] Vgl. Brown/Nesse/Vinokur/Smith (2003), S. 321 i. V. m. S. 324.
[332] Vgl. Stroebe/Stroebe/Abakoumkin/Schut (1996), S. 1247.
[333] Vgl. Lyyra/Heikkinen (2006), S. 148 i. V. m. S. 151.
[334] Vgl. Lyyra/Heikkinen (2006), S. 151.
[335] Vgl. Lyyra/Heikkinen (2006), S. 150.

kungen ist der dominierende Prädiktor in Bezug auf die Mortalität von Männern.[336]

Die Ausführungen zeigen, Pflege kann nicht isoliert betrachtet werden, da sie partnerschaftlich in der Zusammenarbeit mit den Pflegebedürftigen, ihren Angehörigen und bei einem professionellen Pflegearrangement – ggf. dem Pflegeanbieter – erfolgen soll. Dabei wurden exemplarisch Beispiele aus der Pflegepraxis angeführt, wie der Heimbeirat, der durch Kooperation und Partizipation als Mittler bei Problemen den Bewohnern helfen kann oder Vorschläge der Leitung unterbreitet. Abschließend wurde anhand von verschiedenen empirischen Studien gezeigt, inwiefern instrumentelle wie auch emotionale Unterstützung positive Effekte entstehen können.

---

[336] Vgl. ebd.

7 Preisfairness

In diesem Kapitel wird das Konstrukt Preisfairness näher betrachtet: Zunächst wird in Kapitel 7.1 das latente Konstrukt Preisfairness definiert. Dem schließt sich in Kapitel 7.2 ein Überblick zum Stand der Forschung an. In Kapitel 7.3 wird Preisfairness im Pflegekontext betrachtet: Vorab erfolgt ein Exkurs zum Preismanagement von Dienstleistungsanbietern. Im Anschluss wird für die stationäre und die ambulante Pflege die Preisgestaltung beschrieben. Da die empirische Untersuchung in einem betreuten Wohnen im Premiumsegment durchgeführt wurde, werden abschließend in Kapitel 7.4 die Kaufmotive von Luxuskonsumenten beleuchtet. Dabei werden sowohl die Begriffe Luxus und Premium definiert als auch die fünf Effekte, der Veblen-Effekt, der Bandwagon-Effekt, der Snob-Effekt, der hedonistische Effekt und der perfektionistische Effekt, vorgestellt, welche die Basis bilden, von welcher die zentralen Motive für den Konsum von Luxusgütern abgeleitet werden.

7.1 Begriffsdefinition

Preisfairness stellt ein noch relativ junges Konstrukt in den Wirtschaftswissenschaften dar, welches unterschiedlich theoretisch hergeleitet,[337] eingeordnet und konzeptionalisiert wird.[338] Bislang liegt kein einheitliches Verständnis des Begriffs Preisfairness vor,[339] sodass in folgender Tabelle (siehe Tab. 9) eine Auswahl verschiedenster Definitionen zur Preisfairness aufgeführt wird.

---

[337] Die grundlegenden Theorien zur Erklärung des Konstruktes Preisfairness werden in Kapitel 7.2 beschrieben.
[338] Vgl. Diller (2008), S. 164.
[339] Vgl. Fassnacht/Mahadevan (2010), S. 299.

Tabelle 9: Exemplarische Auswahl von Definitionen zur Preisfairness

Autoren	Definition Preisfairness
Bolton/Alba (2006), S. 258	„Our first premise is that consumers will take into account the relationship between the nature of costs and the locus of a price increase when judging price fairness."
Campbell (2007), S. 261	„Specifically, the consumer has certain beliefs about the reference for a given price and perceives a price increase as unfair when it appears that the firm is gaining greater profits by violating the reference price."
Diller (2008), S. 164.	„[...] als die subjektive, mit Kognitionen und Emotionen verbundene Wahrnehmung der Gerechtigkeit des Preisgebarens eines Anbieters durch einen Nachfrager [...]."
Diller/Anselstetter, (2008), S. 369	„Preisfairness ist ein mehrere Komponenten umfassendes Verhaltenskonstrukt, das sich auf die subjektive Beurteilung der Gerechtigkeit von Preisen bezieht."
Haws/Bearden, (2006), S. 304	„[...] price fairness refers to a perceived fairness judgment by a buyer of a seller's prices. Although fairness is a difficult concept to define, the perception of price fairness is part of a broader judgment of the overall merits of a deal."
Herrmann/Wricke/Huber (2000), S. 134	„Demnach liegt Preisfairness immer dann vor, wenn die Nachfrager das Preis-Leistungsverhältnis als gerecht einstufen und der tatsächliche Preis nicht gegen den als sozial akzeptierten Preis verstößt. Hierzu gehört insbesondere, dass der Anbieter eine Notsituation des Nachfragers für seine preispolitischen Maßnahmen ausnutzt."
Matzler (2003), S. 316	„Verzicht auf Übervorteilung der Kunden."
Maxwell (2002). S. 192 f.	„[...] buyers are assumed to be self-interested utility maximizers who rationally review the magnitude of a price and judge its economic acceptability based on their own best self-interest. Accordingly, the smaller the magnitude of the price for the buyers (the cheaper the price), the more acceptable it is to them." „Over time, the rules of exchange become institutionalized and serve to constrain the behavior of the participants, helping to coordinate their ongoing interactions. Rules are therefore functional in that they facilitate exchange. By establishing mutual expectations, rules make the actions of the partners to an exchange more predictable. [...] When these rules are not met, people judge it unfair and apply sanctions."

Autoren	Definition Preisfairness
Xia/Monroe/Cox (2004), S. 1	„Previously, fairness has been defined as a judgment of whether an, outcome and/or the process to reach an outcome are reasonable, acceptable, or just. The cognitive aspect of this definition indicates that price fairness judgments involve a comparison of a price or procedure with a pertinent standard, reference, or norm."

Quelle: Eigene Darstellung.

Trotz der Heterogenität der Definitionen lassen sich einige Gemeinsamkeiten erkennen: Die Definitionen erfolgen hauptsächlich aus der Sicht des Kunden, da es sich um subjektive Sichtweisen handelt, die individuell unterschiedlich sein können – so nimmt bspw. der Kunde A den Preis als fair wahr, während Kunde B denselben Preis als unfair einschätzt. Ebenfalls spielt das Konzept des Referenzpreises[340] eine zentrale Rolle bei der Entstehung von Preisfairness-Urteilen.[341]

Nach DILLER beinhaltet Preisfairness die folgenden sieben Komponenten:[342]

1. Preisgerechtigkeit: Preis und Leistung stehen in einem marktüblichen Verhältnis zueinander.
2. Konsistentes Verhalten: Die Interaktionsprozesse zwischen den Vertragspartnern laufen stets nach bestimmten, geschriebenen oder ungeschriebenen Grundsätzen und Regeln ab.
3. Preiszuverlässigkeit: Die bei Vertragsabschluss in Aussicht gestellten Preise und Konditionen werden eingehalten.

---

[340] Referenzpreise sind als Preisanker zu verstehen, den Konsumenten als Vergleichsmaßstab, um Preise zu beurteilen, nutzen. Vgl. Simon/Fassnacht (2009), S. 167. Diese können bspw. Preise von Wettbewerbern, in der Vergangenheit gezahlte Preise oder von anderen Personen kommunizierte Preise sein. Vgl. ebd.
[341] Vgl. Fassnacht/Mahadevan (2010), S. 300 f.
[342] Vgl. Diller (2008), S. 166 ff.; Diller/Anselstetter (2008), S. 369 f.

4. Preisehrlichkeit: Stellt insbesondere auf die Wahrheit und Klarheit der Preisinformation ab.
5. Einfluss- und Mitspracherecht: Insbesondere bei hoher Machtasymmetrie fördern Einfluss- und Mitspracherechte während einer Geschäftsbeziehung die Akzeptanz.
6. Kulanz: Ein kulantes Verhalten seitens des Anbieters zeigt sich in einem entgegenkommenden (kundenfreundlichen) Verhalten und in einem Verzicht einer strikten Auslegung von Verträgen und Vereinbarungen.
7. Persönlicher Respekt und Achtung: Zeigt sich in einem partnerschaftlichen Verhältnis, bei welchem zwischen den Geschäftspartnern – auch bei Machtasymmetrie – der Mächtigere auf den Schwächeren keinen übermäßigen Druck ausüben und nicht nur an den eigenen Vorteil bedacht sein sollte – die eigenen Interessen und Probleme sollten jeweils die des Partners spiegeln.

7.2 Stand der Forschung

„People know what is unfair when they see or experience it, but is difficult to articulate what is fair."[343] In der wissenschaftlichen Literatur werden vier Dimensionen unterschieden, hinsichtlich derer Individuen Fairness empfinden:[344] Die distributive Fairness thematisiert, ob eine Person in der Austauschbeziehung bzw. im Vergleich mit dem Austauschpartner eine Entlohnung erhält, die proportional zu den getätigten Investitionen ist. Die prozedurale Fairness stützt sich auf das Vertrauen in den Prozess, auf welchem das Ergebnis gründet. Die interaktionale Fairness beleuchtet die Art und Weise, wie in der Interaktion der formale Prozess durchlaufen und das Ergebnis übermittelt wird. Die interaktionale Fairness wird zusätzlich unterschieden in die interpersonale Fairness, welche sich auf den zwischenmenschlichen Austausch fokussiert, und die informationale Fairness, welche die Art und Weise des Informationsaustausches betrachtet.

---

[343] Xia et al. (2004), S. 1.
[344] Vgl. Aholt/Queißer/Rowe/Vogel (2009), S. 322 ff.

Aufbauend auf den Erkenntnissen bzgl. der vier Dimensionen des Konstruktes Fairness werden nachfolgend grundlegende Theorien – wie die Equity Theorie, die Dual-Entitlement-Theorie, die Theorie der kognitiven Dissonanz und die Attributionstheorie – zur Erklärung des Konstruktes Preisfairness beschrieben:

Die Equity Theorie stellt eine distributive Gerechtigkeitstheorie dar, bei welcher die Gerechtigkeit und Fairness von Ergebnissen anhand von Entscheidungen und Verteilungen beurteilt wird.[345] Die Equity Theorie geht u. a. auf HOMANS zurück, der die Verteilungsgerechtigkeit wie folgt beschreibt „[...] a man's reward in exchange with others should be proportional to his investments"[346]. Dabei stellt er fest, „Justice is a curious mixture of equality within inequality"[347]. Grundlage ist ein Outcome-Input-Vergleich mit Referenzpunkten:[348] Es wird das eigene Outcome-/Input-Verhältnis mit dem des Transaktionspartners (direkt) oder im Vergleich mit anderen Kunden, welche mit dem Transaktionspartner in Verbindung stehen, (indirekt) beurteilt. Eine Transaktion wird dabei als fair beurteilt, wenn beide Partner das gleiche Outcome-/Input-Verhältnis aufweisen. Empfundene Ungerechtigkeit führt u. a. zu Unzufriedenheit, Schuldgefühlen (bei Bevorzugung) oder Spannungszuständen, welche im Worst-Case-Szenario zu einem Abbruch der Kundenbeziehung führen kann.

Wenn jedoch andere Konsumenten Hilfeleistungen benötigen, wie bspw. Studenten, Senioren oder Familien mit einem niedrigen Einkommen, wird beim Grundbedarf keine Ungerechtigkeit von

---

[345] Vgl. Fassnacht/Mahadevan (2010), S. 298 f.
[346] Homans (1961), S. 235.
[347] Homans (1961), S. 244.
[348] Vgl. Simon/Fassnacht (2009), S. 179.

den Konsumenten empfunden, die einen höheren Preis für dieselbe Dienstleistung bzw. dasselbe Produkt bezahlen.[349]

Das Dual-Entitlement-Prinzip stellt eine prozedurale Gerechtigkeitstheorie dar und geht der Frage nach, ob sich Prozesse an gegebenen Regeln und Normen orientieren.[350] Für die Beurteilung wird eine Referenzgröße herangezogen, an der das Fairnessurteil verankert wird:[351] Ein Kunde orientiert sich dabei an dem Preis, der dem Durchschnittspreis am Markt entspricht oder der sich am zuletzt gezahlten Preis oder am Preis für andere Käufer ausrichtet. Dem Anbieter wird ein Anspruch auf einen angemessenen marktüblichen Gewinn zugesprochen.

Das Dual-Entitlement-Prinzip basiert auf den folgenden drei Axiomen:[352]

1. Preiserhöhungen aufgrund von steigenden Kosten werden von den Konsumenten als fair betrachtet, auch wenn sie zu ihren Lasten gehen.
2. Preiserhöhungen, die primär zur Steigerung des Gewinns dienen und nicht aufgrund gestiegener Kosten erfolgen, werden von den Konsumenten als unfair erachtet.[353]
3. Bei einer Reduktion der Kosten kann der Anbieter die Preise konstant lassen, somit seinen Gewinn erhöhen und muss nichts an den Kunden weitergeben.

---

[349] Vgl. Cox (2001), S. 268.
[350] Vgl. Fassnacht/Mahadevan (2010), S. 298.
[351] Vgl. Diller (2008), S. 164; Kahneman/Knetsch/Thaler (1986), S. 730.
[352] Vgl. Simon/Fassnacht (2009), S. 180.
[353] Beispielsweise erachten in der empirischen Untersuchung von KAHNEMAN, KNETSCH und THALER die Probanden eine Preiserhöhung für Schneeschaufeln, die am Tag nach einem Schneesturm erfolgt, als unfair, da die Preiserhöhung aufgrund der gestiegenen Nachfrage durch den Schneesturm erfolgt. Vgl. Kahneman et al. (1986), S. 729. Auch wenn unter volkswirtschaftlichen Gesichtspunkten, steigende Preise mit steigender Nachfrage, aber konstantem Angebot, marktgerecht ist. Vgl. Diller/Anselstetter (2008), S. 369.

Das dritte Axiom ist umstritten, da davon auszugehen ist, dass Kunden an Kostenreduktionen in Form von Preisreduktionen teilhaben wollen.[354]

Die Theorie der kognitiven Dissonanz[355] geht davon aus, dass Individuen nach Konsistenz streben: Bei einem ungleichen Outcome-/Input-Verhältnis entstehen innere Spannungszustände, kognitive Dissonanzen, bei deren Existenz die Individuen motiviert werden, einen Gleichgewichtszustand herzustellen.[356]

Bei der Attributionstheorie[357] ist das Verständnis von Ursache und Wirkung von Ereignissen das wesentliche Verhaltensprinzip – so wird das Verhalten eines Anbieters bei einer Preiserhöhung in Abhängigkeit von der Ursache entsprechend unterschiedlich von den Konsumenten beurteilt.[358]

In der Wissenschaftsliteratur wird zur Beschreibung des Konstruktes Preisfairness als Praxisbeispiel der Fall des Online-Versandhaus Amazon angeführt, das mit einer dynamischen Preisstrategie agiert: Unterschiedliche Preise für das gleiche Produkt, wie bspw. eine DVD, bei Neukunden für einen niedrigeren Preis und bei Bestandskunden mit einem höherem Preis, wird von verschiedenen Autoren[359] verwendet.[360] Amazon geht also davon aus, dass loyale Kunden eine höhere Zahlungsbereitschaft aufweisen.[361] Als dieses Vorgehen zufällig aufgedeckt wird, führt dies zu großer

---

[354] Vgl. Simon/Fassnacht (2009), S. 180.
[355] Siehe weiterhin die Ausführungen in Kapitel 5.2.
[356] Vgl. Fassnacht/Mahadevan (2010), S. 299.
[357] Siehe weiterhin die Ausführungen in Kapitel 5.2.
[358] Vgl. Wild/Anselstetter (2007), S. 7.
[359] Siehe dazu die Ausführungen bei Cox (2001), S. 264; Feinberg/Krishna/Zhang (2002), S. 277 f. und Simon/Fassnacht (2009), S. 180.
[360] Vgl. Feinberg et al. (2002), S. 277.
[361] Vgl. Feinberg et al. (2002), S. 278.

Empörung unter den Kunden von Amazon, welche diese Preisstrategie als äußerst unfair wahrnehmen.[362] Dabei zeigt sich, dass das Konstrukt Preisfairness wie ein impliziter Vertrag wirkt, bei dessen Nichteinhaltung, also wenn die Unternehmen sich unfair in Bezug auf den Preis verhalten, die Kunden sie auf die lange Sicht „bestrafen", wie bspw. durch Nichtkauf: „[...] thes rules of fairness define the terms of an enforceable implicit contract: Firms that behave unfairly are punished in the long run"[363]. Daher sollten Unternehmen nicht nur ihre Kunden und deren Verständnis von Preisfairness kennen, sondern auch klar die Gründe von Preisentscheidungen kommunizieren.[364]

Folglich ist für Unternehmen von besonderem Interesse, inwiefern bspw. ein Zusammenhang zwischen Preisfairness und Kundenzufriedenheit, Loyalität und Kaufbereitschaft besteht. Der Zusammenhang von Preisfairness und Kundenzufriedenheit kann zum einem mittels der Perspektive verstanden werden, dass Preisfairness eine Teildimension bzw. Treiber von Preiszufriedenheit darstellt, und zum anderen durch die Perspektive von Preisfairness als eigenständigem Konstrukt, da die Interessen bzgl. des Preises der Kunden und auch die der Anbieter berücksichtigt werden.[365] Nachstehend werden in der Tabelle (siehe Tab. 10) exemplarisch empirische Studien zum Einfluss von Preisfairness/Fairness auf die Kundenzufriedenheit bzw. Preiszufriedenheit, die Kaufbereitschaft und die Loyalität vorgestellt.

---

[362] Vgl. Cox (2001), S. 264.
[363] Vgl. Kahneman et al. (1986), S. 728 f.
[364] Vgl. Cox (2001), S. 264.
[365] Vgl. Diller (2008), S. 164.

Tabelle 10: Studien zu Preisfairness

| Autoren | Untersu-chungs-gegenstand | Empirische Basis | | Zentrale Ergebnisse |
		Daten-grund-lage	Analyse-methode	
Bei/Chiao (2001)	Ein integriertes Model zur Betrachtung der Effekte von wahrgenommener Produkt- und Sevicequalität sowie Preisfairness auf die Kundenzufriedenheit und Loyalität.	N = 635 Kunden von Autoreparaturwerkstätten	Kausalmodell, Regressionsanalyse	• Die Preisfairness wirkt positiv auf die Kundenzufriedenheit. • Es besteht ein direkter und indirekter positiver Wirkungszusammenhang von Preisfairness über Kundenzufriedenheit auf die Loyalität.
Herrmann et al. (2000)	Kundenzufriedenheit durch Preisfairness	N = 246 PKW-Käufer	Kausalmodell	• Das Preis-Leistungs-Verhältnis wirkt positiv auf die Preisfairness. • Die Dringlichkeit des Bedarfs wirkt negativ auf die Preisfairness. • Die Preisfairness wirkt positiv auf die Kundenzufriedenheit und deren Teildimension Zufriedenheit mit dem Geschäftsabschluss.

Autoren	Untersu-chungs-gegenstand	Empirische Basis		Zentrale Ergebnisse
		Daten-grundla-ge	Analyse-methode	
Homburg/ Koschate, (2004)	Die Rolle der wahrgenom-menen Fair-ness und die der Kunden-zufriedenheit bei einer Preiserhöhung	Studie 1: N = 80 Studie-rende Studie 2: N = 174 Studie-rende	Varianz-analyse	• Die wahrgenommene Fair-ness einer Preiserhöhung wirkt sich positiv auf die Wiederkaufsabsicht nach dem Preisanstieg aus. • Die Kundenzufriedenheit moderiert diesen Effekt – so ist bei einer hoch ausge-prägten Kundenzufrieden-heit der Zusammenhang zwischen der wahrgenom-menen Fairness und der Wiederkaufabsicht nach einer Preiserhöhung stärker ausgeprägt.
Matzler (2003)	Preisattribute und ihre Aus-wirkungen	N = 316 Studie-rende	Regressi-ons-analyse	• Die Attribute Preisfairness, Preis-Leistungsverhältnis, Preisberatung und Preis-nachvollziehbarkeit neh-men einen signifikant posi-tiven Einfluss auf die glo-bale Preiszufriedenheit. • Die Preiszufriedenheit hat einen signifikant positiven Einfluss auf die Gesamtzu-friedenheit, die Wechselab-sicht und die Weiterempfeh-lungs-absicht. • Eine niedrige globale Preiszufriedenheit hat ei-nen stärkeren Einfluss auf die Weiterempfehlung, Wechselabsicht und Ge-samtzufriedenheit als eine hohe.

Autoren	Untersu-chungs-gegenstand	Empirische Basis		Zentrale Ergebnisse
		Daten-grund-lage	Analyse-methode	
Maxwell (2002)	Regelbasierte Preisfairness und der Effekt auf die Kauf-absichten	Studie 1: N = 204 Studie-rende Studie 2: N = 283 Studie-rende	Kausalmo-dell	• Die Preiswahrnehmung von Kunden wird positiv von der Annahme, dass der Preis nach sozial akzeptier-ten Regeln zustande kam, beeinflusst. • Bedenken bzgl. der Fair-ness (fairer Preis und faire Preisgestaltung) beeinflusst die Kaufbereitschaft nega-tiv.
Oliver/ Swan (1989)	Die Kunden-wahrnehmun-gen bzgl. interpersonel-ler Fairness und Zufrie-denheit in Geschäftspro-zessen	N = 415 PKW-Käufer	Kausalmod-ell	• Fairness-Urteile von Nach-fragern enthalten ebenfalls egoistische Elemente. • Für die interpersonelle Zufriedenheit der Konsu-menten stellt Fairness eine wichtigere Determinante, als die Dis-/Confirmation von Erwartungen dar. • Die Inputs der Kunden spielen keine Rolle in Be-zug auf ihr Fairness-Urteil, dagegen fokus-sieren sie sich auf die Outcomes.

Quelle: Eigene Darstellung in Anlehnung an Bei/Chiao (2001), S. 131 i. V. m. S. 134 ff.; Herrmann et al. (2000), S. 136 i. V. m. S. 140; Homburg/Koschate (2004), S. 324 ff.; Matzler (2003), S. 321 ff.; Maxwell (2002), S. 198 i. V. m. S. 205 ff.; Oliver/Swan (1989), S. 28 f i. V. m. S. 31 f.

Die empirischen Studien zeigen, dass zwischen der Preisfairness und der globalen Kundenzufriedenheit ein positiver Zusammen-hang besteht, was bedeutet, je fairer die Konsumenten den Preis wahrnehmen, desto zufriedener sind sie, bzw., je unfairer sie den Preis beurteilen, desto unzufriedener sind sie. Ebenso zeigt sich, dass ein positiver Zusammenhang zwischen der Preisfairness und der -zufriedenheit besteht.

Wenn die Preise von den Konsumenten als unfair wahrgenommen werden, können hingegen Verhaltensweisen auftreten, wie sinkende Kaufabsichten, Beschwerden und eine negative Weiterempfehlung.[366]

Ein weiterer Schwerpunkt von empirischen Studien im Rahmen der Preisfairness[367] ist der Einfluss von Preisdifferenzierung[368] auf die -fairness. So wird nach DARKE und DAHL ein Preis dann als fair wahrgenommen, wenn er proportional zum Output der Austauschbeziehung und für alle Beteiligten alle gleich ist.[369] Dies bedeutet im Umkehrschluss, dass Konsumenten personenbezogene Preisdifferenzierungen, wenn sie im Vergleich zu anderen Konsumenten einen anderen Preis zahlen, ohne Erklärung als unfair wahrnehmen.[370]

Aggregierend zeigt sich die Relevanz des Konstruktes Preisfairness, insbesondere bedingt durch dessen Einfluss auf weitere Variablen, wie bspw. die Kundenzufriedenheit.

---

[366] Vgl. Xia et al. (2004), S. 6 i. V. m. S. 8.
[367] Eine Auswahl stellen bspw. folgende Studien dar: Cox (2001); Darke/Dahl (2003) und Haws/Bearden (2006). Auf diese wird aber im Rahmen der vorliegenden Arbeit nicht weiter eingegangen.
[368] Preisdifferenzierung basiert auf der Annahme, dass Konsumenten unterschiedliche Zahlungsbereitschaften aufweisen und diese durch eine entsprechende Preissetzung abgeschöpft werden können. Simon/Fassnacht (2009), S. 427.
[369] Vgl. Darke/Dahl (2003), S. 330.
[370] Vgl. Haws/Bearden (2006), 305.

7.3 Relevanz im Pflegebereich

Vorab erfolgt ein Exkurs zum Preismanagement von Dienstleistungsanbietern. Es zeigen sich Besonderheiten beim Preismanagement von Dienstleistungsunternehmen – bedingt durch die spezifischen Merkmale[371] von Dienstleistungen:[372] Durch die Integration des externen Faktors werden oftmals individuelle Preise statt Festpreise verwendet, die zusätzlich eine Erklärung der Preise und Preiskomponenten erforderlich machen. Die Qualität des externen Faktors sollte ebenfalls als Determinante in der Preiskalkulation berücksichtigt werden, weil sie das Ausmaß der für ein vereinbartes Ergebnis einzusetzenden Ressourcen vorgibt. Weiterhin wird die Preistransparenz als gering eingeschätzt, für den Konsumenten ist daher eine Einschätzung des Preis-Leistungs-Verhältnisses schwierig. Aus der Immaterialität von Dienstleistungen folgt, dass der Preis als Qualitätsindikator eine besondere Bedeutung hat. Bedingt durch die Nichtlager- und Nichttransportfähigkeit in Verbindung mit dem Uno-actu-Prinzip werden die verschiedenen Ansätze der Preisdifferenzierung angewendet. Preisdifferenzierung kann dabei zeitlich, räumlich, personenbezogen, leistungsbezogen, mengenbezogen oder innerhalb der Preisbündelung erfolgen.

Wie in Kapitel 4.3 beschrieben, wird die Altenpflege durch Leistungen der Pflegeversicherung und private Aufwendungen[373] finanziert. Dabei ist der Pflegemarkt zum Schutz der Pflegebedürftigen stark reglementiert. Für das Konstrukt Preisfairness sind daher die Entgelte von besonderem Interesse, die privat von den Bewohnern bzw. Kunden finanziert werden.

---

[371] Nähere Ausführungen zum Dienstleistungsbegriff finden sich in Kapitel 3.1.
[372] Vgl. Meffert/Bruhn (2009), S. 303 ff.; Siems (2009), S. 293 ff.; Simon/Fassnacht (2009), S. 427 ff.
[373] Und ggf. durch den Sozialhilfeträger.

Nach HASSELER und WOLF-OSTERMANN üben die zu leistenden Kosten für die Pflegebedürftigen eine zentrale Rolle in der Entscheidung für oder gegen die Inanspruchnahme eines Pflegeangebotes aus – so kommen nur Angebote in die engere Wahl, welche finanzierbar sind.[374] Weiterhin zeigte sich in ihrer empirischen Untersuchung, dass neben einer detaillierten Angabe von Kosten, Auskunft über den zu leistenden Eigenanteil, die Kosten in Bezug auf die Pflegestufen und Angaben bzgl. des Preis-Leistungs-Verhältnisses gewünscht wird.[375] Die Autoren empfehlen daher eine differenzierte Darstellung des Preis-Leistungsverhältnisses, die Angabe von Durchschnittspreisen als Vergleichsmaßstab und das Einrichten eines Preisrechners, der es erlaubt, die entstehenden Kosten flexibel nach den eigenen Bedürfnissen zu berechnen.[376]

Im Bereich der stationären Pflege werden die Kosten für Unterkunft, Verpflegung und Investitionskosten von nicht oder nur partiell öffentlich geförderten Pflegeeinrichtungen und Zusatzleistungen, soweit diese vereinbart wurden, dem Bewohner als Eigenanteil in Rechnung gestellt.[377] Nach § 88 SGB XI kann ein Pflegeheim mit den Pflegebedürftigen Zusatzleistungen vereinbaren, die über die im Heimvertrag vereinbarten notwendigen Regelleistungen hinausgehen. Im Gesetz werden unter Zusatzleistungen gesondert ausgewiesene Zuschläge für besondere Komfortleistungen bei Unterkunft und Verpflegung sowie zusätzliche pflegerisch-betreuende Leistungen verstanden. Die Gewährung und Berechnung von Zusatzleistungen ist lediglich unter den folgenden Voraussetzungen nach § 88 (2) SGB XI zulässig:

---

[374] Vgl. Hasseler/Wolf-Ostermann (2010), S. 240.
[375] Vgl. Hasseler/Wolf-Ostermann (2010), S. 230.
[376] Vgl. ebd.
[377] Vgl. Stradinger (2012), S. 85.

- Die notwendigen stationären oder teilstationären Leistungen des Pflegeheimes (§ 84 Abs. 4 und § 87) dürfen nicht beeinträchtigt werden.
- Die angebotenen Zusatzleistungen müssen nach Art, Umfang, Dauer und Zeitabfolge sowie die Höhe der Zuschläge und die Zahlungsbedingungen vorher schriftlich zwischen dem Pflegeheim und dem Pflegebedürftigen vereinbart werden. Der Anbieter muss das Zusatzleistungsangebot und die Leistungsbedingungen den Landesverbänden der Pflegekassen und den überörtlichen Trägern der Sozialhilfe im Land vor Leistungsbeginn schriftlich mitteilen.

Diese Kosten, ohne die Zusatzleistungen, werden dabei transparent für jede stationäre Pflegeeinrichtung im Internet, bspw. durch die AOK im Pflegenavigator, veröffentlicht. Dies ermöglicht dem Bewohner und den Angehörigen, die Kosten der Pflegeeinrichtungen zu vergleichen. Die Festlegung von Pflegesätzen erfolgt dabei individuell für jeden Anbieter in einer Verhandlung mit den Pflegekassen/Sozialversicherungsträgern – der stationäre Anbieter hat also nicht das alleinige Recht, Preise festzulegen. Nach § 82 SGB XI (1) Nr. 1 gilt dabei der Grundsatz einer leistungsgerechten Vergütung für allgemeine Pflegeleistungen (Pflegevergütung) – dies gilt sowohl für Pflegeheime als auch für Pflegedienste. Nach § 82 SGB XI (1) Nr. 2 ist im stationären Pflegebetrieb ein angemessenes Entgelt für Unterkunft und Verpflegung zu leisten, für das der Pflegebedürftige aufkommen muss. Der Anbieter von stationären Pflegeleistungen muss bei einer Pflegesatzverhandlung seine Kostenstrukturen gegenüber dem Kostenträger offenlegen. Der Personalbedarf für die Einrichtung wird durch einen Personalschlüssel vom Kostenträger vorgegeben.

Durch die nahezu komplett staatliche Reglementierung ist – in Bezug auf das Preismanagement bei stationären Pflegeeinrichtungen – vom Prinzip der Fairness aus Sicht des Bewohners auszugehen, da der Anbieter in Bezug auf unfaire Erhöhungen oder Preisfestsetzungen keine Spielräume hat und eine Differenzierung des Preises nur aufgrund der Pflegestufen erfolgen kann. Hier besteht jedoch ein weiterer empirischer Forschungsbedarf, inwieweit Fairness in einem derartig reglementierten Markt in dem Beziehungsgeflecht von allen beteiligten Teilnehmern, wie der stationären Pflegeeinrichtung, den Kostenträgern und den Bewohnern/Angehörigen, wahrgenommen wird.

In § 89 SGB XI sind die Grundsätze für die Vergütungsregelung für die ambulante Versorgung geregelt. Soweit nicht die Gebührenordnung nach § 90 Anwendung findet, ist die Vergütung der ambulanten Pflegeleistungen und der hauswirtschaftlichen Versorgung zwischen dem Träger des Pflegedienstes und den Leistungsträgern (Pflegekassen oder sonstige Sozialversicherungsträger sowie ggf. die Träger der Sozialhilfe) für alle Pflegebedürftigen nach einheitlichen Grundsätzen vereinbart. Die Vergütung muss dabei leistungsgerecht sein. Weiterhin muss die Vergütung einem Pflegedienst bei wirtschaftlicher Betriebsführung ermöglichen, seine Aufwendungen zu finanzieren und seinen Versorgungsauftrag zu erfüllen. Eine Differenzierung der Vergütung nach Kostenträgern ist unzulässig. Eine Vergütungsvereinbarung erfolgt für jeden Pflegedienst individuell. Im Gegensatz dazu besteht die Möglichkeit, dass ein Pflegedienst keine Vergütungsvereinbarung mit den Pflegekassen hat und damit in seiner Preisgestaltung frei ist – jedoch dürfen die Pflegekassen nicht die üblichen Höchstsätze, sondern nur 80 % davon finanzieren.[378]

Nach § 89 SGB XI (3) besteht ab dem 1. Januar 2013 die Möglichkeit für die ambulante Versorgung, die Vergütungen nach Zeitaufwand und unabhängig vom Zeitaufwand nach dem Leistungsinhalt des jeweiligen Pflegeeinsatzes, nach Komplexleistungen oder in Ausnahmefällen auch nach Einzelleistungen, je nach Art und

---

[378] Vgl. Verbraucherzentrale Bundesverband (2008), S. 2.

Umfang der Pflegeleistung, zu bemessen. Es besteht weiterhin die Möglichkeit, dass sonstige Leistungen, wie hauswirtschaftliche Versorgung, Behördengänge oder Fahrkosten, auch mit Pauschalen vergütet werden. Bei den Vergütungen ist zu berücksichtigen, dass Leistungen auch von mehreren Pflegebedürftigen gemeinsam abgerufen und in Anspruch genommen werden können, die sich daraus ergebenden Zeit- und Kostenersparnisse sollen den Pflegebedürftigen zugutekommen.

Weitere, zusätzliche Kosten können durch Inanspruchnahme von Privatleistungen entstehen, wie bspw. Haustierversorgung oder Begleitung zu kulturellen Veranstaltungen, wie Theater/Oper und Gartenarbeit. Privatleistungen liegen außerhalb des definierten Leistungskataloges der Pflegeversicherung, was bedeutet, dass die ambulanten Dienste das Preisgefüge selbst bestimmen und so neue Erlösfelder generieren können. Nach den Ausführungen von HEIBER werden jedoch viele Leistungen unentgeltlich und partiell auch heimlich von den Pflegekräften erbracht, wie z. B. das Entleeren des Mülleimers, auf deren Abrechnung aber aus sozialen oder anderen Gründen verzichtet wird.[379] Dies führt jedoch zu der Konsequenz, dass zum einen ein Gewohnheitseffekt bei den Kunden einsetzt, sodass diese Serviceleistung als selbstverständlich erachtet wird und es bei Nichterbringung zu Unzufriedenheit bis zu einem negativen Weiterempfehlung führt, und zum anderen bringt es die Pflegekräfte in einen Dauerkonflikt zwischen qualitativer Pflege und dem Vorwurf einer unwirtschaftlichen Arbeitsweise durch den Träger.[380]

---

[379] Vgl. Heiber (2001), S. 1 ff.
[380] Vgl. ebd.

Die Verbraucherzentrale Bundesverband empfiehlt[381] im Pflegevertrag, Art, Inhalt und Umfang der einzelnen Leistungen aufzuführen, sodass nachvollziehbar ist, welche Leistungen vom Pflegedienst übernommen und an welchen Tagen und mit welcher Häufigkeit sie durchgeführt werden. Ebenso muss der Vertrag die Vergütungen zwischen Pflegedienst und Kostenträgern für die einzelnen Leistungen bzw. Leistungskomplexe enthalten und die zugrunde gelegten Entgeltverzeichnisse sind als Anlage beizufügen. Dabei muss aus dem Pflegevertrag klar ersichtlich sein, wie hoch gegebenenfalls der verbleibende Eigenanteil ist.

Auch im Bereich der ambulanten Pflege besteht eine staatliche Reglementierung in Bezug auf das Preismanagement. Im Vergleich zur stationären Pflege ist diese jedoch weniger stark ausgeprägt. Wie bei den stationären Pflegeeinrichtungen ist vom Prinzip der Fairness aus Sicht des Kunden auszugehen, da der Anbieter in Bezug auf unfaire Erhöhungen oder Preisfestsetzungen keine Spielräume hat und eine Differenzierung des Preises nur aufgrund der Pflegestufen und der entsprechenden Leistungsinanspruchnahme der Pflegeleistungen erfolgen kann. Zusätzlich besteht die Möglichkeit der Privatleistungen, deren Preise vom Träger des Pflegedienstes festgelegt werden.

Wie in Kapitel 4.2.3 beschrieben, ist der Begriff betreutes Wohnen nicht gesetzlich geschützt, was zur Folge hat, dass die Leistungsangebote und auch die Kostenstrukturen stark variieren.[382] Weiterhin weisen betreute Wohnanlagen unterschiedliche Organisationsformen auf: Die Dienstleistungen bis hin zur ambulanten Pflege werden von externen Anbietern[383] übernommen, vom

---

[381] Vgl. Verbraucherzentrale Bundesverband (2008), S. 5.
[382] Vgl. Kremer-Preiß/Stolarz (2003), S. 113.
[383] Dem Bewohner obliegt dabei die Wahl.

Anbieter vorgehaltenes Personal erbringt die ambulante Pflege, sowie Wohnanlagen mit einem integriertem stationären Pflegebereich und Wohnanlagen, die in Kooperation mit einer Pflegeeinrichtung stationäre Pflege anbieten.[384] Folglich unterliegt die pflegerische Versorgung in betreuten Wohnanlagen entweder der ambulanten oder der stationären Gesetzgebung. Im Gegensatz dazu bestehen u. a. bei den Komponenten Wohnen, Verpflegung und kulturellen Angebote keine staatlichen Reglementierungen bzgl. der Preispolitik des Anbieters. Deshalb eignet sich insbesondere die Wohnform des betreuten Wohnens als Untersuchungsgegenstand für die wahrgenommene Preisfairness von Bewohnern.

7.4 Kaufmotive von Luxuskonsumenten

„In der heutigen Wohlstandsgesellschaft hängt die Definition von Luxus stark von der Sichtweise des Einzelnen und von seiner gesellschaftlichen und ökonomischen Situation sowie den Rahmenbedingungen der Gesellschaft ab, sodass die Definition von Luxus keine Allgemeinverbindlichkeit mehr besitzt." [385]

Die Definition zeigt, dass die meisten Menschen Luxus als komplex und ambivalent empfinden, in Tradierung zu früheren Sichtweisen.[386] Weiterhin wird impliziert, dass Luxus relativ gesehen werden sollte, denn was für eine Person Luxus bedeutet, stellt für eine andere Person eine Notwendigkeit dar.[387] BERRY veranschaulicht dies an dem Beispiel eines Rolls-Royce – zum einen kann ein Rolls-Royce eine instrumentelle Notwendigkeit darstellen, indem er politische Macht, Unternehmenserfolg oder persönlichen Status symbolisiert, und zum anderen kann er auch ein Objekt des

---

[384] Vgl. Krings-Heckemeier et al. (2006), S. 58.
[385] Reitzle (2001), S. 72.
[386] Vgl. Dubois/Laurent/Czellar (2001), S. 3.
[387] Vgl. Berry (1994), S. 32.

Verlangens und Begehrens sein, ein Wagen, für den man lange spart oder ein systematisches „trading-up".[388]

Aus ökonomischer Perspektive kann Luxus objektorientiert oder verhaltensorientiert kategorisiert werden.[389] Bei der objektorientierten Sichtweise wird Luxus als Pendant zu den Gütern des täglichen Bedarfs gesehen.[390] Dies kann weiter differenziert werden in eine interkategoriale Sichtweise – welche bei Luxusgütern durch folgende Eigenschaften gekennzeichnet sind: eine wenig automatisierte Fertigung, geringes Produktvolumen, hohe Qualität und hohes Preisniveau – und in eine intrakategoriale Sichtweise, welche die herausgehobene Stellung des Luxusgutes innerhalb seiner Produktkategorie kennzeichnet.[391] Bei der verhaltensorientierten Sichtweise von Luxus wird er als Aufwand betrachtet, „der über das Notwendige, d. h. das als allgemein notwendig anerkannte Maß der Anspruchsbefriedigung, bzw. über den durchschnittlichen Lebensstandard hinausgeht"[392]. Der in diesem Zusammenhang quantitativ geprägte Luxusbegriff wird aus ethischen und religiösen Gründen als unsittlich und unmoralisch beurteilt, da mit ihm negative Inhalte, wie Übermäßigkeit, Prunk, Protzerei, Ausschweifung oder Zügellosigkeit, verbunden werden.[393] Bedingt durch die industrielle Revolution, welche dazu beträgt, dass mehr Menschen die vormals unerreichbaren Luxusgüter konsumieren können, findet ein Wandel zu einem qualitativen Luxusverständnis statt, welches mit positiven Inhalten assoziiert wird, wie mit gutem Geschmack, Klugheit, Eleganz und Wohlstand.[394] So differenziert

---

[388] Vgl. ebd.
[389] Vgl. Lasslop (2005), S. 472.
[390] Vgl. Bearden/Etzel (1982), S. 184; Lasslop (2005), S. 472.
[391] Vgl. Lasslop (2005), S. 472 f.
[392] Mühlmann (1975), S. 69.
[393] Vgl. Lasslop (2005), S. 472; Mühlmann (1975), S. 69 ff.
[394] Vgl. ebd.

REITZLE in old luxury, den unproduktiven Luxus, der rare Rohstoffe konsumiert und die Natur damit partiell ausbeutet, wie bspw. durch den Konsum von Wildpelzen, und in new luxury, den luxus, welcher einen intelligenten und wissensbasierten Umgang mit Rohstoffen verkörpert und nach Überlegenheit, hinsichtlich Wissen und Können, strebt. [395]

Aus nutzentheoretischer Perspektive wird der Luxusbegriff durch die Einkommenselastizität der Nachfrage nach einem Gut wie folgt definiert:[396]

$$\varepsilon_{xE} = \frac{dx}{dE}\left(\frac{E}{x}\right) > 1$$

Wobei ε_{xE} die Einkommenselastizität[397] der Nachfrage des Gutes x darstellt, x die Nachfrage nach einem Gut und E das Haushaltseinkommen. Ein Gut ist ein Luxusgut, wenn die Einkommenselastizität der Nachfrage bzgl. des Gutes größer als eins ist.

Aufbauend auf den vorangestellten Ausführungen wird nach LASSLOP (2005) eine Luxusmarke wie folgt definiert:

„als ein Nutzenbündel mit spezifischen Merkmalen (insbesondere objektiv höhere Qualität, Preisstellung und Knappheit), die zu einem weit überdurchschnittlich differenzierten Vorstellungsbild im Kopf des Konsumenten, einer Dominanz der ideellen Markenfunktion und in Konsequenz zu einem weit überdurchschnittlich hohen wahrgenommenen Gesamtnutzen, einer weit überdurchschnittlichen Begehrlichkeit sowie einer weit überdurchschnittlichen Preisbereitschaft führen. Die Kategorisierung einer Luxusmarke ist dabei stets relativ, das heißt interpersonell und situativ unterschiedlich sowie zeitlich nicht konstant."[398]

---

[395] Vgl. Reitzle (2001), S. 83 f.
[396] Vgl. Besley (1989), S. 844 ff.; Kisabaka (2001), S. 63; Pöll (1980), S. 16 ff.
[397] Mit der Einkommenselastizität will man die Frage klären, wie sich eine bestimmte prozentuale Änderung des Einkommens auf die Nachfrage auswirkt.
[398] Lasslop (2005), S. 475.

Die Bedeutung des Preises als Wettbewerbsinstrument wird als gering eingeschätzt und es gibt hohe Gewinnmargen, was die Attraktivität aus Anbietersicht erklärt.[399] Gleichzeitig führt dies zu der Annahme, dass Konsumenten von Luxusmarken weniger preissensibel sind. Bezüglich der Preisposition von Luxusgütern zeigt sich, dass der Preis – in einem noch stärkeren Maß als im Premiumsegment – ein herausragendes Qualitäts- und Exklusivitätsmerkmal von Luxusgütern darstellt.[400]

Die Grenzen zwischen Premium- und Luxusprodukten sind fließend, jedoch kosten Luxusprodukte in der Regel ein Vielfaches des Premiumproduktes und werden nur in kleiner Anzahl produziert, während Premiumprodukte in großen Stückzahlen produziert werden.[401] Bei Premiumprodukten steht, wie bei Luxusprodukten, nicht der Preis im Vordergrund, sondern sie zeichnen sich durch eine hohe Qualität und auch durch einen ausgezeichneten Service aus und sie sind in Bezug auf funktionale Leistung sowie in emotionaler, symbolischer und gesellschaftlicher Hinsicht den Mittelpreissegmentprodukten überlegen.[402]

Für den Konsumenten wird die Nachfrage nach Luxusgütern zum einen durch die in ihm innewohnenden funktionalen Eigenschaften und durch soziale Aspekte, wie bspw. Statusdemonstration oder sich von anderen abzuheben, bestimmt. „More than other products, luxury goods are bought for what they mean, beyond what they are."[403]

---

[399] Vgl. Lasslop (2005), S. 471.
[400] Vgl. Simon/Fassnacht (2009), S. 64.
[401] Vgl. Simon/Fassnacht (2009), S. 55 i. V. m. S. 62.
[402] Vgl. Simon/Fassnacht (2009), S. 55.
[403] Dubois/Paternault (1995), S. 71.

Es werden in der Literatur[404] fünf Effekte unterschieden: Der Veblen-Effekt, der Bandwagon-Effekt, der Snob-Effekt, der hedonistische Effekt und der perfektionistische Effekt, die eine Basis bilden, um die zentralen Motive für den Konsum von Luxusgütern abzuleiten.

VEBLEN beschreibt in seinem Buch „Die Theorie der feinen Leute" gesellschaftskritisch die Lebensweise der müßigen Klasse als ökonomischen Faktor.[405] Der Besitz und der demonstrative Konsum von Luxusgütern dient dem Prestigeerwerb und der zur Zuschaustellung:

> „Frei und ungehemmt genießt er [der müßige Herr] das Beste [...]. Durch den demonstrativen Konsum wertvoller Güter erwirbt der vornehme Herr Prestige. Je mehr Reichtum sich in seinen Händen häuft, um so weniger reichen seine eigenen Kräfte aus, um den gewaltigen Besitz gebührend zur Schau zu stellen."[406]

Beim Veblen-Effekt wird eine atypische positive Korrelation zwischen der Nachfrage und dem Preis unterstellt.[407] Die Konsumenten sind bereit, einen höheren Preis für ein funktional gleichwertiges Gut zu zahlen.[408] Konsumenten präferieren hochpreisige Produkte, weil sie damit einen höheren Prestigenutzen verbinden – somit stellt der Preis ein positives Nutzenelement für sie dar.[409] Dabei ist nur derjenige Preis prestigerelevant, von dem die anderen Personen glauben, dass der Konsument ihn gezahlt habe, während der tatsächliche, real gezahlte Preis, irrelevant ist.[410] Konsumenten wählen insofern bewusst Luxusgüter aufgrund deren inhärenten

---

[404] Vgl. Leibenstein (1950), S. 188; Vigneron/Johnson (1999), S. 4.
[405] Vgl. Veblen (1989), S. 19.
[406] Veblen (1989), S. 83 ff.
[407] Vgl. Leibenstein (1950), S. 202.
[408] Vgl. Bagwell/Bernheim (1996), S. 349.
[409] Vgl. Diller (2008), S. 150 f.
[410] Vgl. Leibenstein (1950), S. 202.

Öffentlichkeitswirkung, um so finanziellen Wohlstand, Prestige und Status zu demonstrieren.[411]

In nachfolgender Abbildung (siehe Abb. 11) ist der Verlauf einer atypischen Preisabsatzfunktion (PAF) nach Veblen und im Vergleich (siehe Abb. 12) der Verlauf einer typischen Preisabsatzfunktion, dargestellt.

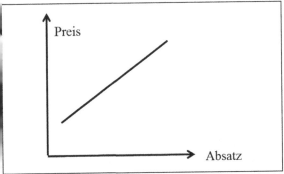

Abbildung 11: Verlauf einer atypischen PAF nach Veblen

Quelle: Eigene Darstellung.

[411] Vgl. Simon/Fassnacht (2009), S. 485.

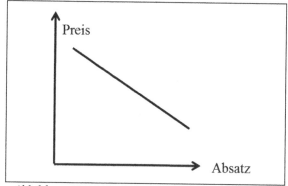

Abbildung 12: Verlauf einer typischen PAF nach Veblen

Quelle: Eigene Darstellung.

Beim Bandwagon-Effekt, auch Mitläufer-Effekt genannt, zeigt sich, dass ein Konsument bei einem gegebenen Preis mehr (weniger) von einem Gut konsumiert, weil einige oder alle anderen Konsumenten am Markt ebenfalls ihren Konsum erhöhen (senken).[412] Denn ein Konsument möchte in Bezug auf eine Referenzgruppe ihr ähnlich sein bzw. ihr zugehörig gelten.[413] Luxusprodukte haben somit einen wahrgenommenen sozialen Wert für die Konsumenten.[414]

Beim Snob-Effekt verringert sich die Nachfrage nach einem Gut, wenn auch andere Konsumenten das Gut kaufen bzw. bei einer steigenden Ausbreitung.[415] Interpretiert werden kann dies, dass Konsumenten als exklusiv und einzigartig wahrgenommen werden

---

[412] Vgl. Leibenstein (1950), S. 190.
[413] Vgl. Dubois/Duquesne (1993), S. 37.
[414] Vgl. Vigneron/Johnson (1999), S. 6.
[415] Vgl. Leibenstein (1950), S. 189.

wollen und sich abheben möchten.[416] Für snobistische Konsumenten verkörpern Luxusprodukte somit einen einzigartigen Wert.[417]

Die hedonistisch gerichtete Konsumption hilft Konsumenten, sich vom Stress des Alltags zu erholen und sich zu verwöhnen, sowie v. a. emotionale Bedürfnisse zu befriedigen.[418] So differenzieren SILVERSTEIN und FISKE vier emotionale Verhaltenskategorien: „Taking Care of Me", „Questing", „Connecting" und „Individual Style",[419] die in nachfolgender Tabelle (siehe Tab. 11) näher erläutert werden.

Tabelle 11: Emotionale Verhaltenskategorien nach SILVERSTEIN und FISKE

Verhaltens-kategorie	Beschreibung
Taking Care of me	Der Stress, ausgelöst durch zu viel Arbeit und zu wenig Freizeit, soll durch „Taking Care of Me" Luxusprodukte abgebaut werden. Ziel ist es, sich selbst zu verwöhnen und zu regenieren. Beispiele dafür sind Bade- und Körperpflegeprodukte, Wellness, Gourmetlebensmittel und Elektronik-produkte für den Heimbedarf.
Questing	Die Konsumenten möchten die Welt erkunden, neue Erfahrungen sammeln und Grenzen austesten, wodurch sie neue Fähigkeiten erlernen und Spaß haben. Beispiele dafür sind Reisen, Autos und Sportgeräte.
Connecting	Beinhaltet das Finden, Aufbauen und die Pflege tiefer zwischenmenschlicher Beziehungen, d. h. Finden eines Partners, Zeit verbringen mit Freunden und das Erhalten der Familie. Beispiele dafür sind auswärts Essen gehen, exklusive Küchengeräte, Geschenke oder Kreuzfahrten.
Individual Style	Dient dem Konsumenten dazu Erfolg, Individualität und ein persönliches Wertegefühl nach außen zu demonstrieren. Beispiele dafür sind Kleidung, Accessoires und Autos.

Quelle: Eigene Darstellung in Anlehnung an Silverstein/Fiske (2003), S. 54.

---

[416] Vgl. ebd.
[417] Vgl. Vigneron/Johnson (1999), S. 5.
[418] Vgl. Mei-Pochtler (2003), S. 92 f.; Silverstein/Fiske (2003), S. 54.
[419] Vgl. Silverstein/Fiske (2003), S. 54.

Der hedonistische Effekt beinhaltet somit den wahrgenommenen emotionalen Wert für die Konsumenten. [420]

Perfektionistische Kunden vertrauen auf ihre eigene Wahrnehmung bzgl. der Produktqualität und nutzen das Preissignal als zusätzlichen Hinweis auf Qualität. [421] Der perfektionistische Effekt zeigt sich daher in der wahrgenommenen Qualität. [422]

Zusammenfassend kann festgestellt werden, es existieren unterschiedliche Motive, warum Luxusprodukte konsumiert werden. Weiterhin sollte Luxus interdisziplinär untersucht werden, da er ein stark subjektiv geprägter und relativer Begriff ist.

---

[420] Vgl. Vigneron/Johnson (1999), S. 8.
[421] Vgl. Vigneron/Johnson (1999), S. 9.
[422] Vgl. Vigneron/Johnson (1999), S. 8.

8 Konzeption und Hypothesen

Das nun folgende Kapitel stellt die Konzepte und Hypothesen der vorliegenden Arbeit vor: In Kapitel 8.1 werden die operationalisierten Konstrukte im Überblick gezeigt – das Kapitel schließt mit einem kurzen theoretischen Exkurs zu den Variablen Involvement und Glück ab. In Kapitel 8.2 erfolgt die Darstellung der Hypothesen und des Untersuchungsmodells.

8.1 Operationalisierung der Konstrukte

Die konsekutive Tabelle (siehe Tab. 12) stellt, aufbauend aus den theoretischen Vorüberlegungen, verbunden mit einer explorativen Sichtweise bei den Konstrukten Zufriedenheit und Involvement eine Übersicht der verwendeten operationalisierten Konstrukte dar.

Tabelle 12: Übersicht Operationalisierung der verwendeten Konstrukte

Konstrukt	Indikator	Inhaltliche Verwendung im Fragebogen	Bewohner bzw. Prospect	Quelle
Zufriedenheit bzgl. der sieben Werttreiber und die Gesamtzufriedenheit als Globalurteil	• Wohnen • Verpflegung • Service • Freizeit und Kultur • Weiche Faktoren • Pflege • Preis • Gesamtzufriedenheit	Wie „zufrieden" sind Sie mit den einzelnen Angeboten und dem Gesamtangebot des Augustinum? • Alles rund um das Wohnen (Grundausstattung des Appartements, Ausstattung des Hauses) • Verpflegung • Freizeit und Kultur • Service, d. h. Dienstleistungen (Geschäfte im Haus, klarer Ansprechpartner, wie die 24-Stunden besetzte Rezeption und die Etagendame, Wohnungsreinigung) • Weiche Faktoren, d. h. Faktoren, die sich nicht klar und deutlich greifen lassen (Mitarbeiter, Bewohner, Selbstbestimmung, Aktivitäten Bewohner für Bewohner, Leumund des Augustinum) • Pflege (auch wenn Sie bislang noch keine Pflegeleistungen in Anspruch genommen haben, bitten wir Sie um eine Einschätzung) • Preis • Gesamtangebot	Nur im Fragebogen für die Bewohner erhoben.	In einer Experten-Diskussion werden die kaufrelevanten Eigenschaften für ein betreutes Wohnen identifiziert. Diese wurden anhand einer Literaturrecherche überprüft und anhand der leitfadenzentrierten Interviews modifiziert und verifiziert.

Konstrukt	Indikator	Inhaltliche Verwendung im Fragebogen	Bewohner bzw. Prospect	Quelle
Involvement, der Probanden, welches die Bedeutung / die Wichtigkeit in Bezug auf die einzelnen Werttreiber eines betreuten Wohnens, beurteilt.	• Wohnen • Verpflegung • Service • Freizeit und Kultur • Weiche Faktoren • Pflege • Preis	Wie „wichtig" sind Ihnen die einzelnen Angebote? • Alles rund um das Wohnen (Grundausstattung des Appartements, Ausstattung des Hauses) • Verpflegung • Freizeit und Kultur • Service, d. h. Dienstleistungen (Geschäfte im Haus, klarer Ansprechpartner, wie die 24-Stunden besetzte Rezeption und die Etagendame, Wohnungsreinigung) • Weiche Faktoren, d. h. Faktoren, die sich nicht klar und deutlich greifen lassen (Mitarbeiter, Bewohner, Selbstbestimmung, Aktivitäten Bewohner für Bewohner, Leumund des Augustinum) • Pflege (auch wenn Sie bislang noch keine Pflegeleistungen in Anspruch genommen haben, bitten wir Sie um eine Einschätzung) • Preis	Im Fragebogen für die Bewohner und die Prospects identisch erhoben.	In einer Experten-Diskussion werden die kaufrelevanten Eigenschaften für ein betreutes Wohnen identifiziert. Diese wurden anhand einer Literaturrecherche überprüft und anhand der leitfaden-zentrierten Interviews modifiziert und verifiziert.

Konstrukt	Indikator	Inhaltliche Verwendung im Fragebogen	Bewohner bzw. Prospect	Quelle
Social Emotional Support (sozial-emotionale Unterstützung)	• Ängste nehmen • nicht den Mut verlieren • erheitern/aufmuntern • freundliche Gespräche	• Wie oft nehmen Sie anderen Bewohnern Ängste? • Wie oft erzählen Sie den anderen Bewohnern, dass Sie nicht den Mut verlieren sollen? • Wie oft erheitern oder muntern Sie andere Bewohner auf? • Wie oft führen Sie freundliche Gespräche mit den anderen Bewohner	Im Fragebogen für die Bewohner und die Prospects erhoben. Bei den Prospects Formulierung anstatt „andere Bewohner", „Freunde, Bekannte oder Ihre Angehörige"	Rosenbaum (2006), S. 68 Rosenbaum/ Massiah (2007), S. 263
Instrumental Support (instrumentelle Unterstützung)	• die anderen besuchen Sie • unternehmen • helfen	• Wie oft besuchen die anderen Bewohner Sie in Ihrem Appartement? • Wie oft unternehmen Sie etwas mit den anderen Bewohner? • Wie oft helfen Sie anderen Bewohnern?	Im Fragebogen für die Bewohner und die Prospects erhoben. Bei den Prospects Formulierung anstatt „andere Bewohner", „Freunde, Bekannte oder Ihre Angehörige"	Rosenbaum (2006), S. 68. Rosenbaum/ Massiah (2007), S. 264

Konstrukt	Indikator	Inhaltliche Verwendung im Fragebogen	Bewohner bzw. Prospect	Quelle
Customer Participation (Kunden-Partizipation /Kundenbeteiligung)	• konstruktive Vorschläge • Mitarbeiter wissen lassen • Problem bemerke	• Ich mache konstruktive Vorschläge, um das Angebot im Augustinum zu verbessern. • Ich lasse die Mitarbeiter wissen, was sie besser machen können, um meinen Bedürfnissen zu genügen. • Wenn ich ein Problem bemerke, auch wenn ich nicht direkt davon betroffen bin, informiere ich einen Mitarbeiter oder einen anderen Bewohner.	Bewohner und Prospects → für Prospects Fragen im Konjunktiv formuliert (würde …)	Bettencourt, (1997), S. 395 Rosenbaum/ Massiah (2007), S. 264
Customer Cooperation (Kunden-Kooperation)	• mitzuhelfen • auf Mitarbeiter einstellen • Regeln beachten	• Ich versuche mitzuhelfen, dass das Augustinum immer gepflegt und sauber ist. • Ich stelle mich auf alle Mitarbeiter ein. • Ich beachte die Regeln des Augustinums.	Bewohner und Prospects → für Prospects Fragen im Konjunktiv formuliert (würde …)	Bettencourt, (1997), S. 395 Rosenbaum/ Massiah (2007), S. 264
Word-of-Mouth (WoM/Weiter-empfehlung)	• empfehle weiter • erzähle positiv • Positives gehört	• Ich empfehle meinen Freunden und Verwandten das Augustinum weiter. • Ich erzähle positiv über das Augustinum. • Ich habe schon viel Positives über das Augustinum gehört.	Im Fragebogen für die Bewohner und die Prospects identisch erhoben.	Bettencourt, (1997), S. 395 Rosenbaum/ Massiah (2007), S. 264

Konstrukt	Indikator	Inhaltliche Verwendung im Fragebogen	Bewohner bzw. Prospect	Quelle
Glück	• Positives und Negatives: Lebensglück (trait) – Emotionale Komponente • positives Lebensgefühl: Kognitive Komponente • beeinflusst das Wohlergehen: Ich-Transzesdenz	• Wenn Sie Positives und Negatives in Ihrem Leben gegeneinander abwägen wie zufrieden sind Sie dann im Allgemeinen mit Ihrer Lebensbilanz? • Würden Sie sagen, Sie haben ein pos. Lebensgefühl, ganz allgemein? • Inwieweit beeinflusst das Wohlergehen Ihrer Mitmenschen Ihr eigenes Wohlgefühl?	Im Fragebogen für die Bewohner und die Prospects identisch erhoben.	Mayring (1991), S. 126
Qualitatives Luxusverständnis	• finanzielle Absicherung • Gesundheit • lebenswerte Umwelt • Schmuck, teure Autos, 5-Sterne-Hotels • zwischenmenschliche Beziehungen • selbstbestimmtes Leben	Luxus bedeutet für mich? • Gesundheit • zwischenmenschliche Beziehungen wie Familie und Freunde • Schmuck, teure Auto, 5-Sterne-Hotels • Lebenswerte und intakte Umwelt • Ein selbstbestimmtes Leben • finanzielle Absicherung	Im Fragebogen für die Bewohner und die Prospects identisch erhoben.	Elosua (2010), S. 432[423] Danziger (2007), S. 43

[423] Es wird sich dabei an dem subjektiven Wertansatz der Lebensqualität von ELOSUA orientiert. Vgl. Elosua (2010), S. 432.

Konstrukt	Indikator	Inhaltliche Verwendung im Fragebogen	Bewohner bzw. Prospect	Quelle
Qualitatives Luxusverständnis	• finanzielle Absicherung • Gesundheit • lebenswerte Umwelt • Schmuck, teure Autos, 5-Sterne-Hotels • zwischenmenschliche Beziehungen • selbstbestimmtes Leben	Luxus bedeutet für mich? • Gesundheit • zwischenmenschliche Beziehungen wie Familie und Freunde • Schmuck, teure Auto, 5-Sterne-Hotels • Lebenswerte und intakte Umwelt • Ein selbstbestimmtes Leben • finanzielle Absicherung	Im Fragebogen für die Bewohner und die Prospects identisch erhoben.	Elosua (2010), S. 432[424] Danziger (2007), S. 43
Preisfairness	• Preisgestaltung ist fair • Preis erwartet • Preis ist angemessen • ist seinen Preis wert	• Die Preisgestaltung im Augustinum ist fair. • Bei meiner Entscheidung für einen Einzug in das Augustinum habe ich genau den Preis erwartet. • Die Preise im Augustinum sind angemessen für die Leistung, die ich bekomme. • Das Augustinum ist seinen Preis wert.	Im Fragebogen für die Bewohner und die Prospects identisch erhoben.	Herrmann/ Huber/ Sivakumar/ Wricke(2004), S. 544

Quelle: Eigene Darstellung.

---

[424] Es wird sich dabei an dem subjektiven Wertansatz der Lebensqualität von ELOSUA orientiert. Vgl. Elosua (2010), S. 432.

Es folgt ein kurzer theoretischer Exkurs zu den Variablen Involvement und Glück.

Nach ZAICHKOWSKY kann Involvement wie folgt definiert werden: „A person's perceived relevance of the object based on inherent needs, values, and interests."[425] Dabei werden in der Literatur u. a. die Begriffe Ich-Beteiligung, Betroffenheit, Engagement, Interesse oder Commitment synonym verwendet.[426] Bei Kaufentscheidungsprozessen können High-Involvement-Prozessen und in Low-Involvement-Prozesse differenziert werden. Bei High-Involvement-Prozessen handelt es sich um komplexe Entscheidungsprozesse, die für den Konsumenten relevant sind, wobei er ein gewisses finanzielles, soziales, psychologisches oder gesundheitliches Risiko wahrnimmt und somit viele Ressourcen auf die Auswahl von Alternativen verwendet. Low-Involvement-Prozesse beinhalten begrenzte Entscheidungsprozesse, welche für den Konsumenten als weniger relevant erachtet werden und nur mit geringen Risiken verbunden sind.[427] Bei dem Involvement in Bezug auf ein betreutes Wohnen kann daher von einem High-Involvement-Prozess für den Verbraucher ausgegangen werden.

Nach MAYRING ist Glück ein komplexes und vielschichtiges Konzept, welches:[428]

- u. a. als Wohlbefinden verstanden werden kann,
- dabei sollte Glück nicht auf den rein subjektiven Erlebensbegriff reduziert werden, sondern in der Beziehung Individuum-Umwelt gesehen werden (transaktionales Modell),

---

[425] Zaichkowsky (1985), S. 342.
[426] Vgl. Hohl/Naskrent (2010), S. 60.
[427] Vgl. Meffert (2000), S. 112.
[428] Vgl. Mayring (1991), S. 179.

154

- weiterhin kann das biografisch entwickelte Lebensglück vom situationsspezifischen momentanen Glückserleben unterschieden (State-trait-Konzeption) werden.

Glück ist nicht nur ein subjektives individuelles Gefühl, sondern muss im materiellen, sozialen und gesellschaftlichen Kontext betrachtet werden.[429]

8.2 Darstellung der Hypothesen und des Untersuchungsmodells

Nachfolgend werden die Hypothesen und das Untersuchungsmodell vorgestellt. Insbesondere wird hier noch einmal auf die theoretischen Ausführungen in Kapitel 5 (Dienstleistungsqualität), Kapitel 6 (Customer Voluntary Performance) und Kapitel 7 (Preisfairness) verwiesen.

Hypothesen Involvement

Involvement kann als Einflussfaktor von Word-of-Mouth (Weiterempfehlung) verstanden werden. Für DICHTER ist Involvement eine Determinante des Weiterempfehlungsverhaltens – dabei werden die vier folgenden Kategorien des Involvement unterschieden:[430]

1. Product-Involvement: Mitteilungsbedürfnis zu den gemachten Erfahrungen mit dem Produkt bzw. der Dienstleistung.
2. Self-Involvement: Selbstbestätigung – die Person als Weiterempfehlender steht im Fokus und nicht das Produkt bzw. die Dienstleistung.

---

[429] Vgl. Mayring (1991), S. 180.
[430] Vgl. Dichter (1966), S. 148.

3. Other-Involvement: Durch Weiterempfehlung kann Fürsorge, Liebe oder Freundschaft gezeigt werden. „Because I have had pleasure in this, I want you, too, to have it – here it is."[431]

4. Message-Involvement: Weiterempfehlung aufgrund von Werbemaßnahmen und nicht basierend auf der eigenen Erfahrung mit dem Produkt bzw. der Dienstleistung.

Für FEICK und PRICE ist dabei das Produkt-Involvement der dominierende Treiber für das Word-of-Mouth.[432] Nach WAN-GEINHEIM und BAYÓN besteht eine positive Beziehung zwischen dem Involvement und Word-of-Mouth,

> „highly involved consumers will search for more information about the respective product class, will be more receptive, and will be more knowledgeable about it. Their greater interest and knowledge leads highly involved consumers to talk more about a product class than other consumer groups."[433]

In Kapitel 6.2 ist eine Beschreibung der empirischen Untersuchung von BETTENCOURT[434] erfolgt, bei welcher Kunden als Partner bei der Dienstleistungserbringung verstanden werden. CVP kann als ein sozialer Austauschprozess verstanden werden, der die Verhaltenszustände Commitment, globale Zufriedenheit und wahrgenommene Unterstützung bei den Kunden voraussetzt.[435] Diese Variablen sind daher Antezedenzvariablen von CVP.[436] Commitment wird definiert als

> „an attitude toward a firm that should produce a variety of beneficial behaviors, including but not limited to loyalty behaviors."[437]

---

[431] Dichter (1966), S. 148.
[432] Vgl. Feick/Price (1987), S. 84.
[433] Vgl. Wangenheim/Bayón (2007), S. 236.
[434] Vgl. Bettencourt (1997).
[435] Vgl. Bettencourt (1997), S. 384.
[436] Vgl. Bettencourt (1997), S. 384.
[437] Bettencourt (1997), S. 388.

Dabei wird die Hypothese getestet, dass Commitment positiv verbunden ist mit a) Loyalität, b) Kooperation und c) Partizipation – empirisch wird nachgewiesen, dass ein signifikant positiver Zusammenhang zwischen dem Commitment und der Loyalität bzw. der Partizipation besteht.[438]

Daraus ergeben sich die folgenden Hypothesen zu Involvement:

- Involvement hängt positiv zusammen mit Customer Cooperation.
- Involvement hängt positiv zusammen mit Customer Participation.
- Involvement hängt positiv zusammen mit Word-of-Mouth.

Hypothesen Social-Emotional Support und Instrumental Support

In Kapitel 6.2 wird die empirische Untersuchung von ROSENBAUM und MASSIAH[439] näher vorgestellt, welche in ihrer empirischen Untersuchung zeigen, dass soziale-emotionale Unterstützung der primäre Treiber für CVP ist.[440] Für die Partizipation und auch für die Kooperation werden die Hypothesen angenommen, dass sowohl sozial-emotionale Unterstützung als auch instrumentale Unterstützung signifikante Prädiktoren in Bezug auf die Partizipation bzw Kooperation sind.[441] Hingegen zeigen die Ergebnisse, dass nur die sozial-emotionale Unterstützung ein Prädiktor in Bezug auf die Loyalität (Weiterempfehlung) ist.[442] Zwischen der instrumentalen Unterstützung und der Loyalität (Weiterempfehlung) besteht kein signifikanter Zusammenhang.

---

[438] Vgl. Bettencourt (1997), S. 388 i. V. m. S. 397.
[439] Vgl. Rosenbaum/Massiah (2007).
[440] Vgl. Rosenbaum/Massiah (2007), S. 265.
[441] Vgl. Rosenbaum/Massiah (2007), S. 264.
[442] Vgl. ebd.

In Anlehnung an ROSENBAUM und MASSIAH ergeben sich die Hypothesen zu Social-Emotional Support und Instrumental Support wie folgt:

- Social-Emotional Support hängt positiv zusammen mit Word-of-Mouth (WoM).
- Social-Emotional Support hängt positiv zusammen mit Customer Cooperation.
- Social-Emotional Support hängt positiv zusammen mit Customer Participation.
- Instrumental Support hängt positiv zusammen mit Word-of-Mouth (WoM).
- Instrumental Support hängt positiv zusammen mit Customer Cooperation.
- Instrumental Support hängt positiv zusammen mit Customer Participation.

Bezüglich des Einflusses von Emotional Support bzw. Instrumental Support auf Glück wird auf die in Kapitel 6.3 beschriebenen empirischen Studien verwiesen, die den positiven Einfluss von Unterstützungsleistungen, sowohl instrumenteller wie auch emotionaler Art, zeigen. Die empirische Studie von BROWN et al. zeigt, dass die Personen, die instrumentelle oder emotionale Hilfeleistungen tätigen, ein geringeres Sterberisiko aufweisen.[443] So weisen STROEBE et al. empirisch nach, dass soziale Unterstützungen einen signifikant hohen negativen Einfluss auf die soziale Einsamkeit haben.[444] Dies bedeutet, je mehr soziale Unterstützung Personen geben bzw. erhalten, desto weniger einsam sind sie.

Daher können die folgenden Hypothesen aufgestellt werden:

- Social-Emotional Support hängt positiv zusammen mit Glück.
- Instrumental Support hängt positiv zusammen mit Glück.

---

[443] Vgl. Brown et al. (2003), S. 321 i. V. m. S. 324.
[444] Vgl. Stroebe et al. (1996), S. 1247.

Bei der latenten Variablen Preisfairness differenzieren empirischen Studien, bis auf wenige Ausnahmen wie bspw. BOLTON und ALBA[445], nicht zwischen Dienstleistungen und Produkten, daher sollten zukünftige Forschungen eine Differenzierung vornehmen, um zu untersuchen, ob bzw. inwieweit sich die wahrgenommene Preisfairness bei Dienstleistungen und Produkten unterscheidet.[446] In der vorliegenden Arbeit wird die Preisfairness unter Dienstleistungsgesichtspunkten untersucht. Ausgehend von der Dienstleistungsdefinition in Kapitel 3.1 werden bei der Dienstleistungserstellung externe Faktoren, also solche Faktoren, die nicht im Einflussbereich des Dienstleisters liegen, kombiniert, um nutzenstiftende Wirkungen zu erzielen. Inwieweit wirken sich daher die durch den Konsumenten zusätzlich erbrachten Leistungen, die emotionale bzw. instrumentelle Unterstützung, gegenüber anderen Konsumenten auf die Preisfairness aus? Emotionen werden mit der Equity-Theorie verbunden.[447] Grundlage der Equity-Theorie ist ein Outcome-Input-Vergleich mit Referenzpunkten: [448] Dabei wird das eigene Outcome-/Input-Verhältnis mit dem des Transaktionspartners (direkt) oder im Vergleich mit anderen Kunden, welche mit dem Transaktionspartner in Verbindung stehen, (indirekt) beurteilt. Eine Transaktion wird als fair beurteilt, wenn beide Partner das gleiche Outcome-/Input-Verhältnis aufweisen. Empfundene Ungerechtigkeit führt u. a. zu Unzufriedenheit, Schuldgefühlen (bei Bevorzugung) oder Spannungszuständen. Emotionen beeinflussen die wahrgenommene Preisfairness – indem Individuen, die mit positiven Emotionen konfrontiert werden, ihr Verständnis von Ungerechtigkeit in einem höheren Maß anpassen, als Individuen, die mit negativen Emotionen konfrontiert werden.[449] Social-Emotional

---

[445] Vgl. Bolton/Alba (2006), S. 258 ff.
[446] Vgl. Fassnacht/Mahadevan (2010), S. 322.
[447] Vgl. Heussler/Huber/Meyer/Vollhardt (2009), S. 333.
[448] Vgl. Simon/Fassnacht (2009), S. 179.

Support und Instrumental Support können dabei als positive Emotionen verstanden werden. HEUSSLER et al. bestätigen empirisch die Hypothese, dass Emotionen die Beziehung zwischen einer Preiserhöhung und der Wahrnehmung von Preisfairness moderieren, positive Emotionen erhöhen dabei die wahrgenommene Preisfairness mehr als negative.[450]

Dies führt zu den folgenden Hypothesen:

- Social-Emotional Support hängt positiv zusammen mit Preisfairness.
- Instrumental Support hängt positiv zusammen mit Preisfairness.

In diesem Zusammenhang kann ebenfalls die Hypothese zu qualitativem Luxusverständnis betrachtet werden:

- Qualitatives Luxusverständnis hängt positiv zusammen mit Preisfairness.

Hypothesen Glück

Das Easterlin-Paradoxon beschreibt das Phänomen, dass in den letzten Jahrzehnten in den westlichen Ländern das Pro-Kopf-Einkommen zwar stark angestiegen ist, dies aber nur wenig Einfluss auf das subjektive Wohlbefinden der Menschen hatte.[451] Unter anderem korrelieren die folgenden Faktoren mit Glück: Einkommen, Arbeit/Arbeitslosigkeit, Gesundheit, soziale Beziehungen (die Beziehung zum Partner und Freunde), genetische Anlagen, das politische Umfeld/Governance und das Ökosystem.[452]

---

[449] Vgl. Heussler et al. (2009), S. 333.
[450] Vgl. Heussler et al. (2009), S. 333 i. V. m. S. 335.
[451] Vgl. Grimm (2006), S. 9.
[452] Vgl. Grimm (2006), S. 9 ff.

Somit kann folgende Hypothese aufgestellt werden:

- Glück hängt positiv zusammen mit qualitativem Luxusverständnis.

Hypothesen Preisfairness

BEI und CHAIO weisen empirisch nach, dass ein direkter und indirekter positiver Wirkungszusammenhang von Preisfairness über Kundenzufriedenheit auf die Loyalität besteht.[453] XIA et al. zeigen theoretisch, dass wenn die Preisgestaltung von Konsumenten als unfair wahrgenommen wird, Verhaltensweisen wie sinkende Kaufabsichten, Beschwerden und eine negative Weiterempfehlung auftreten können.[454] Nach MATUTE-VALLEJO, BRAVO und PINA ist die Beziehung zwischen Preisfairness und Commitment[455] bislang kaum erforscht – sie verweisen auf die Studien von BUTTLE und BURTON[456], bei welchen Preisfairness eine Antezedenzvariable von Vertrauen darstellt, welches mit Commiment verbunden ist, und OLIVER und SWAN[457], bei der die Wahrnehmung von Fairness durch die Konsumenten mit dem Commitment des Anbieters verknüpft wird.[458] Die Studie VALLEJO, BRAVO und PINA bestätigt empirisch einen signifikant positiven Zusammenhang zwischen Preisfairness und Commitment, sowie zwischen Commitment und Loyalität.[459]

---

[453] Vgl. Bei/Chiao (2001), S. 136.
[454] Vgl. Xia et al. (2004), S. 6. i. V. m. S. 8
[455] Es wird auf den Exkurs in Kapitel 8.1 verwiesen, bei dem die latente Variable Involvement näher beschrieben wird. – Die Begriffe Involvement und Commitment können synonym verwendet werden. Vgl. Hohl/Naskrent (2010), S. 60.
[456] Vgl. Buttle/Burton (2002).
[457] Vgl. Oliver/Swan (1989).
[458] Vgl. Matute-Vallejo/Bravo/Pina (2011), S. 322.
[459] Vgl. Matute-Vallejo et al. (2011), S. 326.

Diese Ausführungen führen zu den folgenden Hypothesen bzgl. der Preisfairness:

- Preisfairness hängt positiv zusammen mit Involvement.
- Preisfairness hängt positiv zusammen mit Word-of-Mouth.

Alle Hypothesen sind im Überblick in nachfolgender Tabelle (siehe Tab. 13) aufgelistet.

Tabelle 13: Hypothesen in Bezug auf das Forschungsmodell

Hypothesen: Involvment	
$H_{IW}1$	Involvement hängt positiv zusammen mit Customer Cooperation.
$H_{IW}2$	Involvement hängt positiv zusammen mit Customer Participation.
$H_{IW}3$	Involvement hängt positiv zusammen mit Word-of-Mouth.
Hypothesen: Social-Emotional Support	
H_{ES1}	Social-Emotional Support hängt positiv zusammen mit Glück.
$H_{ES}2$	Social-Emotional Support hängt positiv zusammen mit Word-of-Mouth.
$H_{ES}3$	Social-Emotional Support hängt positiv zusammen mit Customer Cooperation.
$H_{ES}4$	Social-Emotional Support hängt positiv zusammen mit Customer Participation.
$H_{ES}5$	Social-Emotional Support hängt positiv zusammen mit Preisfairness.
Hypothesen: Instrumental Support	
$H_{IS}1$	Instrumental Support hängt positiv zusammen mit Glück.
$H_{IS}2$	Instrumental Support hängt positiv zusammen mit Word-of-Mouth.
$H_{IS}3$	Instrumental Support hängt positiv zusammen mit Customer Cooperation.
$H_{IS}4$	Instrumental Support hängt positiv zusammen mit Customer Participation.
$H_{IS}5$	Instrumental Support hängt positiv zusammen mit Preisfairness.
Hypothese: Glück	
H_G1	Glück hängt positiv zusammen mit qualitativem Luxusverständnis.

Hypothese: Qualitatives Luxusverständnis	
$H_{Lux}1$	Qualitatives Luxusverständnis hängt positiv zusammen mit Preisfairness.
Hypothese: Preisfairness	
H_P1	Preisfairness hängt positiv zusammen mit Involvement.
H_P2	Preisfairness hängt positiv zusammen mit Word-of-Mouth.

Quelle: Eigene Darstellung.

Anschließend wird im Rahmen eines Gruppenvergleiches die Forschungsfrage untersucht: Wie unterscheiden sich die Wirkungsbeziehungen bei den beiden Gruppen, Bewohner und Prospects?

Im Untersuchungsmodell wird erforscht, wie wirkt sich Social-Emotional Support, Instrumental Support und Involvement auf CVP mit den Dimensionen Weiterempfehlung, Customer Cooperation und Customer Participation aus. Auch werden die Auswirkungen von Social-Emotional Support und Instrumental Support auf Glück untersucht. Weiterhin werden die Wirkungsbeziehungen von Glück auf qualitatives Luxusverständnis, von qualitativem Luxusverständnis auf Preisfairness sowie von Preisfairness auf Involvement und Word-of-Mouth untersucht.

Die Hypothesen, welche das Forschungsmodell abbilden, werden anhand einer Strukturgleichungsanalyse in Kapitel 10.6 ausgewertet.

In konsekutiver Abbildung (siehe Abb. 13) findet sich das Untersuchungsmodell dargestellt.

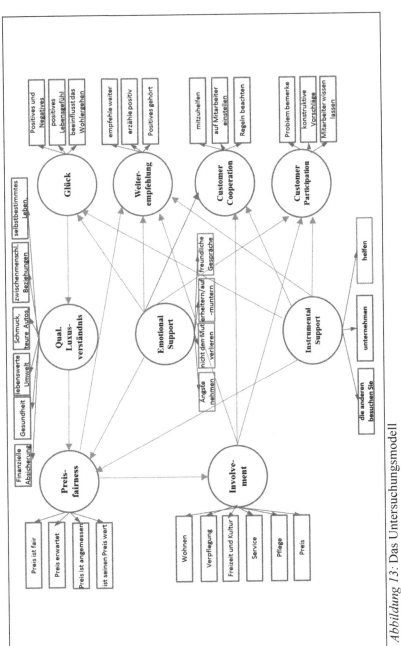

Abbildung 13: Das Untersuchungsmodell

Quelle: Eigene Darstellung.

9 Methodik

Basierend auf den theoretischen Überlegungen zum Forschungsstand in den vorangestellten Kapiteln wird in Kapitel 9 die empirische Untersuchung vorgestellt. In Kapitel 9.1 wird auf die Besonderheiten bei empirischen Untersuchungen mit Senioren eingegangen. Kapitel 9.2 erörtert das zweistufige Mixed-Method-
Erhebungsdesign – welches aus einem leitfadenzentrierten Interview und einem Fragebogen besteht. Anschließend wird in Kapitel
9.3 die Durchführung der Datenerhebung beschrieben und in Kapitel 9.4 wird auf den zuvor durchgeführten Pretest eingegangen.

Die empirische Untersuchung wurde als Vollerhebung in vier
betreuten Wohnanlagen eines deutschlandweit vertretenen Anbieters für betreutes Wohnen, der Augustinum gGmbH, mit den Bewohnern und Interessenten (Prospects), welche entweder einen
Vorvertrag unterschrieben hatten oder an einer Führung in der jeweiligen Seniorenresidenz teilgenommen hatten, durchgeführt.

9.1 Empirische Untersuchungen mit Senioren

In dem folgenden Kapitel wird auf die Besonderheiten in der Befragung von älteren Personen eingegangen. Positiv hervorzuheben
ist, dass Senioren eine hohe Bereitschaft zur Zusammenarbeit aufweisen, wenn Forscher sie kontaktieren.[460] In der Studie von WIL-
SON und ROE wird explizit darauf hingewiesen, dass es älteren
Menschen gefallen hat, an einem Interview teilzunehmen.[461] Mögliche Gründe können sein, dass dies für einen Teil der Probanden

---

[460] Vgl. Hoinville (1983), S. 224.
[461] Vgl. Wilson/Roe (1998), S. 580.

das Gefühl aufkommen lässt, Bestandteil an etwas Wichtigem und Sinnvollen aktiv beteiligt zu sein, während es für den Großteil der Teilnehmer die Gelegenheit für sozialen Kontakt darstellt, besonders wenn diese Personen allein leben[462]

Alterungsbedingte Veränderungen, sowohl im Bereich kognitiver Leistungen wie auch im Bereich der Kommunikation, und ein Rückgang der physischen Fähigkeiten wirken sich bei älteren Menschen als Teilnehmer von empirischen Untersuchungen aus.[463] Zu beachten ist jedoch, dass das Alter nicht als ausschließlicher Indikator für die kognitive und kommunikative Leistungsfähigkeit eines Menschen gelten sollte, insbesondere variiert der altersbedingte Rückgang solcher Fähigkeiten beachtlich.[464]

Befragungen mit älteren Menschen zeichnen sich durch die nachfolgende Charakteristika aus:[465]

- Die Interviews sind länger – so benötigen ältere Interviewteilnehmer mehr Aufmerksamkeit zu Beginn des Interviews, indem man sie ermutigt, teilzunehmen, sie beruhigt und ihnen in der Rolle des Antwortenden hilft. Während des Interviews kann es zu einem Mangel an Konzentration kommen – hier benötigen ältere Menschen Erklärung und Zuspruch vom Interviewer. Es sollte daher eine höhere soziale Interaktion in den Interviews bestehen, um die Beteiligung zu sichern und beizubehalten.
- Einige Interviews können stressig sein – für den Interviewer wie auch für den Interviewteilnehmer. Denn ältere Personen haben Probleme mit Ihrer Gesundheit, ihrer Mobilität und Pflege. Sie können während des Interviews verzweifelt und emotional werden. Ältere Teilnehmer schätzen mehr Fragen als sensibel und bedrohend ein als jüngere Teilnehmer.
- Der Interviewer kann die Qualität der Antworten in stärkerer Form beeinflussen, da er eine gesteigerte Rolle während des Interviews zugewiesen be-

---

[462] Vgl. ebd.
[463] Vgl. Kühn/Porst (1999), S. 4.
[464] Vgl. ebd.
[465] Vgl. Hoinville (1983), S. 233 ff.

kommt. Das Mehr an Erklärung bzw. an Ermutigungen kann verzerrend wirken.

- Die Qualität der Antworten kann aufgrund verschiedenster Gründe gering sein. Einerseits können körperliche Einschränkungen, wie z. B. Schwerhörigkeit, vor dem Interviewer verheimlicht werden. Auch wenn sich der Interviewer dieses Problem bewusst macht, entkommt er ihm wahrscheinlich nicht, ohne die Ergebnisse zu verzerren. Andererseits versteht der Interviewteilnehmer vielleicht die Frage nicht oder auch die verwendeten Konzepte im Fragebogen. Weiterhin hat er vielleicht Probleme, sich an Details zu erinnern und kann schneller Geschehnisse oder Häufigkeiten verwechseln. Er versucht vielleicht, die wahre Meinung aus Angst vor Repressalien, Scham, Schuldgefühl oder Mangel an Selbstbewusstsein zu verbergen. Oder er hat Schwierigkeiten, seine Meinung klar zu kommunizieren. Im Extremfall kann aufgrund dementieller Erkrankungen keine validen Antworten gegeben werden.

- Einige ältere Menschen sind so abhängig von einer anderen Person, sodass sie sich der Antwort enthalten und dieser anderen Person erlauben, für sie zu antworten. In anderen Fällen zeigt sich das „gatekeeper-problem", bei dem meist ein Verwandter oder Freund überfürsorglich antwortet, anstatt den älteren Menschen antworten zu lassen und ihn dadurch in eine bestimmte Richtung des Antwortens lenkt oder ihm (indirekt) verbietet, zu antworten.

Verschiedene Studien zeigen Probleme bei der Verwendung von standardisierten Befragungsinstrumenten bei hochaltrigen Menschen auf. In der Studie von MIKLAUTZ, MAYRING und JEUNULL-SCHIEFER wollten die Forscher u. a. einen offenen Fragebogen einsetzen, um den rüstigen Bewohnern von zwei Seniorenheimen eine auf ihre Kompetenzen abgestimmte Datenerhebung zu ermöglichen, wurde nur sehr unwillig von den Bewohnern angenommen und kam daher nur selten zum Einsatz.[466] So erklärten sich insgesamt nur 18 % der Bewohner bereit, den Fragebogen zu beantworten.[467] Die Bewohner stellten die Forscher vor die

---

[466] Vgl. Miklautz/Mayring/Jenull-Schiefer (2007), S. 89.
[467] Vgl. ebd.

167

Wahl, entweder mit ihnen ein Einzelinterview durchzuführen oder für eine Befragung nicht zur Verfügung zu stehen.[468] KLEIN und GABLER untersuchen in einer Repräsentativerhebung unter Altenheimbewohnern deren Lebensverlauf und die Gründe des Heimeintritts.[469] In ihrer empirischen Untersuchung traten die folgenden Probleme bei der Befragung mit einem standardisierten Fragebogen auf:[470]

- Bei einem starken Mitteilungsbedürfnis oder bei geringer Konzentrationsfähigkeit des Bewohners war es zuweilen schwierig, die Fragen in der vorgesehenen Reihenfolge zu stellen. Bei einzelnen Interviews wurden deshalb die Fragen in einer nicht vorgesehenen Reihenfolge gestellt.
- Historische Zeitangaben gestalteten sich tendenziell problematisch. In einigen Interviews wurden Hilfsmittel wie der Ehering oder die Heiratsurkunde genutzt. Wenn in diesem Zusammenhang dem Bewohner die Verminderung seiner geistigen Leistungsfähigkeit bewusst wurde und ein Interviewabbruch drohte, wurde auf Initiative des Interviewers die Fragenreihenfolge in wenigen Interviews ebenfalls geändert.
- Problematisch gestalteten sich die Fragen zur finanziellen Situation, die deshalb erst zum Ende des Interviews gestellt wurden.
- Die durchschnittliche Interviewzeit betrug etwa 20 Minuten, je nach Umfang der biografischen Angaben und in Bezug auf die geistige Leistungsfähigkeit variierte die Länge jedoch beträchtlich.

So verweist KELLE bei seiner empirischen Untersuchung von Heimbewohnern auf die Beeinträchtigung des Datenmaterials der dauerhaft institutionalisierten Bewohner durch verdeckte Verweigerung, mangelndes Vertrauen in die Anonymitätszusage und sozial erwünschtes Antwortverhalten.[471] Weiterhin ist kritisch zu bemerken, dass bei Befragungen in Heimen Interviewpartner oftmals vom Pflegepersonal ausgewählt werden, aufgrund von Fehlen sen-

---

[468] Vgl. Miklautz et al. (2007), S. 87.
[469] Vgl. Klein/Gabler (1996), S. 112.
[470] Vgl. Klein/Gabler (1996), S. 118.
[471] Vgl. Kelle (2008), S. 254.

sorischer oder mentaler Einschränkungen oder einer unterstellten Befragungsbereitschaft, sodass bestimmte Bewohner in die Rolle des „Dauerbefragten" geraten können.[472]

9.2 Erhebungsdesign – Mixed Methods

Es wurde ein Mixed-Methods-Forschungsansatz in der vorliegenden Arbeit gewählt, der eine Kombination einer quantitativen und qualitativen Datenerhebung und -auswertung ermöglicht, um insbesondere den hohen methodischen Anforderungen bei der Datenerhebung bei alten und eventuell gesundheitlich beeinträchtigten Menschen gerecht zu werden.[473]

Qualitative Forschung zeichnet sich durch folgende Grundannahmen aus:

„Qualitative Forschung hat ihren Ausgangspunkt im Versuch eines vorrangig deutenden und sinnverstehenden Zugangs zu der interaktiv ‚hergestellt' und in sprachlichen wie nicht-sprachlichen Symbolen repräsentiert gedachten sozialen Wirklichkeit. Sie bemüht sich dabei, ein möglichst detailliertes und vollständiges Bild der zu erschließenden Wirklichkeitsausschnitte zu liefern. [...] Die bewusste Wahrnehmung und Einbeziehung des Forschers und der Kommunikation mit den ‚Beforschten' als konstitutives Element des Erkenntnisprozesses ist eine zusätzliche, allen qualitativen Ansätzen gemeinsame Eigenschaft."[474]

Im Gegensatz dazu stehen quantitative Forschungsansätze und Verfahren, welche

„[...] eine intersubjektiv nachvollziehbare Beschreibung komplexer Strukturen, indem sie pädagogische Gegebenheiten messbar machen und einer statistischen Analyse zuführen, ermöglichen [sic!]. Einer quantitativ orientierten Forschung geht es vor allem darum, Hypothesen über Zusammenhänge zwischen verschiedenen Vari-

---

[472] Vgl. Kelle (2007), S. 120.
[473] Vgl. Miklautz et al. (2007), S. 82; Schreier/Odag (2010), S. 263; Kelle/Niggemann (2003), S. 4 ff.
[474] Vgl. Kardorff (1995), S. 4.

ablen an der Realität zu überprüfen. Die forschungsleitenden – aus Theorie gespeisten – Hypothesen müssen operationalisiert werden, d. h. in messbare Dimensionen überführt werden, um sie dann in Form von Zahlen einer weiteren mathematischen Analyse zuzuführen."[475].

In folgender Tabelle (siehe Tab. 14) sind die Unterschiede bzgl. von quantitativer und qualitativer Forschung zusammengefasst dargestellt.

Tabelle 14: Unterschiede zwischen quantitativer und qualitativer Methoden

Quantitative Forschung	Qualitative Forschung
Theorieüberprüfende Forschungslogik	Theorieentdeckende Forschungslogik
Überprüfung und Operationalisierung von als gültig unterstellten Theoriehypothesen	Entwicklung neuer Theoriehypothesen, Sensibilisierung durch Vorab-Hypothesen
Untersuchungsgegenstand als Aggregation bestimmter Variablenmerkmale → statistischer Zusammenhang und Wahrscheinlichkeitsaussagen	Einzelfallbezogenheit/einzelfallanalytisches, fallkonstruktives Vorgehen
Eigenarten einer Grundgesamtheit sind bekannt	Unbekannte Subkultur
Variablenanalyse/Wahrscheinlichkeitsaussagen zwischen Variablen bzw. Merkmalen einer Grundgesamtheit	Rekonstruktion von Deutungs- und Handlungsmustern
Genauer Erhebungs- und Auswertungsplan	Prinzip der Offenheit und Senibilisierung gegenüber Daten bzw. aus dem Feld „emergierenden" Hypothesen
Erkenntnisgegenstand sind Variablen	Erkenntnisgegenstand sind Deutungs- und Handlungsmuster sowie Prozesslogiken

---

[475] Raithel (2006), S. 8.

170

Quantitative Forschung	Qualitative Forschung
Statistisches Sample → Trennung von Auswahl einer Untersuchungsgruppe und Datenauswertung	Theoretisches Sampling → Auswahl von Akteuren nicht nach statistischen Überlegungen, sondern aufgrund theoretischer Befunde von Felddaten; Datenerhebung und Auswertung laufen mehr oder weniger zeitgleich ab
Deduktive Schließlogik → die empirischen Daten werden ausgehend von den vorgegebenen Theorien gedeutet; Ableiten des Besonderen aus dem Allgemeinen	Deduktion, Induktion (Schließen vom Einzelnen auf das Allgemeine), qualitative Induktion, Abduktion als Schließlogiken
Richtige Operationalisierung und Messung	Gegenstandsangemessenheit → wenn gemäß der Entdeckungslogik aus Daten neue Theorien entwickelt werden wollen, müssen die Forscher sich darauf einlassen

Quelle: Eigene Darstellung in Anlehnung an Bortz/Döring (2006), S. 30ff. und Brüsemeister (2008), S. 19ff. i. V. m. S. 48

Die Vorteile von quantitativen Methoden sind, dass „[...] sie ein hinreichend genaues Bild von der Verteilung der erwarteten outcomes, gegeben bestimmte Interventionen, erlauben."[476]. Insofern ergibt sich sogleich der Nachteil beim quantitativen Vorgehen, dass nämlich bereits zu Beginn die zu untersuchenden Merkmale bekannt sein müssen und es somit kaum möglich ist, neue im Untersuchungsfeld emergierende Phänomene zu erfassen.[477] Die Ergebnisse von Kundenzufriedenheitsbefragungen in Pflegeheimen mithilfe standardisierter Fragebögen sollten daher mit äußerster Vorsicht interpretiert werden.[478] Beispielsweise sprechen viele Befragte während des standardisierten Interviews nebenbei Probleme bzgl. der Pflege an, die erst anhand von Interaktionsprotokollen aufgezeichnet werden und so in die Untersu-

---

[476] Kelle (2004), S. 55.
[477] Vgl. Kelle (2004), S. 55.
[478] Vgl. Kelle (2007), S. 125.

chungsergebnisse einfließen können. Jedoch sind Fragebögen ein kostengünstigeres Verfahren im Vergleich zur mündlichen Befragung – in Bezug auf zeitliche und finanzielle Ressourcen.[479]

Gemeinsame und ergänzende empirische Ergebnisse, die aus verschiedenen Methoden einer Studie entstanden sind, sind weitaus aussagekräftiger als die Ergebnisse einer monomethodischen Herangehensweise[480] – „Papers that use multiple methods produce stronger results, larger contributions, and greater impact."[481].

In der vorliegenden Arbeit wird ein gemischtes Forschungsdesign mit sequenzieller Vorgehensweise, ein Sequenzial Mixed Design[482], verwendet. Hier fließen die Ergebnisse und Schlussfolgerungen einer qualitativen oder quantitativen Vorstudie in die Konzeptionsphase der quantitativen oder qualitativen Hauptstudie ein.[483] Abschließend werden die Ergebnisse der Analysen in einer Meta-Schlussfolgerung zusammengeführt.[484] Das Erhebungsdesign ist zweistufig aufgebaut: Mit einem vorgeschalteten leitfadenzentrierten Interview und einem Fragebogen, welcher im ersten Teil eine Conjoint-Analyse und im zweiten Teil standardisierte Skalen für eine Strukturgleichungsmodellierung sowie soziodemografische Fragen beinhaltet. Das leitfadenzentrierte Interview wurde mit sechs Bewohnern geführt und mittels einer Inhaltsanalyse nach Mayring[485] ausgewertet. Ein Pretest des Fragebogens wurde mit acht Probanden durchgeführt, die im Sinne des „think aloud" gebe-

---

[479] Vgl. Bortz/Döring (2002), S. 237.
[480] Vgl. Stewart (2009), S. 382.
[481] Stewart (2009), S. 382.
[482] Vgl. Teddlie/Tashakkori (2006), S. 22; Collins/Onwuegbuzie/Jiao (2007), S. 276.
[483] Vgl. Angerer/Foscht/Swoboda (2006), S. 124.
[484] Vgl. ebd.
[485] Es wurde sich dabei an die Ablaufschritte einer Inhaltsanalyse an Mayring (2010), S. 605 ff. orientiert.

ten wurden, ihre Gedankengänge frei zu äußern und ggf. Verständnisprobleme aufzuzeigen.[486]

Die Ausgabe der Fragebögen erfolgte in Papierform. Den Probanden stand ebenfalls die Möglichkeit offen, den Fragebogen online auszufüllen.

9.2.1 Leitfadenzentriertes Interview

MIKLAUTZ et al. belegen mit ihrer Studie, dass sich ein qualitativ orientiertes Vorgehen in der Datenerhebung auch bei gesundheitlich stark beeinträchtigten alten Menschen bewährt hat.[487] Dadurch wird ein wertvoller Beitrag zur gerontologischen Forschung aus der Innenperspektive der Bewohner geleistet.[488]

Das Problemzentrierte Interview ist nach FLICK durch drei Kriterien gekennzeichnet:[489]

- Problemzentrierung – der Forscher orientiert sich an einer relevanten Problemstellung,
- Gegenstandsorientierung – die Methoden sollen am Forschungsgegenstand entwickelt und ggf. modifiziert werden,
- Prozessorientierung innerhalb des Forschungsprozesses und Gegenstandsverständnisses.

---

[486] Eine empirische Vorstudie wurde durch Masterstudenten im Seminar „Strategien, Preissetzung und Kapazitätsmanagement bei Dienstleistungen" im Wintersemester 2010/2011 zum Thema „Preisgestaltung von Dienstleistungsangeboten im Pflegebereich" am Lehrstuhl von Prof. Radic an der Universität Leipzig, Fachbereich Wirtschaftswissenschaften, durchgeführt. Es wurden dabei narrative Interviews geführt und anschließend empirische Daten mittels Fragebögen, die eine Conjoint-Analyse für ein betreutes Wohnen enthielt, bei Teilnehmern an der Senioren-Universität Leipzig und Volkshochschule Leipzig erhoben.
[487] Vgl. Miklautz et al. (2007), S. 93.
[488] Vgl. ebd.
[489] Flick (2007), S. 210.

Der Einsatz eines Leitfadens bietet den Vorteil, dass die Vergleichbarkeit der Daten erhöht wird und dass durch sie die Fragen eine Struktur erhalten.[490]

Vorab wurde an alle Teilnehmer ein Anschreiben geschickt, welches eine kurze Vorstellung des Forschungsvorhabens und einen Hinweis auf den Datenschutz beinhaltete. In der vorliegenden Arbeit wurde innerhalb des Leitfadeninterviews Erzählungen im Sinne von Narrationen mit aufgenommen, um einen komplexen Zugang zum Forschungsfeld zu erhalten. Die Eingangsfrage im Interview an alle Probanden lautet:

„Wie stellen Sie sich einen für Sie optimalen Tag im Augustinum vor? Welche Angebote sollten Ihrer Meinung nach vorhanden sein, damit Sie sich wohl fühlen?"

In einem zweiten Schritt wurden den Teilnehmer nacheinander sieben DIN A4-Blätter gezeigt, in denen jeweils ein Werttreiber und seine Merkmale aufgeführt waren, verbunden mit der Fragestellung, inwieweit diese wichtig für den Probanden sind und sie diese nutzen.[491] Abschließend wurden die Probanden gebeten, eine kurze Zusammenfassung der für sie wichtigsten Punkte zu geben bzw. ihre Hauptbeweggründe für den Einzug in das Haus zu erläutern. Alle sechs Interviews wurden mit dem Diktiergerät aufgenommen. Alle Interviewteilnehmer waren damit einverstanden. Im Vergleich dazu, bei der empirischen Untersuchung von MIKLAUTZ et al., die als Methode das problemzentrierte Einzelinterview neben der Gruppendiskussion und dem offenen Fragebogen verwendeten, stimmten von 27 Interviewteilnehmern in einem Seniorenheim nur knapp die Hälfte einer Aufnehme mit dem Tonband

---

[490] Vgl. Flick (2007), S. 224.
[491] Der Interviewleitfaden befindet sich in Anhang A.

zu.[492] Die sechs Interviews wurden vollständig transkribiert – Dialekte und Pausen wurden dabei in das Transkript übernommen. Die Interviews dauerten jeweils zwischen 30 und 50 Minuten.

9.2.2 Fragebogen[493]

Auf Basis der hergeleiteten Forschungshypothesen und der operationalisierten Konstrukte wurde ein Fragebogen entwickelt. Hier wurde insbesondere auf Usability – im Sinne der Lesefreundlichkeit und Übersichtlichkeit sowie einer leichten Verständlichkeit (insbesondere bei der komplexen Fragestellung des Conjoint-Designs) – geachtet. Der Fragebogen beinhaltet im ersten Teil eine Conjoint-Analyse und im zweiten Teil standardisierte Skalen sowie soziodemografische Fragen.

Teil 1 – Conjoint-Design

In einem ersten Schritt wurden im Rahmen einer Experten-Diskussion mit zwei Mitgliedern der Geschäftsführung und dem Marketingleiter des Augustinums kaufrelevante Eigenschaften[494] – Wohnen, Verpflegung, Service, Freizeit und Kultur, Weiche Faktoren, Pflege und Preis – für ein betreutes Wohnen identifiziert.

Diese wurden in einem zweiten Schritt im Rahmen einer Literaturrecherche überprüft und abschließend in einem dritten Schritt anhand von leitfadenzentrierten Interviews modifiziert sowie verifiziert. Dieses Vorgehen orientiert sich an WEIBER und MÜHLHAUS, die zur Identifikation der präferenzrelevanten Eigenschaf-

---

[492] Vgl. Miklautz et al. (2007), S. 88.
[493] Der Bewohner-Fragebogen und der Prospect-Fragebogen sind in Anhang A hinterlegt.
[494] Diese werden nachfolgend synonym auch als Werttreiber bezeichnet.

ten als direkte Verfahren – zusätzlich zu einer Dokumentenanalyse – Interviews mit Experten und Probanden empfehlen.[495]

Bei der Auswahl von Eigenschaften sind folgende Anforderungen, die in nachfolgender Tabelle (siehe Tab. 15) zusammengefasst dargestellt sind, zu berücksichtigen.

Tabelle 15: Anforderungen an die Auswahl von Eigenschaften und Eigenschaftsausprägungen bei einer Conjoint-Analyse

Betrachtungsebene	Anwenderebene	Subjektebene	Modellebene
Auswahl von Eigenschaften	• Empirische Unabhängigkeit • Vollständigkeit – Erfassung aller für den Untersuchungsgegenstand relevanten Eigenschaften		• Kompensatorische Merkmalsbeziehung – eine schlechtere Ausprägung bei einem Merkmal kann durch eine vorteilhaftere Ausprägung eines anderen Merkmals kompensiert werden
Auswahl von Eigenschaften und Ausprägungen	• Beeinflussbarkeit – Verwendung solcher Merkmale, deren Ausgestaltung vom Entscheider auch gesteuert werden kann	• Präferenzrelevanz – Verwendung solcher Eigenschaften, bei denen eine Variation der Ausprägung auch eine Veränderung der Präferenz bewirkt • Begrenztheit – mit dem Ziel, eine Überlastung der Probanden zu vermeiden	• Präferenzunabhängigkeit – der Nutzenbeitrag einer Merkmalsaus-prägung ist von dem eines anderen Merkmals unabhängig

---

[495] Vgl. Weiber/Mühlhaus (2009), S. 49.

Betrach-tungsebene	Anwenderebene	Subjektebene	Modellebene
Auswahl von Ausprägungen	• Realisierbarkeit – Umsetzbarkeit der Merkmale und deren Ausprägungen sollte möglich sein		• Kein K.O. – oder Ausschlusskriterium – keine Verwendung von Merkmalen, welche dazu führen, dass Alternativen mit dieser Eigenschaft unabhängig von den anderen Eigenschaftsausprägungen aus dem Beurteilungsprozess ausgeschlossen werden

Quelle: Eigene Darstellung in Anlehnung an Weiber/Mühlhaus (2009), S. 45 ff.

Im Rahmen der Literaturrecherche wurden u. a. die drei folgenden Studien als Basis verwendet.

Das Bundesministerium für Familien und Senioren führte eine Nutzungsanalyse bzgl. altenspezifischer Wohnformen durch – u. a. mithilfe einer face-to-face Befragung mit einem standardisierten Fragebogenbogen von 324 Bewohnern in 25 Häusern, welche sich hinsichtlich Wohnform, Größe, Lage, Preissegment und Angebot unterscheiden und die gesamte Angebotsbreite altersspezifischer Wohnformen abbilden.[496] Bzgl. der baulichen und technischen Ausstattung wurden bspw. folgende Ausstattungsmerkmale untersucht, welche von Interesse für ein betreutes Wohnen[497] sind:[498]

---

[496] Vgl. Bundesministerium für Familie und Senioren (1994), S. 5 i. V. m. S. 10.
[497] Vergleichbar mit einem betreuten Wohnen im Forschungsverständnis der Arbeit sind hier Altenwohnheime, welche als in sich abgeschlossene, vollständige Wohnungen, die partiell über eine altenspezifische Ausstattung verfügen und ein optimales Service-Angebot enthalten. Vgl. Bundesministerium für Familie und Senioren (1994), S. 7. Jedoch können Bewohner hier mit

- das Gebäude an sich mit seinem Standort, Gartenanlage/Terrasse, Eingangshalle/Foyer, Zugang zum Gebäude/Treppenhaus/Flure, Haustüren/Eingangskontrolle und Schwimmbad,
- Gemeinschaftsräume im Sinne von Speisesaal und Veranstaltungsräume,
- Gestaltung und Ausstattung der Wohnräume mit Küchenausstattung, Badezimmer, Terrassen/Balkone, Wohnungs-/Zimmertür und Fenster,
- sonstige Ausstattungsvariable mit Notrufsystem, Fernseh-, Radio- und Telefonanschluss, Haltegriffe, elektrische Installationen, Heizungen, Schallschutz sowie Farben und Materialien,
- altenspezifische Dienstleistungen wie Pflege und Betreuung, medizinische Versorgung und physikalische Therapie, Mahlzeitendienste, Reinigungsdienste, Wäscherei, Fußpflege sowie Hilfe bei Einkäufen und administrativen Behördenangelegenheiten,
- Versorgung durch Dienstleister wie Lebensmittelhandel, Fachgeschäfte, Post/Sparkasse, Reinigung/Wäscherei und Friseur,
- interne und externe Freizeitangebote wie kulturelle Veranstaltungen (z. B. Lesungen, Konzerte), gesellige Veranstaltungen (z. B. Weihnachts- oder Sommerfeste), Interessengruppen (z. B. Bastelgruppe), Sport- und Gymnastik, Reisen und Ausflüge sowie Bildungsangebote (z. B. Gedächtnistraining).

LENNARTZ und KERSEL (2011) haben bei einer Befragung von 150 Trägern von Pflegeheimen zum Thema „Zukunftsszenario 2020" festgestellt, dass rund 2/3 der Befragten erwarteten, dass zukünftig die Angebote im Bereich Wohnerlebnis und Wohnservice, wie bspw. Friseur, Fuß- und Handpflege, Einkaufsladen und Bankdienstleistungen im Haus sowie Grillveranstaltungen, Theater, Musikveranstaltungen, Lesungen, Ausflüge/Reisen und Internet, ausgeweitet werden – sowohl in den bestehenden als auch in neu zu errichtenden Häusern.[499]

---

einer starken Pflegebedürftigkeit nicht adäquat versorgt werden. Vgl. Bundesministerium für Familie und Senioren (1994), S. 8.

[498] Vgl. Bundesministerium für Familie und Senioren (1994), S. 37 ff.

[499] Vgl. Lennartz/Kersel (2011), S. 5 i. V. m. S. 44.

BILSEN, HAMERS, GROOT UND SPREEUWENBER untersuchten empirisch in den Niederlanden im Rahmen von „community-based long-term care for elderly people" eine Gemeinwesens-
einbindung für ältere Menschen mit zusätzlichen sozialen Dienstleistungen, um das Risiko von Institutionalisierung zu vermeiden.
[500] Diese sozialen Dienste werden zusätzlich zu der häuslichen
Pflege angeboten, welche professionale Unterstützung bei der
Haushaltsführung, Grund- und Behandlungspflege sowie Tages-
pflege inkludiert.[501] Die sozialen Dienstleistungen werden unterschieden in:[502]

- beratende Aktivitäten (individuell und Gruppen),
- Bereitstellen von Wissen in Form eines persönlichen Betreuers, welcher
  über Pflege, Wohnmöglichkeiten, Finanzierung usw. informiert,
- begleitende Dienstleistungen, dass ältere Menschen zusammen ein warme
  Mahlzeit genießen können in einem Gemeindezentrum oder in einer Pflegeeinrichtung in der näheren Umgebung; ein Telefon-Zirkel – ein Netzwerk,
  bei dem ältere Menschen einmal täglich anrufen, um Einsamkeit und sozialer Isolation vorzubeugen – und ein „Buddy"- Projekt – bei dem ehrenamtliche Helfer die älteren Personen einmal pro Woche besuchen,
- soziokulturelle Aktivitäten, wie bspw. Sport und Exkursionen
- allgemeine Dienstleistungen, wie administrative Unterstützung.

Die Dienstleistungen basieren auf dem Wunsch von älteren
Menschen, selbstständig in der angestammten Nachbarschaft zu
leben und ihre Möglichkeiten, für sich selbst zu sorgen, zu verbessern sowie das Risiko für den Eintritt in eine Pflegeinstitution zu
vermindern.[503]

---

[500] Vgl. van Bilsen/Hamers/Groot/Spreeuwenger (2008), S. 286.
[501] Vgl. van Bilsen et al. (2008), S. 286.
[502] Vgl. van Bilsen et al. (2008), S. 286 ff.
[503] Vgl. van Bilsen et al. (2008), S. 286.

Ebenfalls wurde sich auf Dokumente, wie Broschüren und Flyer, sowie auf die Webseite des zu untersuchten betreuten Wohnen gestützt.

Die einführenden Erläuterungen enthielten ein kurzes Anschreiben im Namen des akademischen Betreuers und der Verfasserin der vorliegenden Arbeit, in welchem das Dissertationsprojekt genannt wurde, die vertrauliche Behandlung der Daten, die Ausfüllzeit und die Kontaktdaten der Universität angegeben wurden. Anschließend wurden Hinweise zum Ausfüllen und detaillierte Informationen zu den einzelnen Merkmalen des Conjoint Design gegeben. Um die Entscheidungssituation realitätsnah zu gestalten, wurde beim Bewohner-Fragebogen das Framing gewählt, dass der Bewohner als Experte einem guten Freund mit ähnlicher Lebensgeschichte und Gesundheitszustand sowie einem gleichen finanziellen Hintergrund ein betreutes Wohnen empfehlen soll. Bei den Prospects wurde das Framing so gewählt, dass diese für sich selbst nach einem Angebot für betreutes Wohnen suchen. Bis auf das Framing unterscheiden sich der Bewohner- und der Prospect-Fragebogen im ersten Teil der Befragung nicht.

In der Untersuchung besteht ein Choice-Set aus zwei Alternativen und der Nicht-Kauf-Option. Durch die Nicht-Kauf-Option erhalten die Probanden die Möglichkeit, alle innerhalb eines Choice-Sets präsentierten Stimuli abzulehnen, sofern keine für sie attraktive Alternative angeboten wird.[504] Weiterhin sollten noch der ausschlaggebende Faktor und die Zufriedenheit mit dem gewählten Angebot auf einer fünf-stufigen Likert-Skala mit den beiden Extrempunkten „sehr unzufrieden" und „sehr zufrieden" angegeben werden.

---

[504] Vgl. Völckner (2006), S. 37.

In der folgenden Tabelle (siehe Tab. 16) sind die sieben Werttreiber mit ihren Merkmalen und den jeweiligen Ausprägungen dargestellt. Die sieben Werttreiber weisen dabei jeweils die folgende Anzahl von Merkmalen und Ausprägungen auf:

- Werttreiber Wohnen mit zwei Merkmalen, die jeweils zwei Ausprägungen aufweisen (2 x 2).
- Werttreiber Verpflegung mit zwei Merkmalen, die jeweils zwei Ausprägungen aufweisen (2 x 2).
- Werttreiber Service mit drei Merkmalen, die einmal drei Ausprägungen und zweimal zwei Ausprägungen aufweisen (3 x 2 x 2).
- Werttreiber Freizeit und Kultur mit vier Merkmalen, die jeweils zwei Ausprägungen aufweisen (2 x 2 x 2 x 2).
- Werttreiber „Weiche Faktoren" mit fünf Merkmalen, die jeweils zwei Ausprägungen aufweisen (2 x 2 x 2 x 2 x 2).
- Werttreiber Pflege mit vier Merkmalen, die dreimal zwei Ausprägungen und einmal drei Ausprägungen aufweisen (3x 2 x 2 x 2).
- Werttreiber Preis mit fünf Ausprägungen.

An dieser Stelle zeigt sich die Notwendigkeit, ein reduziertes Design zu erstellen, welches eine Teilmenge von Stimuli repräsentiert, die das vollständige Design gut repräsentieren.[505] Das vorliegende asymmetrische Design wurde mithilfe der SPSS-Funktion orthogonales Design reduziert. Das Ergebnis enthält als reduziertes Design 32 Stimuli. Um den Befragungsaufwand zu minimieren, wurde eine überlappende Stichprobe gewählt. Dies impliziert, dass ein Proband jeweils vier Paarvergleiche beurteilt, während die 32 Stimuli dabei zufällig auf sieben Varianten des Fragebogens verteilt worden sind.

---

[505] Vgl. Backhaus/Erichson/Plinke/Weiber (2006), S. 566.

Tabelle 16: Werttreiber des Conjoint-Designs

	Merkmal	Ausprägung	Erläuterung
WERTTREIBER WOHNEN	Grundausstattung des Appartements	• Funktional • Hochwertig	• Badezimmer, Pantry-Küche und Standardfußbodenbelag. Die weitere Möblierung erfolgt durch Sie. • Badezimmer mit Spiegelschränken, Handtuchheizkörpern, Schreinereiküche mit Markenausstattung sowie mit Parkettfußboden. Die weitere Möblierung erfolgt durch Sie.
	Ausstattung des Hauses	• Standard • Gehoben	• Speisesaal, Räumlichkeiten für Kultur- und Freizeitgestaltung sowie zur Begegnung. • Schwimmbad, Restaurant, Theatersaal, Bibliothek, Kapelle und mehrere Clubräume
WERTTREIBER VER-PFLEGUNG	Speisenversorgung	• Wie in einer **„Kantine"** mit Selbstbedienung und einfacher Tischdekoration. • In einem **gediegenen Umfeld** mit Bedienung am Platz und Blumenschmuck auf den Tischen.	• **„Kantine"** bedeutet dabei, dass die Speisenversorgung in einem einfachen und funktionalen Umfeld erfolgt. • **Gediegenes Umfeld** bedeutet, dass die Speisenversorgung vergleichbar mit einem guten Restaurant ist.
WERTTREIBER VERPFLEGUNG	Auswahl Speisenversorgung	• **Essenswunsch** muss **eine Woche im Voraus** angemeldet werden. • Möglichkeit der **Auswahl aus mehreren Menüs am Platz oder** im **Appartement**.	

182

	Merkmal	Ausprägung	Erläuterung
WERTTREIBER SERVICE	Geschäfte	• **Nicht** vorhanden. • **Gelegentliche Besuche**. Die **Nutzung** der Angebote **kostet extra**. • **Im Haus vorhanden**. Die **Nutzung** der Angebote **kostet extra**.	• Geschäfte sind Dienstleister wie ein Lebensmittelladen, Bank- und Postfiliale, sowie eine Arztpraxis.
	Ansprechpartner	• **Kein klarer Ansprechpartner**. • **Klarer Ansprechpartner**, wie die 24-Stunden besetzte. Rezeption und die Etagendame. Diese können mit Extrakosten verbunden sein.	• Ansprechpartner kümmern sich um Ihre Wünsche, die über das Standardangebot hinausgehen und unterstützen Sie bei eventuell auftretenden Problemen. Diese können mit Extrakosten verbunden sein.
	Wochenreinigung	• **Nicht** angeboten. • **Einmal wöchentlich** angeboten – im Pensionspreis enthalten.	
WERTTREIBER FREIZEIT UND KULTUR	Seelsorgerische/ psychologische Betreuung	• **Nicht** angeboten. • **Ohne Aufpreis** ange-boten.	
	Sport-/Gesundheits-vorsorge-Programm	• **Nicht** angeboten. • **Umfangreiches Angebot** mit hauseigenen Geräten und Kursen.	
WERTTREIBER FREIZEIT UND KULTUR	Feste und gesellige Veranstaltungen	• **Gelegentliche Feste und einfache Feiern** nur gegen **Zusatzbetrag**. • Ganzjährig **glanzvolle Feste und gesellige Veranstaltungen**.	

	Merkmal	Ausprägung	Erläuterung
WERTTREIBER WEICHE FAKTOREN	Mitarbeiter	• Alle sind **bemüht**. • Alle sind **bestens geschult, stets freundlich** und sie haben immer ein **offenes Ohr.**	
	Bewohner	• Haben **nicht** Ihr Bildungsniveau, andere Wertvorstellungen und Lebensgeschichten. • Haben ein **gleiches** Bildungsniveau, ähnliche Wertvorstellungen und Lebensgeschichten wie Sie.	
	Selbstbestimmung	• **Alltag/Tagesablauf** wird weitgehend vom Haus **vorgegeben**. • Möglichkeit, wie zu Hause Ihr Leben **völlig frei zu gestalten und zu bestimmen**.	
	Bewohner für Bewohner	• Veranstaltungen und Vorträge von Bewohnern für Bewohner werden nicht vom Haus unterstützt. • Veranstaltungen und Vorträge von Bewohnern für Bewohner werden von der Leitung des Hauses unterstützt.	
	Leumund/Image	• Durchschnittlich • Sehr gut	• Durchschnittlich: Durchschnittlicher Leumund heißt, dass weder außergewöhnlich positiv noch außergewöhnlich negativ über das Haus gesprochen wird. • Sehr gut. Das Haus hat einen sehr guten Leumund und ist schon seit Jahren erfolgreich am Markt vertreten.

184

	Merkmal	Ausprägung	Erläuterung
WERTTREIBER PFLEGE	Pflege	• Bei Pflegebedürftigkeit ist eine **Versorgung im eigenen Appartement nicht möglich**. • **Bis zu einem bestimmten Grad** der Pflegebedürftigkeit ist eine Pflege **im eigenen Appartement** möglich. • Bei Pflegebedürftigkeit bis zur höchsten Pflegestufe ist **Pflege im eigenen Appartement möglich**.	• Pflege ist nur auf einer Pflegestation oder in einem Pflegeheim möglich. • Bis zu einem bestimmten Grad der Pflegebedürftigkeit werden Sie im eigenen Appartement gepflegt, dann übernimmt die pflegerische Versorgung, eine Pflegestation oder ein Pflegeheim. • Bei Pflegebedürftigkeit können Sie bis zur höchsten Pflegestufe und selbst in Härtefällen im eigenen Appartement individuell pflegerisch bestens versorgt werden.
	Demenzbetreuung	• **Nicht** vorhanden • **Vorhanden**	
	PER	• **Kosten für Pflege**, die **über die gesetzlichen Versicherungsleistungen** hinausgehen, sind **ausnahmslos privat zu bezahlen**. • **Hausinterne Absicherung für Pflegekosten**, die über die gesetzlichen Versicherungsleistungen hinausgehen.	• PER bedeutet Pflegekostenergänzungsregel. Die PER begrenzt die privat zu tragenden Kosten bei Inanspruchnahme von Pflege auf max. 500 EUR.

	Merkmal	Ausprägung	Erläuterung
WERTTREIBER PFLEGE	„14-Tage-Regelung"	• **Betreuung bei** vorübergehender Krankheit oder nach Krankenhausaufenthalten **gegen private Zuzahlung.** • **Pflegeleistungen bei vorübergehender Pflegebedürftigkeit** (z. B. nach einem Krankenhausaufenthalt) sind – auch mehrmals im Jahr – **im Preis inbegriffen.**	
WERT-TREIBER PREIS	Preis	• 750 EUR • 1.400 EUR • 2.900 EUR • 4.500 EUR • 5.250 EUR	• Im Preis sind keine Leistungen für Pflege und keine weiteren Extraleistungen enthalten.

Quelle: Eigene Darstellung.

Teil 2

Die Fragen wurden für eine bessere Übersichtlichkeit in thematische Blöcke zusammengefasst. Die ersten Fragen beziehen sich auf die Zufriedenheit (nicht bei den Prospects) und die empfundene Wichtigkeit, dem Involvement. Danach folgen Fragen zur Preisfairness. Anschließend wurden die latenten Variablen Social-Emotional Support, Instrumental Support, Customer Participation und Customer Cooperation abgefragt. An diese schlossen sich Fragen zu Glück, Konsum von Luxusprodukten bzw. Dienstleistungen und qualitativen Luxusverständnis an. Abschließend wurden Fragen bzgl. Freizeit- und Kulturaktivitäten, die Entscheidung für ein betreutes Wohnen, soziale Kontakte und Netzwerk sowie demografische Informationen gestellt. Die Abfrage der meisten Items erfolgte über eine fünfstufige Likert-Skala, bei der jeweils nur die beiden Extrempunkte verbalisiert wurden.

Der Fragebogen für die Bewohner und die Prospects unterschieden sich, bedingt dadurch, dass die Bewohner schon in dem betreuten Wohnen leben und die Prospects erst zukünftige Bewohner darstellen, wie folgt:

- Nicht abgefragt wurde bei den Prospects die Zufriedenheit bzgl. des betreuten Wohnens.
- Im Prospect-Fragebogen wurde bei den latenten Konstrukten Customer Cooperation und Customer Participation der Konjunktiv verwendet und als Bezugsperson Freunde, Bekannte und Angehörige angegeben, während der Bewohner-Fragebogen im Aktiv (Präsenz) formuliert wurde und als Bezugsperson andere Bewohner aufgeführt wurden.
- Die Frage, welche Personen in den Entscheidungsprozess eingebunden sind, wurde im Bewohner-Fragebogen in der Vergangenheitsform gestellt, hingegen bei den Prospects im Präsens.
- Im Prospect-Fragebogen wurden die Fragen bzgl. der Appartementgröße und der Pflegekostenergänzungsregelung im Futur gestellt, während diese im Bewohner-Fragebogen bei der Appartementgröße im Präsens und bei der Pflegekostenergänzungsregelung im Perfekt formuliert wurden.
- Zusätzlich wurden im Bewohner-Fragebogen die Fragen aufgenommen, welche Freizeit- und Kulturaktivitäten sie selbst organisieren oder an Aktivitäten, welche von Bewohnern für Bewohner organisiert sind, teilnehmen und ob sie einen Vorvertrag unterschrieben haben mit einer Filterführung, falls ja, wann dieser abgeschlossen worden ist.
- Die Frage nach der Anzahl der Freunde- und Bekannten wurde im Bewohner-Fragebogen auf das betreute Wohnen beschränkt. Ebenfalls wurde die Frage, wie oft Sie Besuch bekommen, bei den Bewohnern auf Besucher, die nicht in dem betreuten Wohnen leben, beschränkt.
- Die Alterskategorien unterschieden sich. Im Bewohner-Fragebogen standen fünf Antwortkategorien zur Verfügung: bis 80 Jahre, 81 bis 85 Jahre, 86 bis 90 Jahre, 91 bis 95 Jahre und über 95 Jahre. Im Prospect-Fragebogen wurde die Variable Alter auf folgende Kategorien verteilt: bis 70 Jahre, 71 bis 75 Jahre, 76 bis 80 Jahre und über 80 Jahre.

9.3 Durchführung der Datenerhebung

Wie in Kapitel 9.2 beschrieben, war das Forschungsdesign zweistufig aufgebaut: Mit einem vorgeschalteten leitfadenzentrierten Bewohner-Interview und einem Fragebogen jeweils für die Bewohner und die Prospects.

Das leitfragenzentrierte Interview wurde am 17. März 2011 mit sechs Bewohnern vor Ort in einer der betreuten Wohnanlagen, in welcher später auch die Befragung stattfindet, durchgeführt.

Die Ausgabe der Fragebögen in Papierform für die Bewohner erfolgte in den einzelnen Häusern in den Monaten Juni und Juli 2011 – jeweils zwei Wochen hatten die Probanden Zeit, den Fragebogen auszufüllen. Die Bewohner erhielten ebenfalls die Option, den Fragebogen online über www.socisurvey.de[506] zu beantworten.

Das Angebot, beim Ausfüllen des Fragebogen behilflich zu sein, erfolgte in allen vier Häusern. Für KÜHN und PORST ist bei der Befragung alter Menschen der direkte, persönliche Kontakt zwischen Befragungsperson und Interviewer von entscheidender Bedeutung – die Gesprächsbereitschaft erhöht sich, wenn das Interview in der gewohnten Umgebung stattfindet – dadurch können Probleme direkt und unmittelbar beseitigt werden.[507]) Die Hilfestellung wurde von den einzelnen Bewohnern ganz unterschiedlich in Anspruch genommen:

- Es wurden Detailfragen an die Forscherin gestellt und der Fragebogen wurde selbstständig durch die Probanden im Appartement ausgefüllt.

---

[506] SoScis Survey ist ein Softwarepaket, bei dem Fragebögen online gestellt werden können.
[507] Vgl. Kühn/Porst (1999), S. 19.

188

- Nur der erste Teil (Conjoint-Analyse) sollte noch einmal erklärt werden und wurde anschließend selbstständig von dem Probanden oder mit der Forscherin gemeinsam ausgefüllt.
- Der Fragebogen wurde insgesamt/partiell vorgelesen und gemeinsam mit der Forscherin ausgefüllt.
- Einige Bewohner wollten nur die Forscherin persönlich kennenlernen und/oder ein offenes Gespräch über das betreute Wohnen mit positiven und negativen Kritikpunkten (qualitativen Aussagen) führen.

Insgesamt nahmen ca. 87 Bewohner die Hilfestellung in Anspruch.

Der postalische Versand der Prospect-Fragebögen erfolgte in der 29. Kalenderwoche 2011. Als Abgabeschluss war im Fragebogen der 15. August 2011 vermerkt. Es bestand ebenfalls die Möglichkeit, den Fragebogen online auszufüllen. Die Möglichkeit beim Ausfüllen des Fragebogen behilflich zu sein, erfolgte durch die Interviewerin telefonisch und/oder per E-Mail. Circa 15 Prospects nahmen dies in Anspruch.

Im August und September 2011 erfolgte die Dateneingabe. Mit der Datenauswertung wurde im Oktober 2011 begonnen.

9.4 Pretest

Der Pretest hat nach SCHNELL, HILL und ESSER das Ziel, einen Fragebogen nach folgenden Kriterien zu überprüfen:[508]

- das Verständnis der Fragen durch den Probanden,
- die Schwierigkeit der Fragen für den Probanden,
- die ausreichende Variation der Antworten,

---

[508] Vgl. Schnell/Hill/Esser (2005), S. 347.

- das Interesse und die Aufmerksamkeit des Probanden gegenüber den Fragen,
- die Kontinuität des Interviewablaufs,
- Effekte der Frageanordnung,
- die Güte der Filterführung,
- Kontexteffekte,
- die Zeitdauer der Befragung,
- das Interesse des Probanden gegenüber der gesamten Befragung und
- die Belastung des Probanden durch die Befragung.

Eine zentrale Bedeutung hat dabei das Frageverständnis und die empfundene Schwierigkeit beim Beantworten der Frage,[509] denn

> „Nur Fragen, die von den Befragten so verstanden werden, wie vom Forscher beabsichtigt, und zu deren Beantwortung die Befragten in der Lage sind, können zu validen Messungen führen."[510].

Der Pretest des Fragebogens wurde am 29. April 2011 einzeln mit acht Probanden vor Ort in einem der betreuten Wohnanlagen durchgeführt, in welcher später auch die Befragung stattfand. Insgesamt wurden acht Personen befragt, davon waren sechs weiblich und zwei männlich. Zum Zeitpunkt der Befragung betrug das Durchschnittsalter 81 Jahre – mit einem Minimum von 73 Jahren und einem Maximum von 98 Jahren. Vier Probanden nahmen aktuell Pflegeleistungen in Form der Pflegestufe 1 in Anspruch. Die Hälfte der Probanden bewohnten ein 1,5-Zimmer-Appartement – darunter ein Ehepaar, welches sich das Appartement teilte. Die restlichen vier Probanden bewohnten jeweils einmal ein 1-Zimmer, zweimal ein 2-Zimmer und einmal ein 3-Zimmer-Appartement. Drei der Probanden begleiteten ein Ehrenamt – Stiftsbeirat, Töpfern und Bibliothek.

---

[509] Vgl. Kurz/Prüfer/Rexroth (1998), S. 85.
[510] Kurz et al. (1998), S. 85.

Nach einer kurzen Vorstellung seitens der Befrager wurde den Probanden der zeitliche Ablauf, der Datenschutz sowie die Aufgabenstellung und das Ausfüllen des Fragebogens kurz erklärt. Die Probanden hatten dabei die Auswahlmöglichkeit, den Fragebogen am Computer oder in Papierform auszufüllen. Bei Bedarf wurden sie teilweise am Computer von der Interviewerin unterstützt. Die Probanden wurden im Sinne des „Think Aloud" gebeten, ihre Gedankengänge frei zu äußern und ggf. Verständnisprobleme aufzuzeigen. Die Gespräche mit den Probanden wurden mit dem Diktiergerät aufgenommen. Ziel war es, aus den Äußerungen Hinweise zu erhalten, inwieweit die ganze Frage oder einzelne Begriffe verstanden wurden.[511] Bei der Think-Aloud-Methode gibt es zwei Vorgehensweisen: 1. das „Concurrent-Think-Aloud", bei dem die Befragten aufgefordert werden, laut zu denken, während sie ihre Antwort formulieren, und 2. das „Retrospective-Think-Aloud", bei welchem die Befragten aufgefordert werden, nach der Beantwortung der Frage darüber nachzudenken, wie ihre Antwort zustande kam.[512] Im Pretest wurde das „Concurrent-Think-Aloud" angewendet. Abschließend wurden die Probanden gebeten, eine kurze Einschätzung bzgl. der Schwierigkeit des Fragebogens abzugeben und es wurde gefragt, ob im Conjoint-Teil Werttreiber vergessen wurden. Der Pretest dauerte pro Proband ca. 45 Minuten.

Im ersten Teil des Fragebogens, der das Conjoint-Design enthält, wurde insbesondere darauf geachtet, ob die Anzahl der Eigenschaften und ihre Ausprägungen für die Probanden noch praktikabel waren Die Hälfte der Probanden hatte keine Schwierigkeiten, ein Angebot zwischen den beiden hypothetischen Angeboten zu wählen und empfanden, dass das Design eine realistische Entscheidungssituation darstellen würde, während die andere Hälfte die

---

[511] Vgl. Kurz et al. (1998), S. 87.
[512] Vgl. Kurz et al. (1998), S. 88.

Aufgabe als zu schwierig im Sinne einer Informationsüberflutung bewertete. Da mehr als die Hälfte der Probanden bei den hypothetischen Angeboten immer wieder den Vergleich zum Anbieter des betreuten Wohnens zog, wurde im finalen Fragebogen bei den Hinweisen zum Ausfüllen das folgende Framing[513] vorangestellt: Der Proband wurde als „Experte" gebeten, eine Empfehlung für seinen guten Freund mit einer ähnlichen Lebensgeschichte und einem ähnlichen Gesundheitszustand sowie einem gleichen finanziellen Hintergrund abzugeben.

Weitere Änderungen bzgl. des Conjoint-Designs, die sich aus dem Pretest ergaben, waren:

- Die einzelnen Werttreiber werden blockweise dargestellt und noch stärker durch eine farbige Abgrenzung voneinander separiert. Weiterhin werden zu den einzelnen Werttreibern Bilder eingefügt.
- Unterschiedliche Merkmalsausprägungen werden unterschiedlich in der Schriftstärke gekennzeichnet. Denn mithilfe der grafischen Gestaltung soll die Entscheidungssituation den Probanden so einfach wie möglich gemacht werden.
- Die Antwortkategorie „keines der beiden Angebote" wird eingefügt.

Mehrere Probanden merkten an, dass das Umfeld, wie z. B. der Park, nicht in die Analyse mit aufgenommen wurde. Da dies jedoch ein Merkmal ist, welches nicht kurzfristig veränderbar ist, wurde diese Anmerkung nicht mit aufgenommen.[514] Das Design wurde nicht verändert, die Probanden bewerteten alle Werttreiber im Gesamtangebot. Sie bewerteten jeweils viermal zwei Angebote.

---

[513] Nach TVERSKY und KAHNEMAN sind die Entscheidungen von Personen abhängig von der Art der Präsentation und dem Entscheidungsrahmen. Vgl. Tversky/Kahneman (1986), S. 254.
[514] In Kapitel 9.2.2 sind die Anforderungen an die Auswahl von Eigenschaften und Eigenschaftsausprägungen bei einer Conjoint-Analyse ausführlich dargestellt.

Im zweiten Teil des Fragebogens wurden kleinere Änderungen an den Formulierungen vorgenommen. Zusätzlich wurden noch Fragen zur Größe des sozialen Netzwerks im betreuten Wohnen, der Anzahl der Besucher und der latenten Variable Glück aufgenommen.

10 Ergebnisse

Kapitel 10 stellt die Ergebnisse einer deutschlandweit durchgeführten empirischen Untersuchung mit Bewohnern und Prospects von betreutem Wohnen vor. Zuerst werden die qualitativen Ergebnisse in Kapitel 10.1 vorgestellt. Danach werden in Kapitel 10.2 die Stichproben der Bewohner sowie Prospects nach soziodemografischen Merkmalen beschrieben (Kapitel 10.2.1), ihre Entscheidungsgründe für ein betreutes Wohnen vorgestellt (Kapitel 10.2.2), die sozialen Kontakte und das Netzwerk (Kapitel 10.2.3), das Nutzungsverhalten von Freizeit- und Kulturaktivitäten (Kapitel 10.2.4) und die Wahrnehmung von Glück (Kapitel 10.2.5) dargestellt. Kapitel 10.3 widmet sich der Dienstleistungsqualität von betreutem Wohnen. Dabei wird besonders auf die vorher qualitativ ermittelten Werttreiber ein Fokus gelegt. Kapitel 10.3.1 stellt die deskriptiven Ergebnisse bzgl. der Zufriedenheit und der empfundenen Wichtigkeit, dem Involvement vor. Anhand einer Conjoint-Analyse (Discrete-Choice-Modellierung), als dekompositionelles Verfahren werden die Anteile der einzelnen Merkmalsausprägungen eines betreuten Wohnens am Gesamtnutzen ermittelt (Kapitel 10.3.2). Anschließend werden in Kapitel 10.4 die latenten Variablen CVP, Social-Emotional Support sowie Instrumental Support und in Kapitel 10.5 Preisfairness beleuchtet. Der Schwerpunkt der Forschungsarbeit liegt in Kapitel 10.6 mit der Strukturgleichungsmodellierung mittels Partial-Least-Square (PLS)-Pfadmodellierung. Dabei wird die Stichprobe zunächst insgesamt, also Bewohner und Prospects zusammen, dann getrennt nach Bewohner und Prospects untersucht und insbesondere auf die Gruppenunterschiede zwischen den beiden Gruppen Bewohner und Prospects eingegangen.

10.1 Qualitative Ergebnisse

Die Motivation, den Forschungsprozess als gemischtes Forschungsdesign mit sequenzieller Vorgehensweise zu gestalten, wurde in Kapitel 9.2 beschrieben. Nach HELFFERICH wollen Forscher „das Verstehen verstehen", wenn Menschen die Welt verstehen und ihr einen Sinn geben, sie dies im Kontext ihrer Lebenswelt tun, was einer Verstehensleistung zweiten Grades entspricht.[515] Ein Forscher benötigt daher Informationen über den Entstehungskontext von Informationen, wie den Ablauf in der Interviewsituation, und eine Ebene höher sollte er sich über den Entstehungskontext der Interpretation, also hinsichtlich der eigenen Verstehensleistungen, bewusst werden.[516]

> „Qualitative Forschung wird zu einem kontinuierlichen Prozess der Konstruktion von Versionen der Wirklichkeit – die Version, die jemand in einem Interview erzählt, muss nicht der Version entsprechen, die er zum Zeitpunkt des Geschehens formuliert hätte. Sie muss auch nicht der Version entsprechen, die er einem anderen Forscher mit anderer Fragestellung präsentiert hätte. Auch der Forscher, der dieses Interview auswertet und als Teil seiner Ergebnisse darstellt, produziert eine neue Version des Ganzen."[517]

Die Auswertung der Interviews erfolgt anhand der qualitativen Inhaltsanalyse nach MAYRING. Definiert wird die Inhaltsanalyse wie folgt:

> „Die Inhaltsanalyse ist eine empirische Methode zur systematischen, intersubjektiv nachvollziehbaren Beschreibung inhaltlicher und formaler Merkmale von Mitteilungen, meist mit dem Ziel einer darauf gestützten interpretativen Inferenz auf mitteilungsexterne Sachverhalte."[518]

---

[515] Vgl. Helfferich (2011), S. 23.
[516] Vgl. ebd.
[517] Flick (1996), S. 19 f.
[518] Früh, (2007), S. 27.

Nach MAYRING werden drei Grundformen des Interpretierens unterschieden:[519]

- Zusammenfassung, die als Ziel hat, das Material durch Abstraktion zu minimieren, sodass die zentralen Inhalte erhalten bleiben, also noch Abbild des Grundmaterials sind.
- Explikation, welche zu den einzelnen Textteilen mithilfe von zusätzlichem Material das Verständnis erweitert und damit die Textstelle erläutert, erklärt und ausdeutet.
- Strukturierung, welche als Ziel erfolgt, das qualitative Datenmaterial anhand von Ordnungskriterien einzuschätzen oder bestimmte Aspekte herauszufiltern. Es werden verschiedene Untergruppen[520] unterschieden, denen gemein ist, dass sie alle eine deduktive Kategorienanwendung, bei welcher das Hauptkategoriensystem vorab durch theoretische Vorüberlegungen festgelegt wird, aufweisen.

Dies sind drei voneinander unabhängige Analysetechniken, welche abhängig von der Forschungsfrage und dem Datenmaterials ausgewählt werden.[521] Aufgrund der empirischen Vorgehensweise mit der vorangestellten Expertendiskussion wurde sich in der vorliegenden Arbeit für die Strukturierung entschieden. Dabei wird eine inhaltliche Strukturierung, bei der die Daten zu bestimmten Themen und bestimmten Inhaltsbereichen extrahiert und zusammengefasst werden, angewendet.[522] In folgender Abbildung (siehe Abb. 14) sind die Ablaufschritte einer strukturierenden Inhaltsanalyse dargestellt.

---

[519] Vgl. Mayring (2010b), S. 64 ff.
[520] MAYRING unterscheidet dabei: die formale Strukturierung, die inhaltliche Strukturierung, die typisierende Strukturierung und die skalierende Skalierung. Vgl. Mayring (2010b), S. 94.
[521] Vgl. Mayring (2010b), S. 65.
[522] Vgl. Mayring (2010b), S. 94.

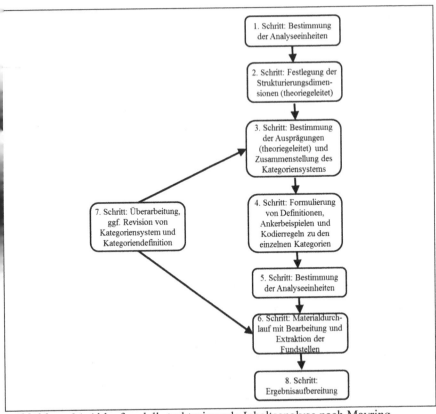

Abbildung 14: Ablaufmodell strukturierende Inhaltsanalyse nach Mayring

Quelle: Eigene Darstellung in Anlehnung an Mayring (2010b), S. 93.

Dabei sind nach MAYRING insbesondere die folgenden Punkte beim Ablauf zu beachten:[523]

- Die Strukturdimensionen müssen aus der Fragestellung abgeleitet und theoretisch begründet werden.

---

[523] Vgl. Mayring (2010b), S. 92 ff.

198

- Zumeist werden die Strukturdimensionen noch weiter differenziert, indem sie in weitere einzelne Ausprägungen gegliedert werden. Die Strukturdimensionen mit ihren jeweiligen Ausprägungen bilden daraufhin das Kategoriensystem.
- Für die Zuordnung zu einer Kategorie werden zunächst die Kategorien definiert und Ankerbeispiele, welche als Beispiele für eine Kategorien gelten, angeführt und dann die Kodierregeln definiert.
- Bei einem ersten Materialdurchlauf wird geprüft, ob das Material eindeutig den Kategorien zugeordnet werden kann. Weiterhin werden die Fundstellen bspw. durch Notierung der Kategoriennummer am Rand oder durch verschiedenfarbige Unterstreichungen bezeichnet. Anschließend wird das gekennzeichnete Material aus dem Text herausgelöst. In der Regel erfolgt eine Überarbeitung des Kategoriensystems und der Kategoriendefinition.
- Im Hauptdurchlauf werden wie beim ersten Materialdurchlauf die Fundstellen bezeichnet, bearbeitet und extrahiert.
- Die Ergebnisse werden abhängig von der Art der Strukturierung zusammengefasst und aufgearbeitet. In der vorliegenden Arbeit wurde die inhaltliche Strukturierung gewählt, bei der das Material zu bestimmten Themen und Inhaltsbereichen extrahiert und zusammengefasst wird.

Im Zusammenhang mit der Betrachtung der qualitativen Ergebnisse wird zusätzlich im Rahmen einer Dokumenten-/Aktenanalyse auf das Buch einer Bewohnerin[524] verwiesen, die u. a. ihre Gründe für den Einzug und ihr Leben in dem betreuten Wohnen beschreibt, wodurch der Diskurs erweitert wird. Die Ausführungen dieser Bewohnerin werden dabei als dokumentarische Wirklichkeit[525] verstanden, die „[…] als eigenständige methodische und situativ eingebettete Leistungen ihrer Verfasser anzuerkennen […]"[526] sind.

---

[524] Die Autorin Frau Vogel lebt dabei nicht in einem der vier untersuchten betreuten Wohnen, sondern in einer der 23 betreuten Wohnanlagen des Augustinums. Vgl. Vogel (2009), S. 33 ff.
[525] Vgl. Wolff (2008), S. 502.
[526] Wolff (2008), S. 504.

Soziodemografische Beschreibung

Insgesamt wurden sechs Personen befragt, jeweils drei Frauen und drei Männer. Zum Zeitpunkt der Befragung betrug das Durchschnittsalter 89 Jahre, wobei die beiden „jüngsten" Probanden 83 Jahre und der älteste Proband 98 Jahre alt waren. Zwei der sechs Probanden nahmen aktuell Pflegeleistungen in Anspruch. Die Hälfte der Probanden bewohnten ein Ein-Zimmer-Appartement – darunter ein verheirateter Proband, dessen Ehefrau ebenfalls noch ein Appartement im Haus bewohnte. Die restlichen drei Probanden bewohnten ein Zwei-Zimmer-, ein Zweieinhalb-Zimmer- bzw. ein Drei-Zimmer-Appartement.

Narrative Frage: „*Wie stellen Sie sich einen für Sie optimalen Tag im Augustinum vor? Welche Angebote sollten Ihrer Meinung nach vorhanden sein, damit Sie sich wohl fühlen?*"

Die nachfolgenden Interviewausschnitte zeigen den Gesprächseinstieg der sechs Probanden in das Interview. Zwei der Teilnehmer schätzen jeden Tag optimal ein – davon bezieht sich ein Teilnehmer auf die Verpflegung, das Appartement als Schlafstätte, die Atmosphäre und das kulturelle Angebot, während sich der zweite Teilnehmer insbesondere auf das kulturelle Angebot fokussiert. Im dritten Zitat zeigt sich, dass für den Probanden ein Tag in dem betreuten Wohnen genauso, also mit keiner Änderung verbunden, wie „zu Hause" ablaufen sollte. Das betreute Wohnen wird dabei nicht als „zu Hause" definiert, sondern das bisherige Wohnumfeld vor dem Einzug. Für einen Interviewteilnehmer ist die Beantwortung der Fragen abhängig vom Alter und Gesundheitszustand (viertes Zitat). Für den Einstieg in das Gespräch beschreibt ein Bewohner kurz sein vorheriges Arbeitsleben und skizziert das seinen Tagesablauf in dem betreuten Wohnen. Im letzten Zitat werden der Einzug und die damit verbundenen Probleme, dass keine Wohnung frei war beschrieben.

„Ja also an Sich würde ich Ihnen sagen, dass ich den optimalen Tag ständig erlebe. Ich bin seit genau einem Jahr hier und an sich bleiben mir keine Wünsche offen. Was ich angeboten bekomme, ist für mich geradezu ein Superlativ. Hinsichtlich der normalen Lebensbedürfnisse wie Essen, Schlafen und Wohlfühlen und auch das Angebot hier im Hause ist ausgezeichnet, das kulturelle Angebot. [...]"

„Also ich muss sagen ich finde im Moment jeden Tag im Augustinum optimal. Es sind so viele Angebote hier, kulturelle Angebote, die kann man gar nicht alle wahrnehmen und diejenigen die vielleicht kein Angebot annehmen, die können ja in irgendeinen Kreis gehen, wir haben einen Handarbeitskreis, wir haben sportlichen Kreis, Sitzgymnastik alles Mögliche. Also da gibt es so viele Betätigungsfelder, ich könnt' s mir nicht besser vorstellen. Das ist schon mit kurzen Worten gesagt, da ist eigentlich jeder Tag optimal. [...]"

„Ja also, das ist ja eine sehr allgemeine Frage. [...] Ja wie stelle ich mir einen optimalen Tag im Augustinum vor. [...] Wie zu Haus. [...] Es sollte genauso wie zu Hause sein. [...]"

„Das kommt auf das Alter der Befragten an, auf das Alter. Das war vor einem Jahr noch ganz anders bei mir, ich hatte letzten Sommer einen schwierigen Krankenhausaufenthalt und seither ist es bei mir anders. Bis dahin bin ich noch jeden Morgen 08.00 im Apfelgarten spazieren gegangen, wenn die anderen noch geschlafen haben. Zum Glück ist mein Kopf noch ganz in Ordnung. "

„Also da muss ich mal ihnen sagen, (äh) was ich hier im Augustinum mache. Ich war selbstständiger Unternehmer [...]. Und ich hab das, weil ich in dieser Branche kein Fortkommen mehr sah, hab ich mich verhältnismäßig früh zur Ruhe gesetzt [...]. [...] beschäftigt, also hauptsächlich mit Aktien und wenn man das konstruktiv betreiben will, dann muss man sich mit der Sache befassen. Ich stehe also morgens um viertel vor 6, stehe ich auf und hol die Zeitung. Insofern bin ich eigentlich auf das Angebot vom Haus hier nicht so wirklich angewiesen. Da muss man also sehr viel Tageszeitung lesen und auch sehr viele Börsenberichte und das hat natürlich allgemein auch mit Politik zu tun. Sodass ich also auch, mir wird's nicht langweilig.

„Ja wir haben das große Glück gehabt, dass wir hier noch eine Wohnung bekommen haben. Als wir eingezogen, da hieß es, mein Mann und ich, dass wir keinen Platz mehr bekommen können, es wäre alles besetzt. [...] Und ich wohne schon fast 25 Jahre hier."

Die Entscheidung für ein betreutes Wohnen

Die Motive für die Entscheidung zum Einzug variieren: Von zwei Bewohnern wurde das Freizeit- und Kulturprogramm genannt, zwei Bewohner benennen die Pflegeleistung und ein Bewohner spezifiziert sein Motiv nicht *„es kommt nicht auf die Verpackung an, sondern auf das was drin ist"*, wie es ein Bewohner ausdrückte. Weitere Zitate aus den Interviews lauteten wie folgt:

„Jaja, das [Kultur und Freizeitprogramm] ist an sich für mich mit das entscheidende Kriterium) gewesen. Dass ich also hier nicht nur sitzen kann (räuspern), der sein kann, der sich beim ersten Sonnenstrahl dann draußen vor die Tür setzt

und lässt den Kopf hängen und wartet auf die nächste Mahlzeit. Sondern, dass ich selbst meine Aktivitäten entwickeln kann und auch das mir auch die Möglichkeiten zu Aktivitäten angeboten werden. Das kulturelle Programm war für mich Punkt ein Punkt zwei."

"Das ganze Ambiente, was man hier angeboten kriegt, man kann Reisen machen, man hat Vorträge, Theater, Kino und Konzerte, sehr viele Konzerte, [...]. Das hat mir sehr gut gefallen, deshalb wollte ich ins ... [betreute Wohnen]."

"Dass ich eine Pflege habe, wenn ich mal ein Pflegefall werde."

"[...] dass man im Falle der Pflege [bei dem Einzug in das betreute Wohnen] im Zimmer bleiben kann, hat bei uns eine sehr entscheidende Rolle gespielt."

"Damals hab ich gesagt, nie ziehe ich in diese Kästen. Ich bin doch eingezogen (lacht), weil wir gesagt haben, es kommt nicht auf die Verpackung an, sondern auf das, was drin ist."

Zwei Bewohner trafen allein die Entscheidung. Ein Bewohner erläutert in dem Zusammenhang, dass der Ehepartner schwer behindert war und dass er die Pflege aus Alters- und Gesundheitsgründen ab einem gewissen Zeitpunkt nicht mehr übernehmen konnte, sodass es wichtig war, gemeinsam mit dem Ehepartner in das betreute Wohnen einzuziehen. Drei Bewohner haben die Entscheidung zusammen mit dem Partner getroffen und ein Bewohner zusammen mit der Familie (Tochter).

Interviewerfrage: „Sie haben auch ganz allein bewusst sich für einen Einzug entschieden?" „Ja, mein Sohn war entsetzt. (lachen)."

„Die Hauptentscheidung bei mir war ganz persönlich. Mein Mann war – wie gesagt – schwer behindert. Und ich hab mir gesagt, irgendwann kommt der Zeitpunkt, wo ich das nicht mehr leisten kann, weil ich selber zu alt und zu schwach bin. Und da wollten wir irgendwo sein, wo wir miteinander hin können und nicht gedrängt werden. Is vielen Ehepaaren passiert, die zu spät sich entscheiden mit einander irgendwo hinzugehen. Und das [...] und dann wollte ich auch weil ich sieben Verwandte gepflegt habe bis zu ihren Tod und betreut."

Die Bewohnerin Vogel beschreibt ihren Entscheidungsprozess wie folgt:

„Da mehrere Ohren- und Augenpaare mehr Informationen mit nach Hause bringen, kann es nützlich sein, Sie nehmen eine Person Ihres Vertrauens mit zu einem solchen Termin. Auf alle Fälle natürlich Ihren Partner, wenn Sie planen, gemeinsam in so ein Heim zu ziehen. Aber auch eines Ihrer Kinder oder ein Freund oder eine Freundin wäre möglicherweise gute Begleiter. [...] Mein Mann und ich haben diese Entscheidungsphase gemeinsam durchlaufen. Unsere Kinder setzen wir erst in Kenntnis, nachdem wir uns bereits entschieden hatten. [...] Es ist eine sehr persönliche Sache, ob

Sie Ihre Gedanken und Überlegungen mit jemanden teilen möchten oder lieber nicht. "[527]

Soziale Kontakte und Netzwerk

Die nachfolgenden Zitate thematisieren alle Einsamkeit – kein Bewohner spricht jedoch direkt an, dass er sich einsam fühlt. Einsamkeit wird als subjektiv empfunden und abgegrenzt von den objektiven Kriterien der sozialen Isolation und dem Alleinsein.[528]. Es wird davon ausgegangen, dass 5 % bis 15 % der Senioren einsam sind.[529] In einer Meta-Studie von PINQUART und SÖRENSEN wird ein U-förmiger Zusammenhang zwischen Alter und Einsamkeit identifiziert.[530] Weitere Ergebnisse sind u. a. dass die Qualität des sozialen Netzwerkes stärker mit Einsamkeit korreliert im Vergleich zur Anzahl der Kontakte im Netzwerk und dass ältere Menschen, die in einem Altenpflegeheim leben, einsamer sind im Vergleich zu älteren Menschen, die selbstständig leben.[531]

In den ersten beiden Zitaten wird beschrieben, dass wenn das soziale Netzwerk sehr klein ist und dies durch Pflegebedürftigkeit und/oder Tod reduziert wird, dies entweder zu Depression (erstes Zitat) oder zu sozialer Vereinsamung (zweites Zitat) führen kann. Im dritten Zitat beschränkt sich das soziale Netzwerk innerhalb des betreuten Wohnens für den befragten Bewohner auf eine Person, da alle anderen Personen verstorben sind. Die Bedeutung des Partners wird im vierten Zitat herausgestellt, so fühlen sich Bewohner, die ihren Partner verloren haben, alleingelassen.

---

[527] Vogel (2009), S. 74 ff.
[528] Vgl. Andersson (1982), S. 75.
[529] Vgl. Pinquart/Sörensen (2001), S. 245.
[530] Vgl. ebd.
[531] Vgl. Pinquart/Sörensen (2001), S. 245 i. V. m. S. 256.

Ein Proband beschreibt, dass viele Bewohner in dem betreuten Wohnen einsam sind, dabei wird nicht geäußert, ob er ebenfalls einsam ist. Dies hat zur Konsequenz, dass diese Bewohner in Bezug auf Patientenverfügung, Vorsorgevollmacht oder Betreuungsverfügung keine Person haben, die sie mit dieser Aufgabe betreuen könnten.

Ein anderer Proband betont jedoch, dass man in dem betreuten Wohnen mit Eigeninitiative nicht einsam sein muss.

Im letzten Zitat beschreibt ein Bewohner sein Leben vor dem Einzug – er lebte bei seinem Sohn und war in dessen gesellschaftliches Leben eingebunden. Sein Leben im betreuten Wohnen beschreibt er mit „[...] in eine Art kasernierten Zustand verbannt." Zusammenfassend fühlt er sich zufrieden, obwohl sein Lebensumfeld kleiner geworden ist - „Sondern fühle mich in meiner Welt hier durchaus zufrieden, sie is kleiner geworden."

„Das hab ich hier auch schon erlebt, wenn einer sich so ganz versteift auf eine Person oder ein Ehepaar und dann stirbt da jemand, dann fällt man in ein Loch. Das kommt häufig vor. Also wir haben schon einige Grüppchen, die immer miteinander essen gehen. Das ist auch noch bei denen, die früher da waren."

„[...] die Türen sollen geschlossen sein. Damit sind die für sich, abgeschottet, wenn sie [Pflegebedürftige] nicht schon vorher nen Freundeskreis sich geschaffen haben wo sie Besuche kriegen. Das is der Grund, warum wir dafür sind, dass die Leute nicht zu spät einziehen bis sie pflegebedürftig werden. Der is im Februar eingezogen und jetzt is er bereits tot. Das passt nicht in diese Struktur rein."

„Ja, die sind ja alles gestorben, die in meinem Alter sind. Und ich hab aber noch eine liebe Freundin, mit der ich früher im Esssaal war auch und wir besuchen uns gegenseitig und wir haben guten Kontakt, aber die anderen sind alle inzwischen gestorben, die mich noch kennen."

„Gott sei Dank sind wir noch zu zwei, meine Frau und ich. Das spielt ja eine große Rolle hier. Die, die dann ihren Partner verloren haben, sind ja (???) alleingelassen fühlen die sich."

„Aber es gibt sehr viele einsame Menschen bei uns, die niemanden haben. Das große aber, bei der Patientenverfügung bei der Vorsorgevollmacht und der Betreuungsverfügung, da gibt es viele Menschen, die sagen, ich hab niemandem, dem ich das Amt übergeben kann. Das hängt mit der Struktur der Bewohnerschaft zusammen, dass hier häufig eben die Frauen übriggeblieben sind und dann sind se allein und haben niemanden mehr. Oder die Kinder sind heute alle weit fort."

„Also wenn man selber auf die Sache zugeht, kann man sich hier eigentlich nicht vereinsamt fühlen."

„Weil, ich habe damals bei meinem Sohn gewohnt und ich habe da sehr gut gewohnt. [...] Und ich war auch eingebunden in dessen gesellschaftlichen Verband, wenn ich mal so sagen soll. Bin mitgegangen bei deren Besuchen und bin auch anwesend gewesen, wenn er Feste gegeben hat. Es war ein reges, gesellschaftliches Leben. Ja, und hier bin ich ja praktisch, ja, an sich könnte man sagen in eine Art kasernierten Zustand verbannt worden. Ich meine, dass ich also das Haus hier habe und weiß über mein Blickreich hinaus geht *das nicht mehr. Ich habe kein Auto mehr, ich habe nichts mehr, bin also nur auf mich und mein Zimmer beschränkt bzw. auf die Region, die sich hier ergibt, ich bin im Sommer noch bis zum Markt gegangen, der is hier etwa 500m von hier vom Haus weg und bin auch schon mal ein Stückchen hier oben vor die Tür gegangen. Aber ich habe für meinen Teil mich jetzt vollkommen zufriedenzugeben mit dem, was ich habe. Dafür kann ich mich mit den Dingen, die ich mag, beschäftigen. Also ich fühle mich, wenn ich vorher das Wort kaserniert sagte, fühle ich mich nicht wie in einer Kaserne. Sondern fühle mich in meiner Welt hier durchaus zufrieden, sie is kleiner geworden."*

Weiterempfehlung

Im ersten Zitat überzeugt ein Besuch eines Bewohners den Interviewteilnehmer. Im zweiten Zitat beschreibt der Bewohner eine passive Weiterempfehlung, im Sinne von Positives gehört mit „*[...] ach es ist so schön hier [...]*".

„Weil ich eine Freundin meiner Mutter vor Jahren besucht habe und ich von vornherein gesagt habe, wenn ich mal irgendwann so, dann gehe ich in das [betreute Wohnen].

„[...] und die Schwiegereltern meiner Tochter, die wohnten auch schon hier, und mit denen waren wir sehr befreundet. Und die hatten uns animiert und gesagt, ach es ist so schön hier, kommt ihr doch auch hier her."

208

Qualitative Ergebnisse bzgl. der einzelnen Werttreiber

Nachfolgend werden die qualitativen Ergebnisse bzgl. der Werttreiber Wohnen, Verpflegung, Service, Freizeit und Kultur, Weiche Faktoren sowie Pflege vorgestellt.

Werttreiber Wohnen

Vier der Interviewteilnehmer betonen die Umstellung von ihrer früheren Wohnsituation, einem großen Haus, in ein Ein- bis Drei-Zimmer-Appartement des betreuten Wohnens.

> *„Denn ich komm aus einen 9-Zimmer Haus. Für mich war das ne ganz schöne Umstellung."*

> *„Sie müssen sich vorstellen, ich bin aus einem sehr großen Haus, ich hatte eine große Familie, vier Söhne und habe immer ein großes Haus gebraucht und wenn man dann von einem sehr großen Haus mit Schwimmbad und allem was dazu, wenn man da dann in ein kleines Appartement, das ganze Appartement ist 30 qm. Das Zimmer ist nur 19, der Balkon wird ja dazu gezählt."*

> *„Wir hatten zwar ein Haus ein großes, und wir haben jetzt nur ne 3 Zimmer Wohnung."*

> *„Wir haben vorher in einem verhältnismäßig sehr großen Haus gewohnt. Haben auch ein Schwimmbad gehabt, was wir dann stillgelegt haben und das ist dann natürlich schon eine Einschränkung, wenn man hier hinkommt."*

Auch bei Vogel wird ausdrücklich auf den schmerzhaften Verlust des eigenen Hauses verwiesen.

„Ich verstehe, wenn es Menschen schwerfällt, ihr Haus zu verlassen, in dem sie 30, 40 Jahre oder länger gelebt haben. Ich habe mich von unserem Ferienhaus in Niederbayern unendlich schwer gelöst. Das ist ein echter Verlust. Die Wunden, die dabei entstehen, verheilen schlecht. Wer sich von seinem eigenen Haus trennen muss, der lässt tatsächlich ein Stück seines Lebens hinter sich."[532]

In nachfolgender Tabelle (siehe Tab. 17) werden zusammenfassend die qualitativen Aussagen zum Werttreiber Wohnen dargestellt.

In Hinblick auf eine zukünftige Pflegebedürftigkeit wird von einem Teilnehmer direkt die fehlende Barrierefreiheit, von einem anderen Teilnehmer implizit nur die fehlende Barrierefreiheit in Form einer bodengleichen Dusche angemerkt. Dagegen beurteilen zwei Probanden insbesondere das Badezimmer positiv und gehen nicht auf das Nichtvorhandensein einer barrierefreien Bauweise ein. Bei der Ausstattung des Appartements wurde von den Probanden mehrmalig angeführt, dass sie selbst für die Ausstattung verantwortlich sind – die „Einbauten", die durch den Anbieter vorgehalten werden, werden nicht anerkannt.

Bei der Ausstattung des Hauses wird positiv auf das Schwimmbad und den hotelähnlichen Eingangsbereich verwiesen.

---

[532] Vogel (2009), S. 34.

Tabelle 17: Inhaltliche Strukturierung bzgl. des Werttreibers Wohnens

	Merkmal	Zitate
WERTTREIBER WOHNEN	Grundausstattung des Appartements	• „[...] da bedauere ich, dass wir nicht barrierefrei sind. [...] Das ist das was mich stört n bisschen, weil man ja nie weiß, wie behindert man wird." • „Ich glaube, es sollte allerdings noch modernere Dinge geben, wo man mit dem Apparat [Rollator] hier bis unter die Dusche fahren kann, aber das ist im Moment für kein Bedürfnis." • „Also wie gesagt, ich habe ja viel in Hotels gewohnt und auch nicht schlecht. Aber ich habe noch niemals ein von der Funktion her besseres Bad erlebt, wie das hier. Das ist hervorragend. Man hat sehr viel Schnickschnack in Hotels, aber das ist nicht praktisch. Aber das ist praktisch." • „Jaja. Das Badezimmer das ist auch sehr schön, das reicht vollkommen aus, so wie wir das hatten hier."
	Grundausstattung des Appartements	• „Da bringt man ja eigene Möbel mit. Da kann man's ja ausstatten, wie man will. Also einfach oder nicht so einfach." • „Ausstattung des Appartements, ja das ist ja einem selber überlassen, wie man das ausstattet." • „[...] die Ausstattung haben wir ja selber gemacht."
	Ausstattung des Hauses	• „Ja, das sind Vorteile, selbst wenn ich sie jetzt nicht in Anspruch nehme, so freue ich mich doch, dass das [Schwimmbad] da ist. Das sind so viele Superlative [...]." • „[...] ganzen Empfangssaal so großzügig eingerichtet. Vorne das sieht ja aus wie ein Hotel. [...] Und vorher war das also ein kleines Kabuff. [...] Also in der Beziehung hat das Haus unheimlich gewonnen durch diesen Umbau. Und deswegen hab ich mir dann auch gesagt, da kann ich mich wohlfühlen." • „Aber die ganze Einrichtung von dem Haus, hauptsächlich Garten und die Rezeption und das Angebot, was man hier ja hat, das ist schon sehr gut."

Quelle: Auswertung selbst erhobener Daten.

Werttreiber Verpflegung

In der nachfolgenden Tabelle (siehe Tab. 18) sind bzgl. des Werttreibers Verpflegung die qualitativen Aussagen der Interviewteilnehmer dargestellt.

Alle Interviewpartner beschreiben die Speisenversorgung, mit der Bedienung und der freien Tisch- und Platzwahl positiv. Ein Proband zieht dabei den Vergleich mit einem gehobenen Hotel. Dieser Proband schätzt sich dabei als „verwöhnt" ein und achtet auch auf Details, wie den Blumenschmuck auf den Tischen. Dagegen verneint ein anderer Teilnehmer den Vergleich mit einem gehobenen Restaurant aufgrund der hohen Anzahl der Bewohner. Jedoch zeigt er sich sehr zufrieden und verweist letztlich auch wieder auf das gehobene Niveau. Ein Proband verweist positiv auf den Komfort, dass kein persönlicher Arbeitsaufwand in Bezug auf das Kochen entsteht: „[...] *dass ich an dem gedeckten Tisch sitzen kann [...]*".

Beim Merkmal Auswahl der Speisenversorgung beschreibt ein Proband die Indifferenz, wenn es keine freie Menüwahl gäbe, wäre er folglich ebenfalls einverstanden. Im Gegensatz dazu stellt ein anderer Proband die Auswahl der Speisenversorgung als Alleinstellungsmerkmal „[...] *wo hat man das schon [...]*" heraus. Reflektierend merkt ein Interviewter an, dass bei Bewohnern, die aus einer anderen Gegend stammen, die Möglichkeit bestehen könne, dass das Essen nicht schmecke, da es ungewohnt sei.

Bei einem Interview wurde die Frage gestellt, ob es dem Probanden wichtig sei, dass der Tisch immer schön gedeckt ist. Der Proband verwies dabei auf die Selbstverständlichkeit einer Tischkultur.

„Ja ich würd sagen, das ist ne Selbstverständlichkeit. "

Tabelle 18: Inhaltliche Strukturierung bzgl. des Werttreibers Verpflegung

Merkmal	Zitate
WERTTREIBER VERPFLEGUNG	
Speisenver-sorgung	• *„[...] ein Angebot, was keine Wünsche offen lässt. Und mit dem Essen ist klar, der Service ist ausgezeichnet. "* • *„Das Essen ist ausgezeichnet, die Tischgemeinschaft ist ausgezeichnet, die Bedienung ist ausgezeichnet, die Zeiteinteilung, alles ist perfekt. "* • *„Alles ist wie in einem gehobenen Hotel. "* • *„Die können natürlich mit einem gehobenen Restaurant, in mancher Hinsicht nicht konkurrieren. Das kann man nicht bei so vielen Leuten. Da sind natürlich Grenzen gesetzt. [...] wir sind eigentlich sehr zufrieden. Das ist schon also ein gehobenes Niveau nicht so Kantinenessen oder so. "* • *„[...] wir wollen uns schon dahin setzen, wo wir uns wohlfühlen. [...] hat sich wunderbar bewährt, die freie Tisch- und Platzwahl. "* • *„Und ich finde es herrlich, dass ich an dem gedeckten Tisch sitzen kann und aufstehen kann und sagen kann, gespült ist schon. "* • *„Da steht ein Blumenväschen mit immer frischen Blumen. Das ist sehr angenehm. Und wenn mal einen Tag die Blumen ausgehen, dann ist gleich große Aufregung: „Wo sind denn heut die Blumen". Also da sehen sie schon, die Leute sind schon ganz schön verwöhnt hier. Also wir auch. Ich meine, meine Frau und ich. "*
Auswahl Speisen-versorgung	• *„Das muss nicht sein, aber wenn es da keine freie Menüwahl gäbe, wäre ich genauso einverstanden. "* • *„Ja das ist natürlich eine ganz tolle Sache, nicht. Sind ja nur zu begrüßen, wo hat man das schon. Also das ist schon ein ganz tolles Angebot. "* • *„Ich ess z. B. öfters mit einem Mann, der kommt aus Königsberg. Na der ist natürlich eine ganz andere Kost gewöhnt. Das kann natürlich sein, dass der sagt, das schmeckt mir nicht. Also immer Spätzle. (lachen) Das würde Ihnen wahrscheinlich auch nicht so munden. "*

Quelle: Auswertung selbst erhobener Daten.

Die Dokumentenanalyse zeigt, dass Verpflegung nicht nur auf die reine Nahrungsaufnahme beschränkt ist, sondern auch der Gemeinschaftsaspekt einbezogen wird und zusätzlich unter dem Blickwinkel von Sicherheit gesehen werden sollte.

> *„ [...] es gibt viele Menschen, die keinen Partner mehr habe, und die freuen sich am Mittag nicht nur auf das Essen, sondern auch auf die Gesellschaft, die sie bei Tisch antreffen. "*[533]

> *„Wenn jemand nicht zum Mittagessen kommt und nicht abgemeldet ist, wird nachgehört, ob alles in Ordnung ist und so vermieden, dass ein* Bewohner, *der z. B. durch einen Sturz in seinem Appartement liegt und den Notruf nicht betätigen kann, längere Zeit ohne Hilfe bleibt. "*[534]

Werttreiber Service

In nachfolgender Tabelle (siehe Tab. 19) sind bzgl. des Werttreibers Service die qualitativen Aussagen der Interviewteilnehmer dargestellt.

Von allen Probanden wird positiv beurteilt, dass Geschäfte direkt in dem betreuten Wohnen integriert sind. Dabei wird auch der spezielle Umgang der Dienstleister mit den Bewohnern, wie bspw. Geduld, von einem Bewohner betont. Insbesondere wenn eine Pflegebedürftigkeit vorliegt, wird die Dringlichkeit, dass Geschäfte für den täglichen Bedarf vorhanden sind, von einem Probanden angesprochen. Dass Ärzte vor Ort sind, wird von zwei Bewohnern als wichtig empfunden. Ein Bewohner spricht an, dass Geschäfte

---

[533] Vogel (2009), S. 35 ff.
[534] Vogel (2009), S. 62.

jedoch lediglich bei einer entsprechenden Größe des betreuten Wohnens vorhanden sein können.

Der Empfang wird als Einrichtung wahrgenommen, bei welcher das Wissen gebündelt zusammenläuft und kann so die Funktion eines Problemlösers übernehmen. Die beiden pflegebedürftigen Bewohner erklären explizit an den Beispielen, dem Anfordern von Hilfestellung im Badezimmer bzw. Hilfe bei der Essensbestellung, was Ansprechpartner für sie leisten. Für einen der pflegebedürftigen Bewohner sind Ansprechpartner wichtig, weil man, seiner Meinung nach, im Alter Unsicherheit verspürt.

Ein Proband verweist positiv auf den Komfort, dass kein persönlicher Arbeitsaufwand in Bezug auf die Reinigung entsteht: *„[...] sehr gut, weil wir ja da gar nichts mit zu tun haben."*. Ein Proband erzählt, dass seine Frau und er, ihre frühere Reinigungskraft weiterhin nutzen, sie also die Dienstleistung Reinigung extern einkaufen. Die Wohnungsreinigung wird von den Interviewten positiv und als wichtig wahrgenommen.

Tabelle 19: Inhaltliche Strukturierung bzgl. des Werttreibers Service

	Merkmal	Zitate
WERTTREIBER SERVICE	Geschäfte	• *„Habe ich auch schon genutzt als es mir noch besser ging. Aber jetzt brauche ich natürlich Friseur und Laden, das brauch ich jetzt dringend."* • *„Ich hab auch alles auf der Bank und die sind auch sehr nett und gehen auf die alten Menschen ein. Und wenn jemand mal was nicht begreift, dann erklären sie das auch zehnmal, ohne zu meckern und zu murren. In einer anderen Bank findet man diese Geduld und Toleranz nicht. Also, das finde ich gut."* • *„[...] großen Stellenwert. [...] Ich hab ja auch meine Ärztin, die jede Woche zu mir kommt und überhaupt. Also, das ist schon wichtig."*

	Merkmal	Zitate
WERTTREIBER SERVICE	Geschäfte	• *„Ärzte finden wir sehr gut, dass die da sind."* • *„Das ist alles ganz groß positiv."* • *„Was auch angenehm ist, das wir Geschäfte im Haus haben, also Lebensmittelgeschäft und ne kleine Bank und eine Poststelle."* • *„Ja das ist sehr angenehm, dass es das [externe Dienstleister] gibt. Ich weiß nicht, wie ich mich fühlen würde, wenn es das nicht gäbe."* • *„Das kann sich ja aber an sich auch nur ein großes Haus leisten."*
	Ansprechpartner	• *„Der Empfang is ne ganz wichtige Stelle hier im Haus, weil die wissen über alles Bescheid und die können den Leuten dann den Weg zeigen, wie sie ihr Problem lösen können."* • *„Man muss einen Ansprechpartner haben im Alter, nicht nur, weil man objektiv irgendwo nicht mehr so da is, sondern weil man auch immer diese Unsicherheit spürt."* • *„Jedes Stockwerk hat einen Ansprechpartner, der sich um das Wohl der Leute kümmert. Aber das nehmen wir kaum in Anspruch. Bei Alleinstehenden kann ich mir das schon eher mal vorstellen, das sie da jemanden brauchen, den sie ansprechen können."* • *„[…] die habe ich angegangen und habe gesagt, bitte, ich brauche Hilfe, wenn ich morgens ins Badezimmer gehe, veranlassen Sie bitte, dass jemand kommt. (unverständlich) also es ist gelaufen. Sonst habe ich mich an sich noch nicht mit Sonderwünschen bemerkbar gemacht."* • *„Das habe ich schon genutzt und das brauche ich vor allen jetzt, wenn mein bestelltes Essen nicht so kommt, wie ich es bestellt habe. Kann ich es ihr auch sagen."*
	Wochenreinigung	• *„Wohnungsreinigung ist sehr gut, weil wir ja da gar nichts mit zu tun haben."* • *„Also meine Frau hat ihre Putzfrau, die sie vorher zu Hause hatte, die kommt hier her und macht die Wäsche […].* • *„Da hab ich eine ganz reizende, ganz reizende Putzfrau. Also das ist ne Perle, das ist ne Perle."* • *„Also die Wohnungsreinigung ist ganz klar, ist wichtig, dass die da ist."*

Quelle: Auswertung selbst erhobener Daten.

216

Auch bei der Dokumentenanalyse wird wiederholt die Rolle des Empfanges als Problemlöser angesprochen:

> *„Vieles fängt wohl der Empfang auf. Er ist der Mittelpunkt des Hauses, bei dem alles zusammenläuft. Er ist rund um die Uhr besetzt und die unerschütterlich geduldigen und liebenswürdigen Angestellten haben für jeden Wunsch ein Ohr und helfen nach Kräften. Ob ein Taxi oder ein Handwerker gefragt ist, jemand den Pflegedienst braucht oder sich zum Essen abmeldet oder was immer gerade nötig ist.* "[535]

Laut VOGEL wird durch die Dienstleistungsangebote des betreuten Wohnens eine selbstständige Lebensweise auch bei pflegebedürftigen Bewohnern gefördert, die im alten Wohnumfeld nicht möglich gewesen wäre.

> *„Wenn es einmal nicht mehr so ist, dann bieten die zahlreichen Einrichtungen im Haus die Möglichkeit, so lange wie möglich selbstständig zu bleiben. Und das finde ich wunderbar. Selbst im Rollstuhl könnte ich meine Wäsche selbst erledigen, selbst einkaufen und in die Bibliothek fahren. Eigentlich kann man im Wohnstift auch bei eingeschränkter Mobilität sein Leben fast genauso weiterführen wie vorher. In unserer alten Wohnung wäre dies unmöglich.* "[536]

Werttreiber Freizeit und Kultur

Mit einem zunehmenden Alter und/oder mit einer Verschlechterung des Gesundheitszustandes ändert sich die Intensität, dass weniger

---

[535] Vogel (2009), S. 66.
[536] Vogel (2009), S. 41 ff.

bis gar nicht mehr die angebotenen Freizeit- und Kulturangebote wahrgenommen werden.

> *„Das kommt auf das Alter der Befragten an, auf das Alter. Das war vor einem Jahr noch ganz anders bei mir, ich hatte letzten Sommer einen schwierige Krankenhausaufenthalte und seither ist es bei mir anders."*

> *„Früher hab ich das gemacht, da hab ich teilgenommen, auch hier im Haus an allem, aber das mache ich jetzt nicht mehr. [bedingt durch das Alter]"*

> *„Sie müssen ja auch mein Alter berücksichtigen. Ich bin 93, da kann man nicht mehr so viel machen."*

Alle Bewohner weisen darauf hin, dass sie sich selbstständig ihre Freizeit organisieren. Sie gehen bspw. u. a. Freizeittätigkeiten nach, die nicht von dem betreuten Wohnen organisiert sind, wie E-Mails schreiben, Beschäftigung mit dem Computer/Internet, TV schauen, Zeitung lesen, sich mit dem Aktienmarkt beschäftigen, Gymnastik sowie Besuch von Oper und Theater.

In der sich anschließenden Tabelle (siehe Tab. 20) werden die qualitativen Aussagen der Interviewteilnehmer bzgl. des Werttreibers Freizeit und Kultur dargestellt. Für zwei Interviewteilnehmer war das angebotene Freizeit- und Kulturprogramm der ausschlaggebende Grund für den Einzug in das betreute Wohnen. Ein Teilnehmer erweiterte dies, indem er anführt, dass er selbst Aktivitäten entwickeln kann und ihm gleichzeitig auch Aktivitäten angeboten werden. Ein Proband nutzte die Möglichkeit, schon vor dem Einzug in das betreute Wohnen, also als Prospect, am Kulturprogramm teilzunehmen. Das Freizeit- und Kulturprogramm wurde von den Bewohnern als vielfältig und qualitativ als sehr gut beschrieben.

Ein Bewohner beschränkte die Aussage des sehr guten Freizeit- und Kulturangebotes auf das betreute Wohnen, in dem das Interview stattfand, da dieses Haus sehr groß ist und somit mehr Geld für Kultur zur Verfügung hat. Ebenfalls äußerte er in diesem Zusammenhang, dass die Vorort-Leitung des betreuten Wohnens nicht mehr so viel Autonomie besitzen und alles von der Zentrale bestimmt würde. Dabei wird die Befürchtung geäußert, dass Feste und gesellige Veranstaltungen gestrichen werden könnten, obwohl sie wichtig für die Gemeinschaft und das soziale Netzwerk der Bewohner sind.

Tabelle 20: Inhaltliche Strukturierung bzgl. des Werttreibers Freizeit und Kultur

	Merkmal	Zitate
WERTTREIBER FREIZEIT UND KULTUR	Seelsorgerische/ psychologische Betreuung	• *„Also am Sonntag, die kirchlichen Angebote, das benützt man."*
	Sport-/ Gesundheits-vorsorge-Programm	• *„[...] Also wir haben gerne Sport gemacht [...]"* • *„Ich bin geschwommen bis vor 2 Jahren. Bis vor knapp 2 Jahren bin ich jeden Morgen geschwommen."*
	Kulturelle Angebot	• *„Das ganze Ambiente, was man hier Angebote kriegt, man kann Reisen machen, man hat Vorträge, Theater, Kino und Konzerte, sehr viele Konzerte, [...]. Das hat mir sehr gut gefallen, deshalb wollte ich ins ... [betreute Wohnen]."* • *„Jaja das ist an sich für mich mit das entscheidende Kriterium [das Kultur und Freizeitprogramm] gewesen. Dass ich also hier nicht nur sitzen kann (räuspern), der sein kann, der sich beim ersten Sonnenstrahl dann draußen vor die Tür setzt und lässt den Kopf hängen und wartet auf die nächste Mahlzeit. Sondern, dass ich selbst meine Aktivitäten entwickeln kann und auch das mir auch die Möglichkeiten zu Aktivitäten angeboten werden. Das kulturelle Programm war für mich ein Punkt zwei."* • *„[...] wir waren 10 Jahre Vorvertragspartner, haben wir das Kulturprogramm immer bekommen und da haben wir damals schon immer teilgenommen."* • *„Es sind so viele Angebote hier kulturelle Angebote, die kann man gar nicht alle wahrnehmen [...]."*

Merkmal	Zitate
WERTTREIBER FREIZEIT UND KULTUR Kulturelle Angebot	• „Und die Freizeit und Kultur find ich sehr gut. Die ist aber nicht in allen Häusern gleich. Denn unser Haus ist sehr groß und hat natürlich auch mehr Gelder, um sich Kultur leisten zu können und zwar gute, also gute Konzerte, gute Vorträge. In anderen Häusern mag das nicht so sein." • „Nee und da kommen ja manchmal sehr schöne Vorträge und es ist in der Regel sehr gut gemacht. Aber sonst, wie gesagt, mach ich das viel eigenverantwortlich." • „Also Freizeitgestaltung, die kann man sich ja selber gestalten." • „[...] den Rest, was ich jetzt Freizeit nenne, die gestalte ich mir selber durch lesen, ich habe einen Computer und bin damit geradezu voll ausgelastet. Meine späten Tage da ist jeder Tag voll im Programmteil." • „Freizeit und Kultur Angebote mache ich gar nicht mehr. [...] weil ich habe kein Hörgerät. Mit Tinitus kann man kein Hörgerät benutzen. [...] Freizeit und Kultur nein." • „Ausflüge, Reisen wunderbar. Bloß kann ich leider nicht mehr teilnehmen, weil ich n bisschen schlecht zu Fuß bin."
Feste und gesellige Veranstaltungen	• „Es sollte schon die Möglichkeit. Also, dass man Weihnachten und Ostern links liegen lassen, das wäre nicht so meine Sache." • „Und die Feste und die geselligen Veranstaltungen find ich toll, da hoff ich nur, [...] das Einzige wo ich vielleicht n bisschen Kritik habe, das jetzt alles von ... bestimmt wird. Unsere Direktoren haben eigentlich nicht mehr so viel Eigenverantwortlichkeit. Das bedaure ich. Denn die sind näher an den Menschen dran. (unverständlich) Aber ich hoffe, dass sie nicht Feste und gesellige Veranstaltungen streichen, denn das ist immer (unverständlich) das fördert die Gemeinschaft. Weil, man setzt sich immer wieder zu anderen Gruppen. Bei einem Fest sitzt man bei dem bei einem anderen fest bei jemand anderem. Und ich finde das gut wenn die Menschen untereinander vernetzt sind. (lachen)

Quelle: Auswertung selbst erhobener Daten.

220

Werttreiber Weiche Faktoren

Ein Interviewteilnehmer betont dreimal während des Interviews die Werte bzw. Atmosphäre des betreuten Wohnens gegenüber den physischen Gegebenheiten des Wohnens.

> „[...] da werden neue Wohnformen ausprobiert, also Wohngruppen [...], sicher, das entspricht manchem Geschmack mehr als unsere langen Flure, wo man so wie im Krankenhaus ein Zimmer neben dem anderen hat. Aber ich sage immer, es kommt darauf gar nich so an, es kommt auf den Geist des Hauses an und der war bis jetzt immer sehr gut für meine Begriffe."

> „Damals hab ich gesagt nie ziehe ich in diese Kästen. Ich bin doch eingezogen (lacht) Weil wir gesagt haben, es kommt nicht auf die Verpackung an, sondern auf das, was drin ist."

> „Sicher, die Räume sind schöner, die Gänge sind breiter, die Bäder sind größer, die Böden sind schöner, aber es is einfach nicht das Flair. Wissen Sie, was ich meine? Das was man spürt, auch den christlichen Geist. [Äußerung über ein anderes betreutes Wohnen]"

In nachfolgender Tabelle (siehe Tab. 21) finden sich bzgl. des Werttreibers Weiche Faktoren die qualitativen Aussagen der Interviewteilnehmer dargestellt.

In Bezug auf das Merkmal Mitarbeiter benutzen die Probanden insbesondere das Adjektiv freundlich und beschreiben die Mitarbeiter positiv. Das vierte Zitat zeigt die Indikatorvariable auf Mitarbeiter einstellen. Ein Proband, welcher das Essen in das Appartement geliefert bekommt, kritisiert jedoch, dass, bedingt durch Krankheitsausfälle der Zivildienstleistenden, die Essensausgabe sehr schnell und hektisch durchgeführt und nicht primär auf die Freundlichkeit geachtet wird.

Zwei Interviewteilnehmer vergleichen die Struktur der Bewohner mit anderen Einrichtungen, die sie bereits besucht haben. Im zweiten Zitat wird deutlich, dass für den Bewohner eine homogene Bewohnerstruktur, die für ihn durch Folgendes gekennzeichnet ist – eine gleiche Ausbildung haben, Weltanschauung und Wertehaltung – von Bedeutung ist, für den sozialen Kontakt und die Kommunikation mit den anderen Bewohnern.

Als neue Punkte wurden bei der Analyse der Interviews zum einen die Selbstbestimmung und zum anderen von Bewohnern für Bewohner initiierte Aktivitäten identifiziert. Unter Selbststimmung wird dabei verstanden, frei über die eigene Lebensweise und Aktivitäten zu bestimmen. Vier der sechs Probanden beschrieben Freizeit- und Kulturveranstaltungen, wie Vorträge, Konzerte und Wandergruppen, die von Bewohnern eigenverantwortlich für die anderen Bewohner organisiert werden, als positiv.

Der Leumund/das Image wird von den Interviewteilnehmern von sehr gut bis gut eingeschätzt. Für einen Proband hat sich der Leumund in der letzten Zeit verschlechtert. Die Ursachen dafür sind ihm nicht bekannt. Dennoch schätzt er den Leumund als gut ein. Für einen Bewohner setzt sich das Image aus der Struktur der Bewohner und dem Verhalten der Mitarbeit zusammen. Für einen Bewohner besteht die Kausalkette, dass, bedingt durch negative Weiterempfehlung, weniger Bewohner in das betreute Wohnen einziehen und so die Preise steigen.

Tabelle 21: Inhaltliche Strukturierung bzgl. des Werttreibers Weiche Faktoren

	Merkmal	Zitate
WERTTREIBER WEICHE FAKTOREN	Mitarbeiter	• *„Die Leute sind sehr freundlich hier, die Bedienung ist sehr freundlich. Da ist ein 100 %-iges Wohlfühlen gegeben."* • *„Auch die Belegschaft ist sehr freundlich. Sehr gut geschultes Personal. Die sind immer freundlich, immer lächelnd, immer hilfsbereit. Nie dass sie sagen, ach, jetzt schon wieder oder so. Dass man das Gefühl hat, sie sind überfordert. Es ist auch ne gute Betreuung, also gutes Personal, das wäre auch wichtig zu sagen."* • *„Also wenn man da z. B. in eine andere Sektion irgendwelche Wünsche hat, das wird einem praktisch vom Mund abgelesen, das ist hervorragend, also da kann man gar nichts sagen. Und auch sonst im Speiseraum, jede Bedienung ist verschieden, das ist aber im Restaurant auch so."* • *„[...] ich stell mich auf jeden auf jeden Pfleger persönlich ein."*
WERTTREIBER WEICHE FAKTOREN	Mitarbeiter	• *„Also ein bisschen familiär, glaub ich, ganz so weit geht es nicht. Also finden wir nicht, dass es so weit geht. Aber es ist schon recht persönlich, nett und wohlwollend. Eine gewisse Distanz ist auch nicht schlecht. Also insofern muss es gar nicht so familiär sein. Das ist alles wenn man vielleicht allein ist, aber wir sind ja zu zweit. Herzlich würd ich auch sagen, ist auch nicht der Ausdruck der in einen Seniorenstift gehört."* • *„Und die Zivi, da hat man den Eindruck, die machen gern am Freitag plötzlich krank und Montag sind sie auch noch krank. Wenn natürlich plötzlich einige ausfallen, ist das natürlich sehr schwierig und da wird es etwas hektisch und da eilt es manchmal und da kann man nicht so, ich möchte nicht sagen, so freundlich sein, aber es muss halt schnell gehen, wenn man das Essen bringt."*

	Merkmal	Zitate
WERTTREIBER WEICHE FAKTOREN	Bewohner	• *„Und das sind dort auch, das ist mir aufgefallen, viel einfachere Menschen. (Anmerkung: Äußerung über ein anderes betreutes Wohnen) Und bei uns ist doch die sozial Struktur ein bissl anders. Und das muss man halt auch berücksichtigen. Die Leute wollen auch n bissl angesprochen werden. (Unverständlich) Und das ist der Fall hier."* • *„Menschen, die dieselben Rechte haben wie ich und vielleicht die gleiche Ausbildung haben, die gleiche Weltanschauung haben, den gleichen Blick in die Welt, die gleiche Wertehaltung haben, dann ist so ein Haus wie hier, so ein großes Haus mit seiner Vielfalt und in der Stadt gelegen, das Günstigere. In dem Haus wo ich hätte hinkommen können, dann wär´s wahrscheinlich so gewesen, dass ich doch sehr viel Zeit da gesessen hätte und hätte nichts getan. Und hätte dann auch Leute um mich gehabt, wo ich nur mit wahrscheinlich einigen hätte korrespondieren können. Aber mit so vielen nicht. [...] Hier ist ein großes Angebot Bekanntschaften zu machen."* • *„Optimal ist auch dass man keine zu ekligen Mitbewohner hat (lachen) mit denen man dauernd auf Kriegsfuß steht. Aber der Ton im Haus ist sehr gut."*
	Selbstbestimmung	• *„Und die Freizeitgestaltung is auch freigestellt."* • *„Ansonsten ist man ja sein eigener Herr und macht sich sein eigenes Programm."* • *„Zum optimal Tag gehört dann, dass man seine Freiheit hat [...]."*
WERTTREIBER WEICHE FAKTOREN	Selbstbestimmung	• *„Jaja, das ist an sich für mich mit das entscheidende Kriterium gewesen. [...] dass ich selbst meine Aktivitäten entwickeln kann und auch das mir auch die Möglichkeiten zu Aktivitäten angeboten werden. Das kulturelle Programm war für mich ein Punkt zwei."*
	Bewohner für Bewohner	• *„Wir haben also wirklich ausgezeichnete Vorträge, auch von den Bewohnern her. Also wir haben einen Kulturkreis - Bewohner für Bewohner. Die machen also Vorträge aus ihren Berufen oder ihre Hobbys und Reisen, Dias, wo sie überall waren. Die sind immer sehr gut besucht."* • *„Ja die Ausflüge und die Wandergruppen v. a., da hat bei uns ein Herr aus dem bisherigen Stiftsbeirat die Wandergruppen auch geleitet. Und da sind immer so zwischen 20 und 30 mitgegangen. Und da sind die 16 km gewandert."*

224

	Merkmal	Zitate
WERTTREIBER WEICHE FAKTOREN	Bewohner für Bewohner	• *„Wir haben also wirklich ausgezeichnete Vorträge, auch von den Bewohnern her. Also wir haben einen Kulturkreis - Bewohner für Bewohner. Die machen also Vorträge aus ihren Berufen oder ihre Hobbys und Reisen, Dias, wo sie überall waren. Die sind immer sehr gut besucht."* • *„Ja die Ausflüge und die Wandergruppen v. a., da hat bei uns ein Herr aus dem bisherigen Stiftsbeirat die Wandergruppen auch geleitet. Und da sind immer so zwischen 20 und 30 mitgegangen. Und da sind die 16 km gewandert."* • *„Sondern die Bewohner, die hier wohnen, das sind gute Künstler, gute Sänger, gute Professoren. Die mal Vorträge halten oder mal ein Gesangsabend machen und auch ein Musikabend. Also das ist hier in dem Haus sehr angenehm. Also dass man mal von außerhalb Künstlergruppen einlädt, dass kommt eigentlich nur sehr vereinzelt vor. Aber Bewohner für Bewohner, wenn das klappt ist es eine sehr angenehme Zugabe."* • *„Und die Bewohner selbst machen Vorträge. Also das ist natürlich sehr angenehm, weil man eine sehr gute, hohe kulturelle Stufe hier hat."* • *„Und dann wie gesagt die Einwohner selbst, sind ja viele Professoren, die halten dann auch ganz nette Vorträge über ihre eigenen Fachgebiete."*
	Leumund/Image	• *„Ja, sehr positiv, sonst wären wir auch nicht hier her gekommen."* • *„Der Leumund war sehr gut. Er hat in der letzten Zeit etwas gelitten, warum weiß ich nicht, aber im Allgemeinen hat es einen guten Leumund das ... (Anmerkung: das untersuchte betreute Wohnen)."* • *„[...] wenn es kein gutes Image hätte, dann würde ja auch irgendwo was nicht stimmen. Das Image ergibt sich ja aus der Struktur der Bewohner und dem Verhalten der Mitarbeiter. Die zusammen machen ja das Image aus."* • *„[...] wer das ... [untersuchte betreute Wohnen] schlecht macht und mit dazu beiträgt, dass weniger Leute einziehen, weil die Mund-zu-Mund Propaganda so is, [...] der sorgt dafür dass unsere Preise höher werden. Denn wenn wir weniger Bewohner haben gehen die Preise rauf."*

Quelle: Auswertung selbst erhobener Daten.

VOGEL beschreibt die Atmosphäre im Haus und die Mitarbeiter wie folgt:

> *„Wie schon erwähnt, ist die Atmosphäre, die in einem Haus herrscht, mit welchem Respekt das Pflegepersonal mit den Bewohnern umgeht, äußerst wichtig. Ich persönlich genieße das hier sehr, die allgemeine Höflichkeit, die Liebenswürdigkeit, ohne je plump oder vertraulich zu werden. Hier sagt niemand: „ja, wo gehen wir denn jetzt wieder hin?" Dieses entmündigende „Wir", das einen auf die Ebene eines Kindes reduziert. [...] Und ich möchte betonen, dass dieser Umgang mit den Menschen nicht etwas ist, das vom Preis eines Heimes abhängt."*[537]

Als Kontrast hinsichtlich des Merkmals Selbstbestimmung findet sich bei VOGEL ein Szenario über die Angst vor Entmündigung.

> *„Viele Menschen stellen sich unter einem Wohnstift ein Haus mit langen Gängen, wo rechts und links die Türen offen stehen und Menschen in Bademänteln herumschleichen, wo es nach Bohnerwachs und Kartoffelsuppe riecht. Die Menschen darin stellt man sich entmündigt vor, sie werden manipuliert, sind hilflos und dem Personal ausgeliefert. Natürlich will niemand in so ein Haus, schon gar nicht freiwillig."*[538]

---

[537] Vogel (2009), S. 76.
[538] Vogel (2009), S. 68.

Werttreiber Pflege

In nachfolgender Tabelle (siehe Tab. 22) sind die qualitativen Aussagen der Bewohner zum Werttreiber Pflege dargestellt.

Die Hälfte der Probanden ist mehr oder weniger überzeugt, dass bei einer schweren Pflegebedürftigkeit der Umzug in ein Altenpflegeheim unumgänglich ist. Diesen Probanden ist das Alleinstellungsmerkmal, dass eine uneingeschränkte pflegerische Versorgung im Appartement möglich ist, nicht bekannt. Zwei Zitate zeigen, dass die pflegerische Versorgung, Sicherheit für die Bewohner bedeutet – *„mir ist Hilfe [...] garantiert"* und *„ [...] der rote Knopf [...], wenn was ist dann brauch ich nur zu drücken, dann kommt jemand."* Die garantierte Pflege im Appartement wird als Vorteil von zwei Probanden gesehen. Ein Proband, der keine Pflegeleistung in Anspruch nimmt, äußert die Angst, dass die Pflege aus politischen Gründen schlechter wird. Ebenfalls kritisiert er die Taktpflege[539]. Für ihn müsste das Personal immer wieder nach dem Pflegebedürftigen sehen, im Sinne einer Überwachung. Ein dementiell erkrankter Bewohner kann bspw. nicht den Empfang anrufen, um Hilfestellung zu bekommen. So wird das Beispiel einer Dame angeführt, die stark pflegebedürftig ist und nach Auffassung des Interviewteilnehmers in einem Pflegeheim untergebracht werden sollte. Dies entspricht dem Phänomen, dass wenn Beschwerden vorgebracht werden, diese für einen anderen Bewohner vorgebracht werden.[540] Ebenfalls zeigen sich Institutionalisierungsanzeichen *„[...] ich weiß nicht, ob sie das verwenden sollten.".* Ein Interviewteilnehmer erklärt, es werden teilweise Tadel bei der Pflege vorgebracht, aber es werden seiner Meinung nach zu hohe Ansprü-

---

[539] In Abhängigkeit von der Pflegebedürftigkeit (Pflegestufe) werden Minutenwerte für die Pflege vorgegeben.
[540] Vgl. Warren/Williams (2008), S. 412.

che in der Pflege gestellt, da sich das Personal bemüht und Pflege auch keine einfache Arbeit ist.

Für einen Probanden haben Mitarbeiter, die dementiell Erkranken betreuen, einen der schwierigsten Berufe. Ein Proband wählt in Bezug auf die Demenzbetreuung das Wort „isolieren" – es ist gut, wenn dementiell Erkrankte isoliert sind, für sie und die anderen.

Eine Beruhigung ist für einen Probanden, dass die Pflegekostenergänzungsregelung, die PER, das pflegerische Risiko finanziell begrenzt. Während ein Proband die PER zahlt, aber nicht das Leistungsangebot kennt. Zusammenfassend zeigt sich, dass ein sehr unterschiedlicher Wissenstand bzgl. der angebotenen Pflegeleistungen besteht.

Tabelle 22: Inhaltliche Strukturierung bzgl. des Werttreibers Pflege

	Merkmal	Zitate
WERTTREIBER PFLEGE	Pflege	• *„Man kann so lange bleiben, so lange sie noch einigermaßen mit einem. Also wenn man ganz dement isch, dann muss man woanders hier. Beim Anfang von Demenz kriegt man hier noch Pflege."* • *„[...] man kann hier bleiben so lange es noch einigermaßen geht. Wenn es ganz schlimm wird, muss man woanders hin."* • *„Leichte Pflegefälle können auch hier versorgt werden, aber schwere Fälle müssen dann in ein Pflegeheim, natürlich."*

	Merkmal	Zitate
WERTTREIBER PFLEGE	Pflege	• *„Aber wie gesagt, bis zu ner gewissen Pflegestufe wird auf dem Zimmer gepflegt hier. Und wie weit das nun ist, wenn einer gewindelt werden muss. Wenn sie auch eine größere Gruppe von Krankenschwestern und Pflegepersonal hätten, um die Leute weiß ich, zu windeln und was da alles passiert bei alten Leuten und morgens anzuziehen und abends auszuziehen und zu füttern weil se den Löffel nicht mehr in den Mund kriegen. Soweit geht das hier nicht. Da muss man schon richtig ins Pflegeheim gehen. Aber es ist immer die Frage, was man unter Pflege versteht, welche Pflegestufe man darunter versteht aber sone normale einfache Pflege, die gibt's schon, also sagen wir mal, es wird schon erwartet, dass man selbst aufstehen kann und sich waschen kann. Auf die Dauer. Vorübergehend kommt sicher auch die Pflege dazu. Auf dass auf die Dauer nachhaltig sich eine pflege rund um die Uhr um einen kümmert. In dem Sinne, das ist kein Pflegeheim hier."* • *„[...] weiß ich mir ist Hilfe in der letzten Minute garantiert."* • *„Es ist eine wunderbare Sache, dass da der rote Knopf ist und in dem Zimmer und im Bad ist es unten usw. das ich weiß, wenn was ist dann brauch ich nur zu drücken dann kommt jemand. Das schafft mir jedenfalls eine [...] Beruhigung."* • *„[...] dass ich Pflege brauche, dann weiß ich, dass das alles eingeschränkt ist aber ich kann dann noch weitgehendst dem nachgehen wenn mir garantiert ist, dass ich im eigenen Appartement bin, anstatt dass ich woanders wäre."* • *„[...] sehr großer Vorteil ist, das man hier in seinem Zimmer bleiben kann und nicht irgendwo anders hin muss. Das ist ja nicht allgemein so. Ich glaube das ist sehr wichtig."* • *„[...] wovor ich vielleicht Angst hab, ist, dass die Pflege vielleicht schlechter wir, aus politischen Gründen."* • *„[...] Taktpflege da die ist in meinen Augen nicht gut. (hmh) Und die ist natürlich leider hier auch, weil sie ja gesetzlich vorgeschrieben ist."*

229

	Merkmal	Zitate
WERTTREIBER PFLEGE	Pflege	• *Ja, das is also das Einzige, was [...] manchmal ein bisschen zu wünschen übrig lässt. Also wir haben die Ambulante Pflege und wenn jemand krank is, bettlägerich is, da muss dann beim Empfang anläuten, auf die neun drücken und die sorgen dafür, dass jemand kommt, wenn man Hilfe braucht, aber diejenigen, die nun eben keine Kraft mehr haben oder den Verstand nicht mehr haben, wir haben ja auch viele Demente, um diesen Empfang zu wählen, die sind vielleicht manchmal schlecht dran. Meine persönliche Meinung is auch, ich weiß nicht, ob sie das verwenden sollten. Ich finde, wenn jemand schwer krank ist, sagen wir mal, wie eine Dame bei mir auf dem Stock, die ist blind taub, dement, Diabetikerin und jetzt haben sie ihr auch noch ein Bein abgenommen. Das ist eine Pflege, die gehört eigentlich in ein Pflegeheim. Denn so oft, wie die [...], da müsste man immer wieder mal reingucken und das ist hier glaub ich nicht so der Fall, dieses ständige Überwachen oder ständige da sein.* • *„[...] ich mein mit der Pflege da wird teilweise wird da auch Tadel vorgebracht, aber ich sage da werden auch zu große Ansprüche gestellt. Die Leute bemühen sich auch. Das ist nicht so einfach."*
	Demenzbetreuung	• *„Die Demenzbetreuung is im Haus sehr gut."* • *„Ja sie [Demenzbetreuung] ist nicht entscheidend, aber es ist angenehm, dass es sie gibt. Denn wenn man dement wird, dann ist das schon ne sehr schwierige Erfahrung, für die Pfleger auch sehr, sehr schwierig. Nich, Demenzbetreuung ist eine der schwierigsten Berufe die es überhaupt gibt."* • *„Was man sich nicht wünscht, aber man weiß das nicht. Ich meine die Leute würden ja, die also schwer dement sind, die würden ja eigentlich auch von dem normalen Leben mehr oder weniger isoliert, das geht ja gar nicht anders und das sieht man manchmal wenn so alte Frauen, die schon Beschwerden haben, dass ist schon gut, wenn die isoliert sind. Für sie auch nicht nur für die anderen."*

230

	Merkmal	Zitate
WERTTREIBER PFLEGE	PER	• *„Ja das ist schon eine gewisse Beruhigung [dass das finanzielle Risiko durch die PER begrenzt ist]. Ich meine, wir könnten das privat, hätten wir keine Probleme, aber insgesamt gesehen glaube ich, dass das eine gute Einrichtung ist."* • *„Wenn man in der Pflegestufe 1 ist, zahlen sie, man hat schließlich selber wo man hier wo eingezahlt, jetzt müssen sie einem auch mal helfen. Müssen se ja, ist ja alles vorgeschrieben genau. Das Übrige muss man selber zahlen bzw. zahlt die Krankenkasse einen Teil."* • *„Wir zahlen die PER, aber was wir dafür kriegen, weiß ich gar nicht so genau."*

Quelle: Auswertung selbst erhobener Daten.

Werttreiber Preis

In nachfolgender Tabelle (siehe Tab. 23) sind die qualitativen Aussagen der Bewohner zum Werttreiber Preis dargestellt.

Drei Bewohner beschreiben die Preiserhöhungen in dem betreuten Wohnen. Nach dem ersten Zitat vollziehen sich die Preiserhöhungen langsam aber stetig für diesen Bewohner. Für ihn ist die Preisgestaltung des betreuten Wohnens vergleichbar mit anderen Anbietern. Der zweite Bewohner hebt mehrmalig die Preiserhöhungen im Interview hervor – ihm „missfallen" diese Erhöhungen. Momentan ist für ihn das Leistungsangebot des betreuten Wohnens seinen Preis noch wert, aber es dürften keine weiteren Erhöhungen erfolgen. Dabei führt er an, dass die Renten in dem Maß nicht erhöht werden. Er beschreibt die Möglichkeit, dass niemand aus dem betreuten Wohnen bei Finanzierungsproblemen ausziehen muss, sondern einen internen Hilfsfond in Anspruch nehmen kann. Der dritte Bewohner beschreibt, dass zum Zeitpunkt seines Einzuges die Preisgestaltung noch niedriger war, sodass für ihn zum damaligen Zeitpunkt die zukünftige Finanzierung gesichert erschien. Jedoch bedingt durch die jährlichen Steigerungen fühlt er sich an der Grenze seiner Finanzierungsmöglichkeit angekommen. Er beschreibt, dass er keine Wahlmöglichkeit hat, sondern bei der Preisgestaltung *„einfach davorgestellt"* wird. Noch ein weiterer Bewohner beschreibt in diesem Zusammenhang – *„[...] mit dem Preis, ja da hat der Mensch eine (äh) seine Relativität [...]. Die Preise sind so, also muss man die so annehmen"*, dabei sind für diesen Bewohner die Preise relativ. Auch im letzten Zitat wird die Relativität des Preises sichtbar *„[...] Leuten, die von auswärts kommen, die sagen, ja das ist ja auch sehr teuer. Ich würde sagen, dass das nicht teuer ist für das, was geboten wird. Es kommt immer darauf an, was für Ansprüche man stellt."*

Zwei Bewohner haben keinen Referenzpreis[541], der ihnen als Preisanker dient und mit dem sie den Preis des betreuten Wohnen relativ vergleichen: *„Also ich würde sagen, im Großen und Ganzen stimmt das ja. Ich kann mir das nicht anders vorstellen."*. Dieser Bewohner stimmt dem Preisgefüge zu, besitzt keine weitere Vorstellung und *„die Preisgestaltung, ja, ich habe wie gesagt keinen Bezug dazu. Ich kenne die Preise draußen nicht."*

Zwei Bewohner zieht den kausalen Schluss zwischen einer guten Leistungserbringung und der Preisgestaltung: *„Wenn man gut bedient werden will, muss man auch dafür zahlen"* und *„aber gute Qualität und guter Service kosten halt ihr Geld. [...] Gute Leistungen kosten halt ihren Preis und wenn man das nicht zahlen will, dann muss man sich eben mit einem etwas geringeren Niveau begnügen."* Dabei merkt ein Bewohner noch zusätzlich an, dass von

---

[541] Weitere Ausführungen zu Preisfairness und den theoretischen Grundlagen befinden sich in Kapitel 7.1 und 7.2.

den Entgelten der Bewohner die Gehälter der Mitarbeiter und der Unterhalt des betreuten Wohnens gezahlt werden müssen.

Ein Bewohner äußert seine Preiszufriedenheit: Seiner Meinung nach wird „[...] für diesen Preis Maximales geboten".

Zusammenfassend zeigt sich, dass der Preis von den Bewohnern sehr unterschiedlich wahrgenommen wird – so wird dieser beschrieben als „nicht billig", „sehr hoch", „sehr teuer" und „nicht teuer".

Tabelle 23: Inhaltliche Strukturierung bzgl. des Werttreibers Preis

Merkmal	Zitate
Preis	• *„Jetzt wird alles teurer, so auch hier, es geht langsam rauf, so auch hier. Es geht langsam rauf, aber es geht rauf. Aber das muss man sich vorher überlegen, ob man es sich leisten kann oder nicht. Im Allgemeinen glaube ich es, dass das ... [betreute Wohnen] nicht mehr teuer ist, als andere Häuser vergleichsweise. [...] Wenn man gut bedient werden will, muss man auch dafür zahlen. Das ist logisch."* • *„Als wir hier eingezogen sind haben wir gewusst, dass das nich gerade das billigste Haus ist. Klar bei den Angeboten die man hier hat, kann das ja auch nich sein, denn die Leute müssen ja auch bezahlt werden. Was mir jetzt manchmal ein bisschen missfällt is auch, dass sie das so mit Regelmäßigkeit erhöhen [...]."* • *„Es ist seinen Preis noch wert, aber sie dürfen es nicht dauernd wieder erhöhen."* • *„Wissen Sie die Renten gehen nicht hoch. Und wir haben halt nur Rentner hier, praktisch. Die Alten sind ja nix anderes und die Renten erhöhen sich nicht. Aber was ich dazusagen will, wenn also tatsächlich jemand da ist der seinen Preis nicht mehr bezahlen kann der muss nicht ausziehen. Wissen sie was wir da haben? Einen sog. Hilfsfond. Da tun sehr viele Menschen ihre Nachlässe rein geben oder überhaupt Erbschaften, Vermächtnisse und alles Mögliche. Und wir habens auch schon so gemacht. Bei Geburtstagen haben wir gesagt bitte nichts schenken, da steht nen Tässchen kommt in den Hilfsfond und der Hilfsfond is gut bestückt da haben wir einiges drin. [...] Aber es muss niemand ausziehen aus Geldmangel. Es wird natürlich nachgeprüft, ob wirklich nichts mehr da is. Denn einmal haben wirs auch erlebt, dass ne Dame gesagt: „Ja ich brauch jetzt auch was ausm Hilfsfond, denn ich kann ja auch nichts alles verbrauchen, sonst haben ja meine Enkel nichts mehr." Das geht natürlich nicht."* • *„Nein, damals noch nicht, da waren die Preise ja auch noch nicht so hoch, da hat man noch gedacht man würde das schaffen. Und dann kamen da ja immer Jahr für Jahr neue Steigerungen. Da ist man ja immer auch an der Grenze, dass man zurechtkommt. [...] Na wir müssen ja damit zufrieden sein, das ist gar keine Frage. Wir werden einfach davorgestellt."*

234

	Merkmal	Zitate
WERTTREIBER PREIS	Preis	• „*Und mit dem Preis, ja da hat der Mensch eine (äh) seine Relativität möchte ich sagen. Die Preise sind so, also muss man die so annehmen.*" • „*Also billig ist das nicht. Das ist natürlich schon richtig. Es ist nicht billig von daher können sich eine Reihe von Leuten das nicht erlauben. Aber gute Qualität und guter Service kosten halt ihr Geld. [...] Gute Leistungen kosten halt ihren Preis und wenn man das nicht zahlen will, dann muss man sich eben mit einem etwas geringeren Niveau begnügen. Man kann ja nicht verlangen, nur weil ich jetzt nicht so viel bezahlen will, dass die Angestellten jetzt plötzlich weniger verdienen sollen als in anderen sozialen Einrichtungen. Die wollen ja auch ein angemessenes Einkommen haben. Und der Unterhalt des Hauses ist ja auch wichtig. Wenn man das nicht bezahlt, dann verkommt das Haus. Sie haben das ja schon besucht. Das ist gepflegt und alles in Ordnung. Also keine wasserdriftenden Wände.*" • „*Ich würde sagen, angemessen. Ja [...] Gut der Preis ist sehr hoch, den könnte man noch etwas zügeln. Was können die denn vom Preis zusätzlich an Leistungen überhaupt verlangen. Fällt mir eigentlich nichts ein. Also ich würde sagen im Großen und Ganzen stimmt das ja. Ich kann mir das nicht anders vorstellen.*" • „*Die Preisgestaltung, ja. Ich habe wie gesagt keinen Bezug dazu. Ich kenne die Preise draußen nicht.*" • „*Wir sind sehr zufrieden. Also wir sind der Ansicht, das für diesen Preis, Maximales geboten wird.*" • „*Also da wird natürlich auch zum Teil verschieden diskutiert, hauptsächlich von Leuten die von auswärts kommen, die sagen, ja das ist ja auch sehr teuer. Ich würde sagen, dass das nicht teuer ist, für das, was geboten wird. Es kommt immer darauf an was für Ansprüche man stellt. Aber wo es natürlich dann im Einzelfall vielleicht als teuer empfunden wird, das ist schon die Pflege mit die dazukommt, denn da kommt ja verschiedenes dazu. Aber das allgemeine Wohnen hier ist finde ich nicht teuer.*"

Quelle: Auswertung selbst erhobener Daten.

Customer Participation

In Bezug auf die latente Variable Customer Participation werden durch die Probanden der Stiftsbeirat und der Küchenausschuss genannt.

> „Wir haben aber einen Küchenausschuss und die Vorsitzende von dem Küchenausschuss ist Mitglied vom Stiftbeirat und die leitet alle Beschwerden weiter. Die treffen sich alle 4 Wochen und da kriegt der Herr ..., das ist der Leiter von der Küche und vom Service, der kriegt dann das alles gemeldet. Und ich finde es gut, dass er da sone Kontaktstelle hat zur Bewohnerschaft."

> „[...] wir haben ein Treffen aller Stiftsbeiratvorsitzenden da werd ich mich auch kräftig zu Wort melden, [...]"

> „Der Stiftsbeirat versucht das natürlich auch, dass man den Menschen hier hilft."

Ein Proband schlägt die Gründung einer Internet-Interessengemeinschaft vor. Bedingt durch die Funktion des Sich-Helfens kommt hier ebenfalls die latente Variable Instrumental Support zum Tragen.

> „[...] Gründung einer Internet- Interessengemeinschaft. Da könnte man sich helfen und meine auch, dass es ein Programm sein könnte, an dem das Haus interessiert sein könnte. Ich habe es auch mit einem vom Interessenbeirat besprochen, der jetzt hier neu gewählt ist und kann darauf setzen, dass man diesen Interessenpunkt mal aufgreift."

Dokumentarisch wird der Stiftsbeirat als Interessenvertreter der Bewohner wie folgt gesehen.

„Sollte einmal dennoch ein Grund zur Unzufriedenheit bestehen, dann kann man sich ruhig dazu äußern. In jedem Haus gibt es einen Stiftsbeirat. Der wird von den Bewohnern gewählt und bringt Anregung an entsprechender Stelle vor. Bei uns gibt es beim Empfang einen großen Kasten für Vorschläge und Wünsche. Selbstverständlich kann man sich auch in dringenden Fällen direkt bei der Direktion oder deren Stellvertretung melden. Wünsche oder Kritik werden auf alle Fälle gehört. Wir dürfen nicht vergessen, dass wir Mieter sind, Vertragspartner also, und nicht Bittsteller."[542]

Instrumental Support

Dokumentarische Fundstellen zu Instrumental Support sind:

„So kümmere ich mich auch heute noch um Freundinnen, denen es zum Teil schlechter geht als mir, besuche sie regelmäßig [...]."[543]

„Es ist immer ein Balanceakt, das mit dem Helfen. Die Grenze zwischen Helfen und Einmischen ist haarfein."[544]

---

[542] Vogel (200), S. 65 ff.
[543] Vogel (2009), S. 43.
[544] Vogel (2009), S. 63.

Customer Cooperation

Ein pflegebedürftiger Interviewteilnehmer beschreibt sein Verhältnis zu den Mitarbeitern – siehe die Indikatorvariable auf Mitarbeiter einstellen.

„[…] ich stell mich auf jeden auf jeden Pfleger persönlich ein. […] Und ich gehe auf jeden Einzelnen zu und dann werden die auch haben wir so ein gutes Verhältnis, dass sie mir auch aus Ihrem persönlichen Leben sehr vieles erzählen. Wo man sonst gar nicht so dazu kommt. Aber dadurch hab ich zu allen ein ganz gutes Verhältnis."

10.2   Wer sind die befragten Personen?

Die Basis der empirischen Untersuchung für die Auswertung bilden 464 Bewohner und 680 Prospects. Die Daten wurden dabei in vier betreuten Wohnanlagen als Vollerhebung, indem die Fragebögen an alle Bewohner[545] verteilt wurden, erhoben. Insgesamt umfasst die Stichprobe 1.144 Probanden. Bei den Bewohnern beträgt der Brutto-Rücklauf[546] 34,43 % und der Netto-Rücklauf[547] 33,07 %. Bei den Prospects beträgt der Brutto-Rücklauf 23,00 % und der Netto-Rücklauf 22,47 %. Aggregierend stellt folgende Tabelle (siehe Tab. 24) die Ergebnisse zum Fragebogenrückrauf dar.

---

[545] In der Wohnanlage betreutes Wohnen_West wurde der Fragebogen an ca. 40 Bewohner und betreutes Wohnen_Südwest wurde der Fragebogen an ca. 117 Bewohner, welche stark pflegebedürftig (Pflegestufe III) bzw. dementiell erkrankt sind, nicht verteilt.
[546] In der Brutto-Rücklaufquote werden alle Fragebögen, unabhängig davon, ob sie für die Untersuchung verwertbar sind oder nicht, aufgenommen.
[547] In der Netto-Rücklaufquote werden die nicht verwertbaren Fragebögen abgezogen und nur die für die empirische Untersuchung verwendeten Fragebögen berücksichtigt.

Tabelle 24: Fragebogenrücklauf Bewohner und Prospects

Einrich-tung	Verteilte Fragebö-gen	Zurückerhal-tene verwert-bare Frage-bögen	Nicht verwert-bare Fragebö-gen	Brutto-Rücklauf-quote	Netto-Rücklauf-quote
Bewohner					
Betreutes Wohnen_{Süd}	370	116	6	31,35 %	32,97 %
Betreutes Wohnen-West	210	83	4	41,43 %	39,52 %
Betreutes Wohnen-Nordost	285	87	4	31,93 %	30,53 %
Betreutes Woh-nen_{Südwest}	538	178	5	34,01 %	33,09 %
Prospects					
	3026	680	17[548]	23,00 %	22,47 %

Quelle: Auswertung selbst erhobener Daten.

Bislang existiert für das Wohnkonzept betreutes Wohnen[549] keine gesetzlich geschützte Definition. Da jedoch eine Vielzahl von divergenten Leistungsangeboten mit unterschiedlichen Qualitätsausprägungen existiert, die unter Vermittlung von Pflege- und Be-

---

[548] Davon sind neun Briefe mit teilweiser qualitativer Rückmeldung und sieben komplett nicht ausgefüllte Fragebögen.

[549] Im Rahmen der Dissertation wird sich nur mit dem betreuten Wohnen im Kontext von Seniorenwohnen auseinandergesetzt.

treuungsleistungen oder unter barrierefreies Bauwerk und Wohnumfeld subsumiert werden, gestaltet es sich als schwierig, eine aktuelle valide Statistik zur Anzahl von Bewohnern, die in einem betreuten Wohnen in Deutschland leben, zu finden.[550] In Deutschland geht man davon aus, dass nur jeder 50. Senior sich bislang für das Konzept des betreuten Wohnens entschieden hat, was im Vergleich mit den USA, wo sich schon jeder 25. Senior für betreutes Wohnen entschieden hat, relativ gering ist.[551] KREMER-PREIß und STOLARZ schätzen, dass ca. 150.000 bis 230.000 Personen deutschlandweit in betreutem Wohnen leben.[552] Die Befragung wurde bei einem Anbieter durchgeführt, bei dem ca. 7.000 Bewohner leben.

Die Formel für den Stichprobenumfang, der mindestens erforderlich ist, lautet:[553]

$$n \geq (\frac{z\,\delta}{e})^2.$$

Dabei entspricht z dem Signifikanzniveau, δ^2 stellt die Varianz des interessierenden Merkmals und e (Error) die absolute Genauigkeit bzw. die halbe Breite des Konfidenzintervalls dar.[554] Wenn von einem 95 % Signifikanzniveau ausgegangen wird, also z = 2 ist, und einem Fehler von e = 0,08 (und damit $e^2 = 0,0064$) angenommen wird, vereinfacht sich die Formel wie folgt:[555]

[550] Vgl. Deutscher Verband für Wohnungswesen, Städtebau und Raumordnung e.V. (2009), S. 21 ff. i. V. m. S. 118 ff.
[551] Vgl. Deutscher Verband für Wohnungswesen, Städtebau und Raumordnung e.V. (2009), S. 123.
[552] Vgl. Kremer-Preiß/Stolarz (2003), S. 25.
[553] Vgl. von der Lippe (2011), S. 3.
[554] Vgl. von der Lippe (2011), S. 3 ff.
[555] Vgl. von der Lippe (2011), S. 6.

$$n \geq \frac{N}{1 + 0{,}0064\,N}$$

Der minimale Stichprobenumfang sollte bei N = 250.000 (Anzahl von Personen, die in einem betreuten Wohnen leben) 157 betragen. Da jedoch die empirische Untersuchung bei einem Anbieter im gehobenen Segment erfolgt, bei welchem rund 7.000 Bewohner leben, also N = 7.000, beträgt der minimale Stichprobenumfang 153 Personen. Dieser von LIPPE vorgegebene minimale Stichprobenumfang wird in der Erhebung dieser vorliegenden Arbeit deutlich überschritten.

10.2.1 Soziodemografische Beschreibung

Geschlecht

Von den 464 Bewohnern sind 67,89 % weiblich und 29,53 % männlich. Bei den Prospects hingegen ist das Geschlechterverhältnis beinahe hälftig verteilt – 54,85 % männliche und 44,41 % weibliche Probanden haben an der Befragung teilgenommen. Nachfolgende Abbildung (siehe Abb. 15) stellt den Sachverhalt grafisch dar.

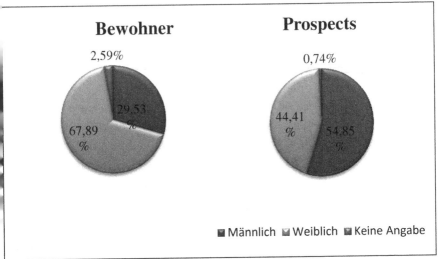

Abbildung 15: Geschlecht – Bewohner und Prospects

Quelle: Auswertung selbst erhobener Daten.

Die Ergebnisse repräsentieren die „Feminisierung des Alters", was bedeutet, dass ab einem gewissen Alter der Anteil der Frauen aufgrund ihrer längeren Lebenserwartung ansteigt und der Anteil der Männer (prozentual) kleiner wird.[556] In der Zukunft wird sich aufgrund der steigenden Lebenserwartung der Männer das Geschlechterverhältnis im Alter wieder angleichen. Bspw. wird in der Altersgruppe 80- bis 90-jähriger Männer der Anteil von 27,4 % (im Jahr 2000) auf ca. 38,1 % (im Jahr 2050) ansteigen.[557]

---

[556] Vgl. Baltes/Montada (1996), S. 12;
[557] Vgl. Kremer-Preiß/Stolarz (2003), S. 202.

Familienstand

Ein konträres Bild zeigt sich beim Familienstand – von den Bewohnern sind 67,46 % alleinstehend und 30,82 % leben mit einem Partner, während bei den Prospects 29,85 % alleinstehend sind und 69,41 % in einer Partnerschaft leben. Bei der Gegenüberstellung von Geschlecht und Familienstand zeigt sich, das von den 67,46 % alleinlebenden Bewohnern, 54,09 % weiblich und 12,07 % männlich sind. Von den 29,85 % ledigen Prospects sind je zur Hälfte Frauen und Männer in der Stichprobe vertreten. Von den 30,82 % Bewohnern, die in einer Partnerschaft leben, verteilt sich das Geschlechterverhältnis fast hälftig mit 17,24 % männlichen und 13,15 % weiblichen Bewohnern. Währenddessen überwiegen bei den insgesamt 69,41 % Prospects, die in einer Partnerschaft leben, die männlichen Teilnehmer mit 39,56 % gegenüber den weiblichen Teilnehmer mit 29,85 %. Anschließende Tabelle (siehe Tab. 25) stellt die relativen Häufigkeiten der Ausprägungen Geschlecht und Familienstand für die Bewohner und Prospects dar.

Tabelle 25: Kreuztabelle – Geschlecht und Familienstand

	Männlich		Weiblich		Keine Angabe		Summe	
	Bewohner	Prospects	Bewohner	Prospects	Bewohner	Prospects	Bewohner	Prospects
Allein	12,07 %	14,71 %	54,09 %	14,41 %	1,29 %	0,74 %	67,46 %	29,85 %
Mit meinem Partner/in	17,24 %	39,56 %	13,15 %	29,85 %	0,43 %	0,00 %	30,82 %	69,41 %
Keine Angabe	0,22 %	0,59 %	0,65 %	0,15 %	0,86 %	0,00 %	1,72 %	0,74 %
Summe	29,53 %	54,85 %	67,89 %	44,41 %	2,59 %	0,74 %	100,00 %	100,00 %

Quelle: Auswertung selbst erhobener Daten.

Zusammenfassend kann festgehalten werden, dass in der Bewohner-Stichprobe mehr Frauen als Männer in den höheren Altersjahren alleine leben. Gründe dafür liegen zum einen in der höheren Lebenserwartung der Frauen und zum anderen in dem Altersunterschied zwischen den Ehegatten.[558] Beide Gründe implizieren, dass mit steigendem Alter das Risiko des Verwitwens bei Frauen höher als das der Männer ist.[559]

Altersverteilung

Die Altersverteilung der Stichprobe zeigt, dass die meisten Probanden, 38,36 %, in der Altersgruppe von 81 und 85 Jahren, liegen. Bei den Prospects ist die dominierende Altersgruppe um zehn Jahre nach unten verschoben, dies bedeutet 43,09 % der Teilnehmer sind zwischen 71 und 75 Jahre alt. Hervorzuheben ist, dass in der Bewohner-Stichprobe knapp 10 % älter als 90 Jahre sind. Im Vergleich dazu nehmen bei Frauen die Heimeintritte, also in eine stationäre Pflegeeinrichtung, ab etwa dem 75. Lebensjahr und bei den Männern ab dem 85. Lebensjahr deutlich zu.[560]

Nachfolgende Abbildung (siehe Abb. 16) zeigt die Altersverteilung von Bewohnern und Prospects.

---

[558] Vgl. Engstler/Menning (2003), S. 31.
[559] Vgl. ebd.
[560] Vgl. Gilberg (2000), S. 14.

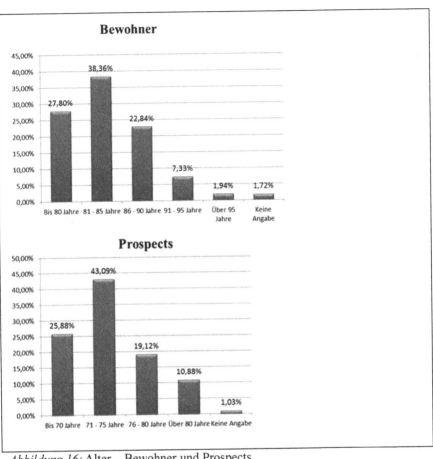

Abbildung 16: Alter – Bewohner und Prospects

Quelle: Auswertung selbst erhobener Daten.

Appartementgröße

Bei beiden Gruppen präferieren die meisten Probanden das 2-Zimmer Appartement, bei den Bewohnern 42,46 % und bei den Prospect 43,68 %. Bei den Bewohnern leben mehr als die Hälfte (52,59 %) in einem 2- und 2,5-Zimmer-Appartement und bei den

Prospects 63,09 %. 35,78 % der befragten Bewohner lebt in einem 1- und 1,5-Zimmer-Appartement. Hingegen würden nur 20,88 % der Prospects diese Größe des Appartements wählen. Zum Zeitpunkt der Befragung leben 9,91 % der Bewohner in einem 3-Zimmer-Appartement und 14,26 % der Prospects würden in diese Appartementgröße einziehen wollen. Anschließende Abbildung (siehe Abb. 17) stellt die relativen Häufigkeiten der verschiedenen Appartementgrößen dar.

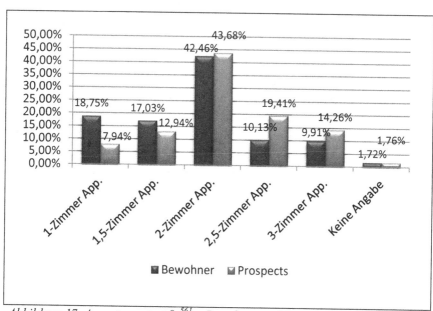

Abbildung 17: Appartementgröße[561] – Bewohner und Prospects

Quelle: Auswertung selbst erhobener Daten.

---

[561] Bei den Prospects wurde dabei im Fragebogen gefragt, in welche Appartementgröße sie am liebsten einziehen möchten.

Bei den Bewohnern leben 95,18 % der alleinstehenden Probanden in einem 1- und 1,5-Zimmer-Appartement, 2,46 % in einem 2- und 2,5-Zimmer-Appartement und 15,22 % in einem 3-Zimmer-Appartement. Bei den Prospects wollen 61,97 %, also 33,21 % weniger im Vergleich zu den Bewohnern, in ein 1- und 1,5-Zimmer-Appartement ziehen, während 25,41 % der Prospects, also knapp ein Viertel mehr als bei den Bewohnern, ein 2- und 2,5-Zimmer-Appartement beziehen möchten. 15,22 % der alleinlebenden Bewohner bewohnen ein 3-Zimmer-Appartement, aber lediglich 3,09 % der alleinstehenden Prospects wollen in diese Appartementgröße einziehen.

Bei den Bewohnern, welche mit ihrem Partner zusammen leben, besteht keine Nachfrage nach einem 1- und 1,5-Zimmer-Appartement. So nutzen nur 4,22 % der Bewohner in der Stichprobe diese Wohnform. Hingegen überlegen 36,62 % der Prospects, in ein 1- und 1,5-Zimmer-Appartement zu ziehen. Gründe hierfür können in einem reduzierten Budget liegen. Im qualitativen Interview und Gesprächen mit den Bewohnern wurde eine weitere Möglichkeit des Zusammenlebens diskutiert, dass Bewohner, obwohl sie verheiratet sind, jeweils zwei kleine Appartements mieten. Nachfolgende Abbildung (siehe Abb. 18) präsentiert Familienstand und Appartementgröße.

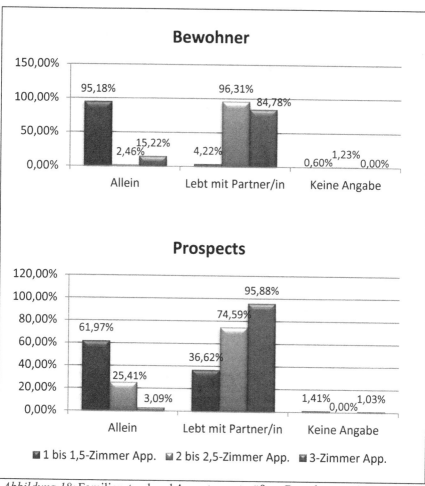

Abbildung 18: Familienstand und Appartementgröße – Bewohner und Prospects

Quelle: Auswertung selbst erhobener Daten.

Pflegebedürftigkeit

Ein nahezu identisches Bild zeigt sich bei der Inanspruchnahme von Pflegeleistungen in beiden Gruppen. Von den Bewohnern

nehmen 13,36 % Pflegeleistungen in Anspruch und von den Prospects 16,62 %. Keine Pflegeleistungen beanspruchen 83,41 % der
Bewohner und 79,56 % der Prospects. Zu beachten ist, dass die
Wahrscheinlichkeit, pflegebedürftig zu werden, mit zunehmenden
Alter steigt: So waren im Jahr 2007 von den über 80-Jährigen rund
31 % pflegebedürftig.[562] Folgende Abbildung (siehe Abb. 19) bildet
die Inanspruchnahme von Pflegeleistungen ab.

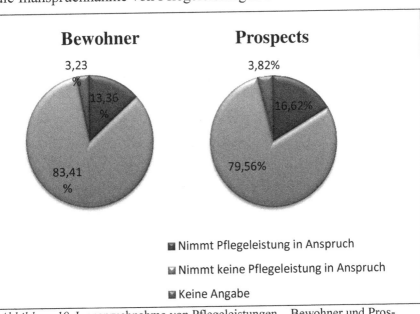

Abbildung 19: Inanspruchnahme von Pflegeleistungen – Bewohner und Prospects

Quelle: Auswertung selbst erhobener Daten.

---

[562] Vgl. Statistisches Bundesamt (2010), S. 5.

10.2.2   Die Entscheidung für betreutes Wohnen

Die Entscheidung, in ein Alten- oder Pflegeheim zu ziehen, ist fast immer eine endgültige, sodass eine Rückkehr in den eigenen Haushalt kaum erfolgt.[563] Dies bedeutet, dass eine Pflegeeinrichtung gleichzusetzen ist mit dem Wohnort des letzten Lebensabschnittes vor dem Tod – dies ist auch den darin lebenden Menschen bewusst.[564] Obwohl der Anbieter, bei dem die empirische Untersuchung erfolgt ist, keine stationäre Pflegestation integriert hat, sondern den Bewohnern bei Pflegebedürftigkeit eine 24-Stunden-Pflege im eigenen Appartement anbietet, ist hier ebenfalls davon auszugehen, dass eine Rückkehr kaum erfolgt. Weiterhin wird Pflege oft als ein „negativer Service"[565] gesehen und ist – bedingt durch die Erfahrungs- und Vertrauenseigenschaften von Dienstleistungen[566] und das Wohnkonzept des betreuten Wohnens, als Leistungsbündel unterschiedlicher Leistungselemente – vor dem Einzug, also der Inanspruchnahme, schwer beurteilbar. Eine Studie von HEINZELMANN zeigt: Wenn ein Umzug in eine stationäre Pflegeeinrichtung aus gesundheitlichen oder sozialen Gründen erfolgt, wird dies von den Probanden als unabwendbares Schicksal und nicht als eigene Entscheidung empfunden.[567] Als Idealfall wird daher eine selbstständige Entscheidung ohne äußeren Zwang auf die Betroffenen für den Einzug in eine stationäre Pflegeeinrichtung empfohlen, da die Wahrscheinlichkeit, dass die Eingewöhnung in die neue Lebenssituation gelingt, deutlich erhöht wird.[568] Nach GILBERG sind „Hilfe- und Pflegeentscheidungen in hohem Maße sozial normiert

---

[563] Vgl. Gilberg (2000), S. 73.
[564] Vgl. Heinzelmann (2004), S. 155.
[565] Weitere Ausführungen zum Begriff des „negativen Service" sind in Kapitel 3.1 zu finden.
[566] Vgl. dazu die Ausführungen in Kapitel 3.2 Pflege als personenbezogene Dienstleistung.
[567] Vgl. Heinzelmann (2004), S. 104.
[568] Vgl. Heinzelmann (2004), S. 149.

und werden von den institutionellen Regelungen beeinflusst."[569] Die Entscheidungsfindung bei der Auswahl einer Wohnform für das Alter sollte daher im Kontext interpersonaler Abhängigkeiten mit Angehörigen, Ärzten, Behörden usw. beurteilt werden.[570] Unter diesen Gesichtspunkten sollten die nachfolgenden Ergebnisse der Erhebung interpretiert werden.

Nachfolgende Abbildung (siehe Abb. 20) stellt die in den Entscheidungsprozess für ein betreutes Wohnen eingebundenen Personen (die jeweilige Person selbst, im Folgenden als „Sie" bezeichnet, sowie Partner, Familie, Freunde, Arzt) anhand von relativen Häufigkeiten dar. In diesem Zusammenhang sollten alle an der Entscheidung beteiligten Personen angegeben werden. Mehrfachantworten waren somit möglich. Unter Sonstiges war es den Probanden freigestellt, eigene Äußerungen anzugeben. Dabei wurde in beiden Gruppen ausschließlich noch einmal auf Personen verwiesen, wie Kollegen, Bekannte, Freunde, Verwandte und Eltern, die in einem betreuten Wohnen des untersuchten Anbieters leben bzw. lebten und so zur Entscheidungsfindung beigetragen haben. Weitere Nennungen waren professionelle Berater und Beratungsstellen.

In beiden Gruppen dominierte „Sie" als Entscheider – bei den Bewohnern mit 82,97 % und bei den Prospects mit 92,35 %. Bezogen auf die relativen Häufigkeiten war bei den Bewohnern zu 45,47 % die Familie und zu 40,95 % der Partner, bei den Prospects zu 70,44 % der Partner und zu 49,71 die Familie involviert. Freunde waren jeweils zu 17,89 % in der Bewohner-Stichprobe und zu 22,79 % in der Prospect-Stichprobe beteiligt. Die geringste Beteiligung an der Entscheidung hatten Ärzte mit 7,45 % bei den Bewohnern und 13,53 % bei den Prospects.

---

[569] Gilberg (2000), S. 124.
[570] Vgl. ebd.

Wenn der Datensatz nach Gruppenentscheidungs-Gesichtspunkten[571] untersucht wird, stellen sich die Ergebnisse wie folgt dar: 21,76 % der Bewohner haben die Entscheidung allein getroffen, bei den Prospects hingegen nur 7,5 %. 16,59 % der Bewohner und 30,29 % der Prospects haben gemeinsam mit ihrem Partner die Entscheidung getroffen. Eine Ursache könnte im Familienstand begründet sein (siehe Kapitel 10.2.1). Bei 12,5 % der Bewohner und 18,97 % der Prospects war neben dem Partner noch zusätzlich die Familie involviert. Sehr gering war der Anteil derer, bei denen die betreffende Person („Sie"), der Partner, die Familie und Freunde eingebunden sind. Bei den Bewohner waren dies 2,81 % und bei den Prospects 5,44 %. Wenn zusätzlich noch der Arzt, also alle beteiligten Personengruppen, in den Entscheidungsprozess für ein betreutes Wohnen eingebunden sind, ist dies bei nur 1,07 % der Bewohner und 3,97 % der Prospects der Fall. Dass die Entscheidung für ein betreutes Wohnen ohne die betroffene Person gefällt wurde, konnte nur in wenigen Fällen festgestellt werden. Bei 4,09 % der Bewohner und 3,53 % der Prospects hatte ausschließlich der Partner entschieden. Ein ähnliches Ergebnis zeigte sich, wenn allein die Familie („Kinder", Verwandte) bei 5,17 % der Bewohner und 1,62 % der Prospects entschieden hatte.

---

[571] Die Analyse von Gruppenentscheidungen lässt sich unterteilen in prozessbezogen (im Mittelpunkt der Analyse steht die Interaktion der Gruppe während der Entscheidungsfindung) und ergebnisbezogen (Ausgangspunkt ist das Resultat des Prozesses, welches entscheidungs- oder präferenzbezogen sein kann). Vgl. Brinkmann (2006), S. 11 ff. CORFMANN und LEHMANN untersuchen Gruppenentscheidungen bei Familien: Bei zwei Gruppenmitgliedern ist das Ergebnis einer Gruppenentscheidung eine gewichtete Funktion der individuellen Präferenzen der Gruppenmitglieder. Die Gewichtung wird bestimmt durch den relativen Einfluss jedes Mitgliedes auf das Andere. Vgl. Corfman/Lehmann (1987), S. 2. Die Intensität der relativen Präferenz ist der Hauptprädiktor für den relativen Einfluss. Vgl. ebd., S. 11. In einem Diktatur-Modell wird nur die individuelle Präferenz des einflussreichsten Gruppenmitglieds berücksichtigt. So überwiegen in der stationären Pflegepraxis die Fälle, in denen ein älterer Mensch bedingt durch einen sich verschlechternden Gesundheitszustand sich nicht mehr alleine versorgen kann. Der Umzug in ein Pflegeheim geschieht dann sehr schnell, meist unter Mithilfe von Angehörigen oder Ärzten, wobei bei den älteren Menschen der Eindruck entstehen kann, dass dies gegen ihren Willen bis hin sogar zum Zwang geschieht. Vgl. Heinzelmann (2004), S. 149.

An dieser Stelle besteht ein weiterer Forschungsbedarf, da die Ergebnisse – insbesondere bezogen auf die Gruppenentscheidung – soziale Erwünschtheits-Effekte beinhalten können. Ebenso sollte bedacht werden, dass der Untersuchungskontext das betreute Wohnen ist, welches durch eine selbstbestimmtes Lebensweise charakterisiert ist. Von Forschungsinteresse könnten daher die Unterschiede bei dem Gruppenentscheidungsprozess für die unterschiedlichen Wohnformen im Alter sein.

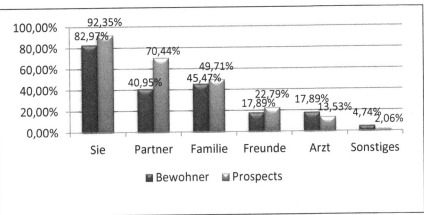

Abbildung 20: Eingebundene Personen in den Entscheidungsprozess für das betreute Wohnen – Bewohner und Prospects

Quelle: Auswertung selbst erhobener Daten.

In der sich anschließenden Abbildung (siehe Abb. 21) wird anhand eines Balkendiagrammes dargestellt, wie viele Einrichtungen (betreutes Wohnen, Seniorenstift, Seniorenheim oder Seniorenresidenz) angeschaut wurden, bevor die finale Entscheidung für das betreute Wohnen beim untersuchten Anbieter gefallen ist. Bei den Bewohnern und Prospects zeigt sich hierbei ein differentes Bild: Bei den Bewohnern haben sich 34,91 % keine Alternative vorab angesehen. Im Gegensatz dazu stehen die Prospects, hier haben sich nur 8,68 % keine alternative Einrichtung angeschaut. Rund 1/3 der Bewohner und Prospects haben sich jeweils ein bis zwei alternative Häuser angesehen. Knapp 1/4 der Bewohner und fast die Hälfte der Prospects haben drei bis fünf Einrichtungen zuvor besucht. Sechs bis zehn Einrichtungen haben sich 4,74 % der Bewohner und 7,65 % der Prospects angesehen. Mit je 2,37 % der Bewohner und 2,21 % der Prospects zeigt sich ein nahezu identisches Verhältnis bei den beiden Gruppen, wenn mehr als zehn Häuser besucht wurden. Die Ergebnisse zeigen, dass die Gruppe der Prospects sich mehr Einrichtungen angesehen haben als die Bewohner, bevor sie sich für ein Angebot entscheiden. So prüft und informiert sich fast die Hälfte der Probanden über die Sucheigenschaften einer Dienstleistung, wie z. B. Ausstattung der Appartements und die verschiedenen Leistungsbündel, durch den Besuch von drei bis fünf Einrichtung, um so unter den verschiedenen Anbietern die individuell beste Alternative für sich zu finden.

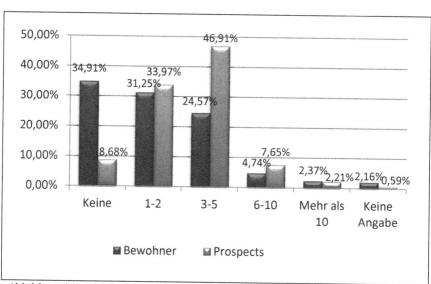

Abbildung 21: Wie viele Einrichtungen angeschaut, bevor finale Entscheidung – Bewohner und Prospects

Quelle: Auswertung selbst erhobener Daten.

10.2.3 Soziale Kontakte und Netzwerk

„Soziale Netzwerke beschreiben das Geflecht der privaten Beziehungen der Menschen in der Gesellschaft."[572]

Nach der Berliner Altersstudie besteht das soziale Netzwerk einer Person aus dem Probanden emotional nahestehenden Personen, im Mittel aus 10,9 Personen (variiert von 0 bis 49 Personen).[573] Bedingt durch den Verlauf des Lebens verringert sich das soziale Netzwerk, wie bspw. beim Tod des Partners (hauptursächlich) und wenn sich der gleichaltrige Freundeskreis reduziert.[574] Bedingt durch moderne Kommunikationsmittel wie Telefon und Internet ist die direkte Face-to-Face-Kommunikation, als Kontakthäufigkeit, zukünftig nicht mehr als einziger Indikator für ein soziales intaktes Netzwerk zu werten.[575]

HEUSINGER hat im Rahmen von Expertenworkshops herausgefunden, dass im Kontext von Pflegeheimen bei den Probanden große Sorge besteht, inwieweit der Kontakt zu den alten Freunden, Nachbarn und Angehörigen gehalten werden kann.[576] Eine gute Qualität von Pflege und Betreuung zeigt sich damit auch in der Unterstützung von sozialen Beziehungen der Bewohner innerhalb und außerhalb der Einrichtung.[577]

---

[572] Vgl. Borchers (1998), S. 176.
[573] Vgl. Wagner/Schütze/Lang (2010), S. 334.
[574] Vgl. Küster (1998), S. 102.
[575] Vgl. Heinzelmann (2004), S. 192.
[576] Vgl. Heusinger (2009), S. 6.
[577] Vgl. Heusinger (2009), S. 7.

MASI et al. zeigen anhand einer Meta-Analyse vier Interventionsstrategien gegen Einsamkeit:[578]

- soziale Kompetenzen verbessern,
- soziale Unterstützung verbessern,
- Möglichkeiten für soziale Kontakte vergrößern und
- thematisieren von maladaptiven sozialen Kognitionen[579].

In konsekutiver Abbildung (Abb. 22) ist zu erkennen, dass immerhin 7,11 % der Bewohner angegeben haben, keine Freunde und Bekannte zu haben, im Gegensatz zu den Prospects, wo es nur 0,29 % sind. Eine relative große Differenz besteht ebenfalls bei der Antwortkategorie „ein bis zwei Freunde und Bekannte": 21,34 % der Bewohner und nur 3,09 % der Prospects haben diese gewählt. „Drei bis fünf Freunde und Bekannte" haben rund 25 % der Bewohner und 14,12 % der Prospects gewählt. Fast gleich stellt sich die Verteilung der beiden Gruppen der Bewohner mit 15.30 % und der Prospects mit 16,62 % bei einem Freundes- und Bekanntenkreis von sechs bis zehn Personen dar. Der größte Unterschied zwischen den beiden Gruppen zeigt sich bei „Mehr als zehn Freunde und Bekannte" – 28,02 % der Bewohner und 64,56 % der Prospects befinden sich in dieser Kategorie. Zusammenfassend lässt sich feststellen, dass die Gruppe der Bewohner stärker von einer sozialen Isolation und Vereinsamung betroffen sein kann als die Gruppe der Prospects. Dies gilt insbesondere für die Bewohner, die keine oder nur ein bis zwei Freunde bzw. Bekannte besitzen.

---

[578] Vgl. Masi/Chen/Hawkley/Cacioppo (2011), S. 219.
[579] Unter maladaptiven sozialen Kognitionen sind unangepasste Gedanken in sozialem Kontext zu verstehen.

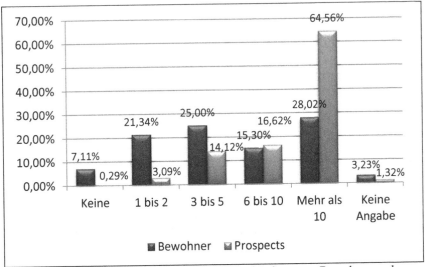

Abbildung 22: Netzwerk: Wie viele Freunde und Bekannte – Bewohner und Prospects

Quelle: Auswertung selbst erhobener Daten.

In nachfolgender Abbildung (siehe Abb. 23) werden die einzelnen Personengruppen vorgestellt, welche die Bewohner besuchen. Mit 77,44 % stellen die „Kinder" und/oder Verwandte die zahlenmäßig größte Besuchergruppe dar. Dies geht konform mit den Ergebnissen der Berliner Altersstudie, hier wird bei den über 70-jährigen Personen als häufigste Rollenbeziehung in den sozialen Netzwerken die Elternschaft gesehen.[580] So haben 77 % der Männer und 70 % der Frauen mindestens ein Kind.[581] Dabei nimmt die Besuchshäufigkeit der „Kinder" mit dem Alter der Eltern leicht zu.[582] Die zweitgrößte Besuchergruppe sind Freunde. Die Kontakthäufigkeit bezogen auf

[580] Vgl. Wagner et al. (2010), S. 331.
[581] Vgl. ebd.
[582] Vgl. ebd.

die einzelnen Besuchergruppen wurde in der vorliegenden Untersuchung nicht erhoben. Ebenfalls stellt die Berliner Altersstudie die Bedeutung von Freunden im Alter heraus, gemessen an der Kontakthäufigkeit treffen sich ältere Menschen mit Ihren Freunden im Mittel alle neun Tage.[583] Ehemalige Nachbarn mit 32,25 % und ehemalige Kollegen mit 28,29 % stellen die dritt- und viertgrößte Besuchergruppe dar. Vereine/Interessengruppen und Mitglieder der Kirchengemeinde stellen die zahlenmäßig geringsten Besucher dar mit 10,8 % und 8,21 %. Auch bei dieser Frage zeigt sich ein minimales Indiz der sozialen Vereinsamung, da 1,75 % der Bewohner „Niemand" besucht.

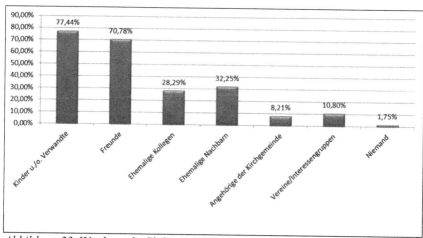

Abbildung 23: Wer besucht Sie? – Bewohner

Quelle: Auswertung selbst erhobener Daten.

[583] Wagner et al. (2010), S. 333.

Abschließend wird in folgender Abbildung (siehe Abb. 24) die Besuchshäufigkeit dargestellt: 8,86 % der Bewohner bekommen mehrmals pro Woche, 25,70 % bekommen einmal pro Woche und 20,52 % bekommen einmal im Monat Besuch. Mehrmals im Jahr Besuch bekommen 36,29 % – einmal im Jahr werden 3,02 % besucht und 1,30 % der Besucher bekommen nie Besuch. Somit wird 40,61 % der Bewohnerschaft im positiven Fall mehrmals im Jahr besucht und im negativen Fall nie. Anbieterseitig sollte hier ein Augenmerk auf die Förderung der sozialen Beziehungen gelegt werden, da von diesen 40,61 %, 11 Bewohner (5,82 %) keine Freunde und Bekannte und 15 Bewohner (7,94 %) ein bis zwei Freunde und Bekannte in dem betreuten Wohnen haben.

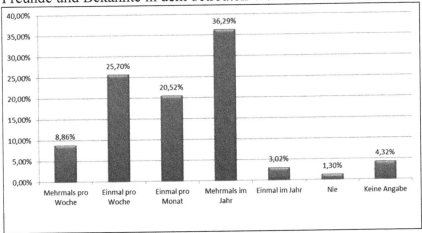

Abbildung 24: Besuchshäufigkeit – Bewohner

Quelle: Auswertung selbst erhobener Daten.

10.2.4 Freizeit und Kultur

Der Gesundheitszustand stellt einen der wichtigsten Faktoren bei der sozialen Teilnahme im hohen Alter dar, so behindern gesundheitliche Probleme entscheidend bei der Ausübung von sozialen Aktivitäten.[584]

Operationalisierung

Die Teilnahme an Freizeit- und Kulturaktivitäten kann als Form der sozialen Beteiligung verstanden werden.[585] Die Probanden wurden gefragt, an welchen Freizeit- und Kulturaktivitäten sie teilnehmen:

- seelsorgerliche und kirchliche Angebote,
- Sportangebote
- vielfältiges Kulturprogramm mit bspw. Konzerten, Lesungen und Ausstellungen,
- Freizeitgestaltung mit Gedächtnistraining, Sprach- und Kreativkursen,
- Ausflüge, Reisen und Wandergruppen,
- Feste und gesellige Veranstaltungen.

Dabei erfolgte eine Orientierung an den aktuell vorliegenden Angeboten des Anbieters, da sich der Begriff der „Freizeit" schwer operationalisieren lässt.[586] Mehrfachantworten waren möglich. In einem zweiten Schritt wurden nur die Bewohner gefragt, an welchen selbstorganisierten bzw. Freizeit- und Kulturaktivitäten, die von Bewohnern für Bewohner organisiert werden, sie teilnehmen.

In konsekutiver Abbildung (siehe Abb. 25) ist die Teilnahme am Freizeit- und Kulturprogramm dargestellt mit der Gegenüberstellung, dass die Aktivitäten zum einen durch den Anbieter organisiert waren, zum anderen durch den Bewohner selbst bzw. durch Bewohner für Bewohner. Bei allen Angeboten überwogen die von Seiten des Anbieters organisierten Aktivitäten. Bei den organisier-

---

[584] Vgl. Bukov (2007), S. 123.
[585] Vgl. Bukov (2007), S. 135.
[586] Vgl. Brünner (1997), S. 141 ff.

ten Aktivitäten des betreuten Wohnens lag das vielfältige Kultur-programm mit 84,05 % an erster Stelle, gefolgt von Festen und geselligen Veranstaltungen mit 74,78 %. Daran schlossen sich Ausflüge, Reisen und Wandergruppen mit 52,59 % an – dicht gefolgt von seelsorgerischen und kirchlichen Angeboten mit 50 %. An fünfter Stelle lagen die Sportangebote mit 39,22 %.

25 % der Bewohner nahmen an der Freizeitgestaltung des betreuten Wohnens teil. Im Vergleich zwischen den anbieterseitig orientierten Aktivitäten und den selbstinitiierten betrug die Differenz zugunsten der organisierten Aktivitäten des Anbieters bei seelsorgerischen und kirchlichen Angeboten, dem vielfältige Kulturprogramm und Festen und geselligen Veranstaltungen jeweils mehr als 30%.

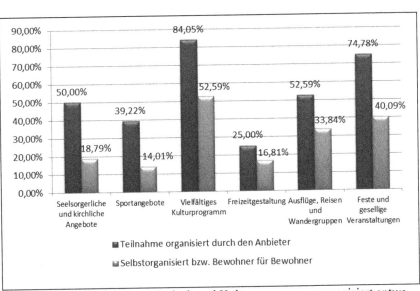

Abbildung 25: Teilnahme am Freizeit und Kulturprogramm – organisiert entweder durch den Anbieter oder selbstorganisiert durch den Bewohner bzw. Bewohner für Bewohner

Quelle: Auswertung selbst erhobener Daten.

Hier besteht weiterer Forschungsbedarf, inwieweit die Autonomie und Selbstinitiierung von Aktivitäten bei Bewohnern in den verschiedenen Wohnformen für Senioren ausgeprägt sind und welchen Einfluss sie auf die Lebensqualität der Senioren haben.

In folgender Abbildung (siehe Abb. 26) findet sich die Teilnahme am Freizeit- und Kulturprogramm im Vergleich von Bewohnern und Prospects dargestellt. An erster Stelle wird von Bewohnern mit 84,05 % wie von den Prospects mit 85,29 % das vielfältige Kulturprogramm genannt. Rund 3/4 der Bewohner gaben an, an Festen und geselligen Veranstaltungen teilzunehmen, im Gegensatz dazu geht nur die Hälfte der Prospects dieser Aktivität nach. Ein weiterer Unterschied besteht im Besuch von seelsorgerischen und kirchlichen Angeboten – die Hälfte der Bewohner nimmt daran teil, dagegen nur knapp 30 % der Prospects. Bei Sportangeboten, Freizeitgestaltung und Ausflügen, Reisen und Wandergruppen überwiegt die Anzahl Prospects gegenüber den Bewohnern, welche diesen Aktivitäten nachgehen.

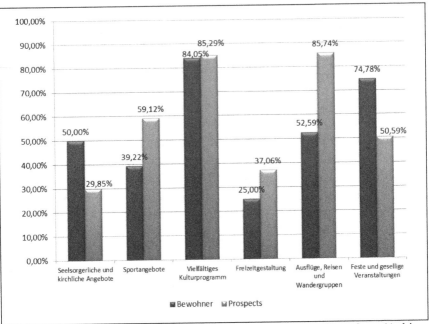

Abbildung 26: Teilnahme am Freizeit- und Kulturprogramm – Bewohner (Anbieterseitig organisiert) und Prospects

Quelle: Auswertung selbst erhobener Daten.

10.2.5 Glück

In der folgenden Tabelle (siehe Tab. 26) sind für die latente Variable Glück jeweils für die Gruppe der Bewohner und die Gruppe der Prospects die deskriptiven Ergebnisse dargestellt. Die Grundlage für den Mittelwert bei den Indikatorvariablen „positives Lebensgefühl" und „beeinflusst das Wohlergehen" stellt eine fünfstufige Skala, bei der nur die Extrempunkte mit 1 „gar nicht" bis 5 „sehr stark" benannt worden sind, dar. Bei der Indikatorvariablen „Positives und Negatives" sind die Extrempunkte mit 1 „gar nicht zufrieden" bis 5 „sehr zufrieden" benannt worden. Die Mittelwerte

264

der Prospect-Stichprobe liegen alle über denen der Bewohner-Stichprobe. Es wurde ein Mittelwertvergleich mithilfe eines t-Test für zwei unabhängige Stichproben durchgeführt. Bei den beiden Indikatorvariablen positives Lebensgefühl und beeinflusst das Lebensgefühl bestehen signifikante Mittelwertunterschiede zwischen den beiden Gruppen. Bei der Indikatorvariablen Positives und Negatives wird die Nullhypothese angenommen, es bestehen also keine Mittelwertunterschiede zwischen den beiden Gruppen.[587] Für beide Gruppen liegen alle Mittelwerte – mit Ausnahme des Mittelwertes der Indikatorvariablen beeinflusst das Wohlergehen in der Bewohner-Gruppe – über dem Wert von 4,00.

---

[587] Die detaillierten Ergebnisse und der vorab durchgeführte Levene-Test sind in Anhang B (siehe Tab. 127) zu finden.

Tabelle 26: Deskriptive Statistik – Glück

| | Minimum | | Maximum | | Mittelwert | | Standardabweichung | |
	Bewohner	Prospects	Bewohner	Prospects	Bewohner	Prospects	Bewohner	Prospects
Positives und Negatives	2	2	5	5	4,18	4,23	0,736	0,680
positives Lebensgefühl	1	2	5	5	4,14	4,26	0,798	0,703
beeinflusst das Wohlergehen	1	1	5	5	3,60	4,06	1,011	0,803

Quelle: Auswertung selbst erhobener Daten.

In den nächsten Abbildungen (siehe Abb. 27, 28 und 29) sind die relativen Häufigkeitsverteilungen der drei Indikatorvariablen grafisch dargestellt.

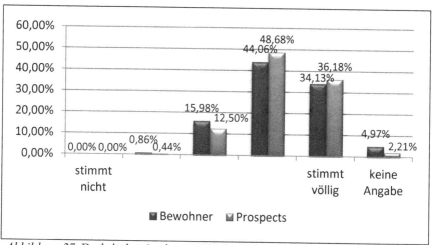

Abbildung 27: Deskriptive Analyse – Glück: Positives und Negatives

Quelle: Auswertung selbst erhobener Daten.

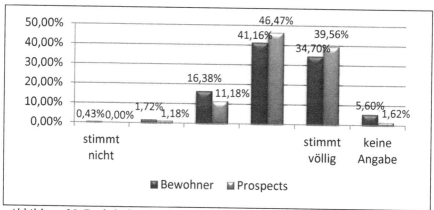

Abbildung 28: Deskriptive Analyse – Glück: positives Lebensgefühl

Quelle: Auswertung selbst erhobener Daten

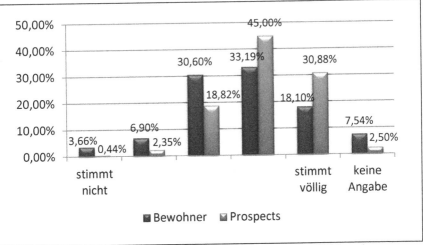

Abbildung 29: Deskriptive Analyse – Glück: beeinflusst das Wohlergehen

Quelle: Auswertung selbst erhobener Daten.

Glück – Demografischer Bezug[588]

Nachfolgend wird das Konstrukt Glück unter demografischen Gesichtspunkten jeweils für die Gruppe der Bewohner und die Gruppe der Prospects untersucht.

Glück und das Alter – Bewohner

Zwischen dem Alter der Bewohner und der Indikatorvariable Positives und Negatives besteht ein geringer signifikanter positiver Zusammenhang. Jedoch besteht zwischen Alter und den beiden Indikatorvariablen pos. Lebensgefühl und beeinflusst das Wohlergehen kein Zusammenhang.

---

[588] Alle Ergebnisse sind im Anhang B (siehe Tab. 53 bis 61) dokumentiert.

Glück und das Geschlecht – Bewohner/Prospects

Bei der Gruppe der Bewohner besteht kein Mittelwertunterschied zwischen den beiden Geschlechtern.

Ebenfalls besteht bei der Gruppe der Prospects für die Indikatorvariablen Positives und Negatives und positives Lebensgefühl kein Mittelwertunterschied. Ein signifikanter Mittelwertunterschied zwischen Frauen (Mittelwert 4,13) und Männern (Mittelwert 3,99) besteht bei der Indikatorvariablen beeinflusst das Wohlergehen. Dies bedeutet, das Lebensgefühl von Frauen wird mehr durch Wohlergehen ihrer Mitmenschen als bei Männern beeinflusst.

Glück und der Familienstand – Bewohner/Prospects

Bei der Bewohnerschaft bestehen signifikante Mittelwertunterschiede für die Indikatorvariablen Positives und Negatives mit einer mittleren Differenz von 0,159 und für die Indikatorvariablen positives Lebensgefühl mit einer mittleren Differenz von 0,202 zwischen Bewohnern, welche mit einem Partner leben und Alleinstehenden. In Bezug auf die Lebensbilanz, wenn Positives und Negatives gegeneinander abgewogen wird, sind Bewohner mit einem Partner zufriedener, als Bewohner, die alleine leben. Damit haben Bewohner mit einem Partner ein stärkeres positives Lebensgefühl als alleine lebende Bewohner. Hingegen bestehen bei der Gruppe der Prospects keine Mittelwertunterschiede für die beiden Indikatorvariablen. Bei der Gruppe der Prospects spielt der Familienstand in Bezug auf die Lebensbilanz, Positives und Negatives sowie positive Lebensgefühl keine Rolle. Auch für die Indikatorvariable beeinflusst das Wohlergehen zeigt sich ein konträres Bild – bei der Gruppe der Bewohner besteht kein signifikanter Mittelwertunterschied, während bei der Gruppe der Prospects ein signifikanter Mittelwertwertunterschied mit einer mittleren Differenz von 0,159 besteht.

Glück und die Inanspruchnahme von Pflegeleistungen – Bewohner/Prospects

In der Stichprobe der Bewohner bestehen signifikante Mittelwertunterschiede, bei der Indikatorvariablen positives Lebensgefühl zwischen pflegebedürftigen Bewohnern (Mittelwert 3,91) und Bewohnern, die keine Pflegeleistungen (Mittelwert 4,19) beanspruchen. Das bedeutet, dass Bewohner, die keine Pflegeleistungen in Anspruch nehmen, ein stärkeres positives Lebensgefühl haben, als die pflegebedürftigen Bewohner. Zwischen den beiden anderen Indikatorvariablen und der Pflegebedürftigkeit besteht kein Mittelwertunterschied.

In der Stichprobe der Prospects bestehen zwischen der latenten Variablen Glück mit ihren drei Indikatorvariablen und der Pflegebedürftigkeit keine Mittelwertunterschiede.

Glück und die Netzwerkgröße – Bewohner/Prospects

In der Gruppe der Bewohner und in der Gruppe der Prospects besteht ein signifikanter geringer positiver Zusammenhang zwischen der Anzahl der Freunde und der latenten Variablen Glück. Mit Ausnahme bei der Gruppe der Bewohner – zwischen der Anzahl der Freunde und Bekannten und der Indikatorvariablen Positives und Negatives weißt der Korrelationskoeffizient nur einen Wert von 0,083 auf und ist nicht signifikant.

Glück – Beziehungen zu anderen latenten Variablen[589]

Glück und die Zufriedenheit – Bewohner

Es besteht ein signifikanter geringer positiver Zusammenhang zwischen der Indikatorvariablen Positives und Negatives und der latenten Variablen Zufriedenheit. Besonders hervorzuheben ist, dass die höchste Korrelation i. H. v. 0,262 zwischen der Indikatorvariablen Positives und Negatives und der Zufriedenheit mit dem Preis besteht – dies bedeutet, je zufriedener die Bewohner mit Ihrer Lebensbilanz sind, desto zufriedener sind sie auch mit dem Preis. Ebenfalls besteht ein signifikanter geringer positiver Zusammenhang zwischen der Indikatorvariablen positives Lebensgefühl und der latenten Variablen Zufriedenheit. Auch hier besteht die höchste Korrelation in Höhe von 0,201 zwischen der Indikatorvariablen Positives und Negatives und der Zufriedenheit mit dem Preis – d. h., je mehr ein positives Lebensgefühl bei den Bewohnern ausgeprägt ist, desto zufriedener sind sie auch mit dem Preis. Zwischen der Indikatorvariable beeinflusst das Wohlergehen und der Indikatorvariablen Zufriedenheit: Verpflegung bzw. der Indikatorvariablen Zufriedenheit: Service besteht signifikanter geringer positiver Zusammenhang. Zwischen der Indikatorvariablen beeinflusst das Wohlergehen und den weiteren Indikatorvariablen der latenten Variablen Zufriedenheit besteht hingegen kein Zusammenhang.

10.3 Dienstleistungsqualität

Die Frage, die sich in diesem Zusammenhang stellt, ist, inwieweit eine ausschließliche Betrachtung des Konstruktes der Zufriedenheit dazu geeignet ist, die vom Bewohner wahrgenommene Qualität

---

[589] Die Ergebnisse sind im Anhang B (siehe Tab. 62) dokumentiert.

von Dienstleistungen im Kontext von betreutem Wohnen abzubilden. In der vorliegenden Arbeit wurden in einem ersten Schritt Zufriedenheit und Involvement durch die empfundene Wichtigkeit in Bezug auf die Werttreiber direkt über eine fünfstufige Ratingskala abgefragt. Diese Ergebnisse wurden im Anschluss nach soziodemografischen Faktoren, wie bspw. Geschlecht, Familienstand und Inanspruchnahme von Pflegeleistungen, untersucht. Dabei wurde entweder eine Rangkorrelationsanalyse nach Spearman oder ein Mittelwertvergleich über einen t-Test[590] durchgeführt. Zur Beurteilung von Richtung, Stärke und Signifikanz von Zusammenhängen wurde – in Abhängigkeit vom Typ der Variablen – in der vorliegenden Arbeit DICKMANN[591] gefolgt, der bei zwei ordinalskalierten Merkmalen eine Rangkorrelationsanalyse sowie – wenn die unabhängige Variable dichotom ist und sofern die abhängige Variable intervallskaliert ist – einen Mittelwertvergleich empfiehlt. Nach COHEN gelten Zusammenhänge ab einem Korrelationskoeffizient $r > 0,10$ als schwach, ab einem $r > 0,3$ als mittel und ab einem $r > 0,50$ als groß.[592]

Die Ergebnisse einer direkten Abfrage sind jedoch kritisch aufgrund der folgenden Punkte zu betrachten:[593]

---

[590] Für den t-Test gibt es folgende Voraussetzungen: Das untersuchte Merkmal ist intervallskalliert, es liegt eine Normalverteilung und Varianzhomogenität vor. Vgl. Rasch/Friese/Hofmann/Naumann (2006), S. 59. Aus Monte-Carlo-Studien von BONEAU, GLASS et al., SAWILOWSKIY/BLAIR, SRIVASTAVA oder HAVLICEK/PETERSON geht hervor, dass t-Test für unabhängige Stichproben robust auf Verletzungen gegenüber seiner Voraussetzungen reagiert. Vgl. Bortz/Schuster (2010), S. 122. Wenn ein Test als robust eingeschätzt wird, muss man nicht auf seine Anwendung verzichten, auch wenn möglicherweise Voraussetzungen nicht erfüllt sind. Vgl. Bortz/Schuster (2010), S. 114. Dennoch sollten die beiden zu untersuchenden Gruppen annähernd gleich groß sein und einen Mindeststichprobenumfang von $n > 30$ aufweisen. Vgl. Rasch et al. (2006), S. 59.
[591] Vgl. Diekmann (2010), S. 703.
[592] Vgl. Cohen (1988), S. 82.
[593] Vgl. Beutin (2006), S. 157; Homburg/Werner (1998), S. 89; Matzler/Bailom (2006), S. 289.

- Den Probanden fällt es schwer, zu differenzieren: Dies zeigt sich zum einen in einer „Anspruchsinflation", bei der alle Leistungsmerkmale als sehr wichtig eingeschätzt werden, und zum anderen ergibt sich eine Nivellierung in der Mitte – die Probanden erachten alles als gleich wichtig.
- Im Sinne eines strategischen Antwortverhaltens geben die Befragten auch bewusst falsche Antworten, um bspw. ihre Verhandlungsposition zu stärken.
- Durch ein sozial erwünschtes Antwortverhalten kann die Bewertung beeinflusst werden, indem Leistungsparameter überbewertet werden, welche eigentlich eher untergeordnet sind.
- Häufig haben die Probanden unbewusste Entscheidungskriterien.
- Es kann eine kognitive Überforderung der Probanden durch die Anzahl der Leistungsparameter entstehen, sodass kein konsistentes und valides Antwortverhalten erfolgt.

Deshalb wurde zusätzlich in einem zweiten Schritt eine indirekte Befragungstechnik angewendet – die Conjoint-Analyse für das Leistungsangebot eines betreuten Wohnens. Dabei müssen die Probanden in einem Trade-Off-Prozess die verschiedenen Alternativen abwägen. Dadurch kann die Bedeutung und die Nutzenstiftung der einzelnen Eigenschaften berechnet werden. Abschließend werden die Ergebnisse mit den deskriptiven Ergebnissen zu den Aussagen von Zufriedenheit und dem Involvement, der empfundenen Wichtigkeit, verglichen.

10.3.1 Zufriedenheit und Involvement

Im Weiteren werden die deskriptiven Ergebnisse jeweils für die Zufriedenheit und dem Involvement vorgestellt.

Zufriedenheit

In nachfolgender Tabelle (siehe Tab. 27) sind die deskriptiven Ergebnisse zur Zufriedenheit bzgl. der einzelnen Werttreiber dargestellt. Mit Ausnahme des Preises liegen alle Mittelwerte über dem

Wert 4,00. Nur die beiden Extrempunkte wurden verbalisiert mit 1 („sehr unzufrieden") und 5 („sehr zufrieden"). Dabei wurde der Extrempunkt „sehr unzufrieden" bei Verpflegung und Preis von 1,08 % der Bewohner gewählt. Für die anderen Werttreiber wurde die Ausprägung „sehr unzufrieden" nicht bzw. von weniger als 1 % der Bewohner gewählt. Wenn man sich hingegen nur auf die Auswahl des Extrempunkts „sehr zufrieden" beschränkt, zeigt sich folgende Reihenfolge für die relativen Häufigkeiten: Service (63,15 %), Wohnen (39,87 %), Weiche Faktoren (39,87 %), Verpflegung (37,07 %), Freizeit und Kultur (34,26 %), Gesamtangebot (33,41 %), Pflege (30,17 %) und Preis (16,38 %).

Tabelle 27: Deskriptive Statistik – Zufriedenheit

	Minimum	Maximum	Mittel-wert	Standardab-weichung
Zufriedenheit: Wohnen	1	5	4,22	0,789
Zufriedenheit: Verpflegung	1	5	4,11	0,906
Zufriedenheit: Freizeit und Kultur	1	5	4,25	0,817
Zufriedenheit: Service	1	5	4,56	0,708
Zufriedenheit: Weiche Faktoren	2	5	4,23	0,805
Zufriedenheit: Pflege	1	5	4,00	0,894
Zufriedenheit: Preis	1	5	3,76	0,835
Zufriedenheit: Gesamtan-gebot	2	5	4,20	0,731

Quelle: Auswertung selbst erhobener Daten.

Nachstehende Abbildung (siehe Abb. 30) illustriert die Mittelwerte zur Zufriedenheit bzgl. der einzelnen Werttreiber grafisch.

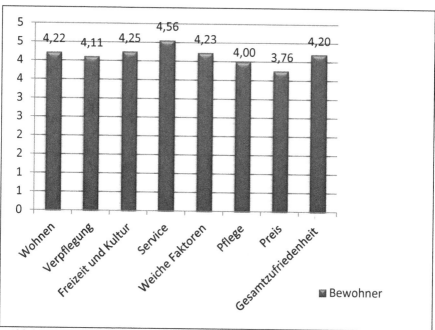

Abbildung 30: Mittelwerte – Zufriedenheit

Quelle: Auswertung selbst erhobener Daten.

In den folgenden Abbildungen (siehe Abb. 31 bis 38) wird die Zufriedenheit bzgl. der jeweiligen Werttreiber dargestellt. Besonders fällt auf, dass bei den Werttreibern Weiche Faktoren, Pflege, Preis und Gesamtzufriedenheit – jeweils 10,13 %, 8,19 %, 12,93 % und 9,91 % der Bewohner keine Angabe gemacht haben. [594]

---

[594] Ein Grund hierfür könnte, wie schon in Kapitel 9.1 diskutiert, der Befragungskontext des betreuten Wohnens als Gesundheitsdienstleistung sein.

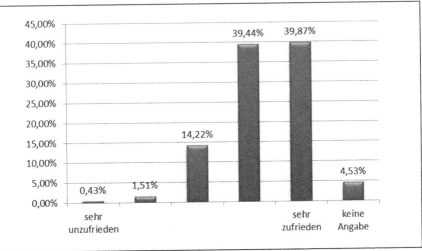

Abbildung 31: Deskriptive Analyse Bewohner – Zufriedenheit: Alles rund um das Wohnen

Quelle: Auswertung selbst erhobener Daten.

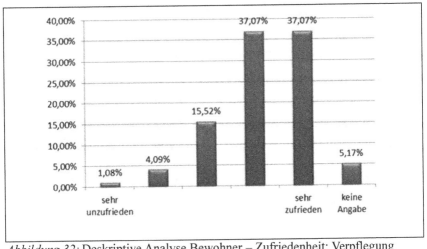

Abbildung 32: Deskriptive Analyse Bewohner – Zufriedenheit: Verpflegung

Quelle: Auswertung selbst erhobener Daten.

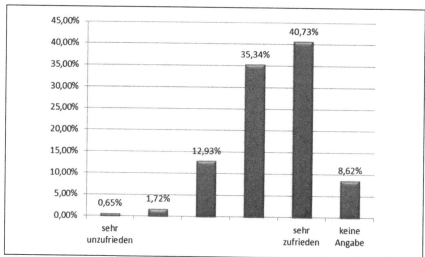

Abbildung 33: Deskriptive Analyse Bewohner – Zufriedenheit: Freizeit und Kultur

Quelle: Auswertung selbst erhobener Daten.

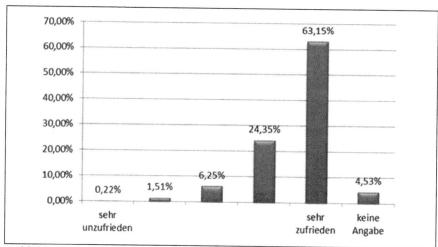

Abbildung 34: Deskriptive Analyse Bewohner – Zufriedenheit: Service

Quelle: Auswertung selbst erhobener Daten.

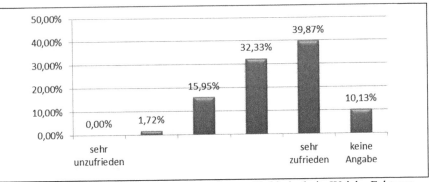

Abbildung 35: Deskriptive Analyse Bewohner – Zufriedenheit: Weiche Faktoren

Quelle: Auswertung selbst erhobener Daten.

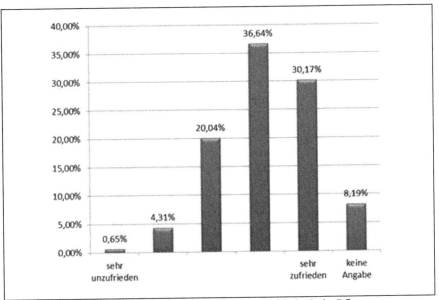

Abbildung 36: Deskriptive Analyse Bewohner – Zufriedenheit: Pflege

Quelle: Auswertung selbst erhobener Daten.

278

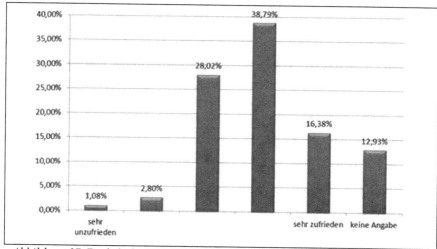

Abbildung 37: Deskriptive Analyse Bewohner – Zufriedenheit: Preis

Quelle: Auswertung selbst erhobener Daten.

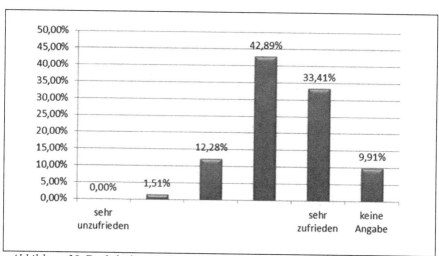

Abbildung 38: Deskriptive Analyse Bewohner – Zufriedenheit: Gesamtzufriedenheit

Quelle: Auswertung selbst erhobener Daten.

Die Ergebnisse entsprechen der in der Literatur häufig beschriebenen Tendenz, dass sich Krankenhauspatienten, Heimbewohner und Leistungsbezieher von ambulanten Pflegedienstleistungen positiv zu deren Leistungen äußern.[595] Mögliche Gründe hierfür können sowohl in der Angst vor Repressalien oder dem Wunsch, der Pflegekraft eine Freude machen zu wollen, bestehen.[596] Ebenfalls sollte die schwierige Bewertung von Gesundheitsdienstleistungen beachtet werden: „Health care is a credence service in that clinical quality often is difficult for the patient to judge even after the service is performed."[597]

Zufriedenheit – Demografischer Bezug[598]
Die Zufriedenheit und das Alter – Bewohner
Zwischen den Indikatorvariablen Wohnen, Pflege, Preis, der latenten Variablen Zufriedenheit und dem Alter der Bewohner besteht ein signifikant geringer positiver Zusammenhang. Je älter die Bewohner sind, desto zufriedener sind sie in Bezug auf das Wohnen, die Pflege und den Preis. Ebenfalls besteht ein signifikant geringer positiver Zusammenhang zwischen der Kontrollvariablen Gesamtzufriedenheit und dem Alter der Bewohner. Zwischen den Indikatorvariablen Freizeit und Kultur, Service und Weiche Faktoren der latenten Variablen Zufriedenheit und dem Alter der Bewohner besteht kein Zusammenhang.

Die Zufriedenheit und das Geschlecht – Bewohner

Mit Ausnahme der Indikatorvariablen Service und Preis liegen die Mittelwerte der Frauen über denen der Männer. Jedoch zeigt der Mittelwertgleich anhand eines t-Test, dass keine signifikanten Un-

---

[595] Vgl. Bendel et al. (2001), S. 11; Deck/Böhmer (2001), S. 528; Kelle/Niggemann (2003), S. 10; Kelle (2007), S. 122; Wingenfeld (2003), S. 7 ff.
[596] Vgl. Schmidt/Möller/Reibe/Güntert/Kremer, (2003), S. 622.
[597] Berry/Bendapudi (2007), S. 113.
[598] Alle Ergebnisse sind im Anhang B (siehe Tab. 63 bis 68) dokumentiert.

terschiede zwischen Frauen und Männern bei sämtlichen Indikator-variablen bestehen – mit Ausnahme der Kontrollvariable Gesamt-zufriedenheit.

Die Zufriedenheit und der Familienstand – Bewohner

Beim Mittelwertgleich mit einem t-Test wird stets die Nullhypothese, nämlich dass die Mittelwerte gleich sind, angenommen – mit Ausnahme für die Indikatorvariable Service. Die Zufriedenheit unterscheidet sich daher nicht bezogen auf den Familienstand. Eine Ausnahme stellt die Indikatorvariable Service dar: Bewohner mit einem Partner (Mittelwert 4,68) sind zufriedener mit dem Service als Bewohner, welche allein leben (Mittelwert 4,51).

Die Zufriedenheit in Bezug auf Pflege und Inanspruchnahme von Pflegeleistungen – Bewohner

Bewohner, die Pflegeleistungen in Anspruch nehmen, sind im Mittel von 4,31 mit der Pflege zufrieden. Hingegen sind Bewohner, die keine Pflegeleistungen benötigen, im Mittel nur mit 3,95 zufrieden. Pflegebedürftige Bewohner sind somit zufriedener mit der Pflege als Bewohner, die keine Pflegeleistung in Anspruch nehmen.

Die Zufriedenheit und die Wohndauer in dem betreuten Wohnen – Bewohner

Zwischen der Wohndauer der Bewohner und den Indikatorvariablen Verpflegung, Freizeit und Kultur, Service der latenten Variablen Zufriedenheit besteht ein signifikant gering negativer Zusammenhang. Für die übrigen Indikatorvariablen der latenten Variablen Zufriedenheit besteht kein Zusammenhang.

Die Zufriedenheit und die Netzwerkgröße – Bewohner

Zwischen der Anzahl des Freundes- und Bekanntenkreises, also dem Netzwerk der Bewohner, und den Indikatorvariablen Freizeit und Kultur, Service, Weiche Faktoren und der latenten Variablen Zufriedenheit besteht ein signifikant gering positiver Zusammenhang. Je mehr Freunde und Bekannte die Bewohner haben, desto zufriedener sind sie mit den Freizeit- und Kulturangeboten, dem Service und den Weichen Faktoren. Auch besteht ein signifikant gering positiver Zusammenhang zwischen dem Freundes- und Bekanntenkreis und der Kontrollvariablen Gesamtzufriedenheit.

Zufriedenheit – Beziehungen zu andere latente Variablen[599]

Die Gesamtzufriedenheit und die Weiterempfehlung – Bewohner

Zwischen den beiden Indikatorvariablen der aktiven Weiterempfehlung und der Gesamtzufriedenheit besteht ein signifikant starker positiver Zusammenhang. Zwischen der Indikatorvariablen Positives gehört, welche eine passiven Weiterempfehlung darstellt, und der Gesamtzufriedenheit besteht ein signifikant mittelstarker positiver Zusammenhang.

Die Gesamtzufriedenheit und die Customer Cooperation – Bewohner

Der Rangkorrelationskoeffizient nach Spearman zeigt einen signifikanten positiven mittleren Zusammenhang zwischen der Gesamtzufriedenheit und der Customer Cooperation.

---

[599] Alle Ergebnisse sind im Anhang B (siehe Tab. 69 bis 73) dokumentiert.

Die Gesamtzufriedenheit und die Customer Participation – Bewohner

Es besteht nur zwischen Gesamtzufriedenheit und der Indikatorvariablen „Problem bemerke" ein signifikant gering positiver Zusammenhang. Zwischen der Gesamtzufriedenheit und konstruktive Vorschläge bzw. Mitarbeiter wissen lassen besteht kein Zusammenhang.

Die Gesamtzufriedenheit und der Instrumental Support – Bewohner

Zwischen der Gesamtzufriedenheit und der latenten Variablen Instrumental Support besteht kein Zusammenhang.

Die Gesamtzufriedenheit und der Social-Emotional Support – Bewohner

Zwischen der Gesamtzufriedenheit und den Indikatorvariablen Ängste nehmen, erheitern/aufmuntern und freundliche Gespräche der latenten Variablen Social-Emotional Support besteht ein signifikant gering positiver Zusammenhang. Jedoch besteht zwischen der Gesamtzufriedenheit und den Indikatorvariablen nicht den Mut verlieren kein Zusammenhang.

Involvement

In nachfolgender Tabelle (siehe Tab. 28) sind die Minima, Maxima, Mittelwerte und Standardabweichungen für das Involvement, die empfundene Wichtigkeit bzgl. der einzelnen Werttreiber, jeweils für Bewohner und Prospect dargestellt. Die Grundlage für den Mittelwert stellt eine fünfstufige Skala dar, bei welcher lediglich die Extrempunkte mit 1 „sehr unwichtig" bis 5 „sehr wichtig" benannt worden sind. Für die Bewohner ist der Werttreiber Service mit einem Mittelwert von 4,61 am wichtigsten, bei den Prospects der Werttreiber Pflege mit einem Mittelwert von 4,68.

Die größte Abweichung bei den Mittelwerten zwischen den beiden Gruppen Bewohner und Prospects besteht beim Werttreiber Service mit 0,3. Den Werttreiber Freizeit und Kultur erachten die Bewohner mit einem Mittelwert von 4,17 und die Prospects mit einem Mittelwert von 3,89 als am wenigsten wichtig. Beide Gruppen beurteilen den Preis als gleich wichtig – die Mittelwertdifferenz zwischen Bewohnern und Prospects beträgt 0,01.

Beim Mittelwertvergleich anhand eines t-Test für zwei unabhängige Stichproben – die Ergebnisse hierzu sind in Anhang B (siehe Tab. 127) aufgeführt – wird die Nullhypothese, dass die Mittelwerte der beiden Gruppen gleich seien, getestet. Mit Ausnahme der Indikatorvariablen Preis bestehen für die anderen fünf Indikatorvariablen der latenten Variablen Involvement signifikante Mittelwertunterschiede zwischen den Bewohnern und den Prospects. Vorab wurde ein Levene-Test durchgeführt, je nach Ergebnis wurde dann der t-Test für gleiche Varianzen bzw. ungleiche Varianzen genommen.[600]

---

[600] Vgl. Jansen/Latz (2007), S. 347.

Tabelle 28: Deskriptive Statistik – Involvement

	Minimum		Maximum		Mittelwert		Standardabweichung	
	Bewohner	Prospects	Bewohner	Prospects	Bewohner	Prospects	Bewohner	Prospects
Wichtigkeit: Wohnen	1	1	5	5	4,48	4,31	0,711	0,793
Wichtigkeit: Verpflegung	1	1	5	5	4,31	4,12	0,760	0,778
Wichtigkeit: Freizeit und Kultur	1	1	5	5	4,17	3,89	0,869	0,921
Wichtigkeit: Service	1	1	5	5	4,61	4,31	0,634	0,815
Wichtigkeit: Weiche Faktoren	1	1	5	5	4,32	4,21	0,774	0,813
Wichtigkeit: Pflege	1	1	5	5	4,52	4,68	0,763	0,553
Wichtigkeit: Preis	1	1	5	5	4,24	4,23	0,843	0,788

Quelle: Auswertung selbst erhobener Daten.

Wenn man für die Bewohner die Mittelwerte für Zufriedenheit den Mittelwerten für Involvement gegenüberstellt, fällt auf, dass die Mittelwerte für Involvement, der empfundenen Wichtigkeit, mit Ausnahme des Werttreibers Freizeit und Kultur alle höher liegen, als die Mittelwerte für Zufriedenheit. Die betragsmäßig größten Differenzen zwischen den Mittelwerten bestehen bei der Pflege mit 0,52 und beim Preis mit 0,48. Ein t-Test bei gepaarten Stichproben[601] zeigt, dass die Mittelwertunterschiede zwischen den latenten Variablen Zufriedenheit und Involvement, mit Ausnahme der Indikatorvariablen Service als auch Freizeit und Kultur, signifikant sind.

In der untenstehenden Abbildung (siehe Abb. 39) sind die jeweiligen Mittelwerte des Involvements bzgl. der einzelnen Werttreiber grafisch dargestellt.

---

[601] Die Ergebnisse sind in Anhang B (siehe Tab. 74) zu finden.

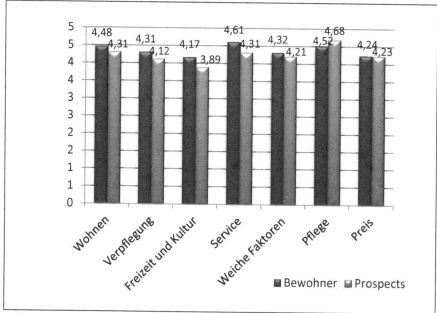

Abbildung 39: Mittelwerte – Involvement

Quelle: Auswertung selbst erhobener Daten.

In den folgenden Abbildungen (siehe Abb. 40 bis 46) ist das Involvement, die empfundene Wichtigkeit bzgl. der Werttreiber, von Bewohnern und Prospects grafisch dargestellt.

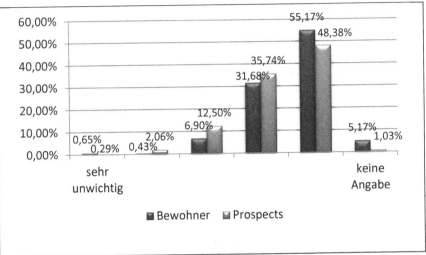

Abbildung 40: Deskriptive Analyse – Involvement: Alles rund um das Wohnen

Quelle: Auswertung selbst erhobener Daten.

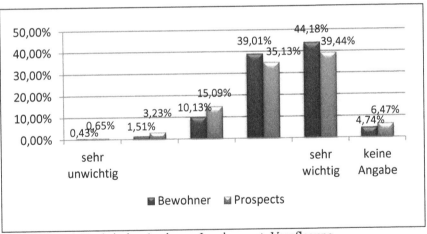

Abbildung 41: Deskriptive Analyse – Involvement: Verpflegung

Quelle: Auswertung selbst erhobener Daten.

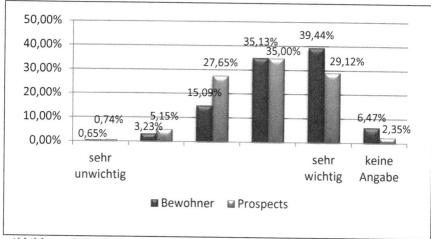

Abbildung 42: Deskriptive Analyse – Involvement: Freizeit- und Kulturprogramm

Quelle: Auswertung selbst erhobener Daten.

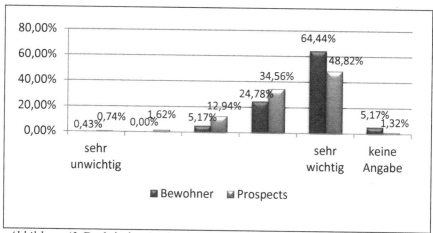

Abbildung 43: Deskriptive Analyse – Involvement: Service

Quelle: Auswertung selbst erhobener Daten.

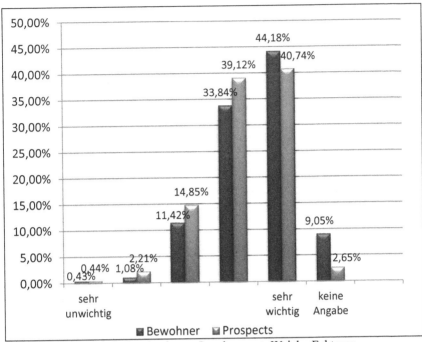

Abbildung 44: Deskriptive Analyse – Involvement: Weiche Faktoren

Quelle: Auswertung selbst erhobener Daten.

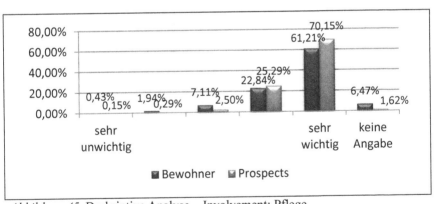

Abbildung 45: Deskriptive Analyse – Involvement: Pflege

Quelle: Auswertung selbst erhobener Daten.

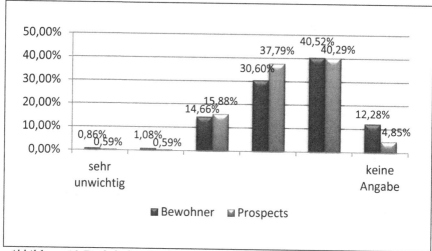

Abbildung 46: Deskriptive Analyse – Involvement: Preis

Quelle: Auswertung selbst erhobener Daten.

Involvement – Demografischer Bezug[602]
Das Involvement, die empfundenen Wichtigkeiten, und das Alter – Bewohner/Prospects

In der Gruppe der Bewohner und in der Gruppe der Prospects besteht kein Zusammenhang zwischen dem Involvement, den empfunden Wichtigkeiten, und dem Alter.

Das Involvement, die empfundenen Wichtigkeiten, und das Geschlecht – Bewohner/ Prospects

Beim Mittelwertvergleich anhand eines t-Test für zwei unabhängige Stichproben zeigt sich, dass bei der Bewohner-Stichprobe signi-

---

[602] Alle Ergebnisse sind im Anhang B (siehe Tab. 75 bis 82) dokumentiert.

fikante Mittelwertunterschiede zwischen dem Geschlecht der Bewohner bei den Indikatorvariablen Freizeit und Kultur und Preis bestehen. Frauen erachten beide Indikatorvariablen als wichtiger als das bei Männern der Fall ist. Der Mittelwertunterschied zwischen Frauen und Männern bei der Indikatorvariable Freizeit und Kultur beträgt 0,361 und bei der Indikatorvariable Preis 0,255.

In der Prospect-Stichprobe bestehen signifikante Mittelunterschiede hinsichtlich des Geschlechts der Prospects bei den Indikatorvariablen Freizeit und Kultur, Service, Weiche Faktoren, Pflege und Preis. Der betragsmäßig größte Mittelwertunterschied zwischen Frauen und Männern besteht bei der Indikatorvariablen Freizeit und Kultur mit 0,361.

Das Involvement, die empfundenen Wichtigkeiten, und der Familienstand – Bewohner/ Prospects

In der Bewohner-Stichprobe bestehen keine signifikanten Mittelwertunterschiede zwischen dem Familienstand „mit meiner/meinem Partner/in" oder „Allein" und dem Involvement.

In der Prospect-Stichprobe bestehen ebenfalls keine signifikanten Mittelwertunterschiede – mit einer Ausnahme bei der Indikatorvariablen Freizeit und Kultur. Hier besteht ein hochsignifikanter Mittelwertunterschied – Prospects, die in einer Partnerschaft leben, erachten Freizeit- und Kulturangebote mit einem Mittelwert von 3,83 als wichtig, während Prospects, die alleine leben, Freizeit und Kultur mit einem Mittelwert von 4,04 einen noch höheren Stellenwert einräumen.

Das Involvement, die empfundenen Wichtigkeit, in Bezug auf die Pflege und die Inanspruchnahme von Pflegeleistungen – Bewohner/Prospects

Es bestehen jeweils keine signifikanten Mittelwertunterschiede bei der Gruppe der Bewohner und bei der Gruppe der Prospects in Bezug auf die empfundene Wichtigkeit von Pflege und der Inanspruchnahme von Pflegeleistungen.

Zusammenfassung

Die deskriptiven Ergebnisse zeigen, dass die demografischen Größen Geschlecht[603], Familienstand[604], Appartementgröße und Wohndauer im betreuten Wohnen keinen Einfluss auf die Zufriedenheit bzgl. der sieben Werttreiber haben. In der Stichprobe der Bewohner zeigt sich, dass das Alter, das Geschlecht und der Familienstand keinen Einfluss auf das Involvement, die empfundene Wichtigkeit, haben.

Bei der Interpretation der Ergebnisse bzgl. der Zufriedenheit sollte immer beachtet werden, dass bei Zufriedenheitsbefragungen im Gesundheitsbereich, selbst bei Problemgruppen, hohe Zufriedenheitswerte erreicht werden, die für Außenstehende in keinem unmittelbaren Zusammenhang mit den tatsächlichen Verhältnissen stehen.[605] Weiterhin zeigen die empirischen deskriptiven Ergebnisse, dass eine alleinige direkte Wichtigkeitsbefragung nicht sinnvoll ist. Ein Grund dafür ist, dass in den Befragungen grundsätzlich relevante Aspekte abgefragt werden, sodass es zu einer An-

---

[603] Jedoch unterscheiden sich die Mittelwerte der Gesamtzufriedenheit signifikant zwischen den beiden Geschlechtern.
[604] Ebenfalls unterscheiden sich die Mittelwerte bzgl. der Zufriedenheit des Werttreibers Service zwischen Bewohnern, die in einer Partnerschaft leben und Bewohnern, die alleine leben.
[605] Vgl. Bendel et al. (2001), S. 6.

spruchsinflation kommen kann: Alle Merkmale werden als „sehr wichtig" oder „wichtig" erachtet.[606]

Wenn man die Zufriedenheitswerte der Bewohner mit den Wichtigkeitswerten (Mittelwerte) vergleicht, fällt auf, dass das Involvement, die empfundene Wichtigkeit, signifikant höher ausfällt. Eine Ausnahme bildet die Indikatorvariable Freizeit und Kultur – hier liegt der Mittelwert der Zufriedenheit über dem Mittelwert des Involvement. Der Unterschied ist jedoch nicht signifikant. Ebenfalls ist der Mittelwertunterschied bei der Indikatorvariablen Service nicht signifikant.

Im Pflege-Bereich könnte ein Anknüpfungspunkt für zukünftige Forschungen[607] in der empirischen Überprüfung von Modellen zur Messung von Dienstleistungsqualität liegen. Die Dienstleistungsqualität ergibt sich aus dem Vergleich zwischen der erwarteten Leistung und der tatsächlich ausgeführten Dienstleistung.[608] Nach dem C/D-Paradigma resultiert Kundenzufriedenheit aus dem Abgleich zwischen tatsächlich erbrachter Leistung (IST) und einem Vergleichsstandard (SOLL).[609] Die individuellen Erwartungen werden dabei[610]

- bestätigt, wenn die Leistung genauso erwartet wurde,
- negativ bestätigt, wenn die Leistung schlechter als erwartet erbracht wurde,
- positiv bestätigt, wenn die Leistung besser als erwartet erbracht wurde.

---

[606] Vgl. Mehmet (2011), S. 114.
[607] Für weitere theoretische Konzepte wird auf das Kapitel 5 Dienstleistungsqualität verwiesen.
[608] Vgl. Parasuraman et al. (1985), S. 42.
[609] Vgl. Homburg/Stock-Homburg (2006), S. 20.
[610] Vgl. Churchill Jr./Surprenant (1982), S. 491 ff.

10.3.2 Conjoint-Analyse für ein betreutes Wohnen

Die Conjoint-Analyse[611] als dekompositionelles Verfahren der Präferenz- bzw. Nutzenmessung lässt Probanden verschiedene Leistungsangebote ganzheitlich bewerten, die sich hinsichtlich der Ausprägungen der sie charakterisierenden Merkmale sowie dem Preis systematisch unterscheiden.[612] Allen Varianten der Conjoint-Analyse liegt eine gemeinsame Annahme zugrunde: Produkte und Dienstleistungen können durch eine limitierte Anzahl von Attributen beschrieben werden.[613] Diese einzelnen Eigenschaften werden von den Probanden mit mehr oder weniger starken Nutzenerwartungen verknüpft.[614] Die Gesamtheit dieser Nutzenerwartungen aus allen Produkt- bzw. Dienstleistungseigenschaften führt zu einem Gesamturteil, das sich in der Präferenz (Stärke der Bevorzugung gegenüber Alternativen) zeigt und abschließend zu einer Wahlentscheidung (z. B. Kauf) führt.[615] So wird die Conjoint-Analyse auch als Trade-off Analyse bezeichnet, da sie zum einen das Gewicht, mit dem die einzelnen Eigenschaften des untersuchten Produktes bzw. der untersuchten Dienstleistung im Entscheidungsprozess bewertet werden, berechnet und zum anderen die gegenseitigen Austauschbarkeiten, Trade-offs, der verschiedenen Eigenschaftsausprägung berücksichtigt.[616]

Das Verfahren der Conjoint-Analyse eignet sich insbesondere für komplexe Güter bzw. Dienstleistungen, bei denen die Konsumenten rationale Kaufprozesse durchlaufen und somit eine intensi-

---

[611] Auf eine umfangreiche Darstellung der Conjoint-Analyse wird verzichtet. Die theoretische Hintergründe können u. a. im Backhaus et al. (2006), S. 557 nachgelesen werden.
[612] Vgl. Niederauer (2009), S. 88.
[613] Vgl. Vriens (1994), S. 39.
[614] Vgl. Bichler/Trommsdorff (2009), S. 59.
[615] Vgl. ebd.
[616] Vgl. Matzler/Bailom (2006), S. 263.

ve Analyse und Bewertung der kaufentscheidenden Kriterien erfolgt.[617] Da betreutes Wohnen durch eine Vielzahl von Werttreibern bzw. Leistungsangeboten gekennzeichnet ist, stellt die Conjoint-Analyse ein geeignetes Verfahren zur Ermittlung der Teilnutzen der einzelnen Eigenschaftsausprägungen dar.

Zum Zeitpunkt der Erhebung war der Verfasserin keine empirische Studie bzgl. einer Conjoint-Analyse für betreutes Wohnen bekannt. Im Gesundheitswesen wird vor allem auf die Studien von RYAN[618] verwiesen, die den Diskurs bedeutend in diesem Bereich prägen.[619] Ein Überblick über Conjoint-Studien im Gesundheitswesen wird in der nachfolgenden Tabelle (siehe Tab. 29) gegeben.

---

[617] Vgl. Büschken (1994), S. 88.
[618] Exemplarisch wird auf folgende Studien verwiesen: Ryan/Bate (2001); Ryan/Farrar (2000); Ryan/Gerard (2003); Ryan/Hughes (1997); Ryan (1999) und Ryan/Major/Skátun (2005).
[619] Vgl. Teichert/Shehu, (2009), S. 35.

Tabelle 29: Conjoint-Studien im Gesundheitswesen

Autoren	Untersuchungs-gegenstand	Empirische Basis		Zentrale Ergebnisse
		Datengrundlage	Analyse-methode	
Ryan/-Bate (2001)	Das Präferenzverhalten der Probanden in Bezug auf Rationalität, Kontinuität und Symmetrie testen.	Patienten einer Rheumatologischen Klinik, Schottland, 189 Fragebögen	Discrete-Choice-Experiment	Mehr als 30 % der Probanden geben mindestens eine irrationale Antwort. Die Eigenschaften dieser Befragten unterschieden sich jedoch nicht signifikant von denen der "rationalen" Antwortgeber, woraus geschlossen werden kann, dass die Nutzenerwartung nicht verfälscht würden, wenn diese Gruppe von der Analyse ausgeschlossen würde.
Ryan/ Farrar (2000)	Eignet sich die Conjoint-Analyse als Technik, um Präferenzen für Gesundheitsleistungen abzufragen.	Literaturreview: Datenbanken (Medline, Embase, Health-STAR, PsychLIT, EconLIT) und Befragung von 160 Patienten aus drei Zahnkliniken, Schottland	Conjoint-Analyse	Die Conjoint-Analyse ist ein geeignetes Instrument, um die Präferenzen von Patienten und der Entscheidungsträger im Gesundheitsbereich zu messen.

Autoren	Untersuchungs-gegenstand	Empirische Basis		Zentrale Ergebnisse
		Datengrundlage	Analyse-methode	
Ryan/ Gerard (2003)	Interpretation von Preis, Risiken und Zeit-Attributen; das Design und die Analyse; Entscheidungsheuristiken bei Discret-Choice-Experimenten; externe Validität, Reliabilität und Generalität	Literaturreview von 34 Studien	Discrete-Choice-Experiment	Es gibt keine allgemeingültige Regel, sondern jedes Discret-Choice-Experiment sollte im individuellen Kontext des Designs gesehen werden. Die Anzahl der Attribute variieren von 2 bis 24 – im Mittel sind es sechs Attribute. 74 % der Studien enthalten Attribute, die sich auf die Zeit beziehen und 35 % der Studien enthalten Attribute, die sich auf das Risiko beziehen. 25 Studien nutzen ein fraktional-faktorielles Design, vier Studien ein voll-faktorielles Design und fünf Studien machen keine Angabe. 13 Studien nutzen acht oder weniger Choice-Sets, 18 Studien nutzen 9 bis 16 Choice-Sets und zwei Studien nutzen mehr als 16 Choice-Sets. Die meisten der 27 Studien verwenden Fragebögen. 65 % der Studien überprüfen die theoretischen Validität, bei der die Ergebnisse mit einem externen theoretischen Kriterium verglichen werden.

Autoren	Untersuchungs- gegenstand	Empirische Basis		Zentrale Ergebnisse
		Datengrundlage	Analysemethode	
Ryan/ Hughes (1997)	Die Präferenzen von Patienten bei Fehlgeburten.	196 Fragebögen	Conjoint-Analyse	Die Probanden sind bereit, £118 für einen chirurgischen Eingriff anstatt einer medikamentösen Behandlung zu zahlen. Weiterhin sind die Probanden bereit, £492 zu zahlen, um Komplikationen zu vermeiden, und £231, um von einem hohen Schmerz zu einem mäßigem Schmerz oder von einem mäßigem zu einem leichten Schmerz zu gelangen, bzw. £462, um von einem hohen Schmerz zu einem leichten Schmerz zu gelangen. Die Zahlungsbereitschaft liegt bei £125, um eine Zeiteinheit früher das Krankenhaus verlassen zu können und £35 für eine Zeiteinheit, die es ermöglicht, früher zum normalen Lebensstil zurückzukehren.
Ryan (1999)	Die Präferenzen von Patienten, die über das Behandlungsergebnis bei in-vitro-Fertilisationen hinausgehen.	331 Fragebögen	Conjoint-Analyse	Die Attribute werden unterteilt in: Prozess-Attribute, Attribute, die das Behandlungsergebnis umfassen, und solche, die das Behandlungsergebnis nicht umfassen. Kein Proband hat immer das Scenario gewählt, bei der die höchste Chance besteht, ein Kind zu bekommen. Was bedeutet, dass die Probanden zwischen der Wahrscheinlichkeit ein Kind zu bekommen und den anderen Attributen abwägen.

Autoren	Untersuchungs-gegenstand	Empirische Basis		Zentrale Ergebnisse
		Datengrundlage	Analyse-methode	
Ryan/ Major/ Skátun (2005)	Den Effekt auf den Gesundheitszustand des Patienten, wenn die Wartezeit verkürzt wird.	Randomisierte Studie mit 262 ambulant betreuten Patienten der Rheumatologie	Discrete-Choice-Experiment	Es besteht kein Unterschied beim Behandlungsergebnis bei einer fast-track-Terminvergabe und einer normalen Terminvergabe. Die Einführung eines Schmerz-Managements wird von den Probanden mit einem höheren Nutzwert bewertet, als die Reduzierung der Wartezeit.

Quelle: Eigene Darstellung.

Nach BÖHLER und SCIGLIANO[620] stellt sich der Ablauf einer Conjoint-Analyse[621] wie folgt dar:

1. Festlegen der Eigenschaften und Eigenschaftsausprägungen,
2. Definition der Stimuli,[622]
3. Gestaltung der Präsentationsform,
4. Wahl des Designs,
5. Datenauswertung und Ergebnispräsentation.

Für die Gestaltung der Angebotsprofile und die Auswertung wurde auf den Ansatz einer Choice-Based-Conjoint-Analyse – eine Discrete-Choice-Modellierung – zurückgegriffen. Ziel einer Choice-Based-Conjoint-Analyse ist, die Kaufentscheidungen von Konsumenten über eine dekompositionelle Schätzung der Bewertung von Produkt- bzw. Dienstleistungseigenschaften zu erklären.[623] Bei einer traditionellen Conjoint-Analyse sollen die Probanden die ihnen vorgelegten Produkt- bzw. Dienstleistungsalternativen gemäß ihrer Kaufpräferenz in eine Rangfolge bringen.[624] Wenn die Stimuli dabei zusätzlich auf einer Rating-Skala bewertet werden, können die Präferenzunterschiede zwischen den jeweiligen Choice-Sets quantifiziert werden.[625] Während bei einer Choice-Based-Conjoint-Analyse die Probanden jeweils aus einem Set von Stimuli einen oder keinen Stimulus auswählen, was einer Nicht-Kauf Option entspricht.[626] Dabei wird angenommen, dass die Probanden ihren Nutzen maximieren – somit können die Präferenzen

---

[620] Vgl. Böhler/Scigliano (2009), S. 103.
[621] An diesem Ablauf wurde sich auch in der vorliegenden Arbeit orientiert. Eine detaillierte Beschreibung zum Erhebungsdesign befindet sich im Kapitel 9.3.2.
[622] Da es sich bei den zu untersuchenden Produkten bzw. Dienstleistungen nicht um tatsächlich existente handeln muss, werden diese neutral als Stimuli bezeichnet. Ein Stimulus wird daher über mehrere Eigenschaften und deren Ausprägungen definiert. Vgl. Skiera/Gensler (2006a), S. 255.
[623] Vgl. Balderjahn Hedergott/Peyer (2009), S. 129 ff.
[624] Vgl. Völckner (2006), S. 37.
[625] Vgl. ebd.
[626] Vgl. Skiera/Gensler (2006a), S. 256.

der Probanden direkt aus dem beobachtbaren Auswahlverhalten ermittelt werden.[627] Allerdings besitzen die Auswahlentscheidungen nur einen geringen Informationsgehalt, da lediglich eine binär skalierte Variable im Sinne einer Dummy-Codierung (1, wenn Stimulus gewählt wurde; 0, wenn nicht) erfasst wird. Deshalb wurden in der vorliegenden Untersuchung der ausschlaggebende Faktor und zum anderen die Zufriedenheit mit dem gewählten Angebot auf einer fünfstufigen Likert-Skala zusätzlich erhoben. Anhand der individuellen Auswahl der Choice-Sets können die relativen Wichtigkeiten als auch der trade-off zwischen den Eigenschaften gezeigt werden.[628]

BALDERJAHN; HEDERGOTT und PEYERINE[629] beschreiben drei Annahmen für Choice-Based-Conjoint-Analyse:

- Die „Theory of Revealed Preference" von SAMUELSON (1938), welche besagt, dass von den beobachteten diskreten Auswahlentscheidungen auf die diesen Entscheidungen zugrunde liegende Nutzenfunktion bzw. Nutzenvorstellungen der Konsumenten hinsichtlich einzelner Produkteigenschaften geschlossen werden kann.
- Es wird der Nutzenmaximierungshypothese von BEN-AKIVA und BOCCARA[630] gefolgt, welche besagt, dass die Konsumenten immer die Alternative mit dem relativ höchsten Nutzenwert bevorzugen.
- Das „Concept of Random Utility" von THURSTONE (1927), welches die Nutzenfunktion nach dem Zufallsnutzenkonzept spezifiziert. Die Nutzen-

---

[627] Vgl. ebd.
[628] Vgl. Ryan/Major/Skåtun (2005), S. 330.
[629] Vgl. Balderjahn et al. (2009), S. 130.
[630] „The most obvious candidates for desirability variables are the utilities (i.e., the latent desirability variables themselves) and the choice probabilities (i.e., a parameterization of the realization of a certain event connected with the desirability latent variables). However, a high utility alone does not indicate preference for a specific alternative since what matters is relative rather than absolute utilities. Thus the utility of an alternative is considered to be an inadequate desirability variable." Ben-Akiva/Boccara (1995), S. 16.

werte enthalten so eine deterministische und eine stochastische Komponente.[631]

Der Vorteil einer Choice-Based-Conjoint-Analyse liegt darin, dass der Entscheidungsprozess als realistische Kaufsituation modelliert wird.[632] Nachteilig zu bewerten ist, dass aufgrund der geringeren Informationseffizienz der Auswahlentscheidungen häufig nur die Schätzung der Parameter auf aggregiertem Niveau – also nicht auf Individualebene – möglich ist, was zu einer Vernachlässigung der Heterogenität in den Präferenzen führt.[633]

In der nachfolgenden Tabelle (siehe Tab. 30) sind die relativen Wichtigkeiten der ausschlagegebende Grund für die Entscheidung, die Mittelwerte der Wichtigkeit (Involvement) und Zufriedenheit (nur für die Bewohner) bzgl. der einzelnen Werttreiber zusammengefasst dargestellt. Die relativen Wichtigkeiten sind das Ergebnis der conjoint-analytischen Präferenzmessung und basieren auf Discrete-Choice-Modellen. Die relative Wichtigkeit lässt sich berechnen, indem die maximale Nutzenspanne einer Eigenschaft im Verhältnis zu den maximalen Nutzenspannen aller Eigenschaften gesetzt wird.[634] Mit ihrer Hilfe können Handlungsempfehlungen zur optimalen Produkt- bzw. Dienstleistungsgestaltung abgeleitet werden, da aus der Nutzenspanne direkt die Variationsmöglichkeiten aufgezeigt werden.[635] Mit 31 % relativer Wichtigkeit in der Gesamt-Stichprobe ist Pflege mit Abstand für die Probanden am wichtigsten. Wenn die Gruppe der Bewohner der Gruppe der Prospects gegenübergestellt wird, zeigt sich, dass in beiden Gruppen Pflege einen der relevantesten Aspekte darstellt. Bei der Bewohner-

---

[631] Vgl. Skiera/Gensler (2006b), S. 319.
[632] Vgl. Farrar/Ryan/Ross/Ludbrook (2000), S. 65.
[633] Vgl. Skiera/Gensler (2006b), S. 319.
[634] Vgl. Herrmann/Huber/Regier (2009), S. 124.
[635] Vgl. ebd.

Gruppe ist den Bewohnern mit 21 % relativer Wichtigkeit Pflege am wichtigsten. Während bei der Prospect-Gruppe den Prospects mit 35 % relativer Wichtigkeit Pflege mit Abstand am wichtigsten ist. Dies bedeutet, dass alle Eigenschaften rund um das Thema Pflege die Auswahlentscheidung der Prospects zu 35 % begründen. Im Vergleich dazu erklären sie nur zu 21 % bei den Bewohnern. Jeweils in der Gesamt-Stichprobe mit 34 %, in der Gruppe der Bewohner mit 27 % und in der Gruppe der Prospects mit 35 % wurde Pflege auch am häufigsten als der ausschlaggebende Grund für die Auswahl angegeben. Weitere Unterschiede bzgl. der Gruppen – Bewohner vs. Prospects – treten bei dem Werttreiber Wohnen auf. Alle Eigenschaften bzgl. des Wohnens erklären die Auswahlentscheidung der Bewohner zu 17 %, während sie bei den Prospects nur zu 11 % zur Erklärung beitragen. Ein weiterer Unterschied zeigt sich noch beim Werttreiber Freizeit und Kultur: Die Bewohner erachten Freizeit- und Kulturangebote mit einer relativen Wichtigkeit von 13 % als wichtig, während die Prospects diese nur mit einer relativen Wichtigkeit von 8 % als wichtig erachten. Für die Werttreiber Preis, Verpflegung, Weiche Faktoren und Service stellt sich im Vergleich für die Gruppe der Bewohner und die Gruppe der Prospects ein relatives homogenes Bild in Bezug auf die relativen Wichtigkeiten dar. So wird bspw. in beiden Gruppen der Werttreiber Service mit einer relativen Wichtigkeit von 6 % am Unwichtigsten beurteilt. In abnehmender Reihenfolge bzgl. der relativen Wichtigkeiten lassen sich die Werttreiber wie folgt für die gesamte Stichprobe ordnen: Pflege, Preis, Wohnen, Verpflegung, Weiche Faktoren, Freizeit und Kultur sowie abschließend Service. Im Gegensatz dazu steht die geringe Aussagekraft der deskriptiven Ergebnisse bzgl. der Wichtigkeit, dem Involvement. Bei der direkten Abfrage bzgl. der Wichtigkeit ist den Bewohnern bspw. Service mit einem Mittelwert von 4,61 am wichtigsten, während sich als Ergebnis der indirekten Abfrage anhand des Choice-Based-Conjoint-Analyse zeigt, dass Service den Bewohnern mit einer relativen

Wichtigkeit von 6 % am wenigsten wichtig ist. Weiterhin liegen die Mittelwerte bei beiden Gruppen relativ nah beieinander. Dies zeigt, dass der hohe Erhebungsaufwand bei der Durchführung einer Conjoint-Analyse gerechtfertigt ist und neuere Ansätze bzgl. der Eigenschaftsausprägungen von betreuten Wohnanlagen liefern kann als eine lediglich direkte Abfrage der Wichtigkeit.

Tabelle 30: Relative Wichtigkeiten, ausschlaggebender Grund, Mittelwert Wichtigkeit und Zufriedenheit bzgl. der einzelnen Werttreiber

Werttreiber	Gesamt			Bewohner				Prospects		
	relative Wichtigkeit	ausschlaggebender Grund	Mittelwert Wichtigkeit	relative Wichtigkeit	ausschlaggebender Grund	Mittelwert Wichtigkeit	Mittelwert Zufriedenheit	relative Wichtigkeit	ausschlaggebender Grund	Mittelwert Wichtigkeit
Pflege	31 %	34 %	4,62	21 %	27 %	4,52	4,00	35 %	37 %	4,68
Preis	18 %	13 %	4,23	19 %	9 %	4,24	3,76	17 %	17 %	4,23
Wohnen	15 %	14 %	4,38	17 %	19 %	4,48	4,22	11 %	13 %	4,31
Verpflegung	12 %	9 %	4,20	13 %	12 %	4,31	4,11	10 %	12 %	4,12
Weiche Faktoren	11 %	16 %	4,25	10 %	6 %	4,32	4,23	13 %	10 %	4,21
Freizeit und Kultur	8 %	6 %	4,00	13 %	16 %	4,17	4,25	8 %	8 %	3,89
Service	5 %	9 %	4,43	6 %	12 %	4,61	4,56	6 %	5 %	4,31

Quelle: Auswertung selbst erhobener Daten.

Grafisch gegenübergestellt sind die relativen Wichtigkeiten in folgender Abbildung (siehe Abb. 47).

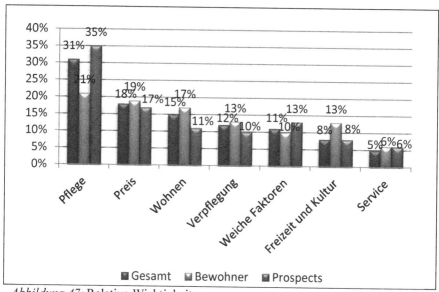

Abbildung 47: Relative Wichtigkeiten

Quelle: Auswertung selbst erhobener Daten.

In der anschließenden Tabelle (siehe Tab. 31) werden die Discrete-Choice-Ergebnisse für die gesamte Stichprobe sowie für die Gruppe der Bewohner und die Gruppe der Prospects dargestellt. Der Koeffizient zeigt dabei den relativen Zuwachs des Nutzens der entsprechenden Merkmalsausprägung gegenüber der Referenzausprägung an. Bei einem p-Wert unter 0,1 kann von einer validen Schätzung ausgegangen werden. In der gesamten Stichprobe und in den beiden Gruppen weist die Mehrzahl der Koeffizienten eine hohe Genauigkeit der Schätzung auf. Von besonderem Forschungswert zeigt sich, dass erst ab einem Preispunkt von 4.500 EUR in der gesamten Stichprobe und in der Gruppe der Bewohner sowie in der

Gruppe der Prospects erst ab einem Preispunkt von 5.200 EUR ein negativer Nutzenwert eintritt. Ergänzend wird hier noch einmal auf die Premiumpreispositionierung[636] des untersuchten Anbieters verwiesen. Unter Premiumpreispositionierung wird verstanden, dass aus Kundensicht eine vergleichsweise zur Konkurrenz qualitativ höhere Leistung zu einem dauerhaft höheren Preis angeboten wird.[637] Ein Erklärungsansatz könnte in der Verbindung zwischen dem Preis und der Qualität bestehen. Diese „price-quality-associations" sind ein Konzept, bei welchem Konsumenten glauben, dass ein hoher Preis eine hohe Qualität und ein niedriger Preis eine niedrige Qualität repräsentiert.[638] Die „price-quality-associations" gelten insbesondere, wenn Konsumenten nur den Preis als Anhaltspunkt oder keine Erfahrung für eine Einschätzung der Qualität haben.[639] So weisen JOHNSON und KELLARIS bei der Dienstleistung ambulante Pflege einen signifikant positiven Zusammenhang zwischen dem Alter und dem Glauben an den Zusammenhang zwischen Preis und Qualität nach.[640] ZEITHAMEL hingegen untersucht die Hypothese, dass ein generell erwarteter Preis-Qualitätszusammenhang nicht existiert.[641] Er kommt zu dem Schluss, dass der Preis als ein Qualitätsindikator, eines von mehreren potenziell nützlichen extrinsischen Signalen ist.[642]

Die größten signifikanten Zuwächse beim Nutzen gegenüber der jeweiligen Basiskategorie, treten auf bei:

- der gehobenen Ausstattung des Hauses,

---

[636] Nähere Erläuterungen zu den spezifischen Besonderheiten im Premium- und Luxussegment werden in Kapitel 7.4 Kaufmotive von Luxuskonsumenten gegeben.
[637] Vgl. Simon/Fassnacht (2009), S. 54.
[638] Vgl. Evans/Berman (1995), S. 718, Wolinsky, (1983), S. 647.
[639] Vgl. Evans/Berman (1995), S. 718.
[640] Vgl. Johnson/Kellaris (1988), S. 319.
[641] Vgl. Zeithaml (1988), S. 11.
[642] Vgl. Zeithaml (1988), S. 17.

- der Speisenversorgung mit der Möglichkeit, eine Auswahl aus mehreren Menüs am Platz oder im Appartement zu treffen,
- dass die Bewohner ein gleiches Bildungsniveau, ähnliche Wertvorstellungen und Lebensgeschichten aufweisen,
- dass bis zu einem bestimmten Grad der Pflegebedürftigkeit eine Pflege im eigenen Appartement möglich ist,
- dass bei Pflegebedürftigkeit bis zur höchsten Pflegestufe Pflege im eigenen Appartement möglich ist und
- hausinterner Absicherung für Pflegekosten, die über die gesetzlichen Versicherungsleistungen hinausgehen.

Aus den Ergebnissen der Discrete-Choice-Modellierung wird daher empfohlen, dass bei betreuten Wohnanlagen diese Merkmalsausprägungen erfüllt sein sollten.

Kein bzw. nur ein äußerst geringer Zuwachs beim Nutzen gegenüber der jeweiligen Basiskategorie tritt bspw. bei allen Merkmalsausprägungen des Werttreibers Service auf, ebenso wie beim Werttreiber Freizeit und Kultur. Die Eigenschaftsausprägung umfangreiches Sport-/Gesundheitsvorsorge-Programm mit hauseigenen Geräten und Kursen zeigt sogar einen negativen signifikanten Koeffizienten, also eine Nutzenminimierung gegenüber der Basiskategorie, dass keine Sport-/Gesundheitsvorsorge-Programm vorhanden sind. Auch die Merkmalsausprägung, dass eine Demenzbetreuung vorhanden ist, zeigt ebenfalls negativen signifikanten Koeffizienten. Auch wenn in dieser Studie aus den Ergebnissen der Discrete-Choice-Modellierung bei bestimmtem Merkmalsausprägungen kein oder nur ein geringer Nutzenzuwachs feststellbar war, bedeutet dies nicht, dass diese Eigenschaften bspw. beim Bau zukünftiger betreuter Wohnen komplett zu vernachlässigen sind bzw. nicht zur Zufriedenheit der Bewohner beitragen. Die Ergebnisse der Discrete-Choice-Modellierung sollten daher immer in Verbindung mit den deskriptiven und qualitativen Ergebnissen betrachtet werden – sie stellen somit eine Erweiterung dar.

Tabelle 31: Ergebnisse der Discrete-Choice-Modellierung

	Merkmal	Ausprägung	Gesamt			Bewohner			Prospects		
			Koeffizient	p-Wert	relative Wichtigkeit	Koeffizient	p-Wert	relative Wichtigkeit	Koeffizient	p-Wert	relative Wichtigkeit
WERT-TREIBER WOHNEN					15 %			17 %			11 %
	Grundausstattung des Appartements	Hochwertig	0,05	0,00	4 %	0,07	0,00	5 %	0,04	0,01	3 %
	Ausstattung des Hauses	Gehoben	0,12	0,00	11 %	0,17	0,00	12 %	0,10	0,00	8 %
WERTTREIBER VERPFLE-GUNG					12 %			13 %			10 %
	Speisenversorgung	In einem gediegenen Umfeld mit Bedienung am Platz und Blumenschmuck auf den Tischen	0,01	0,26	1 %	0,03	0,14	2 %	0,01	0,61	1 %
	Auswahl Speisenversorgung	Möglichkeit der Auswahl aus mehreren Menüs am Platz oder im Appartement.	0,13	0,00	11 %	0,15	0,00	11 %	0,12	0,00	9 %

	Merkmal	Ausprägung	Gesamt			Bewohner			Prospect		
			Koeffizient	p-Wert	relative Wichtigkeit	Koeffizient	p-Wert	relative Wichtigkeit	Koeffizient	p-Wert	relative Wichtigkeit
					5 %			6 %			6 %
WERTTREIBER SERVICE	Geschäfte	**Gelegentliche Besuche.** Die Nutzung der Angebote kostet extra.	0,04	0,01	3 %	0,03	0,24	4 %	0,02	0,02	4 %
		Im Haus vorhanden. Die Nutzung der Angebote kostet extra.	0,02	0,24		-0,03	0,20		0,04	0,04	
WERTTREIBER SERVICE	Ansprechpartner	**Klarer Ansprechpartner,** wie die 24-Stunden besetzte Rezeption und die Etagendame. Diese können mit Extrakosten verbunden sein.	0,02	0,19	1 %	0,02	0,36	1 %	0,02	0,22	2 %
	Wochenreinigung	**Einmal wöchentlich angeboten** – im Pensionspreis enthalten	-0,01	0,42	1 %	-0,02	0,32	1 %	0,00	0,82	0 %

		Gesamt			Bewohner			Prospects		
Merkmal	Ausprägung	Koeffizient	p-Wert	relative Wichtigkeit	Koeffizient	p-Wert	relative Wichtigkeit	Koeffizient	p-Wert	relative Wichtigkeit
				8 %			13 %			8 %
Seelsorgerische/ psychologische Betreuung	**Ohne Aufpreis** angeboten.	0,03	0,01	3 %	0,04	0,05	3 %	0,03	0,06	2 %
Sport-/Gesundheits-vorsorge-Programm	**Umfangreiches Angebot mit hauseigenen** Geräten und Kursen.	-0,05	0,00	4 %	-0,06	0,01	4 %	-0,04	0,01	3 %
Kulturelle Angebot	Umfasst u. a. **wissenschaftliche Vorträge, Konzerte sowie Theateraufführungen (kosten partiell extra).**	0,00	0,85	0 %	0,03	0,01	4 %	0,02	0,18	2 %
Feste und gesellige Veranstaltungen	Ganzjährig glanzvolle **Feste und gesellige Veranstaltungen.**	0,01	0,31	1 %	0,02	0,33	2 %	0,01	0,49	1 %

WERTTREIBER FREIZEIT UND KULTUR

		Gesamt			Bewohner			Prospects		
Merkmal	**Ausprägung**	Koeffizient	p-Wert	relative Wichtigkeit	Koeffizient	p-Wert	relative Wichtigkeit	Koeffizient	p-Wert	relative Wichtigkeit
				11 %			10 %			13 %
Mitarbeiter	Alle sind **bestens geschult, stets freundlich** und sie haben immer ein **offenes Ohr**	0,01	0,45	1 %	-0,03	0,09	2 %	0,03	0,04	3 %
Bewohner	Haben ein **gleiches Bildungsniveau**, ähnliche Wertvorstellungen und Lebensgeschichten wie Sie.	0,08	0,00	7 %	0,07	0,00	5 %	0,09	0,00	7 %
Selbstbestimmung	Möglichkeit, wie zu Hause, Ihr Leben **völlig frei zu gestalten und zu bestimmen.**	0,01	0,65	0 %	0,01	0,60	1 %	0,00	0,85	0 %
Bewohner für Bewohner	Veranstaltungen und Vorträge von Bewohnern für Bewohner werden von der Leitung des Hauses unterstützt.	0,01	0,53	1 %	-0,01	0,68	1 %	0,01	0,39	1 %
Leumund/Image	Sehr gut	0,02	0,09	2 %	0,01	0,51	1 %	0,02	0,12	2 %

WERTTREIBER WEICHE FAKTOREN

WERTTREIBER PFLEGE

Merkmal	Ausprägung	Gesamt			Bewohner			Prospects		
		Koeffizient	p-Wert	relative Wichtigkeit	Koeffizient	p-Wert	relative Wichtigkeit	Koeffizient	p-Wert	relative Wichtigkeit
				31 %			21 %			35 %
Pflege	**Bis zu einem bestimmten Grad der Pflegebedürftigkeit ist eine Pflege im eigenen Appartement** möglich. **Bei Pflegebedürftigkeit bis zur höchsten Pflegestufe ist Pflege im eigenen Appartement möglich.**	0,14 0,23	0,00 0,00	19 %	0,07 0,17	0,00 0,00	21 % 13 %	0,17 0,25	0,00 0,00	21 %
Demenzbetreuung	Vorhanden	-0,01	0,46	1 %	-0,04	0,04	3 %	0,01	0,73	0 %
PER	Hausinterne Absicherung für Pflegekosten, die über die gesetzlichen Versicherungsleistungen hinausgehen.	0,09	0,00	8 %	0,04	0,06	3 %	0,12	0,00	10 %
„14-Tage-Regelung"	**Pflegeleistungen bei vorübergehender Pflegebedürftigkeit** (z. B. nach einem Krankenhausaufenthalt) sind – auch mehrmals im Jahr – **im Preis inbegriffen.**	0,04	0,00	3 %	0,02	0,30	2 %	0,05	0,00	4 %

314

Merkmal	Ausprägung	Gesamt			Bewohner			Prospects		
		Koeffizient	p-Wert	relative Wichtigkeit	Koeffizient	p-Wert	relative WertWichtigkeit	Koeffizient	p-Wert	relative WertWichtigkeit
Preis				18 %			19 %			17 %
	1.400 EUR	0,07	0,00		0,06	0,05		0,08	0,00	
	2.900 EUR	0,08	0,00		0,10	0,00		0,07	0,00	
	4.500 EUR	-0,09	0,00		0,01	0,04		-0,05	0,00	
	5.250 EUR	-0,14	0,00		-0,16	0,00		-0,13	0,00	

WERTTREIBER PREIS

Quelle: Auswertung selbst erhobener Daten.

10.4 Customer Voluntary Performance, Social-Emotional Support und Instrumental Support

In einem ersten Schritt werden die deskriptiven Ergebnisse zu den latenten Variablen Social-Emotional Support, Instrumental Support, Customer Participation, Customer Cooperation und Weiterempfehlung vorgestellt und in einem zweiten Schritt die jeweiligen Hypothesen überprüft.

Nachfolgende Tabelle (siehe Tab. 32) fasst die Ergebnisse der deskriptiven Analyse mit der Darstellung von Minimum, Maximum, Mittelwert und Standardabweichung zusammen. Die Grundlage für den Mittelwert ist eine fünfstufige Skala, bei welcher nur die Extrempunkte für die beiden latenten Variablen Social-Emotional Support und Instrumental Support mit 1 („nie") bis 5 („häufig") benannt worden sind. Bei den beiden latenten Variablen Customer Participation, Customer Cooperation und Weiterempfehlung wurde ebenfalls eine fünfstufige Skala verwendet, bei der nur die Extrempunkte mit 1 („stimmt nicht") bis 5 („stimmt völlig") benannt worden sind. Die deskriptive Analyse lässt erkennen, dass die Mittelwerte für die Gruppe der Prospects bei den latenten Variablen Social-Emotional Support, Instrumental Support und Customer Participation höher ausfallen als bei den Bewohnern. Hingegen fallen die Mittelwerte der latenten Variable Customer Cooperation bei den Bewohnern höher aus als bei den Prospects. Bei der aktiven Weiterempfehlung, welche die beiden Indikatorvariablen empfehle positiv und erzähle positiv umfasst, liegen die Mittelwerte für die Bewohner höher als für die Prospects. Während bei der Indikatorvariablen Positives gehört der Mittelwert für die Prospects über dem Mittelwert der Bewohner liegt. Für beide Gruppen liegen alle Mittelwerte über dem Wert von 4,00.

Tabelle 32: Deskriptive Analyse – CVP, Social-Emotional Support und Instrumental Support

	Minimum		Maximum		Mittelwert		Standardabweichung	
	Bewohner	Prospects	Bewohner	Prospects	Bewohner	Prospects	Bewohner	Prospects
Social-Emotional Support								
Ängste nehmen	1	1	5	5	2,77	3,36	1,18	1,03
nicht den Mut verlieren	1	1	5	5	2,87	3,48	1,17	1,03
erheitern/aufmuntern	1	1	5	5	3,38	3,70	1,15	0,92
freundliche Gespräche	1	1	5	5	3,94	4,19	,99	0,83
Instrumental Support								
die anderen besuchen Sie	1	1	5	5	2,35	3,47	1,02	0,932
unternehmen	1	1	5	5	2,79	3,73	1,16	0,976
helfen	1	1	5	5	3,08	3,77	1,09	0,901

	Minimum		Maximum		Mittelwert		Standardabweichung	
	Bewohner	Prospects	Bewohner	Prospects	Bewohner	Prospects	Bewohner	Prospects
Customer Participation								
Problem bemerke	1	1	5	5	3,79	4,26	1,18	0,84
konstruktive Vorschläge	1	1	5	5	2,88	4,18	1,34	0,9
Mitarbeiter wissen lassen	1	1	5	5	2,99	3,98	1,37	0,97
Customer Cooperation								
mitzuhelfen	1	1	5	5	4,33	4,31	0,95	0,97
auf Mitarbeiter einstellen	1	1	5	5	4,41	3,98	1,16	0,916
Regeln beachten	2	1	5	5	4,72	4,66	0,54	0,580
Weiterempfehlung (WoM)								
empfehle weiter	1	1	5	5	4,40	4,17	0,910	0,974
erzähle positiv	1	1	5	5	4,55	4,34	0,737	0,837
Positives gehört	1	1	5	5	4,22	4,32	0,906	0,765

Quelle: Auswertung selbst erhobener Daten.

Beim Mittelwertvergleich anhand eines t-Tests für zwei unabhängige Stichproben,[643] wird die Nullhypothese, ob die Mittelwerte der beiden Gruppen gleich sind, getestet. Bis auf die drei Indikatorvariablen mitzuhelfen, Regeln beachten und Positives gehört bestehen für alle fünf latenten Variablen signifikante Mittelwertunterschiede zwischen den Bewohnern und den Prospects.

Zusammenfassend kann festgestellt werden, dass bei den Prospects die Mittelwerte der latenten Variablen Social-Emotional Support, Instrumental Support und Customer Participation signifikant stärker ausgeprägt sind als bei den Bewohnern. Bei der latenten Variablen Customer Cooperation wird für die beiden Indikatorvariablen mitzuhelfen und Regeln beachten und bei der latenten Variablen Weiterempfehlung wird für die Indikatorvariable Positives gehört die Nullhypothese angenommen, es bestehen also keine Mittelwertunterschiede zwischen den beiden Gruppen. Die Indikatorvariable auf Mitarbeiter einstellen der latenten Variablen Customer Cooperation und die Indikatorvariablen empfehle weiter und erzähle positiv der latenten Variablen Weiterempfehlung sind die einzigen Indikatorvariablen, bei welchen der Mittelwert für die Bewohner signifikant höher ausgeprägt ist als bei den Prospects.

In diesem Zusammenhang wird auf das Heim verwiesen, welches von verschiedenen Forschern mehr oder weniger als „totale Institution" gesehen wird.[644] Es stellt sich daher die Frage, inwieweit auch Bewohner in einem betreuten Wohnen von einer gewissen Institutionalisierung betroffen sind. Ein weiterer Grund für das Vorliegen von signifikant höheren Mittelwerten bei den Prospects kann in der hypothetischen Befragung liegen.

---

[643] Die Ergebnisse hierzu sind in Anhang B (Siehe Tab. 127) hinterlegt.
[644] Vgl. Heinzelmann (2004), S. 152.

Anschließend werden für die jeweiligen Indikatorvariablen der latenten Variablen Social-Emotional Support, Instrumental Support, Customer Participation, Customer Cooperation und Weiterempfehlung die relativen Häufigkeiten (in %) grafisch veranschaulicht und die aufgestellten Hypothesen beantwortet.

Social-Emotional Support

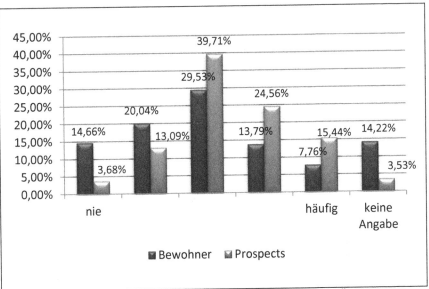

Abbildung 48: Deskriptive Analyse – Social-Emotional Support: Ängste nehmen

Quelle: Auswertung selbst erhobener Daten.

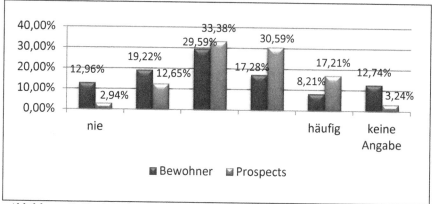

Abbildung 49: Deskriptive Analyse – Social-Emotional Support: nicht den Mut
verlieren

Quelle: Auswertung selbst erhobener Daten.

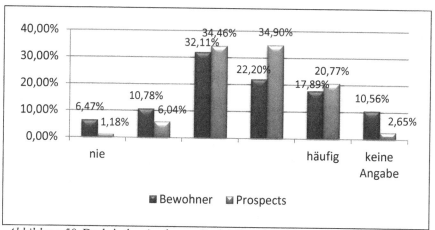

Abbildung 50: Deskriptive Analyse – Social-Emotional Support: erhei-
tern/aufmuntern

Quelle: Auswertung selbst erhobener Daten.

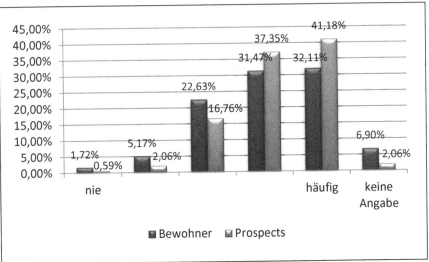

Abbildung 51: Deskriptive Analyse – Social-Emotional Support: freundliche
Gespräche

Quelle: Auswertung selbst erhobener Daten.

Social-Emotional Support – Demografischer Bezug[645]

Der Social-Emotional Support und das Alter – Bewohner/Prospects

Bei der Gruppe der Bewohner besteht zwischen der Indikatorvariablen freundliche Gespräche und dem Alter der Bewohner ein signifikant gering negativer Zusammenhang, d. h., je älter die Bewohner sind, desto weniger führen sie freundliche Gespräche mit ihren Freunden, Bekannten oder Angehörigen. Die anderen drei Items der latenten Variable Social-Emotional Support weisen keinen Zusammenhang mit dem Alter der Bewohner auf.

---

[645] Alle Ergebnisse sind im Anhang B (siehe Tab. 83 bis 88) dokumentiert.

In der Stichprobe der Prospects besteht kein Zusammenhang zwischen dem Alter und der latenten Variable Social-Emotional Support.

Der Social-Emotional Support und das Geschlecht – Bewohner/Prospects

Jeweils bei der Gruppe der Bewohner und bei der Gruppe der Prospects besteht ein signifikanter Mittelwertunterschied bei der Indikatorvariable erheitern/aufmuntern zwischen Frauen und Männern. In beiden Gruppen sind bei den Frauen die Mittelwerte der latenten Variablen Social-Emotional Support höher ausgeprägt als bei den Männern. Jedoch sind diese mit Ausnahme der Indikatorvariable erheitern/aufmuntern nicht signifikant.

Der Social-Emotional Support und die Inanspruchnahme von Pflegeleistungen – Bewohner/Prospects

Bei der Gruppe der Bewohner liegen die Mittelwerte von Bewohnern, die nicht pflegebedürftig sind, für alle Indikatorvariablen der latenten Variable Social-Emotional Support über den Mittelwerten der pflegebedürftigen Bewohner. Die Mittelwertunterschiede sind mit Ausnahme der Indikatorvariablen Ängste nehmen signifikant.

Bei der Gruppe der Prospects ist nur der Mittelwertunterschied zwischen pflegebedürftigen und nicht-pflegebedürftigen Prospects für das Item freundliche Gespräche signifikant mit einer mittleren Differenz von -0,180. Was bedeutet, dass nicht-pflegebedürftige Prospects mehr freundliche Gespräche mit ihren Angehörigen, Freunden und Bekannten führen als pflegebedürftige Prospects.

Instrumental Support

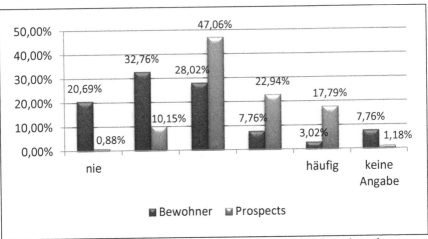

Abbildung 52: Deskriptive Analyse – Instrumental Support: die anderen besuchen Sie

Quelle: Auswertung selbst erhobener Daten.

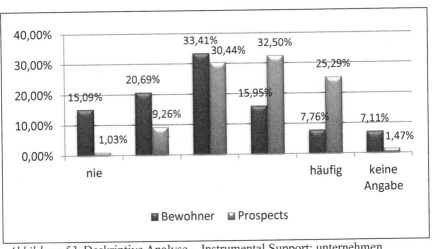

Abbildung 53: Deskriptive Analyse – Instrumental Support: unternehmen

Quelle: Auswertung selbst erhobener Daten.

324

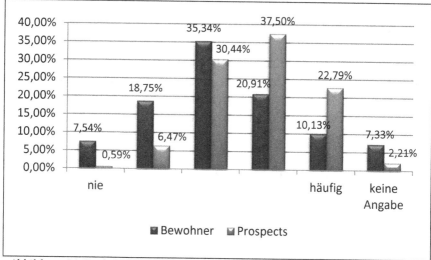

Abbildung 54: Deskriptive Analyse – Instrumental Support: helfen

Quelle: Auswertung selbst erhobener Daten.

Instrumental Support – Demografischer Bezug[646]

Der Instrumental Support und das Alter – Bewohner/Prospects

Nach dem Rangkorrelationskoeffizient Spearman zeigt sich, dass ein signifikant gering negativer Zusammenhang zwischen den jeweiligen Indikatorvariablen die anderen besuchen Sie bzw. unternehmen und dem Alter der Bewohner besteht. Dies bedeutet, je älter die Bewohner, desto weniger bekommen sie Besuch von den anderen Bewohnern in ihrem Appartement bzw. desto weniger unternehmen sie mit den anderen Bewohnern. Bei der Bewohner-Gruppe besteht zwischen der Indikatorvariable helfen und dem Al-

---

[646] Alle Ergebnisse sind im Anhang B (siehe Tab. 89 bis 94) dokumentiert.

ter kein Zusammenhang. Demnach helfen sich die Bewohner unabhängig vom Alter.

In der Gruppe der Prospects besteht ein signifikant gering negativer Zusammenhang zwischen der Indikatorvariablen unternehmen und dem Alter. Zwischen der Indikatorvariablen die anderen besuchen Sie bzw. helfen und dem Alter der Prospects besteht kein Zusammenhang.

Der Instrumental Support und das Geschlecht – Bewohner/Prospects

Bei der Gruppe der Bewohner liegen für alle Indikatorvariablen die Mittelwerte der Frauen über den Mittelwerten der Männer. Jedoch sind die Mittelwertunterschiede nicht signifikant.

Hingegen treten bei der Gruppe der Prospects signifikante Mittelwertunterschiede bei den Indikatorvariablen unternehmen mit einer mittleren Differenz von 0,224 und helfen mit einer mittleren Differenz von 0,164 zwischen den Geschlechtern auf. Dies bedeutet, Frauen unternehmen mehr bzw. helfen mehr Ihren Angehörigen, Freunden und Bekannten als Männer. Bei der Indikatorvariablen die anderen besuchen Sie besteht bei der Gruppe der Prospects kein signifikanter Mittelwertunterschied zwischen den beiden Geschlechtern.

Der Instrumental Support und die Inanspruchnahme von Pflegeleistungen – Bewohner/Prospects

Es gibt signifikante Mittelwertunterschiede bei allen drei Indikatorvariablen der latenten Variablen Instrumental Support zwischen Bewohnern, die pflegebedürftig sind, und Bewohnern, die keine Pflegeleistungen in Anspruch nehmen. Die mittlere Differenz beträgt bei der Indikatorvariable die anderen besuchen Sie -0,282, bei der Indikatorvariable unternehmen -0,612 und bei der Indikatorvariable helfen -0,702. Dies bedeutet, Bewohner, die nicht pflegebedürftig sind, erhalten mehr Besuch, unternehmen mehr und helfen mehr Ihren Angehörigen, Freunden und Bekannten als Bewohner, die pflegebedürftig sind.

Es gibt keine signifikanten Mittelwertunterschiede bei allen drei Indikatorvariablen der latenten Variable Instrumental Support zwischen Prospects, die pflegebedürftig sind, und Prospects, welche keine Pflegeleistungen in Anspruch nehmen.

Customer Participation

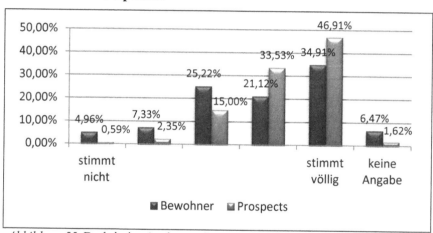

Abbildung 55: Deskriptive Analyse – Customer Participation: Problem bemerken

Quelle: Auswertung selbst erhobener Daten.

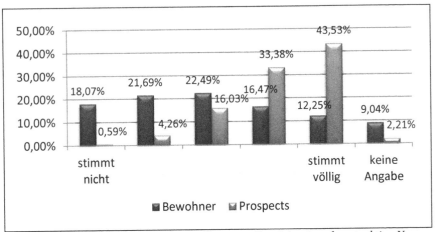

Abbildung 56: Deskriptive Analyse – Customer Participation: konstruktive Vorschläge

Quelle: Auswertung selbst erhobener Daten.

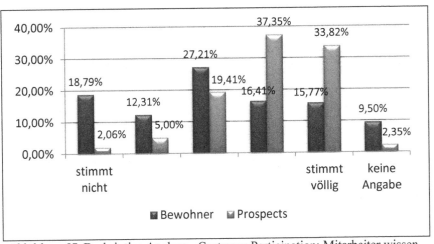

Abbildung 57: Deskriptive Analyse –Customer Participation: Mitarbeiter wissen lassen

Quelle: Auswertung selbst erhobener Daten.

Customer Participation – Demografischer Bezug[647]

Customer Participation und das Alter – Bewohner/Prospects

Es besteht kein Zusammenhang zwischen der latenten Variable Customer Participation und dem Alter der Bewohner.

In der Gruppe der Prospects besteht jedoch ein signifikant gering negativer Zusammenhang zwischen der Indikatorvariablen konstruktive Vorschläge und dem Alter. Zwischen den Indikatorvariablen Problem bemerke bzw. Mitarbeiter wissen lassen und dem Alter der Prospects besteht kein Zusammenhang.

Customer Participation und das Geschlecht – Bewohner/Prospects

In der Bewohner-Gruppe besteht ein signifikanter Mittelwertunterschied bei der Indikatorvariablen konstruktive Vorschläge bei Frauen (Mittelwert 2,74) und Männern (Mittelwert 3,18). Dies bedeutet Frauen, machen weniger konstruktive Vorschläge, um das Angebot in dem betreuten Wohnen zu verbessern als Männer. Kein signifikanter Mittelwertunterschied besteht jedoch bei der Indikatorvariablen Problem bemerke bzw. Mitarbeiter wissen lasse zwischen Frauen und Männern bei der Bewohnerschaft.

In der Prospect-Gruppe treten keine signifikanten Mittelwertunterschiede für Frauen und Männern bei den Indikatorvariablen der latenten Variable Customer Partizipation auf.

---

[647] Alle Ergebnisse sind im Anhang B (Siehe Tab. 95 bis 100) dokumentiert.

Customer Participation und die Inanspruchnahme von Pflegeleistungen – Bewohner/Prospects

Es gibt einen signifikanten Mittelwertunterschied bei der Indikatorvariable Mitarbeiter wissen lassen zwischen Bewohnern, die pflegebedürftig sind (Mittelwert 3,37), und Bewohnern, die keine Pflegeleistungen in Anspruch nehmen (Mittelwert 2,94). Die mittlere Differenz beträgt 0,427. Dies bedeutet, Bewohner, die pflegebedürftig sind, würden mehr die Mitarbeiter wissen lassen, was sie besser machen können, um ihren Bedürfnissen zu genügen, als Bewohner, die nicht pflegebedürftig sind. Es liegt kein Mittelwertunterschied bzgl. der Inanspruchnahme von Pflegeleistungen und den beiden Indikatorvariablen Problem bemerke und konstruktive Vorschläge vor.

Ein gegensätzliches Bild zeigt sich bei der Prospect-Gruppe. Es existieren signifikante Mittelwertunterschiede bzgl. der Inanspruchnahme von Pflegeleistungen und den beiden Indikatorvariablen Problem bemerke und konstruktive Vorschläge. Bei beiden Indikatorvariablen sind die Mittelwerte bei den Prospects, die keine Pflegeleistungen in Anspruch nehmen, höher ausgeprägt als bei den Prospects, die pflegebedürftig sind. Während kein signifikanter Mittelwertunterschied bei der Indikatorvariablen Mitarbeiter wissen lassen vorliegt.

Customer Cooperation

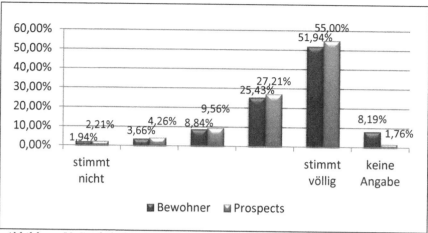

Abbildung 58: Deskriptive Analyse – Customer Cooperation: mitzuhelfen

Quelle: Auswertung selbst erhobener Daten.

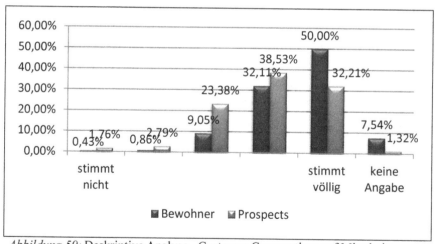

Abbildung 59: Deskriptive Analyse –Customer Cooperation: auf Mitarbeiter
einstellen

Quelle: Auswertung selbst erhobener Daten.

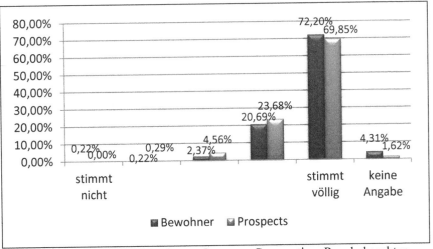

Abbildung 60: Deskriptive Analyse – Customer Cooperation: Regeln beachten

Quelle: Auswertung selbst erhobener Daten.

Customer Cooperation – Demografischer Bezug[648]

Customer Cooperation und das Alter – Bewohner/Prospects

In der Bewohner-Gruppe besteht kein Zusammenhang zwischen der latenten Variable Customer Cooperation und dem Alter der Bewohner.

In der Prospect-Gruppe besteht ebenfalls kein Zusammenhang zwischen der latenten Variable Customer Cooperation und dem Alter der Prospects. Es besteht zwar ein signifikant negativer Zusammenhang zwischen der Indikatorvariablen mitzuhelfen und dem Alter der Prospects in Höhe von -0,079 sowie ein signifikanter Zu-

---

[648] Alle Ergebnisse sind im Anhang B (siehe Tab. 101 bis 106) zu finden.

sammenhang zwischen der Indikatorvariablen Regeln beachten und dem Alter i. H. v. 0,076 – diese sind jedoch zu vernachlässigen, da in der Arbeit COHEN[649] gefolgt wird, der Korrelationskoeffizienten erst ab einen Wert von 0,1 als gering einstuft.

Customer Cooperation und das Geschlecht – Bewohner/Prospects

In der Gruppe der Bewohner besteht ein signifikanter Mittelwertunterschied zwischen den Geschlechtern bei der Indikatorvariablen Regeln beachten mit einer mittleren Differenz von 0,185. Die Frauen beachten demnach mehr die Regeln des betreuten Wohnens als die Männer. Keine signifikanten Mittelwertunterschiede bestehen zwischen den Geschlechtern und den beiden Indikatorvariablen mitzuhelfen und auf Mitarbeiter einstellen.

In der Gruppe der Prospects bestehen keine signifikanten Mittelwertunterschiede zwischen den Geschlechtern und der latenten Variablen Customer Cooperation.

Customer Cooperation und die Inanspruchnahme von Pflegeleistungen – Bewohner/Prospects

In der Gruppe der Bewohner besteht ein signifikanter Mittelwertunterschied zwischen der Inanspruchnahme von Pflegeleistungen bei der Indikatorvariablen Regeln beachten mit einer mittleren Differenz von 0,166. Bewohner, die nicht pflegebedürftig sind, beachten demnach mehr die Regeln des betreuten Wohnens als die Bewohner, die pflegebedürftig sind. Keine signifikanten Mittelwertunterschiede bestehen zwischen der Inanspruchnahme von Pflegeleis-

---

[649] Vgl. Cohen (1988), S. 82.

tungen und den beiden Indikatorvariablen mitzuhelfen und auf Mitarbeiter einstellen.

In der Gruppe der Prospects bestehen keine signifikanten Mittelwertunterschiede zwischen der Inanspruchnahme von Pflegeleistungen und der latenten Variablen Customer Cooperation.

Weiterempfehlung (WoM)

In den nachfolgenden Abbildungen (siehe Abb. 61, 62 und 63) sind die relativen Häufigkeitsverteilungen der drei Indikatorvariablen grafisch mittels Balkendiagrammen dargestellt. So zeigt sich noch einmal grafisch, dass der positive Extrempunkt „stimmt völlig", also die vollkommene Zustimmung, bei der aktiven Weiterempfehlung deutlich mehr von der Gruppe der Bewohner als von der Gruppe der Prospects gewählt wurde. Die jeweiligen Differenzen betragen 11,95 % bei empfehle positiv und 11,81 % bei erzähle positiv zwischen Bewohnern und Prospects.

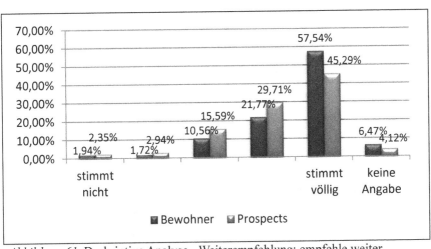

Abbildung 61: Deskriptive Analyse –Weiterempfehlung: empfehle weiter

Quelle: Auswertung selbst erhobener Daten.

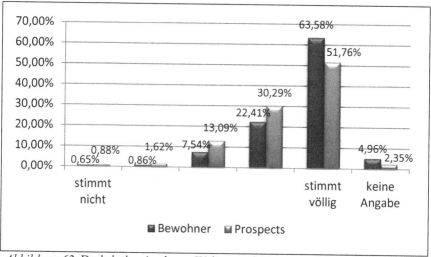

Abbildung 62: Deskriptive Analyse –Weiterempfehlung: erzähle positiv

Quelle: Auswertung selbst erhobener Daten.

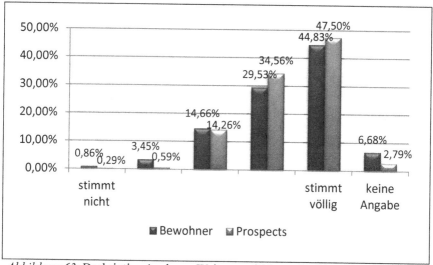

Abbildung 63: Deskriptive Analyse –Weiterempfehlung: Positives gehört

Quelle: Auswertung selbst erhobener Daten.

Weiterempfehlung – Demografischer Bezug[650]

Nachfolgend wird das Konstrukt Weiterempfehlung unter demografischen Gesichtspunkten jeweils für die Gruppe der Bewohner und die Gruppe der Prospects untersucht.

Das aktive Weiterempfehlungsverhalten und das Alter – Bewohner/Prospects

In der Bewohner-Stichprobe besteht ein signifikanter, geringer positiver Zusammenhang zwischen dem Alter und der Indikatorvariablen empfehle weiter. Dies impliziert, je älter die Bewohner sind, desto mehr empfehlen sie das betreute Wohnen weiter. Das Alter der Bewohner und die Indikatorvariable erzähle positiv weisen keinen Zusammenhang auf. Zwischen dem aktiven Weiterempfehlungsverhalten und dem Alter der Prospects besteht kein Zusammenhang.

Das aktive Weiterempfehlungsverhalten und das Geschlecht – Bewohner/Prospects

In der Stichprobe der Bewohner und in der Stichprobe der Prospects bestehen keine signifikanten Mittelwertunterschiede zwischen den Geschlechtern in Bezug auf das Weiterempfehlungsverhalten.

---

[650] Alle Ergebnisse sind im Anhang B (siehe Tab. 107 bis 112) dokumentiert.

Das aktive Weiterempfehlungsverhalten und die Inanspruchnahme von Pflegeleistungen

In der Stichprobe der Bewohner und in der Stichprobe der Prospects bestehen keine signifikanten Mittelwertunterschiede zwischen pflegebedürftigen und nicht pflegebedürftigen Bewohnern bzw. Prospects hinsichtlich des Weiterempfehlungsverhaltens.

Das aktive Weiterempfehlungsverhalten und die Netzwerkgröße – Bewohner/Prospects

In der Bewohner-Stichprobe besteht ein signifikanter geringer positiver Zusammenhang zwischen dem Alter und der Anzahl der Freunde/Bekannte.

Es besteht zwar ein signifikanter positiver Zusammenhang zwischen der Indikatorvariablen erzähle positiv und der Anzahl der Freunde/Bekannte der Prospects i. H. v. 0,093 – dieser ist jedoch zu vernachlässigen, da in der Arbeit COHEN[651] gefolgt wird, welcher Korrelationskoeffizienten erst ab einen Wert von 0,1 als gering einstuft.

10.5   Preisfairness

Es werden die deskriptiven Ergebnisse bzgl. der latenten Variablen Preisfairness vorgestellt.

In nachfolgender Tabelle (siehe Tab. 33) sind die deskriptiven Ergebnisse für die latente Variable Preisfairness zusammengefasst. Die Grundlage für den Mittelwert ist eine fünfstufige Skala, bei

---

[651] Vgl. Cohen (1988), S. 82.

welcher lediglich die Extrempunkte mit 1 („stimmt nicht") bis 5 („stimmt völlig") benannt worden sind. Alle Mittelwerte der Bewohner-Gruppe liegen höher als die der Prospects-Gruppe. Der Mittelwertvergleich anhand eines t-Test für zwei unabhängige Stichproben zeigt, dass bei allen Indikatorvariablen signifikante Mittelwertunterschiede zwischen den beiden Gruppen bestehen.[652]

---

[652] Die detaillierten Ergebnisse und der vorab durchgeführte Levene-Test sind in Anhang B (siehe 127) zu finden.

Tabelle 33: Deskriptive Analyse – Preisfairness

	Minimum		Maximum		Mittelwert		Standardabweichung	
	Bewohner	Prospects	Bewohner	Prospects	Bewohner	Prospects	Bewohner	Prospects
Preis ist fair	1	1	5	5	4,02	3,84	0,896	0,832
Preis erwartet	1	1	5	5	3,94	3,49	0,991	0,994
Preis ist angemessen	1	1	5	5	4,11	3,83	0,867	0,843
ist seinen Preis wert	1	1	5	5	4,22	3,91	0,859	0,82

Quelle: Auswertung selbst erhobener Daten.

In den folgenden Abbildungen (Abb. 64 bis 67) werden die relativen Häufigkeiten (in %) der vier Indikatorvariablen grafisch dargestellt.

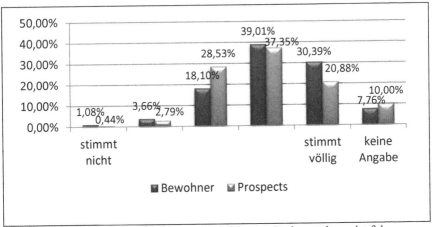

Abbildung 64: Deskriptive Analyse – Preisfairness: Preisgestaltung ist fair

Quelle: Auswertung selbst erhobener Daten.

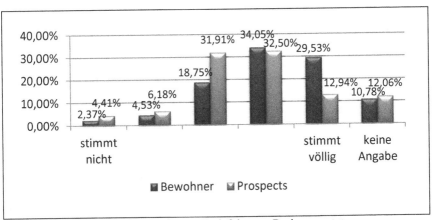

Abbildung 65: Deskriptive Analyse – Preisfairness: Preis erwartet

Quelle: Auswertung selbst erhobener Daten.

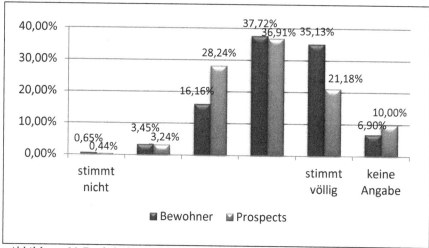

Abbildung 66: Deskriptive Analyse – Preisfairness: Preis ist angemessen

Quelle: Auswertung selbst erhobener Daten.

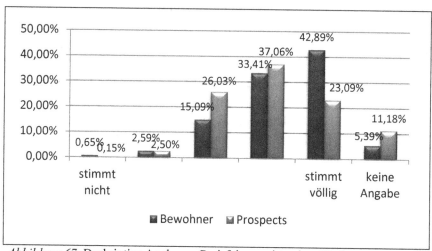

Abbildung 67: Deskriptive Analyse – Preisfairness: ist seinen Preis wert

Quelle: Auswertung selbst erhobener Daten.

Preisfairness – Demografischer Bezug[653]

Die Preisfairness und das Alter – Bewohner/Prospects

Bei der Gruppe der Bewohner besteht zwischen der Indikatorvariable Preis erwartet und dem Alter der Bewohner kein Zusammenhang. Hingegen korreliert das Alter der Bewohner signifikant schwach positiv mit den drei weiteren, d. h., je älter die Bewohner sind, desto fairer beurteilen sie den Preis.

In der Stichprobe der Prospects besteht kein Zusammenhang zwischen dem Alter und der latenten Variablen Preisfairness.

Die Preisfairness und das Geschlecht – Bewohner/Prospects

In der Gruppe der Bewohner und der Gruppe der Prospects bestehen jeweils keine signifikanten Mittelwertunterschiede zwischen den Geschlechtern bzgl. der latenten Variablen Preisfairness.

Die Preisfairness und der Familienstand – Bewohner/Prospects

Bei der Gruppe der Bewohner besteht bzgl. der Indikatorvariable Preisgestaltung ist fair ein signifikant schwach positiver Mittelwertunterschied zwischen den Bewohnern, die in einer Partnerschaft leben (Mittelwert 3,90), und denen, die alleinstehend (Mittelwert 4,08) sind. Zwischen den anderen drei Indikatorvariablen der latenten Variablen Preisfairness und dem Familienstand besteht kein Mittelwertunterschied.

Von Interesse ist, dass die Alleinstehenden in der Gruppe der Prospects alle Items der Preisfairness positiver beurteilt haben als

---

[653] Alle Ergebnisse sind im Anhang B (siehe Tab. 113 bis 122) dokumentiert.

die Prospects, welche in einer Partnerschaft leben. Die Mittelwertunterschiede sind jedoch nicht signifikant.

Die Preisfairness und die Wohndauer in dem betreuten Wohnen – Bewohner

Es besteht kein Zusammenhang zwischen der latenten Variable Preisfairness und dem Zeitraum, wie lange der Bewohner schon in dem betreuten Wohnen lebt.

Die Preisfairness und die Appartementgröße – Bewohner/Prospects

Bei der Gruppe der Bewohner besteht zwischen der Indikatorvariable Preisgestaltung ist fair und der Appartementgröße ein signifikant schwach negativer Zusammenhang. Dies bedeutet z. B., je größer die Appartementgröße ist, desto negativer wird das Item Preisgestaltung ist fair beurteilt und umgekehrt. Zwischen den anderen drei Indikatorvariablen der latenten Variablen Preisfairness und der Appartementgröße besteht kein Zusammenhang.

Bei der Gruppe der Prospects besteht kein Zusammenhang zwischen der latenten Variable Preisfairness und der Appartementgröße.

Die Preisfairness und die Inanspruchnahme von Pflegeleistungen – Bewohner

In der Stichprobe der Bewohner und in der Stichprobe der Prospects bestehen zwischen den Indikatorvariablen der latenten Variable Preisfairness und der Inanspruchnahme von Pflegeleistungen keine signifikanten Mittelwertunterschiede. Dies bedeutet, dass unabhängig davon, ob jemand pflegebedürftig ist oder nicht, die Preisfairness gleich beurteilt wird.

Hypothesen Preisfairness – Beziehungen zu andere latente Variablen[654]

Die Preisfairness und die Zufriedenheit mit dem Preis – Bewohner

Es besteht ein signifikant hoher positiver Zusammenhang zwischen der latenten Variable Preisfairness und der Zufriedenheit mit dem Preis.

Die Preisfairness und die empfundene Wichtigkeit des Preises – Bewohner/Prospects

Bei der Gruppe der Bewohner besteht zwischen der latenten Variable Preisfairness und der empfundenen Wichtigkeit ein signifikant schwacher Zusammenhang. Hervorzuheben ist, dass der jeweilige Rangkorrelationskoeffizient nach Spearman für die Indikatorvariablen Preisgestaltung ist fair 0,254 und Preise sind angemessen 0,237 mit der empfundenen Wichtigkeit des Preises beträgt und somit eine Tendenz zu einem mittleren Zusammenhang aufweist.

Bei der Gruppe der Prospects zwischen der Indikatorvariable Preisgestaltung ist fair und der empfundenen Wichtigkeit besteht kein Zusammenhang.

---

[654] Alle Ergebnisse sind im Anhang B (siehe Tab. 123 bis 125) dokumentiert.

10.6 Strukturgleichungsmodellierung mittels Partial-Least-Square (PLS)-Pfadmodellierung

Der Begriff der Strukturgleichungsmodellierung[655] wird nach WEIBER/MÜHLHAUS wie folgt definiert:

> „Die Strukturgleichungsanalyse umfasst statistische Verfahren zur Untersuchung komplexer Beziehungsstrukturen zwischen manifesten und/oder latenten Variablen und ermöglicht die quantitative Abschätzung der Wirkungszusammenhänge. Ziel der Strukturgleichungsanalyse ist es, die a-priori formulierten Wirkungszusammenhänge in einem linearen Gleichungssystem abzubilden und die Modellparameter so zu schätzen, dass die zu den Variablen erhobenen Ausgangsdaten möglichst gut reproduziert werden."[656]

Grundlegend lassen sich zwei Ansätze zur Strukturgleichungsmodellierung unterscheiden: Einerseits das kovarianzbasierte Verfahren, welches vor allen auf die Arbeiten von JÖRESKOP zurückgeht und auf dem Fundamentaltheorem der Faktorenanalyse beruht, „[...] bei dem alle Parameter eines Strukturgleichungsmodells auf Basis der Informationen aus der empirischen Varianz-Kovarianzmatrix bzw. Korrelationsmatrix simultan geschätzt werden."[657] Andererseits gibt es den varianzanalytischen Ansatz, der in der Literatur unter der englischen Bezeichnung Partial-Least-Squares-(PLS)-Verfahren bekannt ist. Dieser Algorithmus ist von WOLD entwickelt und wird wie folgt definiert „Auf der Kleinst-Quadrate-Schätzung basierender zweistufiger Ansatz, bei dem im ersten Schritt fallbezogen konkrete Schätzwerte für die latenten Variablen (socres; construct values) aus den empirischen Messdaten ermittelt werden, die dann im zweiten Schritt zur Schätzung der Parameter des Strukturmodells verwendet werden."[658]

---

[655] In der Arbeit werden die Begriffe Strukturgleichungsanalyse, Strukurgleichungsmodellierung und Kausalmodell synonym verwendet.
[656] Weiber/Mühlhaus (2010), S. 17.
[657] Weiber/Mühlhaus (2010), S. 47.
[658] Weiber/Mühlhaus (2010), S. 58.

Generell besteht ein Strukturgleichungsmodell aus zwei Bestandteilen, dem Strukturmodell (inneren Modell)[659] und dem Messmodell (äußeren Modell).

Strukturmodell

Das Strukturmodell bildet theoretisch vermutete Zusammenhänge zwischen latenten Variablen in Form kausaler Beziehungen (Pfade) ab.[660] Die Spezifikation eines Strukturmodells mit Fehlerterm ist in folgender Abbildung (siehe Abb. 68) zu sehen. Bezüglich der latenten Variablen kann zwischen abhängigen (endogenen, abgekürzt durch den griechischen Buchstaben η) latenten Variablen und unabhängigen (exogenen, abgekürzt durch den griechischen Buchstaben ξ) latenten Variablen unterschieden werden. Endogene Variablen sind latente Variablen, welche durch andere Variablen erklärt werden.[661] In der Forschungspraxis gelingt die Erklärung von abhängigen latenten Variablen durch das Strukturmodell nicht vollkommen.[662] Stattdessen verbleibt eine Restvarianz, welche aus nicht im Modell liegenden Gründen resultiert.[663] Exogene Variablen stellen die Ursache einer Wirkung dar – werden daher durch das Modell nicht erklärt und besitzen auch keine latente Variable als Vorgänger.[664]

---

[659] In der PLS-Terminologie werden sie jeweils als inneres und äußeres Modell bezeichnet. Vgl. Fuchs (2011), S. 20; Jahn (2007), S. 3; Weiber/Mühlhaus (2010), S. 59.
[660] Vgl. Götz/Liehr-Gobbers (2004), S. 716; Jahn (2007), S. 9; Weiber/Mühlhaus (2010), S. 31.
[661] Vgl. Nitzl (2010), S. 3.
[662] Vgl. Herrmann et al. (2006), S. 36.
[663] Vgl. ebd.
[664] Vgl. Nitzl (2010), S. 3.

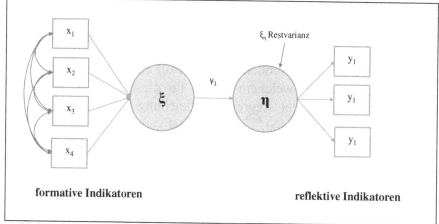

Abbildung 68: Spezifikation des Strukturmodells mit Fehlerterm

Quelle: Eigene Darstellung in Anlehnung an Chin (1998), S. 306 ff.; Herrmann et al. (2006), S. 37.

Messmodell

Das Messmodell beschreibt die Beziehungen zwischen den latenten Variablen und ihren Indikatoren, die als Faktorstruktur gebildet werden.[665] Es wird zwischen einem formativen oder reflektiven Messmodell unterschieden, je nachdem in welcher Kausalrelation die latenten zu ihren manifesten Variablen stehen.[666] Die anschließende Abbildung (siehe Abb. 69) stellt ein reflektives und formatives Messmodell eines einfaktoriellen Konstrukts dar. Dabei wird verdeutlicht, dass im reflektiven Messmodell eine Änderung des Konstruktes stets eine Änderung in allen reflektiven Indikatoren hervorruft, weil die Indikatoren das latente Konstrukt und damit

---

[665] Vgl. Hildebrandt/Görz (1999), S. 2.
[666] Vgl. Nitzl (2010), S. 5.

auch dessen Schwankungen genau abbilden.[667] Reflektive Mess-modelle beruhen auf einem faktoranalytischen Ansatz, „ […] bei dem die empirischen Indikatoren so gewählt werden sollten, dass sie das latente Konstrukt in seiner Gesamtheit möglichst exakt wiederspiegeln bzw. reflektieren (effect indica-tors)."[668] Formative Messmodelle basieren auf einem regressionsana-lytischen Ansatz, bei welchem jedoch für die abhängige Variable (latentes Konstrukt) der Regressionsgleichung keine empirischen Messwerte verfügbar sind.[669] Bei formativen Indikatoren weicht der empirisch ermittelte Konstruktwert vom wahren Konstruktwert ab, da die Itembatterie nicht alle Facetten messen kann.[670] Diese Abweichung stellt den Fehlerterm dar und wird von LOHMÜLLER als „*lack of validity*" [671] bezeichnet. Unter einem anderen Blick-winkel wird der Fehlerterm als „*indeterminateness*" der latenten Variablen bezeichnet.[672] In jedem Messmodell werden zusätzlich Messfehler ε berücksichtigt, da empirische Untersuchungen stets von der Realität abweichen.[673] Auszugehen ist jedoch grundsätzlich von einer Fehlerbehaftung des Messmodells, bspw. bedingt durch die Operationalisierung der latenten Variablen, welche mit einem Informationsverlust einhergeht.

---

[667] Vgl. Herrmann et al. (2006), S. 36.
[668] Fuchs (2011), S. 7.
[669] Vgl. Fuchs (2011), S. 8.
[670] Vgl. Herrmann et al. (2006), S. 36.
[671] Vgl. Lohmöller (1989), S. 15 und 83.
[672] Vgl. Lohmöller (1989), S. 83.
[673] Vgl. Jahn (2007), S. 5.

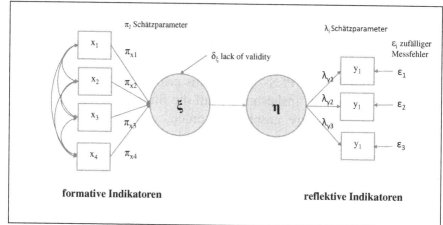

Abbildung 69: Spezifikation der Messmodelle mit zugehörigen Fehlertermen

Quelle: Eigene Darstellung in Anlehnung an Herrmann et al. (2006), S. 36.

PLS-Schätzalgorithmus

Der PLS-Ansatz hat das Ziel, die Varianz der Fehlervariablen im Mess- und im Strukturmodell zu minimieren, um so eine bestmögliche Annäherung an die empirisch erhobenen Daten zu halten.[674] Kritisch ist dabei, dass – bei der gleichzeitigen Minimierung von Messfehler- und Konstruktvarianz – die Messfehlervarianzen bei der Schätzung des Strukturmodells nicht berechnet werden können.[675] Zur Bestimmung der Schätzparameter π_i und λ_i werden Gewichte, welche die Bestimmung von konkreten Werten für die latenten Variablen ermöglichen, als Hilfsvariablen eingesetzt.[676] Die Gewichte werden für jede latente Variable getrennt geschätzt – unter der Annahme, dass die Konstruktwerte der anderen benachbar-

---

[674] Vgl. Weiber/Mühlhaus (2010), S. 58.
[675] Vgl. ebd.
[676] Vgl. Herrmann et al. (2006), S. 37; Zinnbauer/Eberl (2004), S. 9.

ten latenten Variablen bekannt sind.[677] Als Ausgangslösung werden die latenten Variablen als eine nichttriviale Linearkombination aus ihren Indikatorvariablen ausgedrückt, um fallweise Schätzwerte für die latenten Variablen zu ermitteln.[678] Die Schätzung von Kausalmodellen mithilfe des PLS-Algorithmus erfolgt in einem dreistufigen Verfahren, wobei insbesondere auf die Stufe 1, bei welcher die Konstruktwerte iterativ geschätzt werden, eingegangen wird. In einem ersten Schritt werden in Stufe 1 die Schätzparameter durch eine wechselweise innere und äußere Approximation in einem iterativen Prozess verbessert.[679] Diesem Iterationsprinzip, bei dem auf die Kleines-Quadrat-Schätzung (engl. Least Squares) zurückgegriffen wird (wobei jeweils abwechselnd nur ein Teil der Gesamtinformation, entweder die des äußeren oder des inneren Modells, verwendet wird) verdankt der PLS-Ansatz auch seinen Namen.[680] Die Schätzung des Kausalmodells wird so lange wiederholt, bis ein vorab definiertes Konvergenzkriterium erreicht wird – wie z. B., dass sich keine Änderungen der vierten Nachkommastelle für die Gewichte der inneren und äußeren Schätzung mehr ergeben.[681] Das Interationsprinzip auf Stufe 1 wird in vier Schritte unterteilt:[682]

1. Äußere Schätzung der Konstruktwerte der latente Variablen: Die äußeren Schätzwerte der latenten Variablen werden als Linearkombination der ihr entsprechenden Indikatorvariablen berechnet.

2. Berechnung der inneren Gewichte: Die inneren Gewichte werden für jede latente Variable berechnet, um wiederzugeben wie stark die anderen latenten Variablen mit ihr verbunden sind. Zur Ermittlung stehen drei Pfadschemata zur Verfügung – die Zentroid-Methode, die Faktorengewichtungs-Methode und die Pfadgewichtungs-Methode. Die Pfadgewichtungs-

---

[677] Vgl. Götz/Liehr-Gobbers (2004), S. 722.
[678] Vgl. Götz/Liehr-Gobbers (2004), S. 722 ff.; Herrmann et al. (2006), S. 37.
[679] Vgl. Götz/Liehr-Gobbers (2004), S. 722.
[680] Vgl. Weiber/Mühlhaus (2010), S. 63.
[681] Vgl. Götz/Liehr-Gobbers (2004), S. 722.
[682] Vgl. Henseler (2009), S. 110 ff.; Henseler/Chin (2010), S. 88 ff.; Tenenhaus/Vinzi/Chatelin/Lauro (2005), S. 167 ff.

Methode wird in der vorliegenden Arbeit verwendet und dabei HAIR, RINGLE und SARSTEDT „We recommend applying the path weighting scheme that uses combinations of regression analyses and bivariate correlations based on latent construct scores as proxies for structural model relationships"[683] gefolgt.

3. Innere Schätzung der Konstruktwerte der latenten Variablen: Die inneren Schätzwerte der latenten Variablen werden als Linearkombination der äußeren Schätzwerte der entsprechenden benachbarten latenten Variablen, welche die zuvor bestimmten inneren Gewichte nutzen, berechnet.

4. Berechnung der äußeren Gewichte: Bei reflektiven Beziehungen entsprechen die äußeren Gewichte den Regressionskoeffizienten aus der einfachen Regression zwischen dem aus Schätzwert der latenten Variablen als unabhängige und den Indikatoren als abhängige Variable.[684] Bei formativen Modellen werden die äußeren Gewichte über die Regressionskoeffizienten aus der multiplen Regression zwischen dem Schätzwert der latenten Variablen als abhängige und den dazu gehörenden Indikatoren als unabhängige Variablen ermittelt.[685]

In Stufe 2 des PLS-Schätzalgorithmus ist der endgültige Konstruktwert für die jeweilige latente Variable gefunden und kann zur Schätzung der Pfadkoeffizienten mittels multipler Regression verwendet werden.[686] Dies impliziert, dass sich die Schätzung des Strukturmodells nicht mehr auf latenten Variablen stützt, sondern auf die konkreten empirischen Messwerte.[687] Für jedes endogene Konstrukt werden die Pfadkoeffizienten aus der Regression mit der abhängigen Variable und all ihren Vorgängern als unabhängigen Variablen berechnet. Wenn die Pfadkoeffizienten ermittelt wurden, werden in der abschließenden Stufe 3 die Mittelwerte und der konstante Term für die lineare Regressionsfunktion geschätzt.[688] Die

---

[683] Hair/Ringle/Sarstedt (2011), S. 142. Ebenfalls Lohmöller (1989), S. 42 empfiehlt dieses Pfadgewichtungsschema.
[684] Vgl. Götz/Liehr-Gobbers (2004), S. 723.
[685] Vgl. ebd.
[686] Vgl. Weiber/Mühlhaus (2010), S. 62.
[687] Vgl. Weiber/Mühlhaus (2010), S. 64.
[688] Vgl. Weiber/Mühlhaus (2010), S. 59.

folgende Abbildung (Abb. 70) veranschaulicht ein PLS-Modell nach der Parameterschätzung.

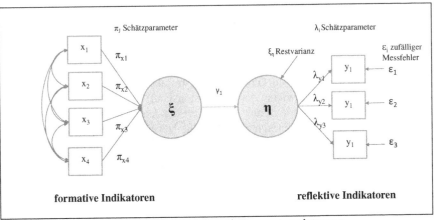

Abbildung 70: Komplettes PLS-Modell nach Parameterschätzung

Quelle: Eigene Darstellung in Anlehnung an Herrmann et al. (2006), S. 38.

Besonderen Wert wurde bei den nachfolgenden Ausführungen auf die Darstellung der empirischen Ergebnisse[689] im Rahmen der Strukturgleichungsmodellierung gelegt. Kritisch zu betrachten ist[690], dass in der Literatur bisher keine systematische Vorgehensweise zur Modellbeurteilung der PLS-Pfadmodellierung existiert.[691] In diesem Zusammenhang muss STEWARTs kritische Aussage berücksichtigt werden, die besagt, dass eine schwache Erklä-

---

[689] Der Leser sollte sich bewusst machen, die Art und Weise der empirischen Erhebung beeinflusst die Ergebnisse. Unsere Theorien und Hypothesen, explizit oder implizit, beeinflussen uns wonach wir schauen, wie wir schauen und interpretieren was wir sehen. Vgl. Stewart (2009), S. 381.

[690] Obwohl die Ansätze aus den 1960er Jahren stammen und lange Zeit der kovarianzbasierte Ansatz dominierte, wird momentan in der Literatur dem PLS-Verfahren das meiste Entwicklungspotenzial zugesprochen. Vgl. Nitzl (2010), S. 21; Schloderer/Balderjahn (2006), S. 57; Weiber/Mühlhaus (2010), S. 253.

[691] Vgl. Ringle (2004), S. 13; Ringle/Spreen (2007), S. 212.

rung der empirischen Ergebnisse bei eingereichten wissenschaftlichen Veröffentlichungen verbreitet ist.[692]

Infolgedessen wird in der vorliegenden Arbeit RINGLE gefolgt, der folgendes Vorgehen zur Analyse von PLS-Pfadmodellen vorschlägt:[693]

1. Beurteilung des Strukturmodells,
2. Überprüfung der reflektiven und formativen Messmodelle latenter Variablen anhand von Reliabilität und Validität,
3. Beurteilung des Gesamtmodells.

Weiterhin wird sich bei der Darstellung der Ergebnisse an CHINs „*Clear Reporting*" [694] für PLS-Analysen orientiert. Vorab soll der Kontext der durchgeführten Studie vorgestellt und anschließend die folgenden Informationen bereitgestellt werden:[695]

1. Eine Beschreibung der Stichprobe,
2. Die Verteilung der Daten, um die Adäquanz der statistischen Schätzverfahren zu bestimmen,
3. Die Analyse des Modells: PLS-Modelle können dabei einfach durch eine grafische Darstellung beschrieben werden. Speziell sollte dabei sowohl auf das Messmodell und das Strukturmodell als auch auf das Schätzverfahren eingegangen werden,
4. Die statistischen Ergebnisse, um die Interpretationen und Schlussfolgerungen zu bestätigen.

---

[692] Vgl. Stewart (2009), S. 382.
[693] Vgl. Ringle (2004), S. 14.
[694] Vgl. Chin (2010), S. 669.
[695] Vgl. ebd.

Zusätzlich sollte ebenfalls die Software mit Versionsnummer und spezifischen Einstellungen, die vorgenommen wurden, angegeben werden.[696]

10.6.1 Methodenvergleich und Auswahl

Im Folgenden werden das varianz- und kovarianzbasierte Strukturgleichungsverfahren gegenübergestellt (siehe Tab. 34):

Tabelle 34: Vergleich zwischen varianz- und kovarianzbasierten Methoden

Kriterium	Varianzbasiert (PLS)	Kovarianzbasiert (LISREL)
Ziel	bestmögliche Vorhersage der Datenmatrix bzgl. der Zielvariablen → prognoseorientiert	bestmögliche Reproduktion der empirischen Varianz- und Kovarianzmatrix → parameterorientiert
Theoriebezug	daten- und prognoseorientierter Ansatz → soft modeling primär explorative Untersuchungen	Theorietestender Ansatz → hard modeling primär konfirmatorische Untersuchungen
Zielfunktion	Minimierung der Differenz zwischen beobachteten und geschätzten Falldaten → basiert auf der Varianz	Minimierung der Differenz zwischen empirischen und modelltheoretischen Kovarianzen → basiert auf der Kovarianz
Schätzprinzip	iterative und nicht-iterative Kleinste-Quadrat-Schätzung	Minimierung des Abstandes zwischen modelltheoretischer und empirischer Kovarianz
Konsistenz der Schätzer	konsistent, wenn Fall- und Indikatorenanzahl hoch	Konsistent

---

[696] Vgl. ebd.

Kriterium	Varianzbasiert (PLS)	Kovarianzbasiert (LISREL)
Methodenansatz	regressionsanalytisch bei zweistufiger Schätzung von Mess- und Strukturmodell	faktoranalytisch mit simultaner Schätzung aller Parameter des Kausalmodells
Datenbasis	Ausgangsdatenmatrix	Varianz-Kovarianz-Matrix
Strukturmodell	nur rekursive Modelle	rekursive und nicht-rekursive Modelle
Messmodell	reflektiv und formativ	reflektiv und formativ, nur unter kleineren Einschränkungen möglich
Verteilungsannahme	keine	multivariate Normalverteilung, aber allgemein robust gegen Abweichung
Gütebeurteilung	interferenzstatistische Tests über Resampling-Verfahren möglich, aber kein globales Gütemaß	interferenzstatistische Tests problemlos möglich und große Vielfalt an globalen Gütemaßen
Stichprobengröße (n<100)	möglich	sehr problematisch
Skalenniveau	keine Einschränkung	mindestens Intervallskaliert
Applikationen	SmartPLS, PLS Graph, LVPLS	LISREL, AMOS, M-PLUS

Quelle: Eigene Darstellung in Anlehnung an Homburg/Klarmann (2008), S. 735; Nitzl (2010), S. 21; Weiber, R./Mühlhaus, D. (2010), S. 66.

Aufgrund der fehlenden Normalverteilungsannahme im Vergleich zur Kovarianzstrukturanalyse ist bei der Strukturgleichungsmodellierung mit dem PLS-Ansatz die Anzahl von Gütemaße wesentlich geringer, da sich eine traditionelle, parametrisch ausgerichtete Vorgehensweise für Signifikanztests zur Modellbeurteilung nicht eignet.[697] Im Rahmen einer Auswertung mit PLS lassen sich lediglich für die Teilmodelle die Gütemaße prüfen, insofern der PLS-Algorithmus iterativ und blockweise erfolgt und nicht, wie bei kovarianzbasierten Verfahren, simultan.[698]

Es existiert für PLS-Pfadmodelle kein globales Gütemaß zur Beurteilung des Modells.[699] Dementsprechend ist die Anwendung von interferenzstatistischen Signifikanztests nicht möglich.[700] Mithilfe des Bootstrapping können jedoch zumindest stichprobenspezifische Standardfehler für die geschätzten Modellparameter berechnet werden.[701] Bootstrapping ist eine nichtparametrische Resampling-Methode, welche die Qualität von Partial-Least-Squares-Schätzergebnissen beurteilt.[702] Die Methode ist dadurch gekennzeichnet, dass eine bestimmte Anzahl von Fällen, normalerweise ein Fall, aus den empirisch erhobenen Daten unterdrückt wird, um anschließend das Modell zu schätzen.[703] Die Teilstichprobe wird generiert, indem n-mal ein Wert aus einer gegebenen Stichprobe ein Wert mit zurücklegen gezogen wird.[704] Das Bootstrapping-Verfahren basiert auf die Voreinstellung von Smart-PLS mit 5.000 Teilstichproben und jeweils der Anzahl der verwertbaren Fragebögen[705] als Stichprobengröße.[706]

In der vorliegenden Arbeit wird zur Analyse der drei Strukturgleichungsmodelle das varianzbasierte Verfahren angewendet.

---

[697] Vgl. Ringle (2004), S. 13.
[698] Vgl. Herrmann et al. (2006), S. 42.
[699] Vgl. Hulland (1999), S. 202; Schloderer/Balderjahn (2006), S. 63.
[700] Vgl. Schloderer/Balderjahn (2006), S. 62.
[701] Vgl. ebd.
[702] Vgl. Chin (1998), S. 320.
[703] Vgl. Ringle (2004), S. 18.
[704] Vgl. Chin (1998), S. 320.
[705] Das Gesamt-Modell umfasst gültige 1.144 Fälle, das Bewohner-Modell 464 Fälle und das Prospect-Modell 680 Fälle.
[706] Vgl. Hair et al. (2011), S. 148.

Diese Entscheidung erfolgte nach der Analyse der Stichprobe, welche nicht normalverteilt ist. Dass keine Normalverteilung der erhobenen Daten vorliegt, wurde anhand des Kolmogorov-Smirnov-Tests für alle drei Modelle überprüft. Die Nullhypothese, dass eine Normalverteilung vorliegt, wurde für alle Indikatorvariablen in allen drei Modellen abgelehnt.[707] Es ist kritisch zu sehen, dass es keine eindeutigen Kriterien gibt für die Anwendungsbedingungen eines Tests, der eine Normalverteilung voraussetzt.[708] JANSEN und LATZ empfehlen daher eine grafische Lösung und schätzen den Kolmogorov-Smirnov-Test und den Shapiro-Wilk-Test als unbrauchbar ein.[709] Da ebenfalls von WEIBER und MÜHLHAUS der Kolmogorov-Smirnov-Test als konservativ angesehen wird, wurden zusätzlich für das Gesamt-Modell noch P-P-Verteilungs-Diagramme erstellt.[710]

Bei P-P-Verteilungs-Diagrammen werden unter Annahme der Normalverteilung die kumulierten (relativen) Häufigkeiten der erwarteten standardisierten Residuen gegen die kumulierten (relativen) Häufigkeiten der beobachteten standardisierten Residuen abgetragen.[711] Bei den grafischen Ergebnissen kann von einer Normalverteilung ausgegangen werden, wenn die erwarteten Werte nur leicht und zufällig gestreut von der eingezeichneten Gerade abweichen. Dies trifft bei den grafischen Ergebnissen der empirischen Untersuchung nicht zu. Alle P-P-Verteilungs-Diagramme sind in Anhang B in einer Abbildung (siehe Abb. 75) aufgeführt. Die Ergebnisse des Kolmogorov-Smirnov-Tests sind damit bestätigt.

---

[707] Die detaillierten Ergebnisse sind in Anhang B (siehe Tab.127) als Kolmogorov-Smirnov-Test zur Normalverteilung mit einer Stichprobe hinterlegt.
[708] Vgl. Jansen/Latz (2007), S. 249 ff.
[709] Vgl. ebd.
[710] Vgl. Weiber/Mühlhaus (2010), S. 147.
[711] Vgl. Götze/Deutschmann/Link (2002), S. 299.

Weitere Gründe für die Wahl eines varianzbasierten Verfahren sind, dass dieses sich für Modelle anbietet, bei denen die Beziehungen zwischen den Konstrukten sowie die Beziehungen zwischen den Indikatorvariablen und Konstrukten nicht von Beginn an klar definiert sind.[712] Folglich kann explorativ vorgegangen werden, indem Beziehungen zwischen latenten Variablen untersucht werden, selbst dann, wenn zu diesen Zusammenhängen keine theoretischen Erkenntnisse, sondern nur Plausibilitätsüberlegungen vorliegen.[713] Partiell erfolgt der Forschungsprozess in der vorliegenden Forschungsarbeit explorativ, indem bspw. das Konstrukt Involvement im Forschungsprozess über die identifizierten Werttreiber operationalisiert wird. Ein Vorteil von varianzbasierten Verfahren in diesem Zusammenhang ist, dass die konservativen Schätzer des Strukturmodells – bei einer schlechten Operationalisierung – vor einer deutlichen Überschätzung der Zusammenhänge, schützen.[714]

In der vorliegenden Arbeit werden die Softwareanwendung SmartPLS[715], in der Version 2.0.M3 und SPSS, in der Version 21 genutzt. SmartPLS ist eine statistische Software mit grafischer Modellierungsoberfläche zur Schätzung von Pfadmodellen mit dem PLS-Algorithmus. SPSS ist eine Statistik-Software, die häufig zur Anwendung kommt.

---

[712] Vgl. Herrmann/Huber/Kressmann (2006), S. 45.

[713] Vgl. ebd.

[714] Vgl. Herrmann et al. (2006), S. 41 i. V. m. S. 45. So zeigt LOHMÜLLER, dass die Schätzer im Strukturmodell bei geringer Indikatorladung mit einem kovarianzbasierten Verfahren deutlich überschätzt werden. Vgl. Lohmöller (1989), S. 211 ff.

[715] Vgl. Ringle/Wende/Will (2005).

10.6.2 Beurteilung des Strukturmodells und Gruppenvergleich

In der vorliegenden Arbeit wird jeweils für das Gesamt-Modell die gesamte Stichprobe, also Bewohner und Prospects, zusammen betrachtet – im Bewohner-Modell lediglich die Gruppe der Bewohner und im Prospect-Modell lediglich die Gruppe der Prospects.

Zur Gütebeurteilung des Strukturmodells werden die Höhe und Signifikanz der Pfadkoeffizienten[716], das Bestimmtheitsmaß, die Prognoserelevanz und Prognosestärke der Pfadbeziehungen beschrieben.

10.6.2.1 Ausmaß und Signifikanz der Pfadkoeffizienten

Die Pfadkoeffizienten geben die Wirkungsstärke der latenten Konstrukte an.[717] Die einzelnen Pfadkoeffizienten entsprechen dabei den standardisierten Beta-Koeffizienten, welche aus der Kleinstquadrate-Methode resultieren.[718] Ihr Wertebereich erstreckt sich dabei in dem Intervall von -1 bis +1. Werte nahe Null implizieren dabei einen schwachen, Werte nahe $|1|$ einen starken negativen oder positivem Zusammenhang.[719]

Die Signifikanz wird mithilfe der Bootstrapping-Verfahren ermittelt. Pfadkoeffizienten, die nicht signifikant sind oder ein der Hypothesenformulierung entgegengesetztes Vorzeichen aufweisen, falsifizieren die aufgestellten Hypothesen.[720] Von einem „bedeut-

---

[716] Bei der Hypothesenüberprüfung wurde neben der Höhe und Signifikanz der Pfadkoeffizienten ebenfalls noch das Vorzeichen mitbeachtet.

[717] Vgl. Fuchs (2011), S. 30.

[718] Vgl. Götz/Liehr-Gobbers (2004), S. 730; Nitzl (2010), S. 34.

[719] Vgl. Ringle/Spreen (2007), S. 214.

[720] Vgl. Götz/Liehr-Gobbers (2004), S. 730.

samen" Zusammenhang geht CHIN bei einem standardisierten Pfadkoeffizient größer als $|0{,}2|$ aus.[721] LOHMÜLLER und SELTIN/KEEVES hingegen sehen schon einen Wert größer als $|0{,}1|$ als akzeptabel an.[722] In konsekutiver Tabelle (siehe Tab. 35) sind die Pfadkoeffizienten der drei Gruppen und die entsprechenden t-Werte dargestellt.

---

[721] Vgl. Chin (1998), S. 324 f.
[722] Vgl. Lohmöller (1989), S. 60 f.; Seltin/Keeves (1994), S. 4356.

Tabelle 35: Ausmaß und Signifikanz der Pfadkoeffizienten

Beziehung im Strukturmodell		Pfadkoeffizient			t-Wert		
		Gesamt-Modell	Bewohner-Modell	Prospect-Modell	Gesamt-Modell	Bewohner-Modell	Prospect-Modell
Social-Emotional Support → Glück	$H_{ES}1$	0,2771	0,2765	0,2714	8,5015***	4,9098***	6,7061***
Social-Emotional Support → WoM	$H_{ES}2$	0,0554	0,0467	0,0715	1,7721*	1,1656	1,7741*
Social-Emotional Support → Cooperation	$H_{ES}3$	0,1311	0,1968	0,0969	3,87***	3,873***	2,2329**
Social-Emotional Support → Participation	$H_{ES}4$	0,1401	0,2822	0,0385	4,0165***	4,8921***	1,1084
Social-Emotional Support → Preisfairness	HE_S5	0,1222	0,1964	0,06	3,2248***	3,3522***	1,5063
Instrumental Support → Glück	$H_{IS}1$	0,1981	0,1219	0,2018	5,5264***	1,9596**	4,667***
Instrumental Support → WoM	$H_{IS}2$	0,0551	-0,0174	0,1175	1,8715*	0,54	2,9986***
Instrumental Support → Cooperation	$H_{IS}3$	-0,0082	0,0131	0,1051	0,4331	0,4233	2,5265**
Instrumental Support → Participation	$H_{IS}4$	0,2988	-0,0104	0,2069	9,7244***	0,31	5,2953***

Beziehung im Strukturmodell		Pfadkoeffizient			t-Wert		
		Gesamt-Modell	Bewohner-Modell	Prospect-Modell	Gesamt-Modell	Bewohner-Modell	Prospect-Modell
Instrumental Support → Preisfairness	$H_{IS}5$	-0,1047	-0,0658	0,0403	2,9333***	1,3351	1,1241
Glück → Qualitatives Luxusverständnis	H_G1	0,1045	0,1701	0,0511	3,538***	3,5712***	1,4489
Preisfairness → Involvement	H_P1	0,3468	0,4059	0,2826	11,8639***	9,9078***	7,3775***
Preisfairness → WoM	H_P2	0,4022	0,4994	0,329	13,5765***	10,1647***	8,3351***
Involvement → Cooperation	$H_{IW}1$	0,3299	0,406	0,2408	10,0721***	7,3245***	5,5552***
Involvement → Participation	$H_{IW}2$	0,1199	0,1561	0,2493	4,0915***	3,4424***	5,9264***
Involvement → WoM	$H_{IW}3$	0,1747	0,1836	0,1454	5,6187***	3,1924***	3,7417***
Qualitatives Luxusverständnis → Preisfairness	$H_{Lux}1$	0,1438	0,08	0,1812	4,9989***	1,7616*	4,7807***

*** = signifikant mit 1 %-iger Irrtumswahrscheinlichkeit

** = signifikant mit 5 %-iger Irrtumswahrscheinlichkeit

* = signifikant mit 10 %-iger Irrtumswahrscheinlichkeit

Quelle: Auswertung selbst erhobener Daten.

Gesamt-Modell

Im Gesamt-Modell liegen die Betragswerte der Pfadkoeffizienten zwischen -0,1047 für den Pfad Instrumental Support → Preisfairness und 0,4022 für den Pfad Preisfairness → Word-of-Mouth. Insgesamt sind 14 der 17 postulierten Beziehungshypothesen sind mit einer Irrtumswahrscheinlichkeit von höchstens 1 % signifikant und zwei mit einer Irrtumswahrscheinlichkeit von höchstens 10 %. Die Pfadkoeffizienten der Hypothesen $H_{ES}2$, $H_{IS}2$, $H_{IS}3$ und $H_{IS}5$ liegen im Gesamt-Modell unter dem geforderten Wert von LOHMÜLLER und SELTIN/KEEVES. Dabei ist nur der Pfadkoeffizient der Wirkungsbeziehungen Instrumental Support → Cooperation nicht signifikant. Die Hypothesen $H_{ES}2$, $H_{IS}2$, $H_{IS}3$ und $H_{IS}5$ werden daher im Gesamt-Modell abgelehnt.

Im Ergebnis interessant ist, dass nur im Gesamt-Modell die Indikatorvariable Instrumental Support mit einem Pfadkoeffizienten von -0,1047 einen signifikant negativen Einfluss auf Preisfairness hat. Dies würde bedeuteten, dass ein höheres Ausmaß an Instrumental Support mit einer geringeren empfundenen Preisfairness einhergeht. Dies ist jedoch der einzig signifikant negative Pfad in allen drei Modellen. Die Hypothese H_I5 ist aufgrund des Vorzeichens abzulehnen.

Bewohner-Modell

Besonders hervorzuheben ist im Bewohner-Modell der Pfad Preisfairness → Word-of-Mouth. Hier besteht der stärkste Zusammenhang innerhalb aller drei Modelle mit einem Pfadkoeffizienten von 0,4994. Im Bewohner-Modell erreichen die Pfadkoeffizienten der Hypothesen $H_{ES}2$, $H_{IS}2$, $H_{IS}3$, $H_{IS}4$, $H_{IS}5$ und $H_{Lux}1$ nicht den Mindestwert von $|0,1|$. Diese Pfadkoeffizienten sind ebenfalls nicht signifikant, eine Ausnahme bildet $H_{Lux}1$. Die Hypothesen $H_{ES}2$,

$H_{IS}2$, $H_{IS}3$, $H_{IS}4$, $H_{IS}5$ und $H_{Lux}1$ werden daher im Bewohner-Modell verworfen.

Prospect-Modell

Auch im Prospect-Modell besteht beim Pfad Preisfairness $\rightarrow$ Word-of-Mouth der stärkste Zusammenhang mit einem Pfadkoeffizienten von 0,329. Im Prospect-Modell liegen die Pfadkoeffizienten der Hypothesen $H_{ES}2$, $H_{ES}4$, $H_{ES}5$, $H_{IS}5$ und H_G1 unter dem Grenzwert. Diese Pfadkoeffizienten sind nicht signifikant, daher werden die Hypothesen $H_{ES}2$, $H_{ES}4$, $H_{ES}5$, $H_{IS}5$ und H_G1 im Prospect-Modell abgelehnt.

Zusammenfassung

Die Ergebnisse gelten, wenn nicht anders spezifiziert, für alle drei Modelle:

- Social-Emotional Support und Instrumental Support haben beide jeweils einen positiven signifikanten Einfluss auf Glück.
- Social-Emotional Support und Instrumental Support haben beide keinen Einfluss auf Word-of-Mouth – mit Ausnahme des Prospekt-Modells, hier besteht ein signifikant positiver Zusammenhang zwischen Instrumental Support und Word-of-Mouth.
- Zwischen Social-Emotional Support und Customer Cooperation besteht ein signifikant positiver Zusammenhang.
- Zwischen Instrumental Support und Customer Cooperation besteht kein Zusammenhang im Gesamt-Modell und im Bewohner-Modell, während im Prospect-Modell ein signifikant positiver Zusammenhang besteht.
- Zwischen Social-Emotional Support und Customer Participation besteht ein signifikant positiver Zusammenhang im Gesamt-Modell und im Bewohner-Modell, während im Prospect-Modell kein Zusammenhang besteht.
- Zwischen Instrumental Support und Customer Participation besteht ein signifikant positiver Zusammenhang im Gesamt-Modell und im Prospect-Modell, während im Bewohner-Modell kein Zusammenhang besteht.

- Zwischen Social-Emotional Support und Preisfairness besteht ein signifikant positiver Zusammenhang im Gesamt-Modell und im Bewohner-Modell, während im Prospect-Modell kein Zusammenhang besteht.
- Zwischen Instrumental Support und Preisfairness besteht kein Zusammenhang. Die Hypothese $H_{IS}5$ wird daher verworfen.
- Glück hat im Gesamt-Modell und im Bewohner-Modell einen signifikant positiven Einfluss auf Qualitatives Luxusverständnis.
- Preisfairness hat einen signifikant positiven Einfluss auf das Involvement.
- Preisfairness hat einen signifikant positiven Einfluss auf Weiterempfehlung (WoM). Bei dieser Pfadbeziehung besteht in allen drei Modellen jeweils der stärkste Zusammenhang mit einem Pfadkoeffizienten in Höhe von 0,4022 im Gesamt-Modell, 0,4994 im Bewohner-Modell und 0,329 im Prospect-Modell.
- Involvement hat einen signifikant positiven Einfluss auf die drei Dimensionen Cooperation, Participation und Word-of-Mouth der latenten Variablen CVP.
- Zwischen Qualitatives Luxusverständnis und Preisfairness besteht ein signifikant positiver Zusammenhang im Gesamt-Modell und im Prospect-Modell, während im Bewohner-Modell kein Zusammenhang besteht.
- Die Hypothesen $H_{ES}1$, $H_{ES}3$, $H_{IS}1$, H_P1, H_P2, $H_{IW}1$, $H_{IW}2$ und $H_{IW}3$ werden für alle drei Modelle bestätigt.

10.6.2.2 Bestimmtheitsmaß

„Das Bestimmtheitsmaß mißt die Güte der Anpassung an die Regressionsfunktion an die empirischen Daten („goodness of fit").“[723]

Im Rahmen einer Auswertung mit SmartPLS bewertet CHIN einen R^2-Wert größer als 0,67 als „substantiell", zwischen 0,33 und 0.67 als „durchschnittlich" und zwischen 0,19 und 0,33 als „schwach".[724] Hingegen erachten FRANK/MILLER ein Bestimmtheitsmaß von $\geq 0,1$ als akzeptabel.[725]

---

[723] Backhaus et al. (2006), S. 64.
[724] Vgl. Chin (1998), S. 323.
[725] Vgl. Falk/Miller (1992), S. 80.

Nach BACKHAUS et al. ist es jedoch nicht möglich, eine allgemeingültige Aussage darüber zu treffen, ab welchem Wert das Bestimmtheitsmaß als „gut" bezeichnet werden kann.[726] Das Bestimmtheitsmaß ist folglich immer im Hinblick auf das jeweilige Fach- und Forschungsgebiet zu betrachten.[727] In der anschließenden Tabelle (siehe Tab. 36) sind die Ergebnisse zu R^2 für alle drei Modelle dargestellt.[728] Die Bestimmtheitsmaße unterscheiden sich zwischen dem Bewohner-Modell und dem Gesamt-Modell nicht wesentlich, sie sind jedoch für das Bewohner-Modell höher ausgeprägt als für die Prospects. Die latente Variable Weiterempfehlung hat in allen drei Modellen jeweils die höchste Ausprägung – veranschaulicht am Beispiel des Bewohner-Modells kann dies wie folgt interpretiert werden: $R^2=0,3697$ – damit können 37 % der Gesamtstreuung der latenten Variable Weiterempfehlung durch die latenten Variablen Instrumental Support, Social-Emotional Support, Involvment und Preisfairness erklärt werden. Hingegen hat die latente Variable Qualitatives Luxusverständnis in allen drei Modellen jeweils die niedrigste Ausprägung. Das bedeutet, dass keine gute Anpassung der Regressionsfunktion an die empirischen Daten erzielt wird.

---

[726] Vgl. Backhaus et al. (2006), S. 97.
[727] Vgl. Fuchs (2011), S. 30.
[728] Es wurden in PLS probeweise Moderatoren eingefügt. Jedoch wurde keine nennenswerte Erklärungsverbesserung erzielt, sodass diese wieder entfernt wurden.

Tabelle 36: Bestimmtheitsmaß

Latente Variable	Bestimmtheitsmaß R^2		
	Gesamt-Modell	Bewohner-Modell	Prospect-Modell
Involvement	0,1203	0,1648	0,0798
Customer Participation	0,1815	0,1241	0,1372
Customer Cooperation	0,1419	0,2515	0,1076
Word-of-Mouth (WoM)	0,2584	0,3697	0,2037
Glück	0,1751	0,1296	0,1643
Qualitatives Luxusverständnis	0,0109	0,0289	0,0026
Preisfairness	0,0318	0,037	0,0415

Quelle: Auswertung selbst erhobener Daten.

In den folgenden Abbildungen (siehe Abb. 71, 72 und 73) sind jeweils für das Gesamt-Modell, das Bewohner-Modell und das Prospect-Modell die Pfadkoeffizienten und das Bestimmtheitsmaß im Strukturmodell dargestellt.

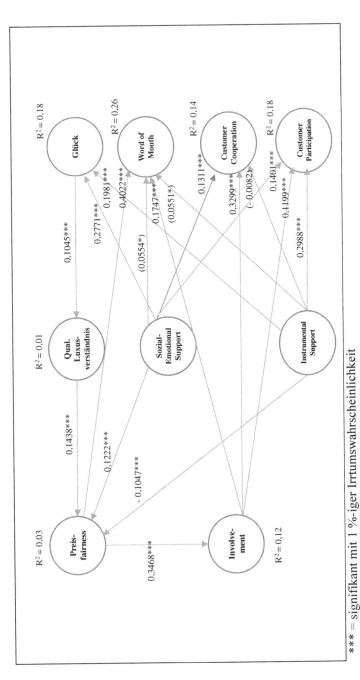

*** = signifikant mit 1 %-iger Irrtumswahrscheinlichkeit

** = signifikant mit 5 %-iger Irrtumswahrscheinlichkeit

* = signifikant mit 10 %-iger Irrtumswahrscheinlichkeit

Abbildung 71: Pfadkoeffizienten und Bestimmtheitsmaß im Strukturmodell für das <u>Gesamt-Modell</u> (n=1144)

Quelle: Auswertung selbst erhobener Daten.

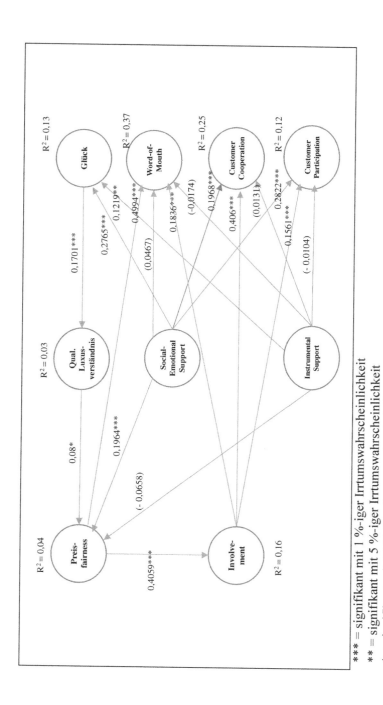

*** = signifikant mit 1 %-iger Irrtumswahrscheinlichkeit

** = signifikant mit 5 %-iger Irrtumswahrscheinlichkeit

* = signifikant mit 10 %-iger Irrtumswahrscheinlichkeit

Abbildung 72: Pfadkoeffizienten und Bestimmtheitsmaß im Strukturmodell für das Bewohner-Modell (n=464)

Quelle: Auswertung selbst erhobener Daten.

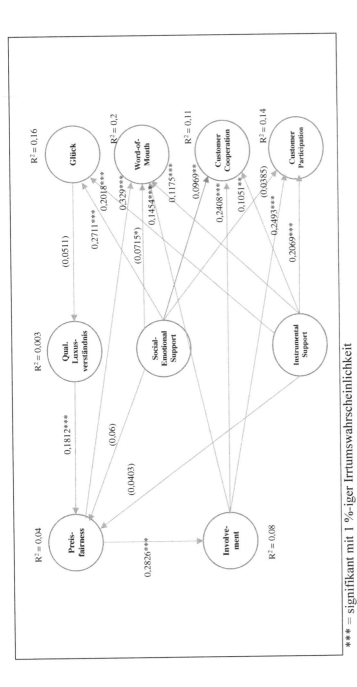

*** = signifikant mit 1 %-iger Irrtumswahrscheinlichkeit

** = signifikant mit 5 %-iger Irrtumswahrscheinlichkeit

* = signifikant mit 10 %-iger Irrtumswahrscheinlichkeit

Abbildung 73: Pfadkoeffizienten und Bestimmtheitsmaß im Strukturmodell für das <u>Prospect-Modell</u> (n=680)

Quelle: Auswertung selbst erhobener Daten.

10.6.2.3 Prognoserelevanz

Mit dem nichtparametrischen Stone-Geisser-Kriterium Q^2 kann die Prognoserelevanz von reflektiv latenten endogenen Variablen beurteilt werden, da Smart-PLS eine Prognose aufgrund der Urdaten vornimmt und nicht über eine Reproduktion der Kovarianzen.[729]

Die Prognoserelevanz zeigt an, wie gut die untersuchten empirischen Daten ohne Verlust an Freiheitsgraden das aufgestellte Modell und seine Parameter rekonstruieren können.[730] Q^2 wird über die Blindfolding-Prozedur bestimmt, indem Teile der empirisch erhobenen Daten für einen bestimmten Block manifester Variablen systematisch ausgelassen und anschließend mit den daraus resultierenden PLS-Ergebnissen geschätzt werden, bis eine Auslassung und Schätzung sämtlicher Datenpunkte vorliegt.[731]

Ist $Q^2 > 0$, so besitzt das Modell Prognoserelevanz.[732] Ein negativer Q^2-Wert drückt hingegen aus, dass das Modell irreleitend ist, denn „the trival prediction of sample means is superior to derived from the tested model relation".[733]

Die folgende Tabelle (siehe Tab. 37) zeigt die Ergebnisse zum Stone-Geisser-Kriterium. Alle Q^2-Werte sind positiv, folglich ist in den drei Modellen eine (ausreichende) Prognoserelevanz vorhanden.

---

[729] Vgl. Weiber/Mühlhaus (2010), S. 257.
[730] Vgl. Chin (1998), S. 317; Fornell/Cha (1994), S. 72.
[731] Vgl. Ringle/Spreen (2007), S. 215.
[732] Vgl. Weiber/Mühlhaus (2010), S. 258.
[733] Seltin/Keeves (1994), S. 4357.

Tabelle 37: Stone-Geisser-Kriterium

Latente Variable	Stone-Geisser-Kriterium, Q^2		
	Gesamt-Modell	Bewohner-Modell	Prospect-Modell
Involvement	0,047	0,074	0,027
Social-Emotional Support	0,436	0,458	0,372
Instrumental Support	0,375	0,235	0,308
Customer Participation	0,121	0,074	0,082
Customer Cooperation	0,079	0,129	0,062
Word-of-Mouth (WoM)	0,186	0,249	0,125
Glück	0,081	0,067	0,075
Qualitatives Luxusverständnis	0,004	0,009	0,001
Preisfairness	0,014	0,02	0,029

Quelle: Auswertung selbst erhobener Daten.

Prognosestärke der Pfadbeziehungen

Unter Einschluss und Ausschluss der latent exogenen Variablen im Pfadmodell wird der relative Einfluss der Beziehungen auf die abhängigen (endogenen) latenten Variablen bestimmt.[734] Diese Prognosestärke der Pfadbeziehungen errechnet sich dabei wie folgt:[735]

$$q^2 = \frac{Q^2_{eingeschlossen} - Q^2_{ausgeschlossen}}{1 - Q^2_{ausgeschlossen}}$$

---

[734] Vgl. Ringle/Spreen (2007), S. 215.
[735] Vgl. Chin (1998), S. 318; Ringle/Spreen (2007), S. 215.

Ein q^2 um 0,02 entspricht einem „schwachen", q^2 um 0,15 einem „mittleren" und q^2 um 0,35 einem „substanziellen" Einfluss.[736]

Zu beachten ist, dass jeweils für alle drei Modelle der Einfluss gilt: Die exogene latente Variable Customer Cooperation hat einen schwachen Einfluss auf die endogene Variable Involvement, Word-of-Mouth hat einen mittleren Einfluss auf Preisfairness im Gesamt-Modell sowie im Bewohner-Modell und Word-of-Mouth hat einen schwachen Einfluss auf Preisfairness im Prospect-Modell und Glück hat einen schwachen Einfluss auf Social-Emotional Support. Die Ergebnisse sind in der nachfolgenden Tabelle (siehe Tab. 38) dargestellt.

---

[736] Vgl. Ringle/Spreen (2007), S. 215.

Tabelle 38: Effektstärke der Prognoserelevanz

Exogene latente Variable	Endogene latente Variable	Effektstärke der Prognoserelevanz			Beurteilung		
		Gesamt-Modell	Bewohner-Modell	Prospect-Modell	Gesamt-Modell	Bewohner-Modell	Prospect-Modell
Customer Participation	Social-Emotional Support	0,015	0,035	0,001	kein	schwach	kein
Customer Participation	Instrumental Support	0,044	0	0,022	schwach	kein	schwach
Customer Participation	Involvement	0,009	0,014	0,026	kein	kein	schwach
Customer Cooperation	Social-Emotional Support	0,006	0,015	0,003	kein	kein	kein
Customer Cooperation	Instrumental Support	0	0,001	0,005	kein	kein	kein
Customer Cooperation	Involvement	0,06	0,08	0,033	schwach	schwach	schwach
Word-of-Mouth (WoM)	Social-Emotional Support	0,027	0	0,003	schwach	kein	kein
Word-of-Mouth (WoM)	Instrumental Support	0,026	-0,004	0,008	schwach	kein	kein

Exogene latente Variable	Endogene latente Variable	Effektstärke der Prognoserelevanz			Beurteilung		
		Gesamt-Modell	Bewohner-Modell	Prospect-Modell	Gesamt-Modell	Bewohner-Modell	Prospect-Modell
Word-of-Mouth (WoM)	Involvement	0,024	0,028	0,017	schwach	schwach	kein
Word-of-Mouth (WoM)	Preisfairness	0,174	0,176	0,07	mittel	mittel	schwach
Glück	Social-Emotional Support	0,035	0,034	0,033	schwach	schwach	schwach
Glück	Instrumental Support	0,008	0,003	0,012	kein	kein	kein
Qualitatives Luxusverständnis	Glück	-1,184	-0,78	-1,45	kein	kein	kein
Preisfairness	Social-Emotional Support	-0,001	0,015	0,002	kein	kein	kein
Preisfairness	Instrumental Support	-0,002	0	0,001	kein	kein	kein
Preisfairness	Qualitatives Luxusverständnis	0,008	0,003	0,024	kein	kein	schwach

Quelle: Auswertung selbst erhobener Daten.

10.6.2.4 Gruppenvergleich der Pfadkoeffizienten zwischen Bewohnern und Prospects

Für die Prüfung, ob ein Einfluss der moderierenden Variablen „Bewohner" oder „Prospects" auf die Modellbeziehungen vorliegt, wird ein Gruppenvergleich vorgenommen. Dabei soll insbesondere untersucht werden, ob die in den aufgestellten Hypothesen unterstellten Strukturbeziehungen auch in den beiden Gruppen Gültigkeit besitzen und die gleichen Wirkungsstärken aufweisen. QURESHI und COMPEAU weisen nach, dass die Stichprobengröße, der Unterschiedsbetrag zwischen den Gruppen sowie die Normalverteilung kritische Faktoren sind, welche einen signifikanten Beitrag leisten, um das Ausmaß von Gruppenunterschieden zu identifizieren. [737] Sie kommen zu dem Schluss, dass parametrische und nichtparametrische Tests bei multiplen Gruppenvergleichen unter PLS zu sehr ähnlichen Signifikanzaussagen führen. [738] Also wird aus Praktikabilitätsgründen im Verlauf der Arbeit auf den auf Normalverteilung basierenden t- Test zurückgegriffen. Dabei empfiehlt NITZL für die Erzeugung der Bootstraps die Anwendung der „individual changes" [739]-Methode. [740] Hier wird folgendermaßen vorgegangen: „The signs in each resample are made consistent with the signs in the original sample without ensuring a global coherence." [741] Weiterhin sollten die zu vergleichenden Gruppen in etwa gleich groß sein und jede Gruppe sollte eine Stichprobengröße von mindestens 30 Fälle aufweisen. [742]

---

[737] Vgl. Qureshi/Compeau (2009), S. 206.
[738] Vgl. Qureshi/Compeau (2009), S. 207.
[739] Dieser Empfehlung wurde auch in der Arbeit gefolgt.
[740] Vgl. Nitzl (2010), S. 47.
[741] Tenenhaus et al. (2005), S. 177.
[742] Vgl. Nitzl (2010), S. 47.

Diese beiden Anforderungen werden erfüllt: Die Bewohner-Stichprobe umfasst 464 Probanden und die Prospect-Stichprobe 680 Probanden. HUBER et al. fordern noch identische Messmodelle, dies bedeutet, dass jedes Konstrukt in beiden Modellen mit genau den gleichen Indikatoren gemessen werden muss.[743] Diese Anforderung wird ebenfalls erfüllt.

Zusätzlich wurde noch ein Levene-Test der Varianzgleichheit bei den Indikatorvariablen durchgeführt, der klären soll, ob die Varianzen gleich oder ungleich sind. Das Modell umfasst 21 Indikatorvariablen, deren Varianzen in den beiden Stichproben gleich sind und 15 Indikatorvariablen, deren Varianzen in den beiden Stichproben nicht gleich sind. Die Ergebnisse hierzu sind in Anhang B (Tab. 127) dargestellt.

In Smart-PLS ist momentan keine direkte Prozedur implementiert, die einen auf Teilstichproben basierenden simultanen Gruppenvergleich und einen dazugehörigen Signifikanztest durchführt. Mithilfe eines Excel-Template von NITZL[744] wurde ein einseitiger t-Test (Differenztest) durchgeführt, indem von den beiden Gruppen die jeweiligen Pfadkoeffizienten, Standardfehler und Stichprobengröße eingetragen werden. Das Excel-Template unterscheidet dabei zwischen Varianzhomogenität und Nicht-Varianzhomogenität. Dieser einseitige t-Test basiert auf CHIN:[745]

$$t = \frac{Path_{sample\_1} - Path_{sample\_2}}{\left[\sqrt{\frac{(m-1)^2}{(m+n-2)} * S.E._{sample\_1}^2 + \frac{(n-1)^2}{(m+n-2)} * S.E._{sample\_2}^2}\right] * \left[\sqrt{\frac{1}{1} + \frac{1}{n}}\right]}$$

---

[743] Vgl. Huber/Herrmann/Meyer/Vogel/Vollhardt (2007), S. 118.
[744] Dieses Template wurde per E-Mail von christian.nitzl@unibw.de angefordert.
[745] Chin (2004), o. S.

Dabei entspricht: $Path_{sample\_1}$ dem Pfadkoeffizient der Gruppe 1 und dementsprechend $Path_{sample\_2}$ dem Pfadkoeffizient der Gruppe 2; $S.E.^2_{sample\_1}$ dem Standardfehler des Pfadkoeffizienten aus Gruppe 1 und $S.E.^2_{sample\_2}$ dem Standardfehler des Pfadkoeffizienten aus Gruppe 2, m = Stichprobengröße gruppe 1 und n = Stichprobengröße Gruppe 2.[746]

Für die folgenden Pfadbeziehungen existieren signifikante Unterschiede mit einem p-Wert ≥ 0,05 zwischen den Bewohnern und Prospects:[747]

- Social-Emotional Support → Customer Cooperation
- Social-Emotional Support → Customer Participation
- Social-Emotional Support → Preisfairness
- Instrumental Support → WoM
- Instrumental Support → Customer Cooperation
- Instrumental Support → Preisfairness
- Preisfairness → Involvement
- Involvement → Customer Cooperation

Die folgenden Pfade besitzen einen p-Wert ≤ 0,05 und ≥ 0,1, die Hypothesen in Bezug auf den einseitige t-Test werden ebenfalls hier noch angenommen:

- Instrumental Support → Glück mit einem p-Wert von 0,0848
- Involvement → Customer Participation mit einem p-Wert von 0,0663.

Die beiden betragsmäßig größten Unterschiede hinsichtlich der Pfadkoeffizienten treten bei den Pfaden Social-Emotional Support auf Customer Participation mit einem Pfadkoeffizienten von 0,2822 in der Bewohner-Stichprobe und einem Pfadkoeffizienten von

---

[746] Vgl. ebd.
[747] Signifikanztest auf Varianzungleichheit: Bei größer 0,95 bzw. kleiner 0,05 sind die Varianzen als ungleich anzusehen (bei einem alpha-Fehler = 0,1).

0,0385 in der Prospect-Stichprobe sowie Preisfairness und Weiter-empfehlung mit den Pfadkoeffizienten von 0,4994 für die Gruppe der Bewohner und 0,329 für die Gruppe der Prospects auf. Dies bedeutet, dass Preisfairness für Bewohner einen starken Einfluss auf Weiterempfehlung hat. Hingegen besteht für die Teilstichprobe der Prospects nur ein mittlerer Einfluss von Preisfairness auf Wei-terempfehlung. Preisfairness hat demnach bei den Bewohnern ei-nen stärkeren Einfluss auf Weiterempfehlung als für Prospects. Dieser Unterschied ist jedoch nicht signifikant. Der Einfluss von Preisfairness auf Weiterempfehlung ist mit einem p-Wert von 0,0038 hochsignifikant. Da die Varianzen der beiden Teilstichpro-ben aber gleich sind, muss die Hypothese des einseitigen t-Test, dass der Einfluss von Preisfairness auf Word-of-Mouth in beiden Stichproben unterschiedlich ist, abgelehnt werden. Ebenfalls ist Einfluss von Qualitativen Luxusverständnis auf Preisfairness mit einem p-Wert von 0,037 signifikant. Da jedoch auch hier die Vari-anzen der beiden Teilstichproben gleich sind, muss die Hypothese des einseitigen t-Test, dass der Einfluss von qualitativem Luxusver-ständnis auf Preisfairness in beiden Stichproben unterschiedlich ist, abgelehnt werden.

Eine Erklärung für diese relativ großen Unterschiede könnte darin bestehen, dass die Prospects rein hypothetisch gefragt wur-den: Bedingung für die Teilnahme an der Befragung war lediglich, dass die befragten Prospects entweder einen Vorvertrag für den Einzug in das betreffende betreute Wohnen unterschrieben oder sich eines der vier betreuten Wohnen im Rahmen eines Hausrund-ganges und Beratungsgesprächs angesehen hatten, um das notwe-nige Hintergrundwissen für den Fragebogen aufzuweisen. Dagegen sind die Bewohner, die in einem der vier betreuten Wohnen leben, täglich mit dem in Fragebogen abgefragten Items konfrontiert.

Aufgrund des konservativen Charakters von PLS, kann beim empirischen Nachweis eines Gruppeneffekts mit verhältnismäßiger Sicherheit davon ausgegangen werden, dass dieser auch tatsächlich vorliegt.[748]

Die nachstehende Tabelle (siehe Tab. 39) zeigt die Ergebnisse des Gruppenvergleiches von Bewohnern und Prospects.

---

[748] Vgl. Nitzl (2010), S. 47.

Tabelle 39: Zusammenfassung Gruppenunterschiede Bewohner- und Prospect-Modell

Beziehung im Strukturmodell	Hypothese	Pfadkoeffizienten		Standardfehler		Signifikanztest auf Varianzungleichheit	Varianz gleich/ungleich	t-Wert	df	p-Wert		Forschungsfrage
		Bewohner	Prospect	Bewohner	Prospect							
Social-Emotional Support → Glück	H_ES1	0,2765	0,2714	0,0563	0,0405	0,3566	gleich	0,0108	1142	0,4957	nicht signifikant	kein Unterschied
Social-Emotional Support → WoM	H_ES2	0,0467	0,0715	0,0401	0,0403	1	ungleich	0,9773	690,4033	0,1644	nicht signifikant	kein Unterschied
Social-Emotional Support → Cooperation	H_ES3	0,1968	0,0969	0,0508	0,0434	0,9253	ungleich	1,5346	1142	0,0626	**signifikant**	**Unterschied**
Social-Emotional Support → Participation	H_ES4	0,2822	0,0385	0,0577	0,0348	5,35332E-19	ungleich	3,6495	755,8408	0,0001	**signifikant**	**Unterschied**
Social-Emotional Support → Preisfairness	HE_S5	0,1964	0,06	0,0586	0,0398	6,56146E-08	ungleich	1,9277	844,103	0,0271	**signifikant**	**Unterschied**

Beziehung im Strukturmodell	Hypothese	Pfadkoeffizienten Bewohner-	Pfadkoeffizienten Prospect-	Standardfehler Bewohner-	Standardfehler Prospect-	Signifikanztest auf Varianzungleichheit	Varianz gleich/ungleich	t-Wert	df	p-Wert		Forschungsfrage
Instrumental Support → Glück	H$_{IS}$1	0,1219	0,2018	0,0622	0,0432	2,07352E-05	ungleich	1,0561	876,3191	0,0848	signifikant	Unterschied
Instrumental Support → WoM	H$_{IS}$2	-0,0174	0,1175	0,0322	0,0392	1	ungleich	2,6615	1139,965	0,004	signifikant	Unterschied
Instrumental Support → Cooperation	H$_{IS}$3	0,0131	0,1051	0,0309	0,0416	1	ungleich	1,7769	1128,266	0,0379	signifikant	Unterschied
Instrumental Support → Participation	H$_{IS}$4	-0,0104	0,2069	0,0336	0,0391	1	ungleich	4,2188	1138,268	1,32593E-05	nicht signifikant	kein Unterschied
Instrumental Support → Preisfairness	H$_{IS}$5	-0,0658	0,0403	0,0493	0,0359	3,64602E-06	ungleich	1,7241	865,6393	0,0425	signifikant	Unterschied
Glück → Qualitatives Luxusverständnis	H$_G$1	0,1701	0,0511	0,0476	0,0352	0,0045	ungleich	2,0120	918,4341	0,0223	signifikant	Unterschied

Beziehung im Strukturmodell	Hypothese	Pfadkoeffizienten Bewohner	Pfadkoeffizienten Prospect	Standardfehler Bewohner	Standardfehler Prospect	Signifikanztest auf Varianzungleichheit	Varianz gleich/ungleich	t-Wert	df	p-Wert		Forschungsfrage
Preisfairness → Involvement	H_P1	0,4059	0,2826	0,041	0,0383	1	ungleich	2,1726	1072,5396	0,0150	**signifikant**	**Unterschied**
Preisfairness → WoM	H_P2	0,4994	0,329	0,0491	0,0395	0,2680	gleich	2,7199	1142	0,0033	signifikant	kein Unterschied
Involvement → Cooperation	$H_{IW}1$	0,406	0,2408	0,0554	0,0434	0,0190	ungleich	2,4022	933,740	0,0082	**signifikant**	**Unterschied**
Involvement → Participation	$H_{IW}2$	0,1561	0,2493	0,0453	0,0421	0,9952	ungleich	1,5049	1060,4604	0,0663	**signifikant**	**Unterschied**
Involvement → WoM	$H_{IW}3$	0,1836	0,1454	0,0575	0,0389	1,15211E-06	ungleich	0,5508	859,0630	0,291	nicht signifikant	kein Unterschied
Qualitatives Luxusverständnis → Preisfairness	$H_{Lux}1$	0,08	0,1812	0,0454	0,0379	0,1827	gleich	1,7888	1142	0,037	**signifikant**	kein Unterschied

Quelle: Auswertung selbst erhobener Daten.

10.6.3 Beurteilung des Messmodells und Gruppenvergleich

Bei der Gütebeurteilung von PLS-Modellen wird der Frage nachgegangen, inwieweit das spezifische zu untersuchende Modell geeignet ist, die Wirkungen zwischen den beobachtbaren Variablen zu beschreiben.[749] In dieser Arbeit liegen drei reflektive Forschungsmodelle – das Gesamt-Modell, das Bewohner-Modell und das Prospect-Modell – vor, sodass bei der Gütebeurteilung[750] explizit auf diese drei Modelle eingegangen wird. Ausgehend von den beiden Gütekriterien Reliabilität und Validität erfolgt die Gütebeurteilung. Bei der Reliabilität wird geprüft, ob das Messmodell, bei stabiler Umwelt und wiederholter Anwendung, zu annähernd gleichen Ergebnissen kommt und bei der Validität, inwieweit ein Messmodell ein zugrundeliegendes Konstrukt repräsentiert.[751]

Vollkommene Validität liegt vor, wenn systematische Fehler und Zufallsfehler gleich null sind, während von einer vollkommenen Reliabilität ausgegangen wird, wenn kein Zufallsfehler auftritt.[752] Daraus folgt, dass Reliabilität eine notwendige, jedoch keine hinreichende Bedingung für Validität ist.[753] Hinsichtlich der Reliabilität werden in der vorliegenden Arbeit die Indikatorreliabilität, die Konstruktreliabilität, die durchschnittlich erfasste Varianz und Cronbachs Alpha betrachtet. Vollständigkeitshalber wird bei der Betrachtung von Cronbach Alpha die korrigierte Item-to-Total-Korrelation, ebenfalls bezeichnet als Trennschärfekoeffizient, und

---

[749] Vgl. Götz/Liehr-Gobbers (2004), S. 727.
[750] Bei der Auswahl von Gütemaßen wird sich orientiert u. a. an dem Vorgehen von Chin (1998), Falk/Miller (1992), Jahn (2007), Lohmöller (1989), Nitzl (2010), Ringle (2004); Ringle/Spreen (2007) und Weiber/Mühlhaus (2010).
[751] Vgl. Hildebrandt/Temme (2006), S. 2.
[752] Vgl. Weiber/Mühlhaus (2010), S. 104.
[753] Vgl. Carmines/Zeller (1979), S. 13; Jahn (2007), S. 19; Weiber/Mühlhaus (2010), S. 127.

Cronbach Alpha, wenn Items weggelassen werden, angegeben. Zur Beurteilung der Validität werden die Diskriminanzvalidität (Fornell-Larcker-Kriterium) und die Unidimensionalität (Höhe und Korrelation der Residuen sowie Kreuzladungen) geprüft.

Mit FORNELL wurden die beiden Gütekriterien Reliabilität und Validität nach Gütekriterien der ersten und zweiten Generation klassifiziert:[754] Nach WEIBER und MÜHLHAUS basieren die Gütekriterien der ersten Generation hauptsächlich auf Korrelationsbetrachtungen zur Reliabilitätsprüfung. Kritisch anzumerken ist dabei, dass keine Schätzung der Messfehler erlaubt wird und die Modellparameter interferenzstatistisch nicht überprüft werden können. Die Gütekriterien der zweiten Generation hingegen basieren auf einer konfirmatorischen Faktorenanalyse und ermöglichen es so, Messfehler zu berücksichtigen und statistische Tests durchzuführen.[755] In der untenstehenden Abbildung (siehe Abb. 74) werden die Gütekriterien der ersten und zweiten Generation zur Prüfung reflektiver Messmodelle zusammengefasst dargestellt.

---

[754] Vgl. Weiber/Mühlhaus (2010), S. 105.
[755] Vgl. ebd.

Kriterien der ersten Generation	
Überprüfung der Reliabilität	**Überprüfung der Validität**
Prüfung der Eindimensionalität der Itemstruktur mithilfe der explorativen Faktorenanalyses.	
Prüfung auf Indikatorebene: • Item-to-Total-Correlation • Cronbach Alpha, wenn Item weggelassen	• Gemeinsame explorative Faktorenanalyse für alle Konstrukte • Inhalts- und Expertenvalidität
Prüfung auf Konstruktebene: • Cronbachs Alpha • Beta-Koeffizient • Inter-Item-Korrelation	
Kriterien der zweiten Generation	
Überprüfung der Reliabilität	**Überprüfung der Validität**
Prüfung auf Indikatorebene: • Indikatorrealibilität	• Übereinstimmungsvalidität • Prognosevalidität • Konstruktvalidität • Konvergenzvalidität (=Faktorreliabilität)
Prüfung auf Konstruktebene: • Konstruktrealibilität • Durchschnittlich erfasste Varianz	• Diskrimanzvalidität (Chi^{2-} Differenztest, Fornell-Larcker-Kriterium)

Abbildung 74: Gütekriterien zur Prüfung reflektiver Messmodelle

Quelle: Eigene Darstellung in Anlehnung an Weiber, R./Mühlhaus, D. (2010), S. 104.

Kritisch anzumerken ist, dass im Rahmen der Strukturgleichungs-modellierung bei Reliabilitäts- und Validitätsbeurteilungen partiell nicht inhaltlich-theoretisch begründet vorgegangen wird, sondern bedingt durch eine mechanische, datengetriebene Bereinigung das

Modell im statistischen Sinne passend gemacht wird.[756] Diese Vorgehensweise wird in dieser Arbeit strikt abgelehnt.

10.6.3.1 Beurteilung der Reliabilität des reflektiven Messmodells

Reliabilität[757] beschreibt das Ausmaß, in welchem ein Experiment, ein Test oder ein anderes Messverfahren gleiche Resultate bei wiederholten Versuchen konsistent liefert.[758] Sie gibt an, ob eine Messung frei von zufälligen Fehlern ist.[759] Die Reliabilität ergibt sich aus der Beziehung:[760]

$$Reliabilität = 1 - \frac{Fehlervarianz}{Gesamtvarianz}$$

Die Reliabilitätskoeffizienten liegen in einem Wertebereich zwischen null und eins, je näher sie dabei an eins liegen, desto zuverlässiger sind die Messungen.[761]

Indikatorreabilität

Die Indikatorreliabilität gibt den Varianzanteil eines Indikators an, welcher durch die zugrunde liegende latente Variable erklärt werden kann.[762] Das heißt, es wird gemessen, inwieweit die einzelnen

---

[756] Vgl. Hildebrandt/Temme (2006), S. 2.
[757] Wenn die Reliabilität untersucht wird, soll aufgezeigt werden: „Besides showing that an instrument is reliable, we need to show that it does not correlate strongly with other key constructs. It is just as important to establish that a measure does not measure what it should not measure as it is to show that it does measure what it should." Wilkinson (1999), S. 596.
[758] Vgl. Carmines/Zeller (1979), S. 11.
[759] Vgl. Hildebrandt/Temme (2006), S. 6.
[760] Vgl. ebd.
[761] Vgl. Backhaus et al. (2006), S. 377.
[762] Vgl. Weiber/Mühlhaus (2010), S. 122.

Indikatorvariablen als Maß für die latente Variable geeignet sind.[763] Dabei sollte die Hälfte der Varianz eines Indikators durch die zugrunde liegende latente Variable erklärt werden, was einem Mindestwert von $0,7$[764] für die jeweilige Faktorladung entspricht.[765] Werte größer als $0,4$ werden als noch akzeptabel angesehen.[766]

Im Gesamt-Modell liegen bei den Ergebnissen alle Faktorladungen der Indikatorvariablen zu den latenten Variablen – mit Ausnahme von Involvement und Qualitatives Luxusverständnis – über dem geforderten Wert von $0,7$. Im Bewohner-Modell liegen alle Faktorladungen der Indikatorvariablen zu den latenten Variablen Social-Emotionale Support, Instrumental Support, Customer Participation, WoM und Preisfairness über dem geforderten Wert von $0,7$. Im Prospect-Modell liegen alle Faktorladungen der Indikatorvariablen zu den latenten Variablen Social-Emotional Support, Instrumental Support, Customer Participation, Customer Cooperation, WoM und Preisfairness über dem geforderten Wert von $0,7$. Wenn alle Faktorladungen der Indikatorvariablen zu den latenten Variablen über einem Wert von $0,7$ liegen, werden mehr als 50 % der Varianz der Indikatorvariablen durch die jeweilige latente Variable erklärt.

Bei der latenten Variablen Involvement liegen in allen drei Modellen die Faktorladungen der Indikatorvariablen Wohnen und Service über dem geforderten Wert von $0,7$. Bei der latenten Variablen Involvement liegen in allen drei Modellen die Faktorladun-

[763] Vgl. Ringle/Spreen (2007), S. 212.
[764] JOHNSON et al. geben einen Mindestwert von $0,707$ für die jeweilige Faktorladung an. Vgl. Johnson et al. (2006), S. 126. Da die Varianz des Messfehlers der Indikatorvariablen kleiner ist als die gemeinsame Varianz zwischen der latenten Variablen und der Indikatorvariablen folgt daraus als Gütekriterium für die Faktorladung, dass diese größer der Wurzel aus $0,5$ ($\approx 0,7071$) sein sollte.
[765] Vgl. Nitzl (2010), S. 25; Ringle/Spreen (2007), S. 212.
[766] Vgl. Bagozzi/Baumgartner (1994), S. 402; Hulland (1999), S. 198; Weiber/Mühlhaus (2010), S. 122.

gen der Indikatorvariablen Freizeit und Kultur und Pflege zwar unter dem geforderten Wert von 0,7, jedoch über der Mindestgrenze von 0,4. Damit können diese in den Modellen verbleiben. Beim Prospect-Modell liegt die Faktorladung der Indikatorvariablen Preis unter der Mindestgrenze von 0,4. Da die Indikatorvariable jedoch eine herausragende Bedeutung für den Forschungskontext besitzt, verbleibt sie in den Modellen. Nach HOMBURG und KLARMANN sollten bereits vorab, z. B. im Pretest, inhaltlich bedeutsame Indikatoren eruiert werden und diese behalten werden, auch wenn diese die Konstruktreliabilität ungünstig beeinflussen.[767] Inwieweit wirkt sich die Verwendung von Indikatorvariablen mit niedriger Reliabilität auf die Parameter im Strukturmodell aus? Nach LITTLE et al. können genaue Vorhersagen für die Beziehungen zwischen den Konstrukten in einem Modell getroffen werden, wenn die Indikatorvariablen das Konstrukt in seiner Breite abdecken und genügend Konstruktvarianz erzeugen sowie durch eine konfirmatorische Analyse geprüft werden.[768] Bei der latenten Variable Customer Cooperation liegen die Faktorladungen der Indikatorvariablen Regel beachten beim Bewohner-Modell mit 0,696 nur knapp unter dem Wert 0,7. Bei der latenten Variablen Glück liegt im Gesamt-Modell die Faktorladungen der Indikatorvariablen Positives und Negatives knapp mit 0,6855 unter dem Wert von 0,7. Beim Bewohner-Modell und Prospect-Modell liegen die Faktorladungen der Indikatorvariablen beeinflusst das Wohlergehen mit jeweils 0,6477 und 0,6602 unter dem Wert von 0,7. Bei der latenten Variablen Qualitatives Luxusverständnis liegen in allen drei Modellen die Faktorladungen der Indikatorvariablen Schmuck, teure Autos, 5-Sterne-Hotels unter dem geforderten Wert von 0,7, jedoch über der Mindestgrenze von 0,4.

---

[767] Vgl. Homburg/Klarmann (2008), S. 732.
[768] Vgl. Little/Lindenberger/Nesselroade (1999), S. 207.

Da bei PLS-Verfahren keine Verteilungsannahmen zugrunde liegen, wurde mittels der Hilfsprozedur Bootstrapping der Signifikanztest zu den Faktorladungen ermittelt. Bei den drei Modellen sind alle Faktorladungen signifikant mit 1 %-iger Irrtumswahrscheinlichkeit, da sie alle einen deutlich höheren t-Wert als 2,576 aufweisen.

Die nachfolgende Tabelle (siehe Tab. 40) beinhaltet die Faktorladungen, den Mittelwert der Faktorladungen über alle Teilstichproben, die sich daraus ergebende Standardabweichung und t-Werte.

Tabelle 40: Ergebnisse zur Indikatorreabilität

Indikatorvariable	Faktorladung			Mittelwert			Standardabweichung			t-Wert		
	Gesamt	Bewohner	Prospect	Gesamt	Bewohner	Prospect	Gesamt	Bewohner	Prospect	Gesamt	Bewohner	Prospect
Involvement – Wie wichtig sind Ihnen die einzelnen Angebote?												
Wohnen	0,7359	0,7335	0,7376	0,7355	0,7303	0,7364	0,0192	0,0365	0,0235	38,2704	20,1097	31,3213
Verpflegung	0,6688	0,7024	0,6493	0,6684	0,6993	0,6496	0,0241	0,0367	0,032	27,7378	19,1185	20,2703
Freizeit und Kultur	0,6777	0,6753	0,6688	0,6773	0,6735	0,6689	0,0207	0,0339	0,0282	32,7738	19,923	23,6929
Service	0,7357	0,786	0,7085	0,7347	0,7831	0,7056	0,0211	0,0316	0,0298	34,8902	24,8392	23,7568
Weiche Faktoren	0,6734	0,7487	0,6123	0,6727	0,7474	0,6105	0,0228	0,0303	0,0345	29,5839	24,7206	17,7246
Pflege	0,6238	0,6928	0,631	0,6223	0,69	0,6271	0,0328	0,0413	0,0414	18,9913	16,7718	15,223
Preis	0,4756	0,6211	0,341	0,4741	0,6177	0,3408	0,0379	0,0467	0,0541	12,5647	13,2982	6,2994
Social-Emotional Support												
Ängste nehmen	0,842	0,8365	0,8133	0,8417	0,8357	0,8127	0,0145	0,0233	0,0245	58,2181	35,9277	33,1322
nicht den Mut verlieren	0,8513	0,8534	0,8146	0,8511	0,8534	0,814	0,0129	0,0184	0,0234	66,2403	46,382	34,7921
erheitern/aufmuntern	0,8434	0,8636	0,8208	0,8433	0,863	0,8205	0,0107	0,0135	0,0178	78,8166	64,1	46,1354
freundliche Gespräche	0,7128	0,7375	0,7086	0,7121	0,7363	0,707	0,0237	0,0323	0,0349	30,0376	22,8373	20,2957

Indikatorvariable	Faktorladung			Mittelwert			Standardabweichung			t-Wert		
	Gesamt	Bewohner	Prospect	Gesamt	Bewohner	Prospect	Gesamt	Bewohner	Prospect	Gesamt	Bewohner	Prospect
Instrumental Support												
die anderen besuchen Sie	0,846	0,7162	0,8294	0,8456	0,7137	0,8288	0,0123	0,0529	0,0179	68,8309	13,5283	46,3007
unternehmen	0,836	0,7932	0,7992	0,8359	0,7914	0,7991	0,0131	0,0354	0,023	63,7923	22,4149	34,7229
helfen	0,8135	0,8303	0,797	0,8129	0,8266	0,7964	0,0158	0,036	0,0217	51,4785	23,0939	36,7147
Customer Participation												
Problem bemerke	0,7927	0,8044	0,826	0,7921	0,8004	0,826	0,0191	0,037	0,0198	41,5221	21,7449	41,794
konstruktive Vorschläge	0,8911	0,8462	0,8414	0,8909	0,8452	0,8407	0,0093	0,0274	0,0206	96,2077	30,8508	40,8342
Mitarbeiter wissen lassen	0,8432	0,7972	0,8089	0,8429	0,7972	0,8075	0,0141	0,0329	0,0252	59,9619	24,231	32,0374
Customer Cooperation												
mitzuhelfen	0,7346	0,7126	0,7619	0,7342	0,7119	0,7625	0,0265	0,0455	0,0311	27,7172	15,6549	24,5012
auf Mitarbeiter einstellen	0,8319	0,8188	0,8566	0,8317	0,8195	0,8557	0,0153	0,0211	0,0205	54,1986	38,797	41,8356
Regeln beachten	0,7545	0,696	0,7596	0,7534	0,6943	0,7569	0,0283	0,0556	0,0365	26,656	12,5234	20,7838

Indikatorvariable	Faktorladung			Mittelwert			Standardabweichung			t-Wert		
	Gesamt	Bewohner	Prospect	Gesamt	Bewohner	Prospect	Gesamt	Bewohner	Prospect	Gesamt	Bewohner	Prospect
Word-of-Mouth (WoM)												
empfehle weiter	0,8894	0,9075	0,8712	0,8892	0,9071	0,8715	0,0107	0,0132	0,0164	82,8464	68,6709	52,9918
erzähle positiv	0,8855	0,8828	0,8911	0,8856	0,8829	0,8911	0,0096	0,0155	0,0114	91,8884	56,9808	77,8337
Positives gehört	0,8079	0,8092	0,8234	0,8078	0,8087	0,8232	0,0162	0,0292	0,017	49,8314	27,7439	48,324
Glück												
Positives und Negatives	0,6855	0,7391	0,7148	0,684	0,7335	0,7129	0,0371	0,0544	0,044	18,481	13,5774	16,2513
positives Lebensgefühl	0,7903	0,8608	0,772	0,7892	0,8563	0,7703	0,0261	0,0287	0,0368	30,2682	29,9494	20,9715
beeinflusst das Wohlergehen	0,7141	0,6477	0,6602	0,7126	0,6481	0,658	0,0359	0,0691	0,0519	19,901	9,3686	12,7143
Qualitatives Luxusverständnis												
finanzielle Absicherung	0,7707	0,7825	0,8661	0,7704	0,7785	0,8644	0,0197	0,0449	0,0194	39,1801	17,41	44,5783
Gesundheit	0,8128	0,7654	0,8318	0,8116	0,7623	0,8305	0,0197	0,0389	0,0241	41,2034	19,6973	34,4418
lebenswerte Umwelt	0,8975	0,8867	0,9011	0,8958	0,8826	0,8995	0,0111	0,022	0,0125	81,1415	40,3163	72,2274
Schmuck, teure Autos, 5-Sterne-Hotels	0,4453	0,4105	0,5239	0,4469	0,4099	0,5229	0,0543	0,0858	0,062	8,3433	4,7829	8,4463
zwischenmenschliche Beziehungen	0,8716	0,8185	0,8975	0,8697	0,8142	0,8952	0,0146	0,0306	0,0156	59,6264	26,7881	57,5852

Indikatorvariable	Faktorladung			Mittelwert			Standardabweichung			t-Wert		
	Gesamt	Bewohner	Prospect	Gesamt	Bewohner	Prospect	Gesamt	Bewohner	Prospect	Gesamt	Bewohner	Prospect
selbstbestimmtes Leben	0,8996	0,8826	0,9127	0,8984	0,8783	0,9107	0,0127	0,0269	0,0131	71,0151	32,8366	69,8833
Preisfairness												
Preisgestaltung ist fair	0,8834	0,8677	0,8969	0,8831	0,8678	0,897	0,0096	0,0166	0,0113	92,2219	52,3394	79,2257
Preis erwartet	0,7707	0,792	0,741	0,7704	0,7904	0,7415	0,0197	0,0312	0,0278	39,1801	25,3699	26,6871
Preis ist angemessen	0,929	0,929	0,9272	0,9288	0,9286	0,9271	0,0054	0,0095	0,0065	172,9546	98,2877	141,6849
ist seinen Preis wert	0,9308	0,9273	0,9306	0,9307	0,9273	0,9305	0,0044	0,0079	0,006	212,1753	116,6742	156,027

Quelle: Auswertung selbst erhobener Daten.

Dabei kann folgendes Fazit gezogen werden: Für die drei Messmodelle Gesamt-Modell, Bewohner-Modell und Prospect-Modell sind jeweils sechsunddreißig Indikatorvariablen enthalten. In allen drei Messmodellen mussten keine Indikatorvariablen eliminiert werden, da alle Werte größer als 0,4 aufgrund ihrer t-Werte signifikant sind. Im Gesamt-Modell liegen die Faktorladungen der Indikatorvariablen zwischen dem Wert 0,4453 für die Indikatorvariable „Schmuck, teure Autos, 5-Sterne-Hotels" und 0,9308 für die Indikatorvariable „ist seinen Preis wert". Im Bewohner-Modell liegen die Faktorladungen der Indikatorvariablen zwischen dem Wert 0,4105 für die Indikatorvariable „Schmuck, teure Autos, 5-Sterne-Hotels" und 0,929 für die Indikatorvariable „Preis ist angemessen". Im Prospect-Modell liegen die Faktorladungen der Indikatorvariablen zwischen dem Wert 0,341 für die Indikatorvariable „Preis" und 0,9306 für die Indikatorvariable „ist seinen Preis wert". Im Gesamt-Modell liegen 29 der 36 Faktorladungen (80,56 %), im Bewohner-Modell liegen 30 Faktorladungen (83,33 %) und im Prospect-Modell liegen 29 Faktorladungen (80,56 %) über dem in der Literatur geforderten Wert von 0,7 und weisen insofern eine hohe Indikatorreliabilität auf.

Konstruktreliabilität

Die Konstruktreliabilität P_c wird ebenfalls als Reliabilitätskoeffizient, Faktor-, Konvergenzvalidität oder Jöreskogs rho bezeichnet. Sie gibt an, wie gut die latente Variable durch die ihr zugeordneten Indikatorvariablen wiedergegeben werden.[769] Werte kann sie zwi-

---

[769] Vgl. Fuchs (2011), S. 25.

schen null und eins annehmen. Dabei gelten Werte $\geq 0,6$ als akzeptabel.[770] Ihre formale Definition lautet:[771]

$$Konstruktreliabilität = \frac{(\sum_i \lambda_i)^2}{(\sum_i \lambda_i)^2 + \sum_i var(\varepsilon_i)}$$

λ_i entspricht der Faktorladung des Indikators i und die Varianz de Messfehlers $var(\varepsilon_i)$ wird durch $1 - \lambda_i^2$ definiert.[772]

Die nachfolgende Tabelle (siehe Tab. 41) zeigt das Ergebnis der PLS-Pfadmodells zur Konstruktreliabilität.

Tabelle 41: Konstruktreliabilität zur Messung der internen Konsistenz

Latente Variable	Konstruktreliabilität p_c		
	Gesamt-Modell	Bewohner-Modell	Prospect-Modell
Involvement	0,8424	0,8764	0,8184
Social-Emotional Support	0,8869	0,8941	0,8693
Instrumental Support	0,8708	0,8241	0,85
Customer Participation	0,8805	0,8568	0,8652
Customer Cooperation	0,8179	0,7877	0,8361
Word-of-Mouth (WoM)	0,8963	0,901	0,8969

---

[770] Vgl. Ringle/Spreen (2007), S. 212.
[771] Vgl. ebd.
[772] Vgl. ebd.

Latente Variable	Konstruktreliabilität p_c		
	Gesamt-Modell	Bewohner-Modell	Prospect-Modell
Glück	0,7746	0,7962	0,7598
Qualitatives Luxusverständnis	0,9162	0,896	0,93
Preisfairness	0,9323	0,9324	0,9299

Quelle: Auswertung selbst erhobener Daten.

In allen drei Modellen liegen die jeweiligen Konstruktreliabilitäten über dem geforderten Mindestwert von 0,6. Im Gesamt-Modell und im Prospect-Modell liegen alle Konstruktreliabilitäten, mit Ausnahme der latenten Variablen Glück, über 0,8 und weisen damit auf eine hohe interne Konsistenz hin. Im Bewohner-Modell liegen die beiden latenten Variablen Customer Cooperation mit einer Konstruktreliabilität von 0,7877 und die latente Variable Glück mit 0,7962 unter 0,8 und zeigen damit eine akzeptable interne Konsistenz[773]. Die restlichen latenten Variablen liegen alle ebenfalls über 0,8 und weisen eine hohe interne Konsistenz auf.

Durchschnittlich erfasste Varianz

Die durchschnittlich erfasste Varianz (DEV) setzt den Anteil der erklärten Varianz durch die latente Variable ins Verhältnis zum Messfehler.[774] Somit kann geprüft werden, wie hoch der nicht er-

---

[773] „Die reflektiven Indikatoren eines Konstrukts werden als „Ansammlung" äquivalenter Tests interpretiert, die alle denselben Sachverhalt (dieselbe Dimension bzw. dasselbe Konstrukt) messen. Stimmen diese Messungen überein, so wird von interner Konsistenz gesprochen." Weiber/Mühlhaus (2010), S. 110.

[774] Vgl. Fuchs (2011), S. 26; Ringle/Spreen (2007), S. 212.

klärte Varianzanteil, also der Messfehler, ist.[775] Die durchschnittlich erfasste Varianz errechnet sich wie folgt:[776]

$$DEV = \frac{\sum_i \lambda_i^2}{\sum_i \lambda_i^2 + \sum_i var(\varepsilon_i)}$$

Ihr Mindestwert wird mit 0,5 angegeben und impliziert, dass mindestens die Hälfte der Varianz der Indikatoren durch die zugrunde liegende latente Variable erklärt wird.[777] In diesem Zusammenhang wird auf die Bestimmung der Diskriminanzvalidität verwiesen, die über das Fornell-Larcker-Kriterium in Kapitel 10.6.3.2 geprüft wird.

In nachfolgender Tabelle (siehe Tab. 42) wird die durchschnittlich erfasste Varianz dargestellt. In allen drei Modellen liegen mit Ausnahme der latenten Variablen „Involvement" im Gesamt-Modell mit 0,4369 und im Prospect-Modell mit 0,4006 alle DEV-Werte über dem geforderten Mindestwert von 0,5. Hervorzuheben ist, dass in allen drei Modellen die latenten Variablen Word-of-Mouth und Preisfairness AVE-Werte über 0,7 aufweisen. Dies weist auf eine hohe Reliabilität hin.

---

[775] Vgl. Chin (1998), S. 321.
[776] Vgl. Ringle/Spreen (2007), S. 212. Dabei entspricht λ_i^2 der quadrierten Faktorladung zwischen dem latenten Konstrukt und der Indikatorvariable x_i i. Die Varianz des Messfehlers $var(\varepsilon_i)$ wird durch $1 - \lambda_i^2$ definiert.
[777] Vgl. Fornell/Larcker (1981), S. 46; Ringle/Spreen (2007), S. 212.

Tabelle 42: Durchschnittlich erfasste Varianz (DEV) p_{DEF}

Latente Variable	Durchschnittlich erfasste Varianz (DEV) p_{DEF}		
	Gesamt-Modell	Bewohner-Modell	Prospect-Modell
Involvement	0,4369	0,5045	0,4006
Social-Emotional Support	0,6633	0,6794	0,6252
Instrumental Support	0,6921	0,6105	0,6539
Customer Participation	0,7111	0,6662	0,6816
Customer Cooperation	0,6003	0,5542	0,6304
Word-of-Mouth (WoM)	0,7426	0,7525	0,7437
Glück	0,5348	0,5689	0,5143
Qualitatives Luxusverständnis	0,6545	0,6003	0,6945
Preisfairness	0,776	0,7758	0,7698

Quelle: Auswertung selbst erhobener Daten.

Cronbach Alpha

Cronbach Alpha (α) wird definiert als Mittelwert aller Korrelationen, welche entstehen, wenn dem Faktor zugeordnete Indikatoren auf alle möglichen Arten in zwei Hälften geteilt und die Summen der jeweils resultierenden Variablenhälften anschließend miteinander korreliert werden.[778] Cronbach Alpha wird wie folgt berechnet:[779]

---

[778] Vgl. Carmines/Zeller (1979), S. 45; Homburg/Giering (1996), S. 8.
[779] Vgl. Cronbach (1951), S. 299 i. V. m. Zinnbauer/Eberl (2004), S. 6.

$$Cronbach\ Alpha = \frac{n}{n-1}\left(1 - \frac{\sum \sigma_i^2}{\sigma_x^2}\right)$$

Dabei entspricht n der Anzahl der Indikatoren eines Konstruktes, σ_i^2 der Varianz des Indikators i und σ_x^2 der Gesamtvarianz des Konstruktes.[780]

Cronbachs Alpha kann Werte zwischen null und eins annehmen. Je höher die Korrelationen zwischen den Indikatorvariablen sind, desto mehr nähert sich Cronbachs Alpha dem Wert eins an.[781] In der Literatur wird meist NUNNALLY[782] gefolgt, der für Cronbachs Alpha einen Mindestwert von 0,7 fordert.[783] Eine weitere Möglichkeit ist jene, die Mindestanforderungen an das Cronbach Alpha mit der Anzahl der erhobenen Indikatoren zu verknüpfen.[784] Liegen zwei oder drei Indikatoren vor, wird ein Cronbach Alpha von mindestens 0,4 als akzeptabel betrachtet.[785] Bei mehr als drei Indikatoren sollte das Cronbach Alpha, wie von NUNALLY gefordert, mindestens 0,7 betragen. STREINER empfiehlt einen maximalen Wert für Cronbach Alpha von 0,9, da höhere Werte auf Redundanzen hinweisen.[786]

Obwohl Cronbach Alpha als eines der meist verbreiteten Gütekriterien zur Messung von Reliabilität angesehen wird,[787] ist es in

---

[780] Vgl. ebd.
[781] Vgl. Zinnbauer/Eberl (2004), S. 6.
[782] Vgl. Nunnally (1978), S. 245.
[783] Vgl. Peterson (1994), S. 381; Streiner (2003), S. 103; Weiber/Mühlhaus (2010), S. 110; Zinnbauer/Eberl (2004), S. 6.
[784] Vgl. Peterson (1994), S. 388 ff.
[785] Vgl. Kornmeier (2009), S. 226.
[786] Vgl. Streiner (2003), S. 103.
[787] Vgl. Streiner (2003), S. 99.

der Literatur in vielfältiger Weise kritisiert worden,[788] da eine Gleichgewichtung der Faktorladungen unterstellt (Tau-Äquivalenz) wird, welche selten gegeben ist.[789] Nach CHIN und STREINER reagiert Cronbach Alpha auf die Anzahl der Indikatoren. Damit kann mit einer entsprechenden Anzahl von Indikatoren ein hoher Alphawert auch bei eher geringen Korrelationen der Indikatoren erzielt werden. Ein hohes Cronbach Alpha schließt nicht die Möglichkeit von Mehrdimensionalität aus.[790] BAUMGARTNER empfiehlt dementsprechend, stattdessen die Konstruktreliabilität und durchschnittlich erfasste Varianz zu prüfen.[791]

Die nachfolgende Tabelle (siehe Tab. 43) führt die Cronbachs Alpha bzgl. der drei Modelle auf. Im Gesamt-Modell liegen die latenten Variablen Customer Cooperation mit 0,6667 und Glück mit 0,5781 unter dem von NUNALLY geforderten Wert von 0,7 für Cronbachs Alpha. Im Bewohner-Modell liegen die latenten Variablen Instrumental Support knapp mit 0,691 und Glück mit 0,612 unter dem Mindestwert von 0,7. Im Prospect-Modell liegt die latente Variable Glück mit 0,5325 unter dem geforderten Wert von 0,7 für Cronbachs Alpha. Wenn man jedoch der Annahme folgt, dass bei zwei oder drei Indikatoren ein Cronbach Alpha von $\geq 0,4$ als akzeptabel erachtet wird, so ist dies bei allen drei Modellen für alle latenten Variablen erfüllt. Es werden daher in allen drei Modellen keine Indikatorvariablen entfernt. In allen drei Modellen sind die Cronbachs Alpha signifikant. Die jeweiligen p-Werte liegen sämtlich unterhalb des Signifikanzniveaus von 0,05.

---

[788] Ausführungen dazu lassen sich u. a. in Baumgartner (1996), S. 154; Chin (1998), S. 320; Hildebrandt/Temme (2006), S. 13; Raubenheimer (2004), S. 59; Streiner, D. (2003), S. 101 finden.
[789] Vgl. Hildebrandt/Temme (2006), S. 13.
[790] Vgl. Raubenheimer (2004), S. 59.
[791] Vgl. Baumgartner (1996), S. 154.

Tabelle 43: Cronbachs Alpha (α)

Latente Variable	Cronbachs Alpha (α)		
	Gesamt-Modell	Bewohner-Modell	Prospect-Modell
Involvement	0,7821	0,8357	0,7433
Social-Emotional Support	0,8284	0,8413	0,8006
Instrumental Support	0,7781	0,691	0,737
Customer Participation	0,7962	0,7509	0,769
Customer Cooperation	0,6667	0,5957	0,7064
Word-of-Mouth (WoM)	0,8257	0,8365	0,8271
Glück	0,5781	0,612	0,5325
Qualitatives Luxusver-ständnis	0,8905	0,8578	0,9086
Preisfairness	0,902	0,9023	0,898

Quelle: Auswertung selbst erhobener Daten.

Sind die Mindestanforderungen an Cronbach-Alpha erfüllt, so können nach WEIBER und MÜHLHAUS die Indikatorvariablen
grundsätzlich beibehalten werden.[792] In der konsekutiven Tabelle
44 sind ergänzend die korrigierte Item-to-Total-Korrelation und
Cronbach Alpha – wenn Item weggelassen werden – für alle drei
Modelle dargestellt. Die korrigierte Item-to-Total-Korrelation sollte

---

[792] Vgl. Weiber/Mühlhaus (2010), S. 112.

einen Mindestwert von 0,5 aufweisen.[793] Im Gesamt-Modell wird dieser Mindestwert bei den folgenden Indikatorvariablen Weiche Faktoren, Pflege, Preis, mitzuhelfen, Regeln beachten, Positives und Negatives sowie beeinflusst das Wohlergehen nicht erreicht. Im Bewohner-Modell trifft dies auf die folgenden Indikatorvariablen zu: mitzuhelfen, Regeln beachten, Positives und Negatives sowie beeinflusst das Wohlergehen. Im Prospect-Modell liegen die Indikatorvariablen Verpflegung, Weiche Faktoren, Pflege, Preis, freundliche Gespräche, Regeln beachten, Positives und Negatives sowie beeinflusst das Wohlergehen unter dem geforderten Wert von 0,5. Wenn der Mindestwert von 0,7 bzw. 0,4 für Cronbach Alpha nicht erreicht wird, werden solange sukzessive die Indikatoren mit der geringsten korrigierten Item-to-total-Korrelation aus dem Messmodell entfernt, bis ein akzeptabler Wert für Cronbach Alpha erreicht wird. Bei allen drei Modellen liegen für alle latenten Variablen akzeptable Werte für Cronbach Alpha vor, sodass auf eine Eliminierung von Indikatorvariablen verzichtet wird.

---

[793] Vgl. ebd.

Tabelle 44: Korrigierte Item-to-Total-Korrelation und Cronbach Alpha, wenn Item weggelassen

Indikatorvariable	Korrigierte Item-to-Total-Korrelation			Cronbach Alpha, wenn Item weggelassen		
	Gesamt-Modell	Bewohner-Modell	Prospect-Modell	Gesamt-Modell	Bewohner-Modell	Prospect-Modell
Involvement						
Wohnen	0,569	0,614	0,536	0,734	0,812	0,671
Verpflegung	0,530	0,599	0,471	0,741	0,813	0,687
Freizeit und Kultur	0,522	0,538	0,503	0,744	0,825	0,679
Service	0,558	0,664	0,502	0,736	0,807	0,679
Weiche Faktoren	0,493	0,614	0,407	0,749	0,811	0,702
Pflege	0,463	0,595	0,421	0,756	0,814	0,705
Preis	0,377	0,536	0,270	0,773	0,824	0,734
Social-Emotional Support						
Ängste nehmen	0,740	0,731	0,721	0,764	0,801	0,713
nicht den Mut verlieren	0,754	0,764	0,721	0,757	0,786	0,713
erheitern/aufmuntern	0,705	0,746	0,657	0,781	0,794	0,748
freundliche Gespräche	0,500	0,558	0,426	0,862	0,868	0,844

Indikatorvariable	Korrigierte Item-toTotal-Korrelation			Cronbach Alpha, wenn Item weggelassen		
	Gesamt-Modell	Bewohner-Modell	Prospect-Modell	Gesamt-Modell	Bewohner-Modell	Prospect-Modell
Instrumental Support						
die anderen besuchen Sie	0,633	0,508	0,569	0,687	0,606	0,645
unternehmen	0,660	0,564	0,597	0,657	0,529	0,611
helfen	0,566	0,462	0,524	0,758	0,661	0,696
Customer Participation						
Problem bemerke	0,561	0,516	0,534	0,817	0,761	0,767
konstruktive Vorschläge	0,717	0,652	0,667	0,654	0,609	0,623
Mitarbeiter wissen lassen	0,687	0,618	0,625	0,688	0,651	0,673
Customer Cooperation						
mitzuhelfen	0,483	0,422	0,529	0,561	0,514	0,587
auf Mitarbeiter einstellen	0,556	0,509	0,595	0,428	0,333	0,479
Regeln beachten	0,426	0,337	0,466	0,644	0,591	0,683
Word-of-Mouth (WoM)						
empfehle weiter	0,750	0,789	0,729	0,714	0,696	0,742
erzähle positiv	0,733	0,691	0,766	0,734	0,803	0,698
Positives gehört	0,614	0,661	0,610	0,842	0,827	0,846

Indikatorvariable	Korrigierte Item-toTotal-Korrelation			Cronbach Alpha, wenn Item weggelassen		
	Gesamt-Modell	Bewohner-Modell	Prospect-Modell	Gesamt-Modell	Bewohner-Modell	Prospect-Modell
Glück						
Positives und Negatives	0,415	0,422	0,415	0,384	0,464	0,281
positives Lebensgefühl	0,516	0,563	0,474	0,213	0,245	0,168
beeinflusst das Wohlergehen	0,208	0,260	0,146	0,735	0,744	0,726
Qualitatives Luxusverständnis						
finanzielle Absicherung	0,738	0,659	0,781	0,866	0,830	0,885
Gesundheit	0,721	0,674	0,749	0,867	0,826	0,889
lebenswerte Umwelt	0,791	0,743	0,817	0,855	0,812	0,878
Schmuck, teure Autos, 5-Sterne-Hotels	0,425	0,335	0,481	0,913	0,886	0,928
zwischenmenschliche Beziehungen	0,790	0,721	0,833	0,854	0,815	0,875
selbstbestimmtes Leben	0,824	0,794	0,841	0,851	0,804	0,876
Preisfairness						
Preisgestaltung ist fair	0,819	0,795	0,842	0,879	0,886	0,865
Preis erwartet	0,665	0,676	0,639	0,940	0,933	0,944
Preis ist angemessen	0,877	0,889	0,862	0,858	0,854	0,857
ist seinen Preis wert	0,865	0,858	0,862	0,863	0,866	0,858

Quelle: Auswertung selbst erhobener Daten.

Zusammenfassung der Ergebnisse zur Reliabilität des Messmodells

Die Nachfolgende Tabelle (siehe Tab. 45) fasst die Ergebnisse zur Gütebeurteilung der drei Messmodelle hinsichtlich der Reliabilität zusammen. Die Mindestanforderungen werden dabei im Gesamt-Modell einmal und im Prospect-Modell zweimal nicht erfüllt. Beim Prospect-Modell liegt die Faktorladung der Indikatorvariablen Preis mit 0,341 unter der Mindestgrenze von 0,4. Für die latente Variable Involvement liegen AVE-Werte im Gesamt-Modell mit 0,4369 und im Prospect-Modell mit 0,4006 unter geforderten Mindestwert von 0,5.

Tabelle 45: Zusammenfassung der Ergebnisse zur Reliabilität

Indikatorvariable	Indikatorreliabilität			Konstruktreliabilität			Durchschnittlich erfasste Varianz			Cronbach Alpha		
	Gesamt	Bewohner	Prospect	Gesamt	Bewohner	Prospect	Gesamt	Bewohner	Prospect	Gesamt	Bewohner	Prospect
Involvement	✓	✓	Minimal unterschritten	✓	✓	✓	Minimal unterschritten	✓	Minimal unterschritten	✓	✓	✓
Social-Emotional Support	✓	✓	✓	✓	✓	✓	✓	✓	✓	✓	✓	✓
Instrumental Support	✓	✓	✓	✓	✓	✓	✓	✓	✓	✓	✓	✓
Customer Participation	✓	✓	✓	✓	✓	✓	✓	✓	✓	✓	✓	✓
Customer Cooperation	✓	✓	✓	✓	✓	✓	✓	✓	✓	✓	✓	✓
Word-of-Mouth (WoM)	✓	✓	✓	✓	✓	✓	✓	✓	✓	✓	✓	✓
Glück	✓	✓	✓	✓	✓	✓	✓	✓	✓	✓	✓	✓
Qualitatives Luxusverständnis	✓	✓	✓	✓	✓	✓	✓	✓	✓	✓	✓	✓
Preisfairness	✓	✓	✓	✓	✓	✓	✓	✓	✓	✓	✓	✓

Quelle: Auswertung selbst erhobener Daten.

10.6.3.2 Beurteilung der Validität des reflektiven Messmodells

Validität als Gültigkeit bzw. konzeptionelle Richtigkeit eines Messinstrumentes zeigt: „[...] that a particular indicator measures what is supposed to measure rather than reflecting some other phenomenon."[794]

Validität beschreibt damit das Ausmaß, in welchem eine Skala von zufälligen und systematischen Fehlern frei ist.[795] Es werden vier Validitätsarten unterschieden:[796]

- Inhaltsvalidität: „liegt vor, wenn die erhobenen Indikatoren eines Konstruktes den inhaltlich-semantischen Bereich des Konstruktes repräsentieren und die gemessenen Items alle definierten Bedeutungsinhalte eines Konstruktes abbilden."[797]
- Konvergenzvalidität: „als Teilaspekt der Konstruktvalidität liegt vor, denn die Messungen eines Konstruktes mit zwei maximal unterschiedlichen Methoden übereinstimmen."[798]
- Nomologische Validität: „[...] to refer to an observed relationship between measures purported to assess different (but conceptually related) constructs."[799]
- Diskriminanzvalidität: Sie prüft, ob „[...] die jeweils reflektiv operationalisierten latenten Variablen, tatsächlich eigenständige Konstrukte darstellen."[800]

Diskriminanzvalidität

Im Folgenden wird die Diskriminanzvalidität näher betrachtet. Die Diskriminanzvalidität wird allgemein definiert als „[...] die Unterschied-

---

[794] Carmines/Zeller (1979), S. 16.
[795] Vgl. Hildebrandt/Temme (2006), S. 7.
[796] Vgl. Homburg/Giering (1996), S. 7.
[797] Weiber/Mühlhaus (2010), S. 128.
[798] Weiber/Mühlhaus (2010), S. 132.
[799] Peter (1981), S. 137 ff.
[800] Ringle/Spreen (2007), S. 213.

lichkeit der Messungen verschiedener Konstrukte mit einem Messinstrument [...]".[801]
Sie prüft, *ob* „[...]die jeweils reflektiv operationalisierten latenten Variablen, tatsächlich eigenständige Konstrukte darstellen."[802]

Zur Prüfung der Diskriminanzvalidität wird das Fornell-Larcker-Kriterium verwendet, dabei sollte die durchschnittlich erfassten Varianz[803] einer latenten Variable stets größer sein als jede Korrelation dieser latenten Variable mit einer anderen latenten Variablen.[804]

Die konsekutiven Tabellen (siehe Tab. 46,47 und 48) zeigen für die drei Modelle jeweils die Ergebnisse zur Diskriminanzvalidität nach dem Fornell-Larcker- Kriterium. Die DEV-Werte sind ebenfalls in den Tabellen hinterlegt. Das Fornell-Larcker-Kriterium, worin jeder DEV-Wert größer als jeder einzelne Wert der quadrierten Korrelationen in der zugehörigen Spalte und Zeile sein muss, wird für alle drei Modelle erfüllt. Demzufolge existiert keine Indikatorvariable, welche zu einer anderen als der ihr zugewiesenen latenten Variablen eine stärkere Bindung aufweist. Somit lassen sich alle latenten Variablen inhaltlich voneinander abgrenzen.

---

[801] Götz/Liehr-Gobbers (2004), S. 728.
[802] Ringle/Spreen (2007), S. 213.
[803] Auf die durchschnittlich erfasste Varianz wurde bereits in Kapitel 10.6.2.1 näher eingegangen.
[804] Vgl. Fornell/Larcker (1981), S. 46.

Tabelle 46: Diskriminanzvalidiät – Fornell-Larcker-Kriterium für das Gesamt-Modell

AVE	Involvement	Social-Emotional Support	Instrumental Support	Customer Participation	Customer Cooperation	WoM	Glück	Qualitatives Luxus-verständnis	Preisfairness
Involvement	0,4369								
Social-Emotional Support	0,0414	0,6633							
Instrumental Support	0,0082	0,2898	0,6921						
Customer Participation	0,0314	0,1056	0,1479	0,7111					
Customer Cooperation	0,1266	0,0374	0,0084	0,0261	0,6003				
WoM	0,1080	0,0228	0,0084	0,0010	0,1285	0,7426			
Glück	0,0619	0,1426	0,1144	0,0828	0,0541	0,0308	0,5348		
Qualitatives Luxus-verständnis	0,0105	0,0044	0,0124	0,0061	0,0178	0,0080	0,0102	0,6545	
Preisfairness	0,1201	0,0057	0,0005	0,0006	0,1116	0,2170	0,0199	0,0197	0,776

Quelle: Auswertung selbst erhobener Daten.

Tabelle 47: Diskriminanzvalidität – Fornell-Larcker-Kriterium für das Bewohner-Modell

AVE	Involvement	Social-Emotional Support	Instrumental Support	Customer Participation	Customer Cooperation	WoM	Glück	Qualitatives Luxus-verständnis	Preisfairness
Involvement	0,5045								
Social-Emotional	0,0737	0,6794							
Instrumental Support	0,0225	0,3187	0,6105						
Customer Participation	0,0539	0,1012	0,0293	0,6662					
Customer Cooperation	0,2133	0,0988	-0,0336	0,0578	0,5542				
WoM	0,1574	0,0304	0,0044	0,0036	0,1952	0,7525			
Glück	0,1011	0,1091	0,0670	0,0610	0,1068	0,0522	0,5689		
Qualitatives Luxus-verständnis	0,0127	0,0165	0,0339	0,0001	0,0262	0,0133	0,0239	0,6003	
Preisfairness	0,1651	0,0288	0,0037	0,0012	0,1746	0,3388	0,0519	0,0084	0,7758

Quelle: Auswertung selbst erhobener Daten.

Tabelle 48: Diskriminanzvalidität – Fornell-Larcker-Kriterium für das Prospect-Modell

AVE	Involvement	Social-Emotional Support	Instrumental Support	Customer Participation	Customer Cooperation	WoM	Glück	Qualitatives Luxus-verständnis	Preisfairness
Involvement	0,4006								
Social-Emotional Support	0,0518	0,6252							
Instrumental Support	0,0343	0,2080	0,6539						
Customer Participation	0,0889	0,0357	0,0733	0,6816					
Customer Cooperation	0,0797	0,0396	0,0376	0,0761	0,6304				
WoM	0,0739	0,0339	0,0409	0,0075	0,0969	0,7437			
Glück	0,0577	0,1317	0,1056	0,0410	0,0537	0,0351	0,5143		
Qualitatives Luxus-verständnis	0,0110	0,0001	0,0028	0,0156	0,0155	0,0055	0,0026	0,6945	
Preisfairness	0,0803	0,0065	0,0059	0,0060	0,0696	0,1485	0,0220	0,0341	0,7698

Quelle: Auswertung selbst erhobener Daten.

In einem nächsten Schritt werden die Kreuzladungen betrachtet. Kreuzladungen sind die Korrelationen zwischen Indikatorvariablen mit anderen, im Modell enthaltenen latenten Variablen.[805] Dabei sollte jede Indikatorvariable die stärkste Beziehung mit der ihr (theoretisch) zugeordneten latenten Variablen haben.[806] Wenn zwischen einer Indikatorvariablen und einer ihr nicht zugeordneten latenten Variablen stärkere Beziehungen festgestellt werden, ist nicht eindeutig, was das entsprechende Konstrukt tatsächlich reflektiert und erfordert möglicherweise eine Modifizierung des Modells.[807] Die folgenden Tabellen (siehe Tab. 49, 50 und 51) präsentieren, dass in allen drei Messmodellen jede Indikatorvariable die stärkste Beziehung mit der ihr theoretisch zugeordneten latenten Variablen aufweist, sodass die Anforderungen an die Diskriminanzvalidität, insbesondere für die Kreuzladungen erfüllt werden.

Zusammenfassung der Ergebnisse zur Validität des Messmodells

Die drei Messmodelle erfüllen im Rahmen der Diskriminanzvalidität, geprüft anhand des Fornell-Larcker-Kriterium und den Kreuzladungen, alle Anforderungen.

---

[805] Vgl. Chin (1998), S. 321; Ringle/Spreen (2007), S. 213.
[806] Vgl. ebd.
[807] Vgl. ebd.

Tabelle 49: Gesamt-Modell Kreuzladungen

	Involvement	Social-Emotional Support	Instrumental Support	Customer Participation	Customer Cooperation	WoM	Glück	Qualitatives Luxusverständnis	Preisfairness
Involvement – Wie wichtig sind Ihnen die einzelnen Angebote?									
Wohnen	0,7359	0,1497	0,0366	0,0975	0,2642	0,2393	0,1805	0,0935	0,2684
Verpflegung	0,6688	0,1182	-0,0112	0,1117	0,2249	0,1893	0,1332	0,0841	0,2126
Freizeit und Kultur	0,6777	0,1388	0,0832	0,0995	0,2624	0,2519	0,1609	0,0987	0,2547
Service	0,7357	0,1132	0,0255	0,0638	0,2489	0,289	0,1431	0,0332	0,2847
Weiche Faktoren	0,6734	0,1765	0,0615	0,1541	0,2285	0,2022	0,2255	0,0667	0,253
Pflege	0,6238	0,1645	0,1628	0,1998	0,235	0,1733	0,2058	0,0782	0,1874
Preis	0,4756	0,0553	0,0687	0,1025	0,1679	0,1582	0,0731	-0,0067	0,0942
Social-Emotional Support									
Ängste nehmen	0,1286	0,842	0,448	0,295	0,1295	0,083	0,2957	0,0412	0,0458
nicht den Mut verlieren	0,1175	0,8513	0,4254	0,3052	0,1351	0,0775	0,2743	0,0535	0,0277
erheitern/aufmuntern	0,1468	0,8434	0,3926	0,2462	0,1576	0,1488	0,3514	0,0495	0,0618
freundliche Gespräche	0,2643	0,7128	0,484	0,2132	0,2032	0,1754	0,3005	0,0698	0,1073
Instrumental Support									
die anderen besuchen Sie	0,0685	0,4064	0,846	0,3549	0,0349	0,0533	0,2971	0,0817	-0,0512
unternehmen	0,0552	0,4001	0,836	0,2897	0,0602	0,0692	0,2427	0,1053	-0,0039
helfen	0,0997	0,5304	0,8135	0,3103	0,1322	0,1049	0,2987	0,0929	0,0007

	Involvement	Social-Emotional Support	Instrumental Support	Customer Participation	Customer Cooperation	WoM	Glück	Qualitatives Luxusverständnis	Preisfairness
Customer Participation									
Problem bemerke	0,2489	0,2508	0,2761	0,7927	0,1898	0,0775	0,2368	0,0619	0,0321
konstruktive Vorschläge	0,0865	0,3037	0,3977	0,8911	0,0879	-0,0065	0,2659	0,0736	-0,041
Mitarbeiter wissen lassen	0,122	0,2635	0,2866	0,8432	0,1402	0,0126	0,2214	0,0601	-0,0534
Customer Cooperation									
mitzuhelfen	0,2226	0,1841	0,1386	0,2459	0,7346	0,233	0,1791	0,1174	0,1957
auf Mitarbeiter einstellen	0,2927	0,1776	0,0394	0,0431	0,8319	0,3047	0,1761	0,1087	0,3011
Regeln beachten	0,3052	0,0918	0,0475	0,1101	0,7545	0,2894	0,1868	0,0865	0,2701
Word-of-Mouth (WoM)									
empfehle weiter	0,2606	0,0988	0,0568	-0,0169	0,2855	0,8894	0,1203	0,0542	0,404
erzähle positiv	0,3413	0,1587	0,0648	0,0461	0,3597	0,8855	0,1955	0,0736	0,414
Positives gehört	0,2414	0,13	0,117	0,0502	0,2761	0,8079	0,1334	0,1042	0,3853
Glück									
Positives und Negatives	0,142	0,1954	0,17	0,0909	0,1483	0,1599	0,6855	0,0401	0,1742
positives Lebensgefühl	0,1683	0,2599	0,1949	0,1618	0,1529	0,1668	0,7903	0,0663	0,1212
beeinflusst das Wohlergehen	0,2185	0,3413	0,3392	0,3265	0,1977	0,0774	0,7141	0,1017	0,0425

	Involvement	Social-Emotional Support	Instrumental Support	Customer Participation	Customer Cooperation	WoM	Glück	Qualitatives Luxusverständnis	Preisfairness
Qualitatives Luxusverständnis									
finanzielle Absicherung	0,1247	0,0142	0,0577	0,0201	0,1205	0,0958	0,0327	0,833	0,1163
Gesundheit	0,0636	0,0268	0,0752	0,0872	0,0585	0,0498	0,0718	0,8128	0,0905
lebenswerte Umwelt	0,1155	0,0846	0,1037	0,0755	0,1458	0,0848	0,1122	0,8975	0,142
Schmuck, teure Autos, 5-Sterne-Hotels	-0,0555	0,011	0,0053	-0,0534	-0,0022	0	-0,002	0,4453	0,0339
zwischenmenschliche Beziehungen	0,0707	0,0876	0,133	0,1079	0,1191	0,0812	0,1403	0,8716	0,1187
selbstbestimmtes Leben	0,0883	0,048	0,0981	0,0437	0,1279	0,0788	0,0566	0,8996	0,135
Preisfairness									
Preisgestaltung ist fair	0,3286	0,0615	0,0293	-0,0004	0,3098	0,4018	0,1087	0,1355	0,8834
Preis erwartet	0,2579	0,0725	-0,0397	-0,028	0,2693	0,3333	0,1075	0,1165	0,7707
Preis ist angemessen	0,3201	0,075	-0,027	-0,0135	0,3045	0,423	0,1594	0,1312	0,929
ist seinen Preis wert	0,311	0,0594	-0,0437	-0,0453	0,2942	0,4714	0,1193	0,1129	0,9308

Quelle: Auswertung selbst erhobener Daten.

Tabelle 50: Bewohner-Modell Kreuzladungen

	Involvement	Social-Emotional Support	Instrumental Support	Customer Participation	Customer Cooperation	WoM	Glück	Qualitatives Luxusverständnis	Preisfairness
Involvement – Wie wichtig sind Ihnen die einzelnen Angebote?									
Wohnen	0,7335	0,2046	0,0633	0,1193	0,3558	0,3471	0,2595	0,0821	0,3178
Verpflegung	0,7024	0,1284	0,0621	0,1506	0,2667	0,258	0,1672	0,1293	0,24
Freizeit und Kultur	0,6753	0,2522	0,2281	0,1896	0,3267	0,2629	0,2218	0,144	0,2638
Service	0,786	0,2278	0,1376	0,1828	0,3546	0,3437	0,2777	0,0647	0,3337
Weiche Faktoren	0,7487	0,2352	0,0752	0,2114	0,3813	0,2802	0,2858	0,0563	0,3442
Pflege	0,6928	0,1427	0,087	0,1449	0,3328	0,2381	0,188	0,0356	0,2562
Preis	0,6211	0,1277	0,0907	0,1456	0,2499	0,2249	0,141	0,0592	0,2376
Social-Emotional Support									
Ängste nehmen	0,1732	0,8365	0,4935	0,3196	0,2507	0,1002	0,2539	0,0854	0,1301
nicht den Mut verlieren	0,1587	0,8534	0,4341	0,3007	0,2127	0,097	0,2079	0,1263	0,1038
erheitern/aufmuntern	0,2195	0,8636	0,4512	0,2636	0,2561	0,1764	0,3578	0,0968	0,1398
freundliche Gespräche	0,3365	0,7375	0,4782	0,167	0,3111	0,1924	0,2518	0,1177	0,1814
Instrumental Support									
die anderen besuchen Sie	0,1138	0,3518	0,7162	0,1264	0,0669	0,0319	0,1657	0,1183	0,0012
unternehmen	0,1244	0,3785	0,7932	0,0892	0,117	0,048	0,1796	0,1675	0,0747
helfen	0,1166	0,5509	0,8303	0,1738	0,2119	0,0685	0,2457	0,1452	0,0571

	Involvement	Social-Emotional Support	Instrumental Support	Customer Participation	Customer Cooperation	WoM	Glück	Qualitatives Luxusverständnis	Preisfairness
Customer Participation									
Problem bemerke	0,2895	0,2393	0,142	0,8044	0,2553	0,1087	0,1941	0,0014	0,0633
konstruktive Vorschläge	0,1222	0,303	0,1949	0,8462	0,1392	0,005	0,2135	-0,0233	0,0012
Mitarbeiter wissen lassen	0,141	0,2352	0,0725	0,7972	0,1883	0,0248	0,1974	0,0031	0,0148
Customer Cooperation									
mitzuhelfen	0,2738	0,2884	0,1809	0,2919	0,7126	0,3464	0,2069	0,157	0,2592
auf Mitarbeiter einstellen	0,3728	0,2918	0,167	0,1688	0,8188	0,3712	0,278	0,0835	0,3642
Regeln beachten	0,3805	0,1165	0,0597	0,0856	0,696	0,2663	0,24	0,1313	0,3016
Word-of-Mouth (WoM)									
empfehle weiter	0,344	0,1046	0,0408	0,0264	0,3409	0,9075	0,1565	0,0895	0,5206
erzähle positiv	0,3878	0,2327	0,0719	0,1102	0,4764	0,8828	0,2883	0,0809	0,5434
Positives gehört	0,2879	0,0961	0,0594	0,0031	0,3095	0,8092	0,1252	0,1405	0,439
Glück									
Positives und Negatives	0,2362	0,1803	0,1116	0,1069	0,2336	0,2229	0,7391	0,0814	0,2481
positives Lebensgefühl	0,2196	0,2462	0,1873	0,1733	0,2568	0,2409	0,8608	0,1451	0,2018
beeinflusst das Wohlergehen	0,2667	0,3129	0,2774	0,2704	0,2466	0,0505	0,6477	0,115	0,0723

	Involvement	Social-Emotional Support	Instrumental Support	Customer Participation	Customer Cooperation	WoM	Glück	Qualitatives Luxusverständnis	Qualitatives Preisfairness
Qualitatives Luxusverständnis									
finanzielle Absicherung	0,1136	0,0437	0,1363	-0,0703	0,1226	0,0986	0,0482	0,7825	0,0736
Gesundheit	0,0887	0,0448	0,1046	0,0157	0,0813	0,0864	0,0775	0,7654	0,0581
lebenswerte Umwelt	0,1274	0,1665	0,1754	0,037	0,1755	0,1371	0,1875	0,8867	0,1113
Schmuck, teure Autos, 5-Sterne-Hotels	-0,0206	0,0472	0,1057	-0,0958	0,0246	-0,0032	0,048	0,4105	-0,0233
zwischenmenschliche Beziehungen	0,0805	0,1313	0,1621	0,0314	0,1531	0,0797	0,1756	0,8185	0,0587
selbstbestimmtes Leben	0,0839	0,0946	0,1497	-0,0355	0,1275	0,0894	0,1016	0,8826	0,0928
Preisfairness									
Preisgestaltung ist fair	0,3953	0,0963	0,0767	-0,005	0,3612	0,5075	0,1392	0,117	0,8677
Preis erwartet	0,2998	0,1819	0,0657	0,0665	0,3279	0,4447	0,1861	0,0869	0,792
Preis ist angemessen	0,3785	0,1707	0,0415	0,0544	0,385	0,508	0,2508	0,0503	0,929
ist seinen Preis wert	0,3534	0,1549	0,0345	0,0121	0,3943	0,5812	0,2251	0,0703	0,9273

Quelle: Auswertung selbst erhobener Daten.

Tabelle 51: Prospect-Modell Kreuzladungen

	Involvement	Social-Emotional Support	Instrumental Support	Customer Participation	Customer Cooperation	WoM	Glück	Qualitatives Luxusverständnis	Preisfairness
Involvement – Wie wichtig sind Ihnen die einzelnen Angebote?									
Wohnen	0,7376	0,1759	0,1266	0,2021	0,2017	0,1667	0,1666	0,1014	0,2135
Verpflegung	0,6493	0,1752	0,0535	0,2237	0,1817	0,1379	0,1418	0,0565	0,1648
Freizeit und Kultur	0,6688	0,1305	0,1288	0,1864	0,2099	0,2342	0,1609	0,0799	0,2144
Service	0,7085	0,1389	0,1386	0,1706	0,1741	0,2478	0,1343	0,0278	0,2255
Weiche Faktoren	0,6123	0,1777	0,1264	0,2087	0,1412	0,1497	0,2037	0,0739	0,1788
Pflege	0,631	0,1435	0,1622	0,2084	0,2095	0,1451	0,1837	0,1067	0,1773
Preis	0,341	0,0055	0,0777	0,0977	0,1212	0,1133	0,0128	-0,0468	-0,0159
Social-Emotional Support									
Ängste nehmen	0,1597	0,8133	0,3001	0,1128	0,1285	0,1084	0,2635	0,0004	0,0566
nicht den Mut verlieren	0,1601	0,8146	0,2907	0,1425	0,1652	0,1052	0,2515	-0,0025	0,0498
erheitern/aufmuntern	0,1361	0,8208	0,3124	0,1403	0,146	0,1583	0,3087	0,0083	0,0453
freundliche Gespräche	0,2453	0,7086	0,4941	0,1866	0,1787	0,1894	0,3052	0,0265	0,0941
Instrumental Support									
die anderen besuchen Sie	0,1709	0,3421	0,8294	0,2374	0,1528	0,1485	0,3155	0,0367	0,0665
unternehmen	0,1029	0,3167	0,7992	0,1909	0,137	0,157	0,2011	0,049	0,0633
helfen	0,1662	0,4405	0,797	0,2231	0,1778	0,1853	0,2586	0,0432	0,0567

	Involvement	Social-Emotional Support	Instrumental Support	Customer Participation	Customer Cooperation	WoM	Glück	Qualitatives Luxusverständnis	Preisfairness
Customer Participation									
Problem bemerke	0,2851	0,1793	0,2539	0,826	0,22	0,0924	0,1964	0,091	0,0838
konstruktive Vorschläge	0,2094	0,1348	0,231	0,8414	0,223	0,0536	0,1791	0,1309	0,0925
Mitarbeiter wissen lassen	0,2345	0,1482	0,1764	0,8089	0,243	0,0636	0,1168	0,0897	0,009
Customer Cooperation									
mitzuhelfen	0,1927	0,1209	0,158	0,2756	0,7619	0,1649	0,1694	0,0917	0,1562
auf Mitarbeiter einstellen	0,2231	0,2319	0,1945	0,1836	0,8566	0,2626	0,2066	0,1388	0,2229
Regeln beachten	0,2565	0,1073	0,1053	0,2122	0,7596	0,306	0,1729	0,06	0,2441
Word-of-Mouth (WoM)									
empfehle weiter	0,1871	0,1539	0,191	0,0477	0,2388	0,8712	0,1551	0,0397	0,3087
erzähle positiv	0,2949	0,1778	0,1959	0,1266	0,2847	0,8911	0,1928	0,0758	0,3138
Positives gehört	0,2186	0,1442	0,1378	0,0492	0,2792	0,8234	0,1367	0,0749	0,3709
Glück									
Positives und Negatives	0,0869	0,2079	0,2297	0,0586	0,1145	0,1225	0,7148	0,0094	0,133
positives Lebensgefühl	0,1569	0,261	0,1914	0,1116	0,1123	0,13	0,772	0,0064	0,0848
beeinflusst das Wohlergehen	0,2469	0,2947	0,2648	0,2361	0,2463	0,1444	0,6602	0,0819	0,1016

	Involvement	Social-Emotional Support	Instrumental Support	Customer Participation	Customer Cooperation	WoM	Glück	Qualitatives Luxusverständnis	Qualitatives Preisfairness
Qualitatives Luxusverständnis									
finanzielle Absicherung	0,1406	-0,0085	0,0099	0,0967	0,1195	0,0917	0,0293	0,8661	0,1486
Gesundheit	0,0661	-0,0153	-0,0007	0,1133	0,058	0,0279	0,0433	0,8318	0,1353
lebenswerte Umwelt	0,1209	0,0204	0,0548	0,1035	0,1362	0,0547	0,0424	0,9011	0,1763
Schmuck, teure Autos, 5-Sterne-Hotels	-0,0924	0,0006	-0,0204	0,0095	-0,0226	-0,007	-0,0248	0,5239	0,0662
zwischenmenschliche Beziehungen	0,0803	0,0397	0,0982	0,1561	0,1126	0,0869	0,0936	0,8975	0,1771
selbstbestimmtes Leben	0,101	0,0047	0,0585	0,0913	0,1372	0,0731	0,0238	0,9127	0,1768
Preisfairness									
Preisgestaltung ist fair	0,267	0,0767	0,0947	0,0953	0,2683	0,3237	0,1272	0,1534	0,8969
Preis erwartet	0,2061	0,0847	0,0627	0,0678	0,2044	0,2516	0,1267	0,1434	0,741
Preis ist angemessen	0,2614	0,0665	0,0592	0,0554	0,2407	0,3665	0,1565	0,1948	0,9272
ist seinen Preis wert	0,2561	0,0605	0,056	0,0582	0,2142	0,3934	0,1126	0,1545	0,9306

Quelle: Auswertung selbst erhobener Daten.

10.6.4 Zusammenfassung der Ergebnisse

Es werden die Hypothesen abgelehnt, wenn entweder das Vorzeichen des theoretischen Einflusses nicht identisch mit der empirischen Richtung oder der t-Wert des Pfadkoeffizienten nicht signifikant ist.

Im Gesamt-Modell werden von den 17 aufgestellten Hypothesen 13 Hypothesen bestätigt, zudem werden im Bewohner-Modell und im Prospect-Modell 12 Hypothesen bestätigt.

In allen drei Modellen werden die 8 Hypothesen $H_{ES}1$, $H_{ES}3$, $H_{IS}1$, H_P1, H_P2, $H_{IW}1$, $H_{IW}2$ und $H_{IW}3$ bestätigt. Hingegen werden in allen Modellen nur die Hypothesen $H_{ES}2$, Social-Emotional Support hängt positiv zusammen mit Word-of-Mouth nicht bestätigt. Aufgrund des Vorzeichens des theoretischen Einflusses wird nur eine Hypothese H_I6 im Gesamt-Modell abgelehnt.

Zusammenfassung der Wirkungsbeziehungen

Der Einfluss von Social-Emotional Support bzw. Instrumental Support auf die anderen Variablen stellt sich wie folgt dar:

- Im Gesamt-Modell und im Bewohner-Modell ist der Social-Emotional Support, ein Prädiktor für CVP als freiwilliges Kundenverhalten nur für die beiden Dimensionen Customer Cooperation und Customer Participation. Die bedeutet, je mehr Bewohner die anderen Bewohner emotional unterstützen (Social-Emotional Support – darunter ist zu verstehen, dass sie ihnen Ängste nehmen, ihnen sagen, dass nicht den Mut verlieren sollen, sie erheitern/aufmuntern und bzw. oder freundliche Gespräche führen), desto mehr kooperieren sie (Customer Cooperation – indem sie versuchen, mitzuhelfen, dass das Betreute Wohnen immer gepflegt und sauber ist, sie sich auf alle Mitarbeiter einstellen und bzw. oder die Regeln des Betreuten Wohnens beachten) und beteiligen sich (Customer Participation – in dem sie konstruktive Vorschläge machen, um das Angebot zu verbessern, die

Mitarbeiter wissen, was sie besser machen können und bzw. oder wenn sie ein Problem bemerken, ebenfalls wenn sie nicht direkt davon betroffen sind, einen Mitarbeiter oder einen anderen Bewohner informieren). Jedoch besteht im Prospect-Modell nur zwischen dem Social-Emotional Support und der Customer Cooperation ein signifikant positiver Zusammenhang. Die signifikanten Pfadkoeffizienten liegen dabei zwischen den Werten 0,0969 und 0,2822. Dabei wird auf den stärksten Zusammenhang, welcher zwischen Social-Emotional Support und Customer Participation mit einem Wert von 0,2822 im Bewohner-Modell besteht, verwiesen. Hinsichtlich der Pfadkoeffizienten im Gruppenvergleich zwischen den Bewohnern und den Prospects tritt bei diesem Pfad der betragsmäßig größte Unterschied mit einem Pfadkoeffizienten von 0,2822 in der Bewohner-Stichprobe und einem Pfadkoeffizienten von 0,0385 in der Prospect-Stichprobe auf. Der Unterschied ist signifikant. In allen drei Modellen besteht kein Zusammenhang zwischen Social-Emotional Support und Word-of-Mouth.

- Im Gegensatz dazu ist im Prospect-Modell der Instrumental Support ein Prädiktor für CVP als freiwilliges Kundenverhalten für alle drei Dimensionen Weiterempfehlung, Customer Cooperation und Customer Participation. Dies bedeutet für die Interessenten: Je höher die instrumentelle Unterstützung ist (in Form von Besuch zu Hause erhalten, etwas unternehmen mit Freunden, Bekannten oder Angehörigen und bzw. oder helfen), desto mehr würden sie im Betreuten Wohnen kooperieren (Customer Cooperation), sich beteiligen (Customer Participation) und eine Weiterempfehlung aussprechen (Word-of-Mouth). Dagegen besteht im Gesamt-Modell nur zwischen dem Instrumental Support und der Customer Participation ein signifikant positiver Zusammenhang. Die Pfadkoeffizienten liegen dabei zwischen den Werten 0,1051 und 0,2988. Der stärkste Zusammenhang besteht zwischen Instrumental Support und Customer Participation mit einem Wert von 0,2988 im Gesamt-Modell. Im Bewohner-Modell besteht kein Zusammenhang zwischen Instrumental Support und den Dimensionen von Customer Voluntary Performance, der Weiterempfehlung, der Customer Cooperation und der Customer Participation.

- In allen drei Modellen besteht sowohl zwischen Social-Emotional Support als auch zwischen Instrumental Support und Glück ein signifikant positiver Zusammenhang. Beim Pfad Emotional Support und Glück liegen die Pfadkoeffizienten äußerst nah zusammen mit Werten zwischen 0,2765 im Bewohner-Modell und 0,2714 im Prospect-Modell – der Gruppenvergleich zeigt, dass keine signifikanten Unterschiede bestehen. Beim Pfad Instrumental Support und Glück haben die Pfadkoeffizienten einen Wert in Höhe von 0,1219 im Bewohner-Modell und einen Wert in Höhe von 0,2018 im

Prospect-Modell – der Gruppenvergleich zeigt, dass ein signifikanter Unterschied besteht.

- Im Gesamt-Modell und im Bewohner-Modell besteht zwischen Social-Emotional Support und der Variablen Preisfairness ein signifikant positiver Zusammenhang. Hingegen besteht im Gesamt-Modell zwischen Instrumental Support und der Preisfairness ein signifikant negativer Zusammenhang in Höhe von -0,1047.

Zum Vergleich der Ergebnisse wird auf die empirische Studie von ROSENBAUM und MASSIAH[808] verwiesen, welche zeigt, dass Social-Emotional Support ein stärkerer Prädiktor als Instrumental Support ist, dass sowohl Social-Emotional Support, als auch Instrumental Support signifikante Prädiktoren in Bezug auf die Kooperation und Partizipation sind und nur Social-Emotional Support ein signifikanter Prädiktor für die Weiterempfehlung ist.[809]

In der vorliegenden Arbeit können diese Ergebnisse partiell bestätigt werden. Bei der gesamten Stichprobe, welche Bewohner und Prospects zusammen betrachtet und bei der Teilstichprobe der Bewohner ist Social-Emotional Support ein stärkerer Prädiktor als Instrumental Support in Bezug auf die Customer Cooperation. Während bei der Stichprobe der Prospects, bei der Pfadbeziehung Social-Emotional Support und Customer Participation mit einem Pfadkoeffizient in Höhe von 0,0969 und bei der Pfadbeziehung Instrumental Support und Customer Participation mit einem Pfadkoeffizient in Höhe von 0,1051 – die Pfadkoeffizienten relativ nah beieinander liegen. Im Gegensatz dazu, ist bei der gesamten Stichprobe und bei der Stichprobe der Prospects Instrumental Support ein stärkerer Prädiktor als Social-Emotional Support in Bezug auf Customer Participation. Hingegen ist bei der Stichprobe der Bewohner Social-Emotional Support ein stärkerer Prädiktor als In-

---

[808] Die Studie wird detailliert in Kapitel 6.2 beschrieben.
[809] Vgl. Rosenbaum/Massiah (2007), S. 264.

strumental Support in Bezug auf Customer Participation. Zusammenfassend zeigt sich: Bei der gesamten Stichprobe, welche Bewohner und Prospects zusammen betrachtet und bei der Teilstichprobe der Bewohner, ist Social-Emotional Support ein stärkerer Prädiktor als Instrumental Support – mit Ausnahme der Pfadbeziehung Instrumental Support und Customer Participation – bei den beiden Dimensionen Customer Participation und Customer Cooperation. Hingehen besteht bei der Teilstichprobe der Prospects zwischen Instrumental Support und allen drei Dimensionen von CVP ein signifikant positiver Zusammenhang, während nur zwischen Social-Emotional Support und der Customer Cooperation ein signifikant positiver Zusammenhang besteht. Für die Teilstichprobe Prospects gilt daher nicht, dass Social-Emotional Support ein stärkerer Prädiktor als Instrumental Support ist.

In Bezug auf sozial-emotionale und instrumentelle Unterstützung kann auf die Untersuchung von WAGNER et al. verwiesen werden, die im Rahmen der Berliner Altersstudie die sozialen Beziehungen alter Menschen untersuchen. Sie betrachten Hilfeleistungen unter einer austauschtheoretischen Sichtweise, dabei zeigt sich ein gegenläufiges Verhalten: Mit einem steigenden Alter nimmt der Anteil der Personen zu, die dem Probanden helfen, während der Anteil der Personen, der durch die Probanden Hilfe erhält, abnimmt.[810] In den sehr hohen Altersgruppen wird mehr Hilfe gegeben als empfangen.[811]

---

[810] Vgl. Wagner et al. (2010), S. 335 f.
[811] Vgl. Wagner et al. (2010), S. 335.

Der Einfluss von Glück auf qualitatives Luxusverständnis stellt sich wie folgt dar:

- Zwischen Glück und qualitativem Luxusverständnis besteht im Gesamt-Modell ein signifikant positiver Zusammenhang in Höhe von 0,1045 und im Bewohner-Modell besteht ein signifikant positiver Zusammenhang in Höhe von 0,1701. Der Gruppenvergleich zwischen den Bewohnern und den Prospects zeigt: Es besteht ein signifikanter Unterschied.

Der Einfluss von Preisfairness auf Involvement bzw. Weiterempfehlung stellt sich wie folgt dar:

- In allen drei Modellen besteht ein signifikant positiver Zusammenhang zwischen Preisfairness und dem Involvement. Die Pfadkoeffizienten haben einen Wert von 0,4059 im Bewohner-Modell und 0,2826 im Prospect-Modell – der Gruppenvergleich zeigt, es besteht ein signifikanter Unterschied.
- In allen drei Modellen besteht ein signifikant positiver Zusammenhang zwischen der Preisfairness und der Word-of-Mouth. Die Pfadkoeffizienten haben einen Wert i. H. v. 0,4994 im Bewohner-Modell und 0,329 im Prospect-Modell – der Gruppenvergleich zeigt, die Varianzen sind gleich, es besteht daher kein Unterschied zwischen den beiden Gruppen. Demzufolge hat die wahrgenommene Preisfairness einen stark positiven Einfluss auf das freiwillige Kundenverhalten in Form von Weiterempfehlung, der Unterschied zwischen den beiden Gruppen ist jedoch nicht signifikant.

Der Einfluss von Involvement auf Customer Voluntary Performance stellt sich wie folgt dar:

- In allen drei Modellen besteht ein signifikant positiver Zusammenhang zwischen Involvement und der Customer Cooperation, Customer Participation und Word-of-Mouth. Beim Pfad Involvement und Customer Cooperation haben die Pfadkoeffizienten einen Wert von 0,406 im Bewohner-Modell und einen Wert von 0,2408 im Prospect-Modell – der Gruppenvergleich zeigt, es besteht ein signifikanter Unterschied. Beim Pfad Involvement und Customer Participation haben die Pfadkoeffizienten einen Wert von 0,1561 im Bewohner-Modell und einen Wert von 0,2493 im Prospect-Modell – der Gruppenvergleich zeigt, auch hier besteht ein signifikanter

Unterschied. So besteht im Bewohner-Modell beim Pfad Involvement und Customer Cooperation ein stark signifikant positiver Zusammenhang, während beim Pfad Involvement und Customer Participation ein geringer signifikant positiver Zusammenhang besteht. Hingegen besteht im Prospect-Modell beim Pfad Involvement und Customer Cooperation und beim Pfad Involvement und Customer Participation jeweils ein mittlerer signifikant positiver Zusammenhang. Im Bewohner-Modell und im Prospect-Modell besteht ein geringer signifikant positiver Zusammenhang zwischen dem Involvement und dem Word-of-Mouth. Der Signifikanztest auf Varianzungleichheit zeigt, die Varianzen sind gleich, es besteht daher kein Unterschied zwischen den beiden Gruppen.

Der Einfluss von qualitativem Luxusverständnis auf die Preisfairness stellt sich wie folgt dar:

- Zwischen qualitativem Luxusverständnis und der Preisfairness besteht ein signifikant positiver Zusammenhang im Gesamt-Modell in Höhe von 0,1439 und im Prospect-Modell in Höhe von 0,1818.

Zusammenfassend wird dies in nachfolgender Tabelle (siehe Tab. 52) dargestellt.

Tabelle 52: Ergebnisübersicht zu den Hypothesen des Forschungsmodells

Hypothesen		Pfadkoeffizienten			Signifikanz			Ergebnis		
		Gesamt-Modell	Bewohner-Modell	Prospect-Modell	Gesamt-Modell	Bewohner-Modell	Prospect-Modell	Gesamt-Modell	Bewohner-Modell	Prospect-Modell
Social-Emotional Support hängt positiv zusammen mit Glück.	$H_{ES}1$	0,2771	0,2765	0,2714	***	***	***	**bestätigt**	**bestätigt**	**bestätigt**
Social-Emotional Support hängt positiv zusammen mit Word-of-Mouth.	$H_{ES}2$	0,0554	0,0467	0,0715	*	n.s.	*	abgelehnt	abgelehnt	abgelehnt
Social-Emotional Support hängt positiv zusammen mit Customer Cooperation.	$H_{ES}3$	0,1311	0,1968	0,0969	***	***	**	**bestätigt**	**bestätigt**	**bestätigt**
Social-Emotional Support hängt positiv zusammen mit Customer Participation.	$H_{ES}4$	0,1401	0,2822	0,0385	***	****	n.s.	**bestätigt**	**bestätigt**	abgelehnt
Social-Emotional Support hängt positiv zusammen mit Preisfairness.	$HE_{S}5$	0,1222	0,1964	0,06	***	***	n.s.	**bestätigt**	**bestätigt**	abgelehnt

Hypothesen		Pfadkoeffizienten			Signifikanz			Ergebnis		
		Gesamt-Modell	Bewohner-Modell	Prospect-Modell	Gesamt-Modell	Bewohner-Modell	Prospect-Modell	Gesamt-Modell	Bewohner-Modell	Prospect-Modell
Instrumental Support hängt positiv zusammen mit Glück.	$H_{IS}1$	0,1981	0,1219	0,2018	***	**	***	**bestätigt**	**bestätigt**	**bestätigt**
Instrumental Support hängt positiv zusammen mit Word-of-Mouth..	$H_{IS}2$	0,0551	-0,0174	0,1175	*	n.s.	***	abgelehnt	abgelehnt	**bestätigt**
Instrumental Support hängt positiv zusammen mit Customer Cooperation.	$H_{IS}3$	-0,0082	0,0131	0,1051	n.s.	n.s.	**	abgelehnt	abgelehnt	**bestätigt**
Instrumental Support hängt positiv zusammen mit Customer Participation.	$H_{IS}4$	0,2988	-0,0104	0,2069	***	n.s.	***	**bestätigt**	abgelehnt	**bestätigt**
Instrumental Support hängt positiv zusammen mit Preisfairness.	$H_{IS}5$	-0,1047	-0,0658	0,0403	***	n.s.	n.s.	angelehnt	abgelehnt	abgelehnt
Glück hängt positiv zusammen mit qualitativem Luxusverständnis.	$H_{G}1$	0,1045	0,1701	0,0511	***	***	n.s.	bestätigt	**bestätigt**	abgelehnt

431

Hypothesen	Pfadkoeffizienten			Signifikanz			Ergebnis		
	Gesamt-Modell	Bewohner-Modell	Prospect-Modell	Gesamt-Modell	Bewohner-Modell	Prospect-Modell	Gesamt-Modell	Bewohner-Modell	Prospect-Modell
$H_{P}1$ Preisfairness hängt positiv mit Involvement zusammen.	0,3468	0,4059	0,2826	***	***	***	bestätigt	bestätigt	bestätigt
$H_{P}2$ Preisfairness hängt positiv zusammen mit Word-of-Mouth.	0,4022	0,4994	0,329	***	***	***	bestätigt	bestätigt	bestätigt
$H_{IW}1$ Involvement hängt positiv zusammen mit Customer Cooperation.	0,3299	0,406	0,2408	***	***	***	bestätigt	bestätigt	bestätigt
$H_{IW}2$ Involvement hängt positiv zusammen mit Customer Participation.	0,1199	0,1561	0,2493	***	***	***	bestätigt	bestätigt	bestätigt
$H_{IW}3$ Involvement hängt positiv zusammen mit Word-of-Mouth.	0,1747	0,1836	0,1454	***	***	***	bestätigt	bestätigt	bestätigt
$H_{Lux}1$ Qual. Luxusverständnis hängt positiv zusammen mit Preisfairness.	0,1438	0,08	0,1812	***	*	***	bestätigt	abgelehnt	bestätigt

*** = signifikant mit 1 %-iger Irrtumswahrscheinlichkeit

** = signifikant mit 5 %-iger Irrtumswahrscheinlichkeit

* = signifikant mit 10 %-iger Irrtumswahrscheinlichkeit

n.s. = nicht signifikant

Quelle: Auswertung selbst erhobener Daten.

11 Kritische Würdigung der Ergebnisse

„The outcomes of research often create as many new questions as they answer."[812]

In Kapitel 11.1 werden die Grenzen der Studie beschrieben und es werden zukünftige Forschungsfelder aufgezeigt. Dem schließt sich in Kapitel 11.2 der Vorstellung der Implikationen für die Pflegepraxis und die Wissenschaft auf Basis der Ergebnisse an. Weiterhin werden die Ergebnisse in Bezug auf die leitfadenzentrierten Interviews, die Conjoint-Analyse und die Strukturgleichungsmodellierung komprimiert dargestellt.

11.1   Grenzen der Untersuchung und Ausblick

Jede empirische Untersuchung unterliegt inhaltlichen und methodischen Grenzen, welche bei der Interpretation der Ergebnisse berücksichtigt werden muss.

Die empirische Studie hat bei einem Anbieter von betreuten Wohnanlagen im Premiumsegment stattgefunden hat – der minimal erforderliche Stichprobenumfang wird in der vorliegenden Arbeit deutlich überschritten.[813] Daher bietet sich eine Wiederholung der Studie bei betreuten Wohnanlagen in unterschiedlichen Preissegmenten an. Die Daten zeigen, dass insbesondere auch die Angehörigen an der Entscheidung für betreutes Wohnen beteiligt sind, es wäre daher sinnvoll, auch sie mit in die Befragung als Probandengruppe zu integrieren. Ebenfalls könnte die empirische Studie in weiteren Wohnformen für Senioren wiederholt werden. Dabei müs-

---

[812] Stewart (2009), S. 383.
[813] Siehe dazu die Ausführungen in Kapitel 10.2.

sen jedoch, abhängig vom Gesundheitszustand der Senioren, gegebenenfalls die statistischen Methoden angepasst werden.

Nach HASSELER und WOLF-OSTERMANN existiert zum heutigen Zeitpunkt kein ausreichend validiertes Instrument, welches die Zufriedenheit von Bewohnern und Kunden in der stationären und in der ambulanten Pflege zuverlässig erfragt und misst – so beeinflussen zahlreiche Faktoren die empirischen Untersuchungen – wie das Alter, Erkrankungen, kognitive Leistungen, Schichtzugehörigkeit, Art der Einrichtung, Länge des Aufenthaltes in der Einrichtung oder Inanspruchnahme der Leistung.[814] Deshalb wurden in der vorliegenden Arbeit zusätzlich zahlreiche Variablen, wie bspw. Inanspruchnahme von Pflegeleistungen, die Größe des sozialen Netzwerkes, die Freizeit- und Kulturaktivitäten und demografische Angaben erhoben, um ein umfassendes Bild über die Probanden zu erhalten.

Weiterhin wurde ein Mixed-Method-Ansatz gewählt, um eine qualitative und eine quantitative Sichtweisen in die empirische Untersuchung zu integrieren. Auch wenn die Interviews nicht in einem Forschungslabor stattfanden (Laborbedingungen), sondern in den Räumen des Betreuten Wohnens durchgeführt wurden, stellt sich die Frage, inwieweit zusätzlich Beobachtungen im Feld den Ergebnissen zu dem betreuten Wohnen zu noch differenzierteren Ergebnissen verhelfen könnten. So ist in Bezug auf die Erhebungsmethoden insbesondere von Forschungsinteresse, inwieweit statistische Erhebungsmethoden bei Senioren angewendet werden können, um valide und reliable Ergebnisse zu erzielen.

---

[814] Vgl. Hasseler/Wolf-Ostermann (2010), S. 220 f.

Auch wenn in der vorliegenden empirischen Untersuchung von den Bewohnern 13,36 % und von den Prospects 16,62 % Pflegeleistungen in Anspruch nehmen, stellt sich die Frage, ob ein standardisierter Fragebogen den unterschiedlichen Anforderungen durch gesundheitliche Einschränkungen der Probandengruppe vollumfänglich gerecht wird.

Bei sensiblen Fragestellungen kann das Phänomen des sozial erwünschten Antwortverhaltens auftreten. So wurde bspw. in der vorliegenden Arbeit nach instrumenteller und sozial-emotionaler Unterstützung gefragt, dabei besteht die Möglichkeit, dass bspw. die Probanden ihre Antwort nach ihrer Ansicht einem sozial erwünschten Verhalten anpassen.

Weiterhin ist es zukünftigen Forschungsprojekten zu empfehlen, in einem zweiten Schritt bei der Conjoint-Analyse jeweils zu den einzelnen Werttreibern eine Conjoint-Analyse durchzuführen, um mehr Eigenschaften testen zu können und relevante Eigenschaftsausprägungen innerhalb des Werttreibers zu identifizieren. Dies sollte jedoch unter Abwägung von Kosten- und Nutzengesichtspunkten erfolgen, da die Conjoint-Analyse ein aufwendiges Erhebungsverfahren darstellt. In der vorliegenden Arbeit wurde deshalb auf eine Erweiterung verzichtet.

11.2 Implikationen für die Pflegepraxis und Wissenschaft auf Basis der Ergebnisse

Zusammenfassend führt die durchgeführte empirische Untersuchung zu folgenden Ergebnissen:

Die leitfadenzentrierten Interviews dienen zur Erweiterung des Forschungsraums und zur Modifizierung sowie Verifizierung der Wertreiber des Conjoint-Designs. Bei der Auswertung der Daten mithilfe der qualitativen Inhaltsanalyse nach MAYRING zeigen sich u. a. zusammengefasst die folgenden Ergebnisse: Die Interviewteilnehmer betonen die Umstellung von ihrer früheren Wohnsituation, einem großen Haus, in ein Ein- bis Drei-Zimmer-Appartement des betreuten Wohnens. Bei der Ausstattung des Appartements wurde von den Probanden mehrmalig angeführt, dass sie selbst für die Ausstattung verantwortlich sind – die „Einbauten", die durch den Anbieter vorgehalten werden, werden nicht erkannt. Alle Interviewpartner beschreiben die Speisenversorgung mit der Bedienung und der freien Tisch- und Platzwahl positiv. In Bezug auf Serviceleistungen wird von allen Probanden positiv beurteilt, dass Geschäfte direkt in dem betreuten Wohnen integriert sind. Der Empfang wird als Einrichtung wahrgenommen, bei dem das Wissen gebündelt zusammenläuft und kann so die Funktion des Problemlöser übernehmen. Mit einem zunehmenden Alter und/oder mit einer Verschlechterung des Gesundheitszustandes ändert sich die Intensität, sodass die angebotenen Freizeit- und Kulturangebote weniger bis gar nicht mehr wahrgenommen werden. Alle Bewohner weisen darauf hin, dass sie sich selbstständig ihre Freizeit organisieren. Die Mitarbeiter werden als freundlich und positiv beschrieben.

Von Bedeutung für den sozialen Kontakt und die Kommunikation ist eine homogene Bewohnerstruktur, welche gekennzeichnet ist durch eine gleiche Ausbildung, Weltanschauung und Wertehaltung. Der Leumund/Image wird von den Interviewteilnehmern von sehr gut bis gut eingeschätzt. Als neue Punkte wurde bei der Analyse der Interviews zum einen die Selbstbestimmung und zum anderen von Bewohnern für Bewohner initiierte Aktivitäten identifiziert. Unter Selbststimmung wird dabei verstanden, frei über die eigene Lebensweise und Aktivitäten zu bestimmen. Es besteht ein sehr differenter Wissenstand bzgl. der angebotenen Pflegeleistungen. Hier besteht ein Handlungsbedarf für den Anbieter – es wird empfohlen, eine weitere Befragung zu den angebotenen Pflegeleistungen durchzuführen, um den Kenntnisstand der Bewohner zu erfassen. Die Preisgestaltung wird von den Bewohnern sehr unterschiedlich wahrgenommen.

Die Ergebnisse zeigen ebenfalls für die Betreiber die Relevanz zur Durchführung qualitativer Erhebungen, um ein differenziertes Bild von der Bewohnerschaft zu erhalten. Diese sollten jedoch nicht von dem Betreiber durchgeführt werden, sondern von unabhängigen Interviewern unter einer konsequenten Beachtung des Datenschutzes, da ein Abhängigkeitsverhältnis zwischen dem Anbieter von betreuten Wohnanlagen und den Bewohnern besteht. Ziel ist es dabei, das in der Literatur häufig beschriebene Phänomen, dass sich Krankenhauspatienten, Heimbewohner und Leistungsbezieher von ambulanten Pflegedienstleistungen nur positiv zu den Pflegeleistungen äußern, zu umgehen.[815] Mögliche Gründe hierfür können sowohl Angst vor Repressalien oder der Wunsch, der Pflegekraft eine Freude machen zu wollen, sein.[816]

Nach der Darstellung der qualitativen Ergebnisse wurde die Stichprobe nach demografischen Merkmalen beschrieben.

Bei der Conjoint-Analyse bestand ein Forschungsinteresse bzgl. der Frage: Wie gewichten die Bewohner und die Interessenten das Leistungsangebot eines betreuten Wohnens: Mit 31 % relativer Wichtigkeit in der Gesamt-Stichprobe ist Pflege den Probanden mit Abstand am wichtigsten. Bei der Bewohner-Gruppe ist mit 21 % relativer Wichtigkeit Pflege den Bewohnern am wichtigsten, während bei der Prospect-Gruppe jedoch mit 35 % relativer Wichtigkeit

---

[815] Vgl. Bendel et al. (2001), S. 11; Deck/Böhmer (2001), S. 528; Kelle/Niggemann (2003), S. 10; Kelle (2007), S. 122; Wingenfeld (2003), S. 7 ff.
[816] Vgl. Schmidt et al. (2003), S. 622

Pflege den Prospects mit Abstand am wichtigsten ist. Alle Eigenschaften bzgl. des Wohnens beurteilen die Bewohner mit einer relativen Wichtigkeit von 17 % als wichtig, während die Prospects diese mit einer relativen Wichtigkeit von 11 % als wichtig beurteilen. Die Bewohner erachten Freizeit- und Kulturangebote mit einer relativen Wichtigkeit von 13 % als wichtig, während die Prospects diese nur mit einer relativen Wichtigkeit von 8 % als wichtig erachten. Für die Werttreiber Preis, Verpflegung, weiche Faktoren und Service stellt sich im Vergleich für die Gruppe der Bewohner und die Gruppe der Prospects ein relatives homogenes Bild in Bezug auf die relativen Wichtigkeiten dar.

Im Gegensatz dazu steht die geringe Aussagekraft der deskriptiven Ergebnisse. Bei der direkten Abfrage bzgl. der Wichtigkeit, dem Involvement, ist bspw. Service mit einem Mittelwert von 4,61 den Bewohnern am wichtigsten, während sich als Ergebnis der indirekten Abfrage anhand des Choice-Based-Conjoint-Analyse zeigt, dass Service den Bewohnern mit einer relativen Wichtigkeit von 6 % am wenigsten wichtig ist. Mit Ausnahme bzgl. des Werttreibers Freizeit und Kultur bei den Prospects liegen alle Mittelwerte über dem Wert von 4,00.[817]

Wenn man für die Bewohner die Mittelwerte der Zufriedenheit den Mittelwerten der wahrgenommenen Wichtigkeit, dem Involvement, gegenüberstellt, fällt auf, dass die Mittelwerte der Wichtigkeiten mit Ausnahme des Werttreibers Freizeit und Kultur alle höher liegen als die Mittelwerte der Zufriedenheit. Die Mittelwertunterschiede zwischen den latenten Variablen Zufriedenheit und Involvement sind mit Ausnahme für die Indikatorvariablen Service sowie Freizeit und Kultur signifikant.

---

[817] Nur die beiden Extrempunkte wurden verbalisiert mit 1 („sehr unwichtig") und 5 („sehr wichtig").

Nach den Ergebnissen der Conjoint-Analyse sollte das Management der untersuchten betreuten Wohnanlagen seinen Fokus verstärkt auf die Pflege legen – also die Unternehmensstrategie und die Führung des Unternehmens auf die Pflege ausrichten. Konkret bedeutet dies: Bei Pflegebedürftigkeit sollte es wie bislang möglich sein, dass bis zur höchsten Pflegestufe Pflege im eigenen Appartement möglich ist bzw. sollte bis zu einem bestimmten Grad der Pflegebedürftigkeit eine Pflege im eigenen Appartement möglich sein. Die Pflegekosten, die über die gesetzlichen Versicherungsleistungen hinausgehen, sollen dabei hausintern abgesichert sein. Die Absicherung der Pflegekosten ist ein Alleinstellungsmerkmal des untersuchten betreuten Wohnens und sollte weiterhin beibehalten werden, da es – im Gegensatz zu den Bewohnern – für die Interessenten einen großen signifikanten Nutzenzuwachs darstellt.

Neben den zuvor genannten Merkmalsausprägungen bzgl. der Pflege treten weiterhin die größten signifikanten Nutzenzuwächse für die Probanden bei einer gehobenen Ausstattung des Hauses, die Möglichkeit bei der Speisenversorgung, eine Auswahl aus mehreren Menüs und einer homogenen Bewohnerschaft, die über ein gleiches Bildungsniveau, ähnliche Wertvorstellungen und Lebensgeschichten verfügt, auf. Folglich wird dem Management daher empfohlen, diese Merkmalsausprägungen bei betreuten Wohnanlagen zu erfüllen.

Aus den Ergebnissen der Discrete-Choice-Modellierung wird daher empfohlen, dass bei betreuten Wohnanlagen diese Merkmalsausprägungen erfüllt sein sollten.

Weiterhin sollte das Management die Erfüllung der Merkmalsausprägungen im Rahmen der Unternehmenskommunikation nach außen durch gezielte Werbemaßnahmen und innerhalb der Organisation, gegenüber den Bewohnern und Mitarbeitern, kommunizieren und sicherstellen. Für das Management besteht dabei die Möglichkeit der Segmentierung – so sollte der Inhalt der Kommunikationsmaßnahmen jeweils unterschiedlich für die Bewohner und die Prospects gestaltet sein, da diese beiden Gruppen ebenfalls divergente Ansprüche an den Anbieter von betreuten Wohnanlagen stellen.

Auch wenn in der vorliegenden Studie aus den Ergebnissen der Discrete-Choice-Modellierung bei bestimmtem Merkmalsausprägungen kein oder nur ein geringer Nutzenzuwachs feststellbar war, bedeutet dies nicht, dass diese Eigenschaften bspw. beim Bau zukünftiger betreuter Wohnen komplett zu vernachlässigen sind bzw. nicht zur Zufriedenheit der Bewohner beitragen können. Die Ergebnisse der Discrete-Choice-Modellierung sollten daher immer in Verbindung mit den deskriptiven und qualitativen Ergebnissen betrachtet werden – sie stellen somit eine Erweiterung dar.

Aus den Ergebnissen der Strukturgleichungsmodellierung werden anschließend ausgewählte Wirkungsbeziehungen vorgestellt[818] sowie die daraus resultierenden Handlungsempfehlungen.

Der Einfluss von Social-Emotional Support bzw. Instrumental Support auf CVP als freiwillige durch Kunden erbrachte Leistung kann wie folgt beschrieben werden: Im Gesamt-Modell und im Bewohner-Modell ist Emotional Support, ein Prädiktor für CVP für die beiden Dimensionen, Customer Cooperation und Customer Participation. Jedoch besteht im Prospect-Modell nur zwischen Social-Emotional Support und der Customer Cooperation ein signifikant positiver Zusammenhang. Im Gegensatz dazu ist im Prospect-Modell Instrumental Support ein Prädiktor für CVP für alle

---

[818] Eine detaillierte Zusammenfassung befindet sich in Kapitel 10.6.4.

drei Dimensionen Weiterempfehlung, Customer Cooperation und Participation. Während im Gesamt-Modell nur zwischen Instrumental Support und Customer Participation ein signifikant positiver Zusammenhang besteht. Hingegen besteht im Bewohner-Modell kein Zusammenhang zwischen Instrumental Support und den Dimensionen von CVP.

In allen drei Modellen besteht ein signifikant positiver Zusammenhang zwischen dem Involvement und den drei Dimensionen von CVP, der Customer Cooperation, der Customer Participation und dem Word-of-Mouth. Die Untersuchungsergebnisse sind somit konform zu den in der Literatur dargestellten Ergebnissen[819], welche Commitment, sowie Instrumental Support als auch Social-Emotional Support für das Entstehen von CVP voraussetzt.

Die deskriptive Analyse zeigt für die latenten Variablen Social-Emotional Support und Instrumental Support folgende Ergebnisse: Die Mittelwerte für die Gruppe der Prospects fallen bei den beiden latenten Variablen signifikant höher aus als bei den Bewohnern. Für alle Indikatorvariablen der latenten Variable Social-Emotional Support liegen bei der Bewohnerschaft die Mittelwerte der nicht-pflegebedürftigen Bewohner über den Mittelwerten der pflegebedürftigen Bewohnern. Bei der Gruppe der Bewohner besteht zwischen der Indikatorvariablen freundliche Gespräche und dem Alter der Bewohner ein signifikant gering negativer Zusammenhang, d. h. je älter die Bewohner sind, desto weniger führen sie freundliche Gespräche mit ihren Freunden, Bekannten oder Angehörigen. Die weiteren drei Items der latenten Variable Social Emotional Support weisen keinen Zusammenhang mit dem Alter der Bewohner auf. Es besteht ein signifikant gering negativer Zusammenhang

---

[819] Vgl. Bettencourt (1997), S. 384.

zwischen den jeweiligen Indikatorvariablen die anderen besuchen Sie bzw. unternehmen und dem Alter der Bewohner. Dies bedeutet, je älter die Bewohner, desto weniger bekommen sie Besuch von den anderen Bewohnern in ihrem Appartement bzw. desto weniger unternehmen sie mit den anderen Bewohnern. Bei der Bewohner-Gruppe besteht zwischen der Indikatorvarible helfen und dem Alter kein Zusammenhang. Demnach helfen sich die Bewohner – unabhängig vom Alter. Es existieren signifikante Mittelwertunterschiede bei allen drei Indikatorvariablen der latenten Variable Instrumental Support zwischen Bewohnern, die pflegebedürftig sind, und Bewohnern, die keine Pflegeleistungen in Anspruch nehmen – Bewohner, die nicht pflegebedürftig sind, erhalten mehr Besuch, unternehmen mehr und helfen ihren Angehörigen, Freunden und Bekannten mehr als Bewohner, die pflegebedürftig sind.

Zukünftige Forschungen sollten daher den Einfluss von Pflegebedürftigkeit auf Social-Emotional Support als auch auf Instrumental Support und CVP untersuchen.

So sollen in der Organisationsform betreutes Wohnen Strukturen und Möglichkeiten geschaffen werden, die auf die Bewohner anregend wirken und es ihnen ermöglichen, anderen Bewohnern sozial-emotionale Unterstützung ebenso wie instrumentelle Unterstützung zu geben. Beispielsweise kann ein Anbieter von betreuten Wohnanlagen durch bauliche Gegebenheiten, wie bspw. offen zugängliche Gemeinschaftsbereiche, Möglichkeiten zur Kommunikation und Interaktion zwischen den Bewohnern schaffen. Insbesondere sollte ein Anbieter von Bewohnern für Bewohner initiierte Aktivitäten weiter aktiv fördern, z. B. durch das Bereitstellen von Infrastruktur, wie Räumen, Materialien und ggf. personeller Unterstützung. So werden insbesondere auch auf die positiven Effekte von sozial-emotionaler Unterstützung, wie auch instrumentelle Unterstützung für die Bewohner verwiesen.[820] So zeigen die empirischen Ergebnisse, dass in allen drei Modellen sowohl zwischen Social-Emotional Support als auch zwischen Instrumental Support und Glück ein signifikant positiver Zusammenhang besteht. In einer zukünftigen Untersuchung könnte überprüft werden, ob Glück ebenfalls eine Voraussetzung von CVP darstellt.

Bei der zusammen betrachteten Stichprobe der Bewohner und Prospects zeigt sich bei der Betrachtung der Ergebnisse, dass zwischen Instrumental Support und der Preisfairness ein signifikant negativer Zusammenhang besteht. Hier besteht ein weiteres Forschungsinteresse, ob Bewohner die instrumentelle Unterstützung für die anderen Bewohner erbringen, bspw. einen kompensatorischen monetären Ausgleichsbetrag erhalten sollten, da die Wirkbeziehung im Strukturgleichungsmodell besteht, dass je mehr instrumentelle Unterstützung erbracht wird, desto unfairer die Preisgestaltung beurteilt wird. Zusätzlich sollte dabei die extrinsische und intrinsische Motivation der Bewohner mit untersucht werden.

In allen drei Modellen besteht ein signifikant positiver Zusammenhang zwischen der Preisfairness und dem Word-of-Mouth. Die Pfadkoeffizienten weisen dabei in allen drei Modellen die höchsten Werte aus. Je fairer die Preise beurteilt werden, desto höher ist die Weiterempfehlung. Dies impliziert eine faire Preisgestaltung für alle Dienstleistungen innerhalb des betreuten Wohnens durch das Management. Dabei muss der Trade-off abgewogen werden, dass Ergebnisse der Dicrete-Choice-Modellierung folgende Auffälligkeit zeigen: Erst ab einem Preispunkt von 4.500 EUR in der gesamten Stichprobe tritt ein negativer Nutzenwert auf. Zu niedrige Preise

---

[820] Siehe dazu die Ausführungen in Kapitel 6.2 und 6.3.

werden daher von den Probanden negativ beurteilt und vermitteln ihnen keinen Nutzengewinn. Hier muss noch einmal darauf hingewiesen werden, dass die empirische Untersuchung in betreuten Wohnanlagen des Premiumsegments erfolgt ist.

Weiterhin bietet sich an,, die in der vorliegenden Arbeit verwendeten latenten Variablen, auch einzeln, im Forschungskontext von betreuten Wohnanlagen bzw. Pflegeeinrichtungen theoretisch und empirisch zu untersuchen. Beispielsweise eröffnet sich ein weiteres Forschungsfeld in Bezug auf Social-Emotional Support bzw. Instrumental Support bzgl. einer Differenzierung in wahrgenommene und erhaltene Unterstützung, sowie verwandte Konstrukte, wie das Bedürfnis nach sozialer Unterstützung (Need for Support), die Suche nach sozialer Unterstützung (Mobilization of Support), sowie das protektive Abpuffern (Protective Buffering)[821] und ihre Einbindung in ein Strukturgleichungsmodell bzw. ihr Einfluss auf die freiwillig erbrachten Kundenleistungen, Weiterempfehlung, Participation und Kooperation.

Einen besonderen Neuigkeitswert weisen die Forschungsergebnisse für die Prospects auf, da in bisherigen empirischen Untersuchungen allein der Fokus auf die Bewohner gelegt wird und nicht auf Interessenten, die kurz vor dem Einzug in ein betreutes Wohnen stehen. So geht WINGENFELD davon aus, dass Pflegebedürftige, bevor sie Leistungen in Anspruch nehmen müssen, meist keine Erfahrung mit einer professionellen Pflege gesammelt haben und folglich allenfalls rudimentäre Vorstellungen vom möglichen Spektrum pflegerischer Unterstützung hatten, was ebenfalls impli-

---

[821] Vgl. Schwarzer/Schulz (2003), S. 5; Schwarzer/Schulz (2000), S. 1 ff.

ziert, dass es ihnen schwer fällt, konkrete Erwartungen zu entwickeln.[822]

Abschließend kann festgehalten werden: Es gibt eine Vielzahl von unterschiedlichen Methoden, um Dienstleistungsqualität zu messen. Oftmals können diese Verfahren auf den Pflegebereich übertragen werden bzw. werden sie auf die speziellen Gegebenheiten angepasst. Für beide Gruppen, die Bewohner und insbesondere für die Interessenten hat das Kriterium Pflege in einem betreuten Wohnen die höchste Priorität. Dabei stellen empirische Untersuchungen mit Interessenten, den zukünftigen Bewohnern, einen Forschungsansatz dar, welcher zusätzliche Erkenntnisse über die ggf. differenten Bedürfnisse und Vorstellungen im Gegensatz zu den Bewohnern zu Pflegedienstleistungen generiert.

Die Ergebnisse der Strukturgleichungsmodellierung zeigen: Wahrgenommene Preisfairness beeinflusst in signifikantem Maße sowohl bei den Bewohnern als auch bei den Interessenten die Weiterempfehlung (Word-of-Mouth). Insbesondere wirkt bei den Bewohnern Social-Emotional Support, sodass sie ein kooperatives und ein partizipatives Verhalten in dem betreuten Wohnen zeigen.

---

[822] Vgl. Wingenfeld (2003), S. 13.

Anhang A – Interviewleitfaden und Fragebogen

Interviewleitfaden

Sehr geehrte …,

Vorstellung:

mein Name ist Claudia Kempf, ich habe Betriebswirtschaftslehre an den Universitäten in Marburg und Mailand studiert und arbeitete momentan als wissenschaftliche Mitarbeiter am Lehrstuhl für Dienstleistungsmanagement an der Universität Leipzig. Im Rahmen meiner Dissertation widme ich mich dem Thema „Dienstleistungsqualität bei betreutem Wohnen." Ich möchte herzlich dafür bedanken, dass Sie sich heute die Zeit nehmen und freue mich schon sehr auf das Interview mit Ihnen.

Datenschutz:

Selbstverständlich werde ich Ihnen keine Fragen zu Ihrem Privatleben stellen. Ihre Angaben werden ebenso selbstverständlich streng vertraulich behandelt und die erhobenen Daten vollkommen anonymisiert ausgewertet. Für die Auswertung benötige ich einen Tonbandmitschnitt – geht das für Sie in Ordnung?

Erklärung narratives Interview und weiteres Vorgehen:

Wie schon im Schreiben vom 07. März erwähnt, möchte ich mit Ihnen ein narratives Interview durchführen. Diese Technik ist maßgeblich von dem Bielefelder Soziologen Fritz Schütze entwickelt worden. Sie besteht darin, den Interviewpartner nicht mit standardisierten Fragen zu konfrontieren, sondern ganz frei zum Erzählen zu anregen. Denn auch im Alltag und der Forschung spielen Erzählungen eine herausragende Rolle. Ein narratives Interview unterscheidet sich von einem konventionellen Interview, da bei dieser Form nur eine „große Frage" gestellt wird. Der bzw. die Befragte wird dann gebeten, alles was Ihm/Ihr zu diesem Thema einfällt, zu erzählen. Es gibt dabei kein „richtig oder falsch". Ich werde Sie dabei auch nicht unterbrechen. Am Ende werde ich Ihnen einige Nachfragen stellen z. B. wenn ich etwas nicht verstanden habe oder Sie bitten auf eine Punkte noch näher einzugehen sowie Sie bitten mir eine kurz, Ihr Erzähltes zusammen zufassen. Abschließend bitte ich Sie noch einen Fragebogen auszufüllen.

Haben Sie Fragen zum Vorgehen – ansonsten würde ich jetzt das Interview gern starten.

Meine **„große Frage"** an Sie – kennen Sie schon:

„Wie stellen Sie sich einen für Sie optimalen Tag im Augustinum vor? Welche Angebote sollten Ihrer Meinung nach vorhanden sein, damit Sie sich wohl fühlen?"

Nachfragephase:

Ggf. diesen Punkt [...] in Ihren Ausführungen habe ich nicht verstanden, können Sie mir bitte ihn noch einmal erklären.

Gern möchte ich noch kurz auf die folgenden Punkte eingehen:

Welche Anforderungen stellen Sie bzgl. des **Wohnens** an das Augustinum?

- Ausstattung der Appartements (Badezimmer, Küche und Boden)
- Zimmeranzahl (Auswahl an Ein-, Zwei- und Drei-Zimmer-Appartements)
- Ambiente des Hauses (Schwimmbad, Restaurant, Foyer, Theatersaal, Bibliothek, Kapelle und mehrere Clubräume...)

Welchen Stellenwert hat die **Verpflegung**/Gastronomische Angebote für Sie?

- Atmosphäre im Restaurant (mit einer stilvollen Tischkultur, Bedienung am Platz)
- Auswahl (Auswahl aus drei Menüs am Platz)
- Flexibilität (freie Tisch- und Platzwahl beim Essen)

Auf welche **Dienstleistungen** können Sie nicht verzichten?

- Externe Dienstleister im Augustinum (z. B. SB-Laden, Arztpraxis, Physiotherapie, Friseur ...)

- Persönlicher Assistent, sorgt für die Erfüllung Ihrer Wünsche, die über das Standardangebot hinausgehen
- Wohnungsreinigung
- Wäscheservice
- Hausmeisterservice (24-Stunden-Verfügbarkeit)

Welche **Freizeit- und Kulturangebote** nutzen Sie, um sich im Augustinum wohl zu fühlen?
- Seelsorgerliche und kirchliche Angebote
- Wohlfühl- und Fitnessangebote
- Vielfältiges Kulturprogramm mit bspw. Konzerte, Lesungen und Ausstellungen
- Freizeitgestaltung mit Gedächtnistraining, Sprach- und Kreativkursen
- Ausflüge, Reisen und Wandergruppen
- Feste und gesellige Veranstaltungen

Welche „**Weiche Faktoren**", also Faktoren die sich schwer greifen lassen, tragen ebenfalls zu Ihrem Wohlbefinden bei?
- Das Verhalten der Mitarbeiter (familiär vs. standardisiert, kundenorientiertes Verhalten der Mitarbeiter; hohe Dienstleistungskultur: Welche sich zeigt in den folgenden Faktoren: Innovationsfähigkeit, Freude, Respekt, Team Arbeit, Glaubwürdigkeit – ehrliches, zuverlässiges Handeln, welches mit den Leitgedanken des Augustinums übereinstimmt, exzellente Arbeitsausführung)

- Die anderen Bewohner (Welches ein gutes Verstehen der Bewohner untereinander, sowie Sie ein gleiches Bildungsniveau, eine ähnliche Lebensgeschichte und Wertvorstellungen beinhaltet)
- Reputation (Leumund/Image des Augustinums)

Welche Rolle spielt „**Pflege**"?

- Im Fall einer Pflegebedürftigkeit ist bis zur höchsten Pflegestufe und selbst in Härtefällen eine Versorgung im eigenen Appartement möglich.
- Demenzbetreuung vorhanden
- Pflegekostenergänzungsregel (Kosten für Pflege über die gesetzlichen Versicherungsleistungen hinaus können hausintern abgesichert werden)
- Möglichkeit von Wahlleistungen

Wie empfinden Sie die **Preisgestaltung** des Augustinums?

- Im Zeitablauf: Vor Einzug (bei der Informationssuche) und nach dem Einzug
- Angemessenheit der Preisgestaltung (Preis-Leistungs-Verhältnis)
- Wie stehen Sie zur Aussage: Das Augustinum ist seinen Preis Wert

Schluss:

Vielen Dank für das interessante Gespräch, ich habe sehr viel über Ihre Lebensweise im Augustinum erfahren. Können Sie mir bitte noch einmal kurz zusammenfassen, welche Angebote für Sie das Augustinum bereitstellen muss, damit Sie sich wohlfühlen.

Ich bitte Sie jetzt noch einen Fragebogen auszufüllen. Für das Ausfüllen benötigen Sie ca. 15 Minuten Zeit.

Bei Interesse kann ich Ihnen gerne Ergebnisse der Arbeit zur Verfügung stellen. Bitte hinterlassen Sie mir hierfür Ihre Kontaktdaten. Ihre Kontaktdaten werden nur zur Übermittlung der Ergebnisse genutzt.

Fragebogen (exemplarisch) Bewohner – Variante 1

UNIVERSITÄT LEIPZIG
Professur für Betriebswirtschaftslehre,
DLM insb. Dienstleistungsmanagement
Univ.-Prof. Dr. Dubravko Radić

Universität Leipzig, Wirtschaftswissenschaftliche Fakultät, Professur für BWL,
insb. Dienstleistungsmanagement, Grimmaische Str. 12, 04109 Leipzig

Sehr geehrte Damen und Herren,

im Rahmen ihrer Dissertation widmet sich Frau Claudia Kempf dem Thema
„Dienstleistungsqualität bei betreutem Wohnen."

An dieser Stelle möchte ich mich dafür bedanken, dass Sie sich die Zeit
genommen haben und Frau Kempf in ihrem Dissertationsprojekt unterstützen.

Ihre Angaben werden selbstverständlich streng vertraulich behandelt und die
erhobenen Daten vollkommen anonymisiert ausgewertet. Der Fragebogen wird
insgesamt ca. 45 Minuten Ihrer Zeit in Anspruch nehmen.

Prof. Dr. Dubravko Radić

Dipl.-Kffr. Claudia Kempf

Hinweise zum Ausfüllen des Fragebogens

Auf den beiliegenden **vier Blättern sind jeweils zwei unterschiedliche Angebote für betreutes Wohnen** dargestellt.

Angebot 1   Angebot 2

Ein guter Freund – ähnliche Lebensgeschichte und Gesundheitszustand sowie gleicher finanziellen Hintergrund wie Sie – bittet Sie, sich die nachfolgenden Angebote für betreutes Wohnen anzusehen. Die beiden Angebote unterscheiden sich jeweils in den Bereichen: Alles rund ums Wohnen, Verpflegung, Service, Freizeit und Kultur, weiche Faktoren, Pflege und Preis. Dabei enthält jedes Angebot gute und weniger gute Eigenschaften.

Wägen Sie daher ab und entscheiden Sie bitte viermal, welches Angebot Sie Ihrem guten Freund empfehlen würden. Bewerten Sie abschließend noch wie zufrieden Sie mit diesem Angebot sind.

Falls Sie detailliertere Informationen zu den Angeboten benötigen - hier finden Sie eine kurze Erläuterung zu einzelnen Merkmalen

Grundausstattung des Appartements:
Funktional: Badezimmer, Pantry-Küche und Standardfußbodenbelag. Die weitere Möblierung erfolgt durch Sie.
Hochwertig: Badezimmer mit Spiegelschränken, Handtuchheizkörpern Schreinerküche mit Markenausstattung sowie mit Parkettfußboden. Die weitere Möblierung erfolgt durch Sie.

Ausstattung des Hauses:
Standard: Speisesaal, Räumlichkeiten für Kultur- und Freizeitgestaltung sowie zur Begegnung.
Gehoben: Schwimmbad, Restaurant, Theatersaal, Bibliothek, Kapelle und mehrere Clubräume.

Speisenversorgung:
Kantine: „Kantine" bedeutet dabei, dass die Speisenversorgung in einem einfachen und funktionalen Umfeld erfolgt.
Gediegenen Umfeld: Gediegenen Umfeld bedeutet, dass die Speisenversorgung vergleichbar mit einem guten Restaurant ist.

Geschäfte: Sind Dienstleister wie ein Lebensmittelladen, Bank- und Postfiliale, sowie eine Arztpraxis.

Ansprechpartner: Ansprechpartner kümmern sich um Ihre Wünsche, die über das Standardangebot hinausgehen und unterstützen Sie bei eventuell auftretenden Problemen. Diese können mit Extrakosten verbunden sein.

Leumund/Image:
Durchschnittlich: Durchschnittlicher Leumund heißt, dass weder außergewöhnlich positiv noch außergewöhnlich negativ über das Haus gesprochen wird.
Sehr gut: Das Haus hat einen sehr guten Leumund und ist schon seit Jahren erfolgreich am Markt vertreten.

Pflege:
Versorgung im eigenen Appartement nicht möglich: Pflege ist nur auf einer Pflegestation oder in einem Pflegeheim möglich.
Bis zu einem bestimmten Grad möglich: Bis zu einem bestimmten Grad der Pflegebedürftigkeit werden Sie im eigenen Appartement gepflegt, dann übernimmt die pflegerische Versorgung, eine Pflegestation oder ein Pflegeheim.
Pflege im eigenen Appartement möglich: Bei Pflegebedürftigkeit können Sie bis zur höchsten Pflegestufe und selbst in Härtefällen im eigenen Appartement individuell pflegerisch bestens versorgt werden.

PER: Bedeutet Pflegekostenergänzungsregel. Die PER begrenzt die privat zu tragenden Kosten bei Inanspruchnahme von Pflege auf max. 500 EUR.

Preis: Im Preis sind keine Leistungen für Pflege und keine weiteren Extraleistungen enthalten.

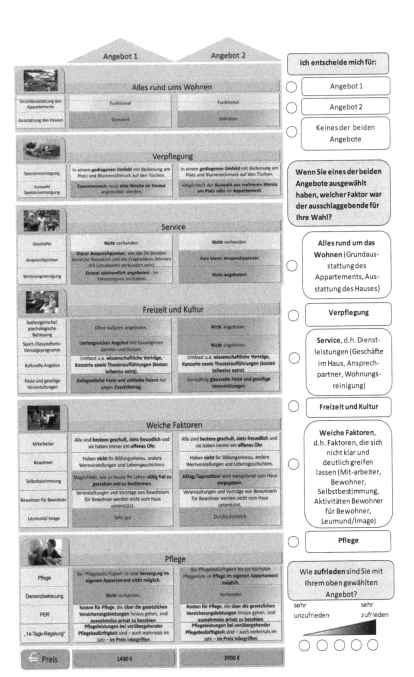

	Angebot 1	Angebot 2
Alles rund ums Wohnen		
Grundausstattung des Appartements	Funktional	Funktional
Ausstattung des Hauses	Standard	Gehoben
Verpflegung		
Speisenversorgung	In einem gediegenen Umfeld mit Bedienung am Platz und Blumenschmuck auf den Tischen.	In einem gediegenen Umfeld mit Bedienung am Platz und Blumenschmuck auf den Tischen.
Auswahl Speisenversorgung	Essenswunsch muss eine Woche im Voraus angemeldet werden.	Möglichkeit der Auswahl aus mehreren Menüs am Platz oder im Appartement.
Service		
Geschäfte	Nicht vorhanden.	Nicht vorhanden.
Ansprechpartner	Klarer Ansprechpartner, wie die 24-Stunden besetzte Rezeption und die Etagendame (können mit Extrakosten verbunden sein).	Kein klarer Ansprechpartner.
Wohnungsreinigung	Einmal wöchentlich angeboten - im Pensionspreis enthalten.	Nicht angeboten.
Freizeit und Kultur		
Seelsorgerische/ psychologische Betreuung	Ohne Aufpreis angeboten.	Nicht angeboten.
Sport-/Gesundheits-Vorsorgeprogramm	Umfangreiches Angebot mit hauseigenen Geräten und Kursen.	Nicht angeboten.
Kulturelle Angebot	Umfasst u.a. wissenschaftliche Vorträge, Konzerte sowie Theateraufführungen (kosten teilweise extra).	Umfasst u.a. wissenschaftliche Vorträge, Konzerte sowie Theateraufführungen (kosten teilweise extra).
Feste und gesellige Veranstaltungen	Gelegentliche Feste und einfache Feiern nur gegen Zusatzbetrag.	Ganzjährig glanzvolle Feste und gesellige Veranstaltungen.
Weiche Faktoren		
Mitarbeiter	Alle sind bestens geschult, stets freundlich und sie haben immer ein offenes Ohr.	Alle sind bestens geschult, stets freundlich und sie haben immer ein offenes Ohr.
Bewohner	Haben nicht Ihr Bildungsniveau, andere Wertvorstellungen und Lebensgeschichten.	Haben nicht Ihr Bildungsniveau, andere Wertvorstellungen und Lebensgeschichten.
Selbstbestimmung	Möglichkeit, wie zu Hause Ihr Leben völlig frei zu gestalten und zu bestimmen.	Alltag/Tagesablauf wird weitgehend vom Haus vorgegeben.
Bewohner für Bewohner	Veranstaltungen und Vorträge von Bewohnern für Bewohner werden nicht vom Haus unterstützt.	Veranstaltungen und Vorträge von Bewohnern für Bewohner werden nicht vom Haus unterstützt.
Leumund/ Image	Sehr gut	Durchschnittlich
Pflege		
Pflege	Bei Pflegebedürftigkeit ist eine Versorgung im eigenen Appartement nicht möglich.	Bei Pflegebedürftigkeit bis zur höchsten Pflegestufe ist Pflege im eigenen Appartement möglich.
Demenzbetreuung	Nicht vorhanden.	Vorhanden
PER	Kosten für Pflege, die über die gesetzlichen Versicherungsleistungen hinaus gehen, sind ausnahmslos privat zu bezahlen.	Kosten für Pflege, die über die gesetzlichen Versicherungsleistungen hinaus gehen, sind ausnahmslos privat zu bezahlen.
„14-Tage-Regelung"	Pflegeleistungen bei vorübergehender Pflegebedürftigkeit sind - auch mehrmals im Jahr - im Preis inbegriffen.	Pflegeleistungen bei vorübergehender Pflegebedürftigkeit sind - auch mehrmals im Jahr - im Preis inbegriffen.
€ Preis	1400 €	2900 €

Ich entscheide mich für:

○ Angebot 1
○ Angebot 2
○ Keines der beiden Angebote

Wenn Sie eines der beiden Angebote ausgewählt haben, welcher Faktor war der ausschlaggebende für Ihre Wahl?

○ **Alles rund um das Wohnen** (Grundausstattung des Appartements, Ausstattung des Hauses)
○ **Verpflegung**
○ **Service**, d.h. Dienstleistungen (Geschäfte im Haus, Ansprechpartner, Wohnungsreinigung)
○ **Freizeit und Kultur**
○ **Weiche Faktoren**, d.h. Faktoren, die sich nicht klar und deutlich greifen lassen (Mit-arbeiter, Bewohner, Selbstbestimmung, Aktivitäten Bewohner für Bewohner, Leumund/Image)
○ **Pflege**

Wie zufrieden sind Sie mit Ihrem oben gewählten Angebot?

sehr unzufrieden   sehr zufrieden

○ ○ ○ ○ ○

FB1_6vs14

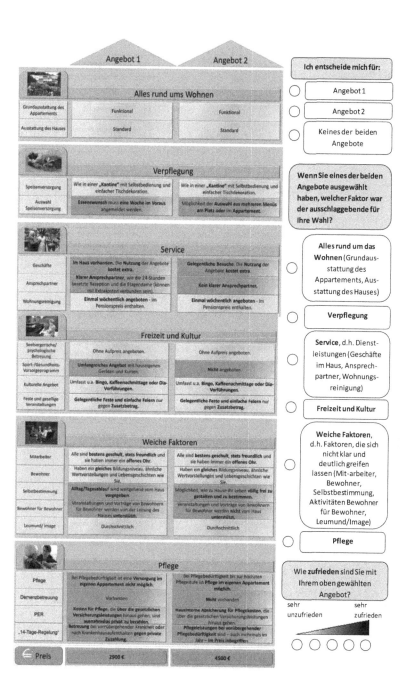

	Angebot 1	Angebot 2
Alles rund ums Wohnen		
Grundausstattung des Appartements	Funktional	Funktional
Ausstattung des Hauses	Standard	Standard
Verpflegung		
Speisenversorgung	Wie in einer „Kantine" mit Selbstbedienung und einfacher Tischdekoration.	Wie in einer „Kantine" mit Selbstbedienung und einfacher Tischdekoration.
Auswahl Speisenversorgung	Essenswunsch muss eine Woche im Voraus angemeldet werden.	Möglichkeit der Auswahl aus mehreren Menüs am Platz oder im Appartement.
Service		
Geschäfte	Im Haus vorhanden. Die Nutzung der Angebote kostet extra.	Gelegentliche Besuche. Die Nutzung der Angebote kostet extra.
Ansprechpartner	Klarer Ansprechpartner, wie die 24-Stunden besetzte Reception und die Etagendame (können mit Extrakosten verbunden sein).	Kein klarer Ansprechpartner.
Wohnungsreinigung	Einmal wöchentlich angeboten – im Pensionspreis enthalten.	Einmal wöchentlich angeboten – im Pensionspreis enthalten.
Freizeit und Kultur		
Seelsorgerische/ psychologische Betreuung	Ohne Aufpreis angeboten.	Ohne Aufpreis angeboten.
Sport-/Gesundheits-Vorsorgeprogramm	Umfangreiches Angebot mit hauseigenen Geräten und Kursen.	Nicht angeboten.
Kulturelle Angebot	Umfasst u.a. Bingo, Kaffeenachmittage oder Dia-Vorführungen.	Umfasst u.a. Bingo, Kaffeenachmittage oder Dia-Vorführungen.
Feste und gesellige Veranstaltungen	Gelegentliche Feste und einfache Feiern nur gegen Zusatzbetrag.	Gelegentliche Feste und einfache Feiern nur gegen Zusatzbetrag.
Weiche Faktoren		
Mitarbeiter	Alle sind bestens geschult, stets freundlich und sie haben immer ein offenes Ohr.	Alle sind bestens geschult, stets freundlich und sie haben immer ein offenes Ohr.
Bewohner	Haben ein gleiches Bildungsniveau, ähnliche Wertvorstellungen und Lebensgeschichten wie Sie.	Haben ein gleiches Bildungsniveau, ähnliche Wertvorstellungen und Lebensgeschichten wie Sie.
Selbstbestimmung	Alltag/Tagesablauf wird weitgehend vom Haus vorgegeben.	Möglichkeit, wie zu Hause Ihr Leben völlig frei zu gestalten und zu bestimmen.
Bewohner für Bewohner	Veranstaltungen und Vorträge von Bewohnern für Bewohner werden von der Leitung des Hauses unterstützt.	Veranstaltungen und Vorträge von Bewohnern für Bewohner werden nicht vom Haus unterstützt.
Leumund/ Image	Durchschnittlich	Durchschnittlich
Pflege		
Pflege	Bei Pflegebedürftigkeit ist eine Versorgung im eigenen Appartement nicht möglich.	Bei Pflegebedürftigkeit bis zur höchsten Pflegestufe ist Pflege im eigenen Appartement möglich.
Demenzbetreuung	Vorhanden	Nicht vorhanden.
PER	Kosten für Pflege, die über die gesetzlichen Versicherungsleistungen hinaus gehen, sind ausnahmslos privat zu bezahlen.	Hausinterne Absicherung für Pflegekosten, die über die gesetzlichen Versicherungsleistungen hinaus gehen.
„14-Tage-Regelung"	Betreuung bei vorrübergehender Krankheit oder nach Krankenhausaufenthalten gegen private Zuzahlung.	Pflegeleistungen bei vorübergehender Pflegebedürftigkeit sind – auch mehrmals im Jahr – im Preis inbegriffen.
€ Preis	2900 €	4500 €

Ich entscheide mich für:

○ Angebot 1

○ Angebot 2

○ Keines der beiden Angebote

Wenn Sie eines der beiden Angebote ausgewählt haben, welcher Faktor war der ausschlaggebende für Ihre Wahl?

○ **Alles rund um das Wohnen** (Grundausstattung des Appartements, Ausstattung des Hauses)

○ **Verpflegung**

○ **Service**, d.h. Dienstleistungen (Geschäfte im Haus, Ansprechpartner, Wohnungsreinigung)

○ **Freizeit und Kultur**

○ **Weiche Faktoren**, d.h. Faktoren, die sich nicht klar und deutlich greifen lassen (Mitarbeiter, Bewohner, Selbstbestimmung, Aktivitäten Bewohner für Bewohner, Leumund/Image)

○ **Pflege**

Wie zufrieden sind Sie mit Ihrem oben gewählten Angebot?

sehr unzufrieden — sehr zufrieden

○ ○ ○ ○ ○

FB1_24vs21

457

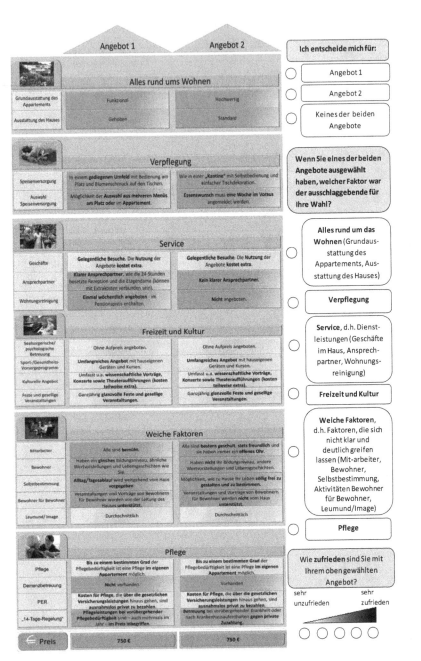

	Angebot 1	Angebot 2

Ich entscheide mich für:
- ○ Angebot 1
- ○ Angebot 2
- ○ Keines der beiden Angebote

Alles rund ums Wohnen

	Angebot 1	Angebot 2
Grundausstattung des Appartements	Funktional	Hochwertig
Ausstattung des Hauses	Gehoben	Standard

Wenn Sie eines der beiden Angebote ausgewählt haben, welcher Faktor war der ausschlaggebende für Ihre Wahl?

Verpflegung

	Angebot 1	Angebot 2
Speiseversorgung	In einem gediegenen Umfeld mit Bedienung am Platz und Blumenschmuck auf den Tischen.	Wie in einer „Kantine" mit Selbstbedienung und einfacher Tischdekoration.
Auswahl Speiseversorgung	Möglichkeit der Auswahl aus mehreren Menüs am Platz oder im Appartement.	Essenswunsch muss eine Woche im Voraus angemeldet werden.

- ○ **Alles rund um das Wohnen** (Grundausstattung des Appartements, Ausstattung des Hauses)
- ○ **Verpflegung**

Service

	Angebot 1	Angebot 2
Geschäfte	Gelegentliche Besuche. Die Nutzung der Angebote kostet extra.	Gelegentliche Besuche. Die Nutzung der Angebote kostet extra.
Ansprechpartner	Klarer Ansprechpartner, wie die 24-Stunden besetzte Reception und die Etagendame (können mit Extrakosten verbunden sein).	Kein klarer Ansprechpartner.
Wohnungsreinigung	Einmal wöchentlich angeboten - im Pensionspreis enthalten.	Nicht angeboten.

- ○ **Service**, d.h. Dienstleistungen (Geschäfte im Haus, Ansprechpartner, Wohnungsreinigung)

Freizeit und Kultur

	Angebot 1	Angebot 2
Seelsorgerische/psychologische Betreuung	Ohne Aufpreis angeboten.	Ohne Aufpreis angeboten.
Sport-/Gesundheits-Vorsorgeprogramm	Umfangreiches Angebot mit hauseigenen Geräten und Kursen.	Umfangreiches Angebot mit hauseigenen Geräten und Kursen.
Kulturelle Angebot	Umfasst u.a. wissenschaftliche Vorträge, Konzerte sowie Theateraufführungen (kosten teilweise extra).	Umfasst u.a. wissenschaftliche Vorträge, Konzerte sowie Theateraufführungen (kosten teilweise extra).
Feste und gesellige Veranstaltungen	Ganzjährig glanzvolle Feste und gesellige Veranstaltungen.	Ganzjährig glanzvolle Feste und gesellige Veranstaltungen.

- ○ **Freizeit und Kultur**

Weiche Faktoren

	Angebot 1	Angebot 2
Mitarbeiter	Alle sind bemüht.	Alle sind bestens geschult, stets freundlich und sie haben immer ein offenes Ohr.
Bewohner	Haben ein gleiches Bildungsniveau, ähnliche Wertvorstellungen und Lebensgeschichten wie Sie.	Haben nicht die Bildungsniveau, andere Wertvorstellungen und Lebensgeschichten.
Selbstbestimmung	Alltag/Tagesablauf wird weitgehend vom Haus vorgegeben.	Möglichkeit, wie Sie Ihr Leben völlig frei zu gestalten und zu bestimmen.
Bewohner für Bewohner	Veranstaltungen und Vorträge von Bewohnern für Bewohner werden von der Leitung des Hauses unterstützt.	Veranstaltungen und Vorträge von Bewohnern für Bewohner werden nicht vom Haus unterstützt.
Leumund/ Image	Durchschnittlich	Durchschnittlich

- ○ **Weiche Faktoren**, d.h. Faktoren, die sich nicht klar und deutlich greifen lassen (Mitarbeiter, Bewohner, Selbstbestimmung, Aktivitäten Bewohner für Bewohner, Leumund/Image)
- ○ **Pflege**

Pflege

	Angebot 1	Angebot 2
Pflege	Bis zu einem bestimmten Grad der Pflegebedürftigkeit ist eine Pflege in eigenen Appartement möglich.	Bis zu einem bestimmten Grad der Pflegebedürftigkeit ist eine Pflege im eigenen Appartement möglich.
Demenzbetreuung	Nicht vorhanden.	Vorhanden.
PER	Kosten für Pflege, die über die gesetzlichen Versicherungsleistungen hinaus gehen, sind ausnahmslos privat zu bezahlen.	Kosten für Pflege, die über die gesetzlichen Versicherungsleistungen hinaus gehen, sind ausnahmslos privat zu bezahlen.
„14-Tage-Regelung"	Pflegeleistungen bei vorübergehender Pflegebedürftigkeit sind - auch mehrmals im Jahr - im Preis inbegriffen.	Betreuung bei vorübergehender Krankheit oder nach Krankenhausaufenthalten gegen private Zuzahlung.

Wie zufrieden sind Sie mit Ihrem oben gewählten Angebot?

sehr unzufrieden ———————— sehr zufrieden

○ ○ ○ ○ ○

Preis	750 €	750 €

FB1_2vs25

458

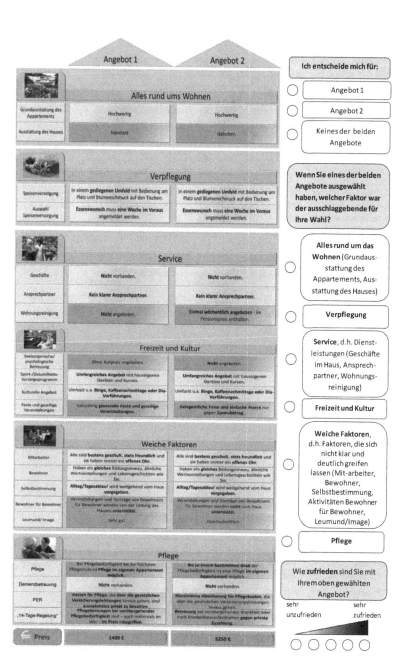

	Angebot 1	Angebot 2
Alles rund ums Wohnen		
Grundausstattung des Appartements	Hochwertig	Hochwertig
Ausstattung des Hauses	Standard	Gehoben
Verpflegung		
Speisenversorgung	In einem gediegenen Umfeld mit Bedienung am Platz und Blumenschmuck auf den Tischen.	In einem gediegenen Umfeld mit Bedienung am Platz und Blumenschmuck auf den Tischen.
Auswahl Speisenversorgung	Essenswunsch muss eine Woche im Voraus angemeldet werden.	Essenswunsch muss eine Woche im Voraus angemeldet werden.
Service		
Geschäfte	Nicht vorhanden.	Nicht vorhanden.
Ansprechpartner	Kein klarer Ansprechpartner.	Kein klarer Ansprechpartner.
Wohnungsreinigung	Nicht angeboten.	Einmal wöchentlich angeboten - im Pensionspreis enthalten.
Freizeit und Kultur		
Seelsorgerische/ psychologische Betreuung	Ohne Aufpreis angeboten.	Nicht angeboten.
Sport-/Gesundheits- Vorsorgeprogramm	Umfangreiches Angebot mit hauseigenen Geräten und Kursen.	Umfangreiches Angebot mit hauseigenen Geräten und Kursen.
Kulturelle Angebot	Umfasst u.a. Bingo, Kaffeenachmittage oder Dia-Vorführungen.	Umfasst u.a. Bingo, Kaffeenachmittage oder Dia-Vorführungen.
Feste und gesellige Veranstaltungen	Ganzjährig glanzvolle Feste und gesellige Veranstaltungen.	Gelegentliche Feste und einfache Feiern nur gegen Zusatzbetrag.
Weiche Faktoren		
Mitarbeiter	Alle sind bestens geschult, stets freundlich und sie haben immer ein offenes Ohr.	Alle sind bestens geschult, stets freundlich und sie haben immer ein offenes Ohr.
Bewohner	Haben ein gleiches Bildungsniveau, ähnliche Wertvorstellungen und Lebensgeschichten wie Sie.	Haben ein gleiches Bildungsniveau, ähnliche Wertvorstellungen und Lebensgeschichten wie Sie.
Selbstbestimmung	Alltag/Tagesablauf wird weitgehend vom Haus vorgegeben.	Alltag/Tagesablauf wird weitgehend vom Haus vorgegeben.
Bewohner für Bewohner	Veranstaltungen und Vorträge von Bewohnern für Bewohner werden von der Leitung des Hauses unterstützt.	Veranstaltungen und Vorträge von Bewohnern für Bewohner werden nicht vom Haus unterstützt.
Leumund/ Image	Sehr gut.	Durchschnittlich.
Pflege		
Pflege	Bei Pflegebedürftigkeit bis zur höchsten Pflegestufe ist Pflege im eigenen Appartement möglich.	Bis zu einem bestimmten Grad der Pflegebedürftigkeit ist eine Pflege im eigenen Appartement möglich.
Demenzbetreuung	Nicht vorhanden.	Nicht vorhanden.
PER	Kosten für Pflege, die über die gesetzlichen Versicherungsleistungen hinaus gehen, sind ausnahmslos privat zu bezahlen. Pflegeleistungen bei vorübergehender Pflegebedürftigkeit – auch mehrmals im Jahr – im Preis inbegriffen.	Hausinterne Absicherung für Pflegekosten, die über die gesetzlichen Versicherungsleistungen hinaus gehen. Betreuung bei vorübergehender Krankheit oder nach Krankenhausaufenthalten gegen private Zuzahlung.
„14-Tage-Regelung"		
Preis	1400 €	5250 €

Ich entscheide mich für:

○ Angebot 1
○ Angebot 2
○ Keines der beiden Angebote

Wenn Sie eines der beiden Angebote ausgewählt haben, welcher Faktor war der ausschlaggebende für Ihre Wahl?

○ **Alles rund um das Wohnen** (Grundausstattung des Appartements, Ausstattung des Hauses)

○ **Verpflegung**

○ **Service**, d.h. Dienstleistungen (Geschäfte im Haus, Ansprechpartner, Wohnungsreinigung)

○ **Freizeit und Kultur**

○ **Weiche Faktoren**, d.h. Faktoren, die sich nicht klar und deutlich greifen lassen (Mitarbeiter, Bewohner, Selbstbestimmung, Aktivitäten Bewohner für Bewohner, Leumund/Image)

○ **Pflege**

Wie zufrieden sind Sie mit Ihrem oben gewählten Angebot?

sehr unzufrieden   sehr zufrieden
○ ○ ○ ○ ○

FB1_30vs15

459

Wie "**zufrieden**" sind Sie mit den einzelnen Angeboten und dem Gesamtangebot des Augustinums?

sehr unzufrieden   sehr zufrieden

Alles rund um das Wohnen (Grundausstattung des Appartements, Ausstattung des Hauses) ○○○○○

Verpflegung ○○○○○

Freizeit und Kultur ○○○○○

Service, d.h. Dienstleistungen (Geschäfte im Haus, klarer Ansprechpartner, wie die 24-Stunden besetzte Rezeption und die Etagendame, Wohnungsreinigung) ○○○○○

Weiche Faktoren, also Faktoren, die sich nicht klar und deutlich greifen lassen (Mitarbeiter, Bewohner, Selbstbestimmung, Aktivitäten Bewohner für Bewohner, Leumund des Augustinum) ○○○○○

Pflege (auch wenn Sie bislang noch keine Pflegeleistungen in Anspruch genommen haben, bitten wir Sie um eine Einschätzung) ○○○○○

Preis ○○○○○

Gesamtangebot ○○○○○

Wie "**wichtig**" sind Ihnen die einzelnen Angebote?

sehr unwichtig   sehr wichtig

Alles rund um das Wohnen (Grundausstattung des Appartements, Ausstattung des Hauses) ○○○○○

Verpflegung ○○○○○

Freizeit und Kultur ○○○○○

Service, d.h. Dienstleistungen (Geschäfte im Haus, klarer Ansprechpartner, wie die 24-Stunden besetzte Rezeption und die Etagendame, Wohnungsreinigung) ○○○○○

Weiche Faktoren, also Faktoren, die sich nicht klar und deutlich greifen lassen (Mitarbeiter, Bewohner, Selbstbestimmung, Aktivitäten Bewohner für Bewohner, Leumund des Augustinum) ○○○○○

Pflege (auch wenn Sie bislang noch keine Pflegeleistungen in Anspruch genommen haben, bitten wir Sie um eine Einschätzung) ○○○○○

Preis ○○○○○

Bitte beurteilen Sie die folgenden Aussagen zur **Preisgestaltung**.

	stimmt nicht				stimmt völlig
Die Preisgestaltung im Augustinum ist fair.	○	○	○	○	○
Bei meiner Entscheidung für einen Einzug in das Augustinum habe ich genau den Preis erwartet.	○	○	○	○	○
Die Preise im Augustinum sind angemessen für die Leistung, die ich bekomme.	○	○	○	○	○
Das Augustinum ist seinen Preis wert.	○	○	○	○	○

Was glauben Sie, wäre ein **monatlicher fairer Preis** für die Standardleistungen im Augustinum?

Standardleistung meint: Unterkunft, Verpflegung (Mittagessen, Drei-Gang-Menü), 24-Stunden besetzter Empfang, 14-Tage Pflegeregelung, Reinigung einmal pro Woche, freie Nutzung der gemeinschaftlichen Einrichtungen wie etwa Schwimmbad, Bibliothek, etc. Nicht enthalten sind jedoch private Zusatzleistungen für Pflege und weitere Extraleistungen.

○ Der jetzige Preis minus 10 %

○ Der jetzige Preis minus 5 %

○ Der jetzige Preis, den Sie zahlen

○ Der jetzige Preis plus 5 %

○ Der jetzige Preis plus 10 %

○ Sonstiges, bitte angeben:_____

Beantworten bzw. beurteilen Sie bitte die nachfolgenden Fragen und Aussagen.

nie   häufig

	nie				häufig
Wie oft nehmen Sie anderen Bewohnern Ängste?	○	○	○	○	○
Wie oft erzählen Sie anderen Bewohnern, dass Sie nicht den Mut verlieren sollen?	○	○	○	○	○
Wie oft erheitern oder muntern Sie andere Bewohner auf?	○	○	○	○	○
Wie oft führen Sie freundliche Gespräche mit den anderen Bewohnern?	○	○	○	○	○
Wie oft besuchen die anderen Bewohner Sie in Ihrem Appartement?	○	○	○	○	○
Wie oft unternehmen Sie etwas mit den anderen Bewohnern?	○	○	○	○	○
Wie oft helfen Sie anderen Bewohnern?	○	○	○	○	○

	stimmt nicht				stimmt völlig
Ich habe schon viel Positives über das Augustinum gehört.	○	○	○	○	○
Ich empfehle meinen Freunden und Verwandten das Augustinum weiter.	○	○	○	○	○
Ich erzähle positiv über das Augustinum.	○	○	○	○	○
Ich versuche mitzuhelfen, dass das Augustinum immer gepflegt und sauber ist.	○	○	○	○	○
Ich stelle mich auf alle Mitarbeiter ein.	○	○	○	○	○
Ich beachte die Regeln des Augustinums.	○	○	○	○	○
Ich lasse die Mitarbeiter wissen, was sie besser machen können, um meinen Bedürfnissen zu genügen.	○	○	○	○	○
Ich mache konstruktive Vorschläge, um das Angebot im Augustinum zu verbessern.	○	○	○	○	○
Wenn ich ein Problem bemerke, auch wenn ich nicht direkt davon betroffen bin, informiere ich einen Mitarbeiter oder einen anderen Bewohner.	○	○	○	○	○

	gar nicht zufrieden				sehr zufrieden

Wenn Sie Positives und Negatives in Ihrem Leben gegeneinander abwägen wie zufrieden sind Sie dann im Allgemeinen mit Ihrer Lebensbilanz? ○ ○ ○ ○ ○

	gar nicht				sehr stark

Würden Sie sagen, Sie haben ein positives Lebensgefühl, ganz allgemein? ○ ○ ○ ○ ○

Inwieweit beeinflusst das Wohlergehen Ihrer Mitmenschen Ihr eigenes Lebensgefühl? ○ ○ ○ ○ ○

Der Konsum von Luxusprodukten bzw. Dienstleistungen ist in der Wissenschaft bislang noch **relativ unerforscht**. Wir bitten Sie daher auch hier um Ihre geschätzte Meinung.

	stimmt nicht				stimmt völlig

Um meinen sozialen Status zu zeigen und mich von anderen sozialen Schichten abzugrenzen, kaufe ich teure Dinge oder nehme exklusive Dienstleistungen in Anspruch. ○ ○ ○ ○ ○

Ich besitze Kennerschaft für seltene Dinge, die für einen guten Geschmack stehen. ○ ○ ○ ○ ○

Premium-/Luxusprodukte oder Dienstleistungen, die von einem steigenden Konsumentenkreis konsumiert werden, lehne ich ab. ○ ○ ○ ○ ○

Je mehr andere Personen ein bestimmtes Premium-/Luxusprodukt oder Dienstleistung konsumieren, umso mehr möchte ich es auch besitzen und konsumieren. ○ ○ ○ ○ ○

Mit dem Besitz von Luxusprodukten und der Inanspruchnahme von exklusiven Dienstleistungen gehört man zu einer bestimmten sozialen Schicht. ○ ○ ○ ○ ○

Wenn ich Luxusprodukte oder exklusive Dienstleistungen konsumiere, belohne ich mich selbst. ○ ○ ○ ○ ○

Ein Luxusprodukt oder eine exklusive Dienstleistung muss nicht per se auffällig sein sondern zu mir und meinem Lebensstil passen. ○ ○ ○ ○ ○

Ich mag es, wenn Luxus in meinem Leben ist. ○ ○ ○ ○ ○

Luxus bedeutet für mich?

	stimmt nicht				stimmt völlig
Gesundheit	○	○	○	○	○
Zwischenmenschliche Beziehungen wie Familie und Freunde	○	○	○	○	○
Schmuck, teure Autos, 5-Sterne Hotels	○	○	○	○	○
Lebenswerte und intakte Umwelt	○	○	○	○	○
Ein selbstbestimmtes Leben	○	○	○	○	○
Finanzielle Absicherung	○	○	○	○	○

An welchen **Freizeit- und Kulturaktivitäten** nehmen Sie teil?

○ Seelsorgerliche und kirchliche Angebote

○ Sportangebote

○ Vielfältiges Kulturprogramm mit bspw. Konzerte, Lesungen und Ausstellungen

○ Freizeitgestaltung mit Gedächtnistraining, Sprach- und Kreativkursen

○ Ausflüge, Reisen und Wandergruppen

○ Feste und gesellige Veranstaltungen

Welche **Freizeit- und Kulturaktivitäten organisieren Sie selbst bzw. nehmen an Aktivitäten die von Bewohner für Bewohner** organisiert sind, teil?

○ Seelsorgerliche und kirchliche Angebote

○ Sportangebote

○ Vielfältiges Kulturprogramm mit bspw. Konzerte, Lesungen und Ausstellungen

○ Freizeitgestaltung mit Gedächtnistraining, Sprach- und Kreativkursen

○ Ausflüge, Reisen und Wandergruppen

○ Feste und gesellige Veranstaltungen

464

Welche Personen waren in den **Entscheidungsprozess für das Augustinum**
eingebunden? Bitte geben Sie *alle* Personen an.

◯ Sie

◯ Ihr Partner

◯ Ihre Familie („Kinder", Verwandte)

◯ Ihre Freunde

◯ Ihr Arzt/Ärztin

◯ Sonstiges, bitte angeben:_____

Wie viele Einrichtungen (Betreutes Wohnen, Seniorenstift, Seniorenheim,
Seniorenresidenz) haben Sie sich angeschaut und verglichen, bevor Sie sich für
das Augustinum entschieden haben?

◯ Keine

◯ 1-2

◯ 3-5

◯ 6-10

◯ Mehr als 10

Wie viele Freunde und Bekannte im Augustinum haben Sie?

◯ Keine

◯ 1-3

◯ 4-7

◯ 8-10

◯ Mehr als 10

Wie oft bekommen Sie Besuch von Personen, die nicht im Augustinum leben?

( ) Mehrmals pro Woche

( ) Einmal pro Woche

( ) Einmal pro Monat

( ) Mehrmals im Jahr

( ) Einmal im Jahr

( ) Nie

Wer besucht Sie im Augustinum?

( ) Ihre Kinder und/oder Verwandte

( ) Freunde

( ) Ehemalige Kollegen

( ) Ehemalige Nachbarn

( ) Angehörige Ihrer Kirchgemeinde

( ) Vereine/Interessengruppen, in der Sie Mitglied waren oder sind

( ) Niemand

Welches **Geschlecht** haben Sie?

( ) Weiblich

( ) Männlich

Bitte geben Sie Ihr **Alter** an.

◯ Bis 80 Jahre

◯ 81 bis 85 Jahre

◯ 86 bis 90 Jahre

◯ 91 bis 95 Jahre

◯ Über 95 Jahre

Wie lange leben Sie im Augustinum?

◯ Bis 1 Jahr

◯ 1 bis 3 Jahre

◯ 4 bis 7 Jahre

◯ 8 bis 10 Jahre

◯ Mehr als 10 Jahre

In welchem Appartement leben Sie im Augustinum?

◯ 1-Zimmer Appartement

◯ 1,5-Zimmer Appartement

◯ 2-Zimmer Appartement

◯ 2,5-Zimmer Appartement

◯ 3-Zimmer Appartement

Nehmen Sie **Pflegeleistungen** in Anspruch?

◯ Ja

◯ Nein

467

Haben Sie eine **PER (Pflegekostenergänzungsregelung)** abgeschlossen?

◯ Ja

◯ Nein

Mit wem leben Sie momentan im Augustinum?

◯ Mit meinem Partner/in

◯ Allein

	stimmt nicht			stimmt völlig
Das **Beantworten des Fragebogens war einfach** für mich.	◯	◯	◯	◯	◯

Wir möchten uns ganz herzlich für Ihre Mithilfe bedanken.

Fragebogen (exemplarisch) Prospects– Variante 1

UNIVERSITÄT LEIPZIG
Professur für Betriebswirtschaftslehre,
DLM insb. Dienstleistungsmanagement
Univ.-Prof. Dr. Dubravko Radić

Universität Leipzig, Wirtschaftswissenschaftliche Fakultät, Professur für BWL,
insb. Dienstleistungsmanagement, Grimmaische Str. 12, 04109 Leipzig

Sehr geehrte Damen und Herren,

im Rahmen ihrer Dissertation widmet sich Frau Claudia Kempf dem Thema
„Dienstleistungsqualität bei betreutem Wohnen."

An dieser Stelle möchte ich mich dafür bedanken, dass Sie sich die Zeit
genommen haben und Frau Kempf in ihrem Dissertationsprojekt unterstützen.

Ihre Angaben werden selbstverständlich streng vertraulich behandelt und die
erhobenen Daten vollkommen anonymisiert ausgewertet. Der Fragebogen wird
insgesamt ca. 30 Minuten Ihrer Zeit in Anspruch nehmen.

Prof. Dr. Dubravko Radić

Dipl.-Kffr. Claudia Kempf

Hinweise zum Ausfüllen des Fragebogens

Auf den beiliegenden **vier Blättern** sind jeweils **zwei** unterschiedliche Angebote für **betreutes Wohnen** dargestellt.

Angebot 1   Angebot 2

Stellen Sie sich vor, Sie suchen nach einem Angebot für betreutes Wohnen und müssen sich für eines der folgenden beiden eventuell entscheiden. Die beiden Angebote unterscheiden sich jeweils in den Bereichen: Alles rund ums Wohnen, Verpflegung, Service, Freizeit und Kultur, weiche Faktoren, Pflege und Preis. Dabei enthält jedes Angebot gute und weniger gute Eigenschaften. Wägen Sie daher ab und entscheiden Sie bitte viermal, welches Angebot Sie jeweils bevorzugen würden.

Wenn Sie eines der beiden Angebote ausgewählt haben, geben Sie bitte an, welcher Faktor der ausschlaggebende war. Bewerten Sie abschließend noch wie zufrieden Sie mit diesem Angebot sind.

Falls Sie detailliertere Informationen zu den Angeboten benötigen - hier finden Sie eine kurze Erläuterung zu einzelnen Merkmalen

Grundausstattung des Appartements:
Funktional: Badezimmer, Pantry-Küche und Standardfußbodenbelag. Die weitere Möblierung erfolgt durch Sie.
Hochwertig: Badezimmer mit Spiegelschränken, Handtuchheizkörpern Schreinerküche mit Markenausstattung sowie mit Parkettfußboden. Die weitere Möblierung erfolgt durch Sie.

Ausstattung des Hauses:
Standard: Speisesaal, Räumlichkeiten für Kultur- und Freizeitgestaltung sowie zur Begegnung.
Gehoben: Schwimmbad, Restaurant, Theatersaal, Bibliothek, Kapelle und mehrere Clubräume.

Speisenversorgung:
Kantine: „Kantine" bedeutet dabei, dass die Speisenversorgung in einem einfachen und funktionalen Umfeld erfolgt.
Gediegenen Umfeld: Gediegenen Umfeld bedeutet, dass die Speisenversorgung vergleichbar mit einem guten Restaurant ist.

Geschäfte: Sind Dienstleister wie ein Lebensmittelladen, Bank- und Postfiliale, sowie eine Arztpraxis.

Ansprechpartner: Ansprechpartner kümmern sich um Ihre Wünsche, die über das Standardangebot hinausgehen und unterstützen Sie bei eventuell auftretenden Problemen. Diese können mit Extrakosten verbunden sein.

Leumund/Image:
Durchschnittlich: Durchschnittlicher Leumund heißt, dass weder außergewöhnlich positiv noch außergewöhnlich negativ über das Haus gesprochen wird.
Sehr gut: Das Haus hat einen sehr guten Leumund und ist schon seit Jahren erfolgreich am Markt vertreten.

Pflege:
Versorgung im eigenen Appartement nicht möglich: Pflege ist nur auf einer Pflegestation oder in einem Pflegeheim möglich.
Bis zu einem bestimmten Grad möglich: Bis zu einem bestimmten Grad der Pflegebedürftigkeit werden Sie im eigenen Appartement gepflegt, dann übernimmt die pflegerische Versorgung, eine Pflegestation oder ein Pflegeheim.
Pflege im eigenen Appartement möglich: Bei Pflegebedürftigkeit können Sie bis zur höchsten Pflegestufe und selbst in Härtefällen im eigenen Appartement individuell pflegerisch bestens versorgt werden.

PER: Bedeutet Pflegekostenergänzungsregel. Die PER begrenzt die privat zu tragenden Kosten bei Inanspruchnahme von Pflege auf max. 500 EUR.

Preis: Im Preis sind keine Leistungen für Pflege und keine weiteren Extraleistungen enthalten.

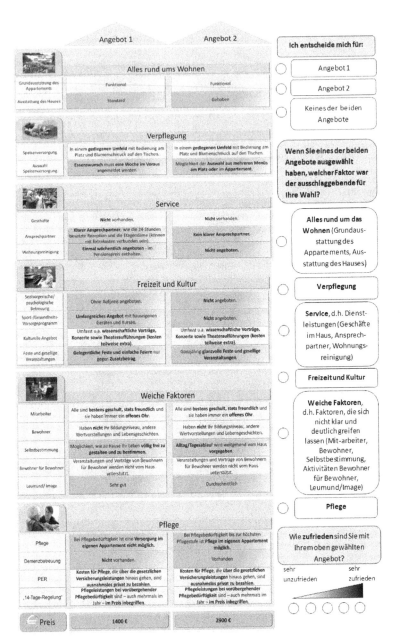

	Angebot 1	Angebot 2
Alles rund ums Wohnen		
Grundausstattung des Appartements	Funktional	Funktional
Ausstattung des Hauses	Standard	Gehoben
Verpflegung		
Speisenversorgung	In einem gediegenen Umfeld mit Bedienung am Platz und Blumenschmuck auf den Tischen.	In einem gediegenen Umfeld mit Bedienung am Platz und Blumenschmuck auf den Tischen.
Auswahl Speisenversorgung	Essenswunsch muss eine Woche im Voraus angemeldet werden.	Möglichkeit der Auswahl aus mehreren Menüs am Platz oder im Appartement.
Service		
Geschäfte	Nicht vorhanden.	Nicht vorhanden.
Ansprechpartner	Klarer Ansprechpartner, wie die 24-Stunden besetzte Rezeption und die Etagendame (können mit Extrakosten verbunden sein).	Kein klarer Ansprechpartner.
Wohnungsreinigung	Einmal wöchentlich angeboten – im Pensionspreis enthalten.	Nicht angeboten.
Freizeit und Kultur		
Seelsorgerische/psychologische Betreuung	Ohne Aufpreis angeboten.	Nicht angeboten.
Sport-/Gesundheits-Vorsorgeprogramm	Umfangreiches Angebot mit hauseigenen Geräten und Kursen.	Nicht angeboten.
Kulturelle Angebot	Umfasst u.a. wissenschaftliche Vorträge, Konzerte sowie Theateraufführungen (kosten teilweise extra).	Umfasst u.a. wissenschaftliche Vorträge, Konzerte sowie Theateraufführungen (kosten teilweise extra).
Feste und gesellige Veranstaltungen	Gelegentliche Feste und einfache Feiern nur gegen Zusatzbetrag.	Ganzjährig glanzvolle Feste und gesellige Veranstaltungen.
Weiche Faktoren		
Mitarbeiter	Alle sind bestens geschult, stets freundlich und sie haben immer ein offenes Ohr.	Alle sind bestens geschult, stets freundlich und sie haben immer ein offenes Ohr.
Bewohner	Haben nicht ihr Bildungsniveau, andere Wertvorstellungen und Lebensgeschichten.	Haben nicht ihr Bildungsniveau, andere Wertvorstellungen und Lebensgeschichten.
Selbstbestimmung	Möglichkeit, wie zu Hause ihr Leben völlig frei zu gestalten und zu bestimmen.	Alltag/Tagesablauf wird weitgehend vom Haus vorgegeben.
Bewohner für Bewohner	Veranstaltungen und Vorträge von Bewohnern für Bewohner werden nicht vom Haus unterstützt.	Veranstaltungen und Vorträge von Bewohnern für Bewohner werden nicht vom Haus unterstützt.
Leumund/ Image	Sehr gut	Durchschnittlich
Pflege		
Pflege	Bei Pflegebedürftigkeit ist eine Versorgung im eigenen Appartement nicht möglich.	Bei Pflegebedürftigkeit bis zur höchsten Pflegestufe ist Pflege im eigenen Appartement möglich.
Demenzbetreuung	Nicht vorhanden.	Vorhanden.
PER	Kosten für Pflege, die über die gesetzlichen Versicherungsleistungen hinaus gehen, sind ausnahmslos privat zu bezahlen.	Kosten für Pflege, die über die gesetzlichen Versicherungsleistungen hinaus gehen, sind ausnahmslos privat zu bezahlen.
„14-Tage-Regelung"	Pflegeleistungen bei vorübergehender Pflegebedürftigkeit sind – auch mehrmals im Jahr – im Preis inbegriffen.	Pflegeleistungen bei vorübergehender Pflegebedürftigkeit sind – auch mehrmals im Jahr – im Preis inbegriffen.
€ Preis	1400 €	2900 €

Ich entscheide mich für:

○ Angebot 1
○ Angebot 2
○ Keines der beiden Angebote

Wenn Sie eines der beiden Angebote ausgewählt haben, welcher Faktor war der ausschlaggebende für Ihre Wahl?

○ Alles rund um das Wohnen (Grundausstattung des Appartements, Ausstattung des Hauses)
○ Verpflegung
○ Service, d.h. Dienstleistungen (Geschäfte im Haus, Ansprechpartner, Wohnungsreinigung)
○ Freizeit und Kultur
○ Weiche Faktoren, d.h. Faktoren, die sich nicht klar und deutlich greifen lassen (Mitarbeiter, Bewohner, Selbstbestimmung, Aktivitäten Bewohner für Bewohner, Leumund/Image)
○ Pflege

Wie zufrieden sind Sie mit Ihrem oben gewählten Angebot?

sehr unzufrieden — sehr zufrieden

○ ○ ○ ○ ○

FB 1_Ğvs 14

472

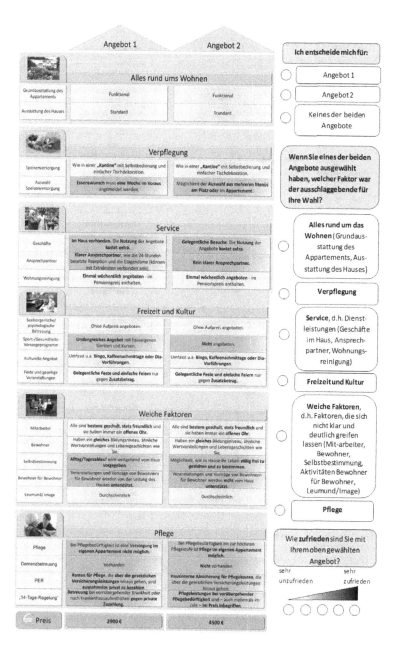

	Angebot 1	Angebot 2
Alles rund ums Wohnen		
Grundausstattung des Appartements	Funktional	Funktional
Ausstattung des Hauses	Standard	Standard
Verpflegung		
Speisenversorgung	Wie in einer „Kantine" mit Selbstbedienung und einfacher Tischdekoration.	Wie in einer „Kantine" mit Selbstbedienung und einfacher Tischdekoration.
Auswahl Speisenversorgung	Essenswunsch muss eine Woche im Voraus angemeldet werden.	Möglichkeit der Auswahl aus mehreren Menüs am Platz oder im Appartement.
Service		
Geschäfte	Im Haus vorhanden. Die Nutzung der Angebote kostet extra.	Gelegentliche Besuche. Die Nutzung der Angebote kostet extra.
Ansprechpartner	Klarer Ansprechpartner, wie die 24-Stunden besetzte Reception und die Etagendame (können mit Extrakosten verbunden sein).	Kein klarer Ansprechpartner.
Wohnungsreinigung	Einmal wöchentlich angeboten - im Pensionspreis enthalten.	Einmal wöchentlich angeboten - im Pensionspreis enthalten.
Freizeit und Kultur		
Seelsorgerische/ psychologische Betreuung	Ohne Aufpreis angeboten.	Ohne Aufpreis angeboten.
Sport-/Gesundheits-Vorsorgeprogramm	Umfangreiches Angebot mit hauseigenen Geräten und Kursen.	Nicht angeboten.
Kulturelle Angebot	Umfasst u.a. Bingo, Kaffeenachmittage oder Dia-Vorführungen.	Umfasst u.a. Bingo, Kaffeenachmittage oder Dia-Vorführungen.
Feste und gesellige Veranstaltungen	Gelegentliche Feste und einfache Feiern nur gegen Zusatzbetrag.	Gelegentliche Feste und einfache Feiern nur gegen Zusatzbetrag.
Weiche Faktoren		
Mitarbeiter	Alle sind bestens geschult, stets freundlich und sie haben immer ein offenes Ohr.	Alle sind bestens geschult, stets freundlich und sie haben immer ein offenes Ohr.
Bewohner	Haben ein gleiches Bildungsniveau, ähnliche Wertvorstellungen und Lebensgeschichten wie Sie.	Haben ein gleiches Bildungsniveau, ähnliche Wertvorstellungen und Lebensgeschichten wie Sie.
Selbstbestimmung	Alltag/Tagesablauf wird weitgehend vom Haus vorgegeben.	Möglichkeit, wie zu Hause das Leben völlig frei zu gestalten und zu bestimmen.
Bewohner für Bewohner	Veranstaltungen und Vorträge von Bewohnern für Bewohner werden unter der Leitung des Hauses unterstützt.	Veranstaltungen und Vorträge von Bewohnern für Bewohner werden nicht vom Haus unterstützt.
Leumund/ Image	Durchschnittlich	Durchschnittlich
Pflege		
Pflege	Bei Pflegebedürftigkeit ist eine Versorgung im eigenen Appartement nicht möglich.	Bei Pflegebedürftigkeit bis zur höchsten Pflegestufe ist Pflege im eigenen Appartement möglich.
Demenzbetreuung	Vorhanden	Nicht vorhanden
PER	Kosten für Pflege, die über die gesetzlichen Versicherungsleistungen hinaus gehen, sind ausnahmslos privat zu bezahlen.	Hausinterne Absicherung für Pflegekosten, die über die gesetzlichen Versicherungsleistungen hinaus gehen.
„14-Tage-Regelung"	Betreuung bei vorübergehender Krankheit oder nach Krankenhausaufenthalten gegen private Zuzahlung.	Pflegeleistungen bei vorübergehender Pflegebedürftigkeit sind – auch mehrmals im Jahr – im Preis inbegriffen.
Preis	2900 €	4500 €

Ich entscheide mich für:

○ Angebot 1
○ Angebot 2
○ Keines der beiden Angebote

Wenn Sie eines der beiden Angebote ausgewählt haben, welcher Faktor war der ausschlaggebende für Ihre Wahl?

○ **Alles rund um das Wohnen** (Grundausstattung des Appartements, Ausstattung des Hauses)

○ **Verpflegung**

○ **Service**, d.h. Dienstleistungen (Geschäfte im Haus, Ansprechpartner, Wohnungsreinigung)

○ **Freizeit und Kultur**

○ **Weiche Faktoren**, d.h. Faktoren, die sich nicht klar und deutlich greifen lassen (Mit-arbeiter, Bewohner, Selbstbestimmung, Aktivitäten Bewohner für Bewohner, Leumund/Image)

○ **Pflege**

Wie zufrieden sind Sie mit Ihrem oben gewählten Angebot?

sehr unzufrieden   sehr zufrieden

○ ○ ○ ○ ○

FB1_24vs21

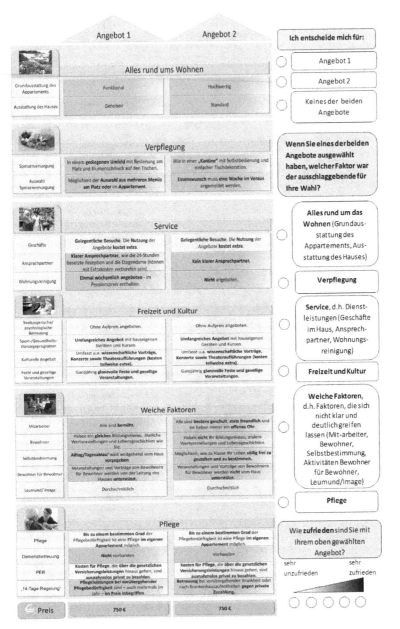

Angebot 1 | Angebot 2

Ich entscheide mich für:
- ○ Angebot 1
- ○ Angebot 2
- ○ Keines der beiden Angebote

Alles rund ums Wohnen

	Angebot 1	Angebot 2
Grundausstattung des Appartements	Funktional	Hochwertig
Ausstattung des Hauses	Gehoben	Standard

Wenn Sie eines der beiden Angebote ausgewählt haben, welcher Faktor war der ausschlaggebende für Ihre Wahl?

Verpflegung

	Angebot 1	Angebot 2
Speisenversorgung	In einem gediegenen Umfeld mit Bedienung am Platz und Blumenschmuck auf den Tischen.	Wie in einer „Kantine" mit Selbstbedienung und einfacher Tischdekoration.
Auswahl Speisenversorgung	Möglichkeit der Auswahl aus mehreren Menüs am Platz oder im Appartement.	Essenswunsch muss eine Woche im Voraus angemeldet werden.

- ○ Alles rund um das Wohnen (Grundausstattung des Appartements, Ausstattung des Hauses)

Service

	Angebot 1	Angebot 2
Geschäfte	Gelegentliche Besuche. Die Nutzung der Angebote kostet extra.	Gelegentliche Besuche. Die Nutzung der Angebote kostet extra.
Ansprechpartner	Klarer Ansprechpartner, wie die 24-Stunden besetzte Reception und die Etagendame (können mit Extrakosten verbunden sein).	Kein klarer Ansprechpartner.
Wohnungsreinigung	Einmal wöchentlich angeboten - im Pensionspreis enthalten.	Nicht angeboten.

- ○ Verpflegung
- ○ Service, d.h. Dienstleistungen (Geschäfte im Haus, Ansprechpartner, Wohnungsreinigung)

Freizeit und Kultur

	Angebot 1	Angebot 2
Seelsorgerische/ psychologische Betreuung	Ohne Aufpreis angeboten.	Ohne Aufpreis angeboten.
Sport-/Gesundheits-Vorsorgeprogramm	Umfangreiches Angebot mit hauseigenen Geräten und Kursen.	Umfangreiches Angebot mit hauseigenen Geräten und Kursen.
Kulturelle Angebot	Umfasst u.a. wissenschaftliche Vorträge, Konzerte sowie Theateraufführungen (kosten teilweise extra).	Umfasst u.a. wissenschaftliche Vorträge, Konzerte sowie Theateraufführungen (kosten teilweise extra).
Feste und gesellige Veranstaltungen	Ganzjährig glanzvolle Feste und gesellige Veranstaltungen.	Ganzjährig glanzvolle Feste und gesellige Veranstaltungen.

- ○ Freizeit und Kultur

Weiche Faktoren

	Angebot 1	Angebot 2
Mitarbeiter	Alle sind bemüht.	Alle sind bestens geschult, stets freundlich und sie haben immer ein offenes Ohr.
Bewohner	Haben ein gleiches Bildungsniveau, ähnliche Wertvorstellungen und Lebensgeschichten wie Sie	Haben nicht Ihr Bildungsniveau, andere Wertvorstellungen und Lebensgeschichten.
Selbstbestimmung	Alltag/Tagesablauf wird weitgehend vom Haus vorgegeben.	Möglichkeit, wie zu Hause Ihr Leben völlig frei zu gestalten und zu bestimmen.
Bewohner für Bewohner	Veranstaltungen und Vorträge von Bewohnern für Bewohner werden von der Leitung des Hauses unterstützt.	Veranstaltungen und Vorträge von Bewohnern für Bewohner werden nicht vom Haus unterstützt.
Leumund/ Image	Durchschnittlich	Durchschnittlich

- ○ Weiche Faktoren, d.h. Faktoren, die sich nicht klar und deutlich greifen lassen (Mitarbeiter, Bewohner, Selbstbestimmung, Aktivitäten Bewohner für Bewohner, Leumund/Image)

Pflege

	Angebot 1	Angebot 2
Pflege	Bis zu einem bestimmten Grad der Pflegebedürftigkeit ist eine Pflege im eigenen Appartement möglich.	Bis zu einem bestimmten Grad der Pflegebedürftigkeit ist eine Pflege im eigenen Appartement möglich.
Demenzbetreuung	Nicht vorhanden.	Vorhanden.
PEB	Kosten für Pflege, die über die gesetzlichen Versicherungsleistungen hinaus gehen, sind ausnahmslos privat zu bezahlen.	Kosten für Pflege, die über die gesetzlichen Versicherungsleistungen hinaus gehen, sind ausnahmslos privat zu bezahlen.
„14-Tage-Regelung"	Pflegeleistungen bei vorübergehender Pflegebedürftigkeit sind - auch mehrmals im Jahr - im Preis inbegriffen.	Betreuung bei vorübergehender Krankheit oder nach Krankenhausaufenthalt gegen private Zuzahlung.
Preis	750 €	750 €

- ○ Pflege

Wie zufrieden sind Sie mit Ihrem oben gewählten Angebot?

sehr unzufrieden — sehr zufrieden

○ ○ ○ ○ ○

FB 1_2-v2.6

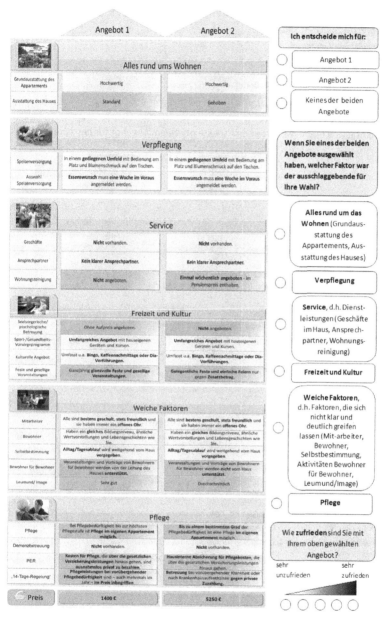

	Angebot 1	Angebot 2
Alles rund ums Wohnen		
Grundausstattung des Appartements	Hochwertig	Hochwertig
Ausstattung des Hauses	Standard	Gehoben
Verpflegung		
Speisenversorgung	In einem **gediegenen Umfeld** mit Bedienung am Platz und Blumenschmuck auf den Tischen.	In einem **gediegenen Umfeld** mit Bedienung am Platz und Blumenschmuck auf den Tischen.
Auswahl Speisenversorgung	**Essenswunsch** muss **eine Woche im Voraus** angemeldet werden.	**Essenswunsch** muss **eine Woche im Voraus** angemeldet werden.
Service		
Geschäfte	**Nicht** vorhanden.	**Nicht** vorhanden.
Ansprechpartner	**Kein klarer Ansprechpartner.**	**Kein klarer Ansprechpartner.**
Wohnungsreinigung	**Nicht** angeboten.	**Einmal wöchentlich** angeboten - im Pensionspreis enthalten.
Freizeit und Kultur		
Seelsorgerische/ psychologische Betreuung	Ohne Aufpreis angeboten.	Nicht angeboten.
Sport-/Gesundheits-Vorsorgeprogramm	**Umfangreiches Angebot** mit hauseigenen Geräten und Kursen.	**Umfangreiches Angebot** mit hauseigenen Geräten und Kursen.
Kulturelle Angebot	Umfasst u.a. Bingo, Kaffeenachmittage oder Dia-Vorführungen.	Umfasst u.a. Bingo, Kaffeenachmittage oder Dia-Vorführungen.
Feste und gesellige Veranstaltungen	**Ganzjährig glanzvolle** Feste und gesellige Veranstaltungen.	**Gelegentliche** Feste und einfache Feiern nur gegen Zusatzbetrag.
Weiche Faktoren		
Mitarbeiter	Alle sind **bestens geschult**, stets freundlich und sie haben immer ein **offenes Ohr.**	Alle sind **bestens geschult**, stets freundlich und sie haben immer ein **offenes Ohr.**
Bewohner	Haben ein **gleiches Bildungsniveau**, ähnliche Wertvorstellungen und Lebensgeschichten wie Sie.	Haben ein **gleiches Bildungsniveau**, ähnliche Wertvorstellungen und Lebensgeschichten wie Sie.
Selbstbestimmung	**Alltag/Tagesablauf** wird weitgehend vom Haus **vorgegeben.**	**Alltag/Tagesablauf** wird weitgehend vom Haus **vorgegeben.**
Bewohner für Bewohner	Veranstaltungen und Vorträge von Bewohnern für Bewohner werden von der Leitung des Hauses **unterstützt.**	Veranstaltungen und Vorträge von Bewohnern für Bewohner werden **nicht** vom Haus **unterstützt.**
Leumund/ Image	Sehr gut.	Durchschnittlich.
Pflege		
Pflege	Bei Pflegebedürftigkeit bis zur **höchsten Pflegestufe** ist Pflege im eigenen Appartement möglich.	Bis zu einem **bestimmten Grad** der Pflegebedürftigkeit ist eine Pflege im eigenen Appartement möglich.
Demenzbetreuung	**Nicht** vorhanden.	**Nicht** vorhanden.
PER	Kosten für Pflege, die über die gesetzlichen Versicherungsleistungen hinaus gehen, sind **ausnahmslos privat** zu bezahlen.	**Hausinterne Absicherung** für Pflegekosten, die über die gesetzlichen Versicherungsleistungen hinaus gehen.
„14-Tage-Regelung"	Pflegeleistungen bei vorübergehender Pflegebedürftigkeit sind – auch mehrmals im Jahr – **im Preis inbegriffen.**	Betreuung bei vorübergehender Krankheit oder nach Krankenhausaufenthalten **gegen private Zuzahlung.**
Preis	1400 €	5250 €

Ich entscheide mich für:

○ Angebot 1
○ Angebot 2
○ Keines der beiden Angebote

Wenn Sie eines der beiden Angebote ausgewählt haben, welcher Faktor war der ausschlaggebende für Ihre Wahl?

○ **Alles rund um das Wohnen** (Grundausstattung des Appartements, Ausstattung des Hauses)
○ **Verpflegung**
○ **Service**, d.h. Dienstleistungen (Geschäfte im Haus, Ansprechpartner, Wohnungsreinigung)
○ **Freizeit und Kultur**
○ **Weiche Faktoren**, d.h. Faktoren, die sich nicht klar und deutlich greifen lassen (Mitarbeiter, Bewohner, Selbstbestimmung, Aktivitäten Bewohner für Bewohner, Leumund/Image)
○ **Pflege**

Wie zufrieden sind Sie mit Ihrem oben gewählten Angebot?

sehr unzufrieden — sehr zufrieden
○ ○ ○ ○ ○

FB1_30 vs 18

475

Bitte wählen Sie Ihr Augustinum aus, welches Sie schon besucht haben bzw. wo Sie Vorvertragspartner sind.

- ○ Augustinum Ammersee
- ○ Augustinum Detmold
- ○ Augustinum Kleinmachnow bei Berlin
- ○ Augustinum Stuttgart-Sillenbuch

Wie **wichtig** sind Ihnen die einzelnen Aspekte bei einem Angebot für betreutes Wohnen?

	sehr unwichtig				sehr wichtig
Alles rund um das Wohnen (Grundausstattung des Appartements, Ausstattung des Hauses)	○	○	○	○	○
Verpflegung	○	○	○	○	○
Freizeit und Kultur	○	○	○	○	○
Service, d.h. Dienstleistungen (Geschäfte im Haus, klarer Ansprechpartner, wie die 24-Stunden besetzte Rezeption und die Etagendame, Wohnungsreinigung)	○	○	○	○	○
Weiche Faktoren, also Faktoren, die sich nicht klar und deutlich greifen lassen (Mitarbeiter, Bewohner, Selbstbestimmung, Aktivitäten Bewohner für Bewohner, Leumund des Augustinum)	○	○	○	○	○
Pflege (auch wenn Sie bislang noch keine Pflegeleistungen in Anspruch genommen haben, bitten wir Sie um eine Einschätzung)	○	○	○	○	○
Preis	○	○	○	○	○

Bitte beurteilen Sie die folgenden Aussagen zur **Preisgestaltung**.

	stimmt nicht				stimmt völlig
Die Preisgestaltung im Augustinum ist fair.	○	○	○	○	○
Bei meiner Entscheidung für das Augustinum, bzw. bei der Informationssammlung habe ich genau den Preis erwartet.	○	○	○	○	○
Die Preise im Augustinum sind angemessen für die Leistung, die man bekommt.	○	○	○	○	○
Das Augustinum ist seinen Preis wert.	○	○	○	○	○

Was glauben Sie, wäre ein **monatlicher fairer Preis** für die Standardleistungen im Augustinum?

Standardleistung meint: Unterkunft, Verpflegung (Mittagessen, Drei-Gang-Menü), 24-Stunden besetzter Empfang, 14-Tage Pflegeregelung, Reinigung einmal pro Woche, freie Nutzung der gemeinschaftlichen Einrichtungen wie etwa Schwimmbad, Bibliothek, etc. Nicht enthalten sind jedoch private Zusatzleistungen für Pflege und weitere Extraleistungen.

○ Der jetzige Preis minus 10 %

○ Der jetzige Preis minus 5 %

○ Der jetzige Preis

○ Der jetzige Preis plus 5 %

○ Der jetzige Preis plus 10 %

○ Sonstiges, bitte angeben:_____

Beantworten bzw. beurteilen Sie bitte die nachfolgenden Fragen und Aussagen.

	nie				häufig
Wie oft nehmen Sie Freunden, Bekannten oder Ihren Angehörigen Ängste?	○	○	○	○	○
Wie oft erzählen Sie Freunden, Bekannten oder Ihren Angehörigen, dass sie nicht den Mut verlieren sollen?	○	○	○	○	○
Wie oft erheitern oder muntern Sie Freunde, Bekannte oder Ihre Angehörigen auf?	○	○	○	○	○
Wie oft führen Sie freundliche Gespräche mit Freunden, Bekannten oder Ihren Angehörigen?	○	○	○	○	○
Wie oft besuchen Freunde, Bekannte oder Ihre Angehörigen Sie in Ihrem zu Hause?	○	○	○	○	○
Wie oft unternehmen Sie etwas mit Freunden, Bekannten oder Ihren Angehörigen?	○	○	○	○	○
Wie oft helfen Sie Freunden, Bekannten oder Ihren Angehörigen?	○	○	○	○	○

	stimmt nicht				stimmt völlig

Ich habe schon viel Positives über das Augustinum gehört. ○ ○ ○ ○ ○

Ich empfehle meinen Freunden und Verwandten das Augustinum weiter. ○ ○ ○ ○ ○

Ich erzähle positiv über das Augustinum. ○ ○ ○ ○ ○

Stellen Sie sich bitte vor, Sie würden im Augustinum bzw. bei einem anderen Anbieter für betreutes Wohnen leben und beantworten Sie die folgenden Fragen.

	stimmt nicht				stimmt völlig

Ich würde versuchen mitzuhelfen, dass das Augustinum immer gepflegt und sauber ist. ○ ○ ○ ○ ○

Ich würde mich auf alle Mitarbeiter im Augustinum einstellen. ○ ○ ○ ○ ○

Ich würde die Regeln des Augustinum beachten. ○ ○ ○ ○ ○

Ich würde die Mitarbeiter im Augustinum wissen lassen, was sie besser machen können, um meinen Bedürfnissen zu genügen. ○ ○ ○ ○ ○

Ich würde konstruktive Vorschläge machen, um das Angebot im Augustinum zu verbessern. ○ ○ ○ ○ ○

Wenn ich ein Problem im Augustinum bemerken würde, auch wenn ich nicht direkt davon betroffen wäre, würde ich einen Mitarbeiter oder einen anderen Bewohner informieren. ○ ○ ○ ○ ○

Beantworten bzw. beurteilen Sie bitte die nachfolgenden Fragen und Aussagen.

	gar nicht zufrieden				sehr zufrieden

Wenn Sie Positives und Negatives in Ihrem Leben gegeneinander abwägen wie zufrieden sind Sie dann im Allgemeinen mit ihrer Lebensbilanz? ○ ○ ○ ○ ○

478

	gar nicht				sehr stark

Würden Sie sagen, Sie haben ein positives Lebensgefühl, ganz allgemein? ○ ○ ○ ○ ○

Inwieweit beeinflusst das Wohlergehen Ihrer Mitmenschen Ihr eigenes Lebensgefühl? ○ ○ ○ ○ ○

Der Konsum von Luxusprodukten bzw. Dienstleistungen ist in der Wissenschaft bislang noch **relativ unerforscht**. Wir bitten Sie daher auch hier um Ihre geschätzte Meinung.

	stimmt nicht				stimmt völlig

Um meinen sozialen Status zu zeigen und mich von anderen sozialen Schichten abzugrenzen, kaufe ich teure Dinge oder nehme exklusive Dienstleistungen in Anspruch. ○ ○ ○ ○ ○

Ich besitze Kennerschaft für seltene Dinge, die für einen guten Geschmack stehen. ○ ○ ○ ○ ○

Premium-/Luxusprodukte oder Dienstleistungen, die von einem steigenden Konsumentenkreis konsumiert werden, lehne ich ab. ○ ○ ○ ○ ○

Je mehr andere Personen ein bestimmtes Premium-/Luxusprodukt oder Dienstleistung konsumieren, umso mehr möchte ich es auch besitzen und konsumieren. ○ ○ ○ ○ ○

Mit dem Besitz von Luxusprodukten und der Inanspruchnahme von exklusiven Dienstleistungen gehört man zu einer bestimmten sozialen Schicht. ○ ○ ○ ○ ○

Wenn ich Luxusprodukte oder exklusive Dienstleistungen konsumiere, belohne ich mich selbst. ○ ○ ○ ○ ○

Ein Luxusprodukt oder eine exklusive Dienstleistung muss nicht per se auffällig sein sondern zu mir und meinem Lebensstil passen. ○ ○ ○ ○ ○

Ich mag es, wenn Luxus in meinem Leben ist. ○ ○ ○ ○ ○

479

Luxus bedeutet für mich?

	stimmt nicht				stimmt völlig
Gesundheit	◯	◯	◯	◯	◯
Zwischenmenschliche Beziehungen wie Familie und Freunde	◯	◯	◯	◯	◯
Schmuck, teure Autos, 5-Sterne Hotels	◯	◯	◯	◯	◯
Lebenswerte und intakte Umwelt	◯	◯	◯	◯	◯
Ein selbstbestimmtes Leben	◯	◯	◯	◯	◯
Finanzielle Absicherung	◯	◯	◯	◯	◯

Welchen Freizeit- und Kulturaktivitäten gehen Sie nach?

◯ Seelsorgerliche und kirchliche Angebote

◯ Sportangebote

◯ Vielfältiges Kulturprogramm mit bspw. Konzerte, Lesungen und Ausstellungen

◯ Freizeitgestaltung mit Gedächtnistraining, Sprach- und Kreativkursen

◯ Ausflüge, Reisen und Wandergruppen

◯ Feste und gesellige Veranstaltungen

Welche Personen sind in den Entscheidungsprozess für ein betreutes Wohnen eingebunden? Bitte geben Sie *alle* Personen an.

◯ Sie

◯ Ihr Partner

◯ Ihre Familie („Kinder", Verwandte)

◯ Ihre Freunde

◯ Ihr Arzt/Ärztin

◯ Sonstiges, bitte angeben:_____

Wie viele Einrichtungen (Betreutes Wohnen, Seniorenstift, Seniorenheim, Seniorenresidenz) haben Sie sich angeschaut und verglichen, bzw. schauen sich an und vergleichen, bevor Sie sich final für ein Angebot entscheiden?

○ Keine

○ 1-2

○ 3-5

○ 6-10

○ Mehr als 10

Wie viele Freunde und Bekannte haben Sie?

○ Keine

○ 1-3

○ 4-7

○ 8-10

○ Mehr als 10

Wie oft bekommen Sie Besuch?

○ Mehrmals pro Woche

○ Einmal pro Woche

○ Einmal pro Monat

○ Mehrmals im Jahr

○ Einmal im Jahr

○ Nie

Wer besucht Sie?

◯ Ihre Kinder und/oder Verwandte

◯ Freunde

◯ (Ehemalige) Kollegen

◯ Nachbarn

◯ Angehörige Ihrer Kirchgemeinde

◯ Vereine/Interessengruppen, in der Sie Mitglied waren oder sind

◯ Niemand

Welches Geschlecht haben Sie?

◯ Weiblich

◯ Männlich

Bitte geben Sie Ihr Alter an.

◯ Bis 70 Jahre

◯ 71 bis 75 Jahre

◯ 76 bis 80 Jahre

◯ Über 80 Jahre

Haben Sie einen Vorvertrag beim Augustinum unterschrieben?

◯ Ja

◯ Nein

482

Falls ja, wann haben Sie den **Vorvertrag** abgeschlossen?

○ Bis 1 Jahr her

○ 1 bis 3 Jahre her

○ 4 bis 7 Jahre her

○ 8 bis 10 Jahre her

○ Mehr als 10 Jahre her

In welche Appartementgröße möchten Sie im Augustinum einziehen?

○ 1-Zimmer Appartement

○ 1,5-Zimmer Appartement

○ 2-Zimmer Appartement

○ 2,5-Zimmer Appartement

○ 3-Zimmer Appartement

Nehmen Sie **Pflegeleistungen** in Anspruch?

○ Ja

○ Nein

Werden Sie eine **PER** (Pflegekostenergänzungsregelung, welche das finanzielle Risiko der Pflege begrenzt) abschließen?

○ Ja

○ Nein

483

Wie weit wohnen Sie vom Augustinum entfernt?

- ( ) bis 9 km
- ( ) 10 bis 25 km
- ( ) 25 bis 50 km
- ( ) 50 bis 100 km
- ( ) Über 100 km

Mit wem leben Sie momentan?

- ( ) Mit meinem Partner/in
- ( ) Allein

	stimmt nicht			stimmt völlig
Das **Beantworten des Fragebogens** war einfach für mich.	◯	◯	◯	◯ ◯

Wir möchten uns ganz herzlich für Ihre Mithilfe bedanken.

Anhang B – Ergebnisse

Glück

Tabelle 53: Spearmans Rangkorrelationskoeffizient: Glück und das Alter –
Bewohner

Korrelationen

		Positives und Ne-gatives	positives Lebensgefühl,	beeinflusst das Wohler-gehen	Alter
	Korrelationskoeffizient	,132**	,090	-,052	1,000
Alter	Sig. (2-seitig)	,006	,062	,283	.
	N	437	434	425	456

**. Die Korrelation ist auf dem 0,01 Niveau signifikant (zweiseitig).

Quelle: Auswertung selbst erhobener Daten.

Tabelle 54: Mittelvergleich und t-Test: Glück und das Geschlecht – Bewohner

Gruppenstatistiken[a]

	Geschlecht – Bewohner	N	Mittelwert	Standardab-weichung	Standardfehler des Mittelwer-tes
Positives und Negatives	Weiblich	305	4,19	,763	,044
	Männlich	129	4,13	,678	,060
positives Lebens-gefühl	Weiblich	306	4,13	,852	,049
	Männlich	127	4,15	,656	,058
beeinflusst das Wohlergehen	Weiblich	297	3,65	1,010	,059
	Männlich	126	3,46	1,017	,091

Test bei unabhängigen Stichproben

		Levene-Test der Varianzgleichheit			T-Test für die Mittelwertgleichheit						95 % Konfidenzintervall der Differenz	
		F	Signifikanz	Entscheidung	T	df	Sig. (2-seitig)	Entscheidung	Mittlere Differenz	Standardfehler der Differenz	Untere	Obere
Positives und Negatives	Varianzen sind gleich	7,275	,007	ablehnen	,752	432	,452		,058	,078	-,094	,211
	Varianzen sind nicht gleich				,790	269,486	,430	**annehmen**	,058	,074	-,087	,204
positives Lebensgefühl	Varianzen sind gleich	11,046	,001	ablehnen	-,185	431	,853		-,016	,084	-,182	,150
	Varianzen sind nicht gleich				-,206	303,104	,837	**annehmen**	-,016	,076	-,165	,134
beeinflusst das Wohlergehen	Varianzen sind gleich	,016	,899	**annehmen**	1,730	421	,084	**annehmen**	,186	,108	-,025	,398
	Varianzen sind nicht gleich				1,725	234,139	,086		,186	,108	-,026	,399

Quelle: Auswertung selbst erhobener Daten.

486

Tabelle 55: Mittelvergleich und t-Test: Glück und das Geschlecht – Prospects

Gruppenstatistiken[a]

	Geschlecht – Bewohner und Prospect	N	Mittelwert	Standardab-weichung	Standardfehler des Mittelwertes
Positives und Negatives	Weiblich	336	4,20	,682	,037
	Männlich	325	4,27	,673	,037
positives Lebensgefühl	Weiblich	338	4,25	,724	,039
	Männlich	327	4,29	,681	,038
beeinflusst das Wohlergehen	Weiblich	334	4,13	,803	,044
	Männlich	325	3,99	,799	,044

Test bei unabhängigen Stichproben

		Levene-Test der Varianzgleichheit			T-Test für die Mittelwertgleichheit						95 % Konfidenzintervall der Differenz	
		F	Signifi-kanz	Entschei-dung	T	df	Sig. (2-sei-tig)	Entschei-dung	Mittlere Diffe-renz	Standard-fehler der Diffe-renz	Untere	Obere
Positives und Negatives	Varianzen sind gleich	,248	,619	annehmen	-1,413	659	,158	annehmen	-,074	,053	-,178	,029
	Varianzen sind nicht gleich				-1,413	658,731	,158		-,074	,053	-,178	,029
positives Lebensge-fühl	Varianzen sind gleich	1,180	,278	annehmen	-,768	663	,442	annehmen	-,042	,055	-,149	,065
	Varianzen sind nicht gleich				-,769	662,455	,442		-,042	,054	-,149	,065
beeinflusst das Wohler-gehen	Varianzen sind gleich	3,370	,067	annehmen	2,306	657	,021	ablehnen	,144	,062	,021	,267
	Varianzen sind nicht gleich				2,306	656,677	,021		,144	,062	,021	,267

Quelle: Auswertung selbst erhobener Daten.

Tabelle 56: Mittelvergleich und t-Test: Glück und der Familienstand – Bewohner

Gruppenstatistiken[a]

	Zusammenleben – Bewohner	N	Mittelwert	Standardab- weichung	Standardfehler des Mittelwertes
Positives und Negatives	Mit meinem Partner/in	138	4,28	,673	,057
	Allein	299	4,12	,761	,044
positives Lebensgefühl	Mit meinem Partner/in	136	4,28	,663	,057
	Allein	298	4,08	,847	,049
beeinflusst das Wohlergehen	Mit meinem Partner/in	136	3,71	1,005	,086
	Allein	289	3,55	1,013	,060

Test bei unabhängigen Stichproben

		Levene-Test der Varianzgleichheit			T-Test für die Mittelwertgleichheit						95 % Konfidenzintervall der Differenz	
		F	Signifikanz	Entscheidung	T	df	Sig. (2-seitig)	Entscheidung	Mittlere Differenz	Standardfehler der Differenz	Untere	Obere
Positives und Negatives	Varianzen sind gleich	,549	,459	**annehmen**	2,103	435	,036	ablehnen	,159	,076	,010	,307
	Varianzen sind nicht gleich				2,200	298,637	,029		,159	,072	,017	,301
positives Lebensgefühl	Varianzen sind gleich	2,410	,121	**annehmen**	2,460	432	,014	ablehnen	,202	,082	,041	,364
	Varianzen sind nicht gleich				2,692	328,237	,007		,202	,075	,054	,350
beeinflusst das Wohlergehen	Varianzen sind gleich	,132	,716	**annehmen**	1,515	423	,131	**annehmen**	,159	,105	-,047	,366
	Varianzen sind nicht gleich				1,520	266,542	,130		,159	,105	-,047	,365

Quelle: Auswertung selbst erhobener Daten.

Tabelle 57: Mittelvergleich und t-Test: Glück und der Familienstand – Prospects

Gruppenstatistiken[a]

	Zusammenleben: Prospects	N	Mittelwert	Standardab-weichung	Standardfehler des Mittelwertes
Positives und Negatives	Mit meinem Partner/in	465	4,26	,670	,031
	Allein	198	4,18	,703	,050
positives Lebensgefühl	Mit meinem Partner/in	467	4,29	,678	,031
	Allein	200	4,21	,752	,053
beeinflusst das Wohlergehen	Mit meinem Partner/in	464	4,07	,779	,036
	Allein	197	4,05	,859	,061

Test bei unabhängigen Stichproben

		Levene-Test der Varianzgleichheit		T-Test für die Mittelwertgleichheit						95 % Konfidenzintervall der Differenz	
		F	Signifikanz	Entscheidung	T	df	Sig. (2-seitig)	Entscheidung	Mittlere Differenz	Standardfehler der Differenz	Untere	Obere
Positives und Negatives	Varianzen sind gleich	,549	,459	**annehmen**	2,103	435	,036	**annehmen**	,159	,076	,010	,307
	Varianzen sind nicht gleich				2,200	298,637	,029		,159	,072	,017	,301
positives Lebensgefühl	Varianzen sind gleich	2,410	,121	**annehmen**	2,460	432	,014	**annehmen**	,202	,082	,041	,364
	Varianzen sind nicht gleich				2,692	328,237	,007		,202	,075	,054	,350
beeinflusst das Wohlergehen	Varianzen sind gleich	,132	,716	**annehmen**	1,515	423	,131	ablehnen	,159	,105	-,047	,366
	Varianzen sind nicht gleich				1,520	266,542	,130		,159	,105	-,047	,365

Quelle: Auswertung selbst erhobener Daten.

Tabelle 58: Mittelvergleich und t-Test: Glück und die Inanspruchnahme von Pflegeleistungen – Bewohner

Gruppenstatistiken[a]

Pflegeleistungen – Bewohner		N	Mittelwert	Standardab-weichung	Standardfehler des Mittelwertes
Positives und Negatives	Ja	58	4,05	,711	,093
	Nein	372	4,21	,732	,038
positives Lebensgefühl	Ja	58	3,91	,864	,113
	Nein	369	4,19	,781	,041
beeinflusst das Wohl-ergehen	Ja	57	3,53	1,104	,146
	Nein	362	3,61	1,002	,053

Test bei unabhängigen Stichproben

		Levene-Test der Varianzgleichheit			T-Test für die Mittelwertgleichheit						95 % Konfidenzintervall der Differenz	
		F	Signifikanz	Entscheidung	T	df	Sig. (2-seitig)	Entscheidung	Mittlere Differenz	Standardfehler der Differenz	Untere	Obere
Positives und Negatives	Varianzen sind gleich	1,742	,188	annehmen	-1,507	428	,132	annehmen	-,155	,103	-,358	,047
	Varianzen sind nicht gleich				-1,540	77,080	,128		-,155	,101	-,356	,046
positives Lebensgefühl	Varianzen sind gleich	,404	,525	annehmen	-2,463	425	,014	ablehnen	-,276	,112	-,496	-,056
	Varianzen sind nicht gleich				-2,289	72,408	,025		-,276	,121	-,516	-,036
beeinflusst das Wohlergehen	Varianzen sind gleich	1,189	,276	annehmen	-,562	417	,574	annehmen	-,081	,145	-,366	,203
	Varianzen sind nicht gleich				-,524	71,287	,602		-,081	,155	-,391	,228

Quelle: Auswertung selbst erhobener Daten.

Tabelle 59: Mittelvergleich und t-Test: Glück und die Inanspruchnahme von Pflegeleistungen – Prospects

Gruppenstatistiken[a]

	Pflegeleistungen: Prospects	N	Mittelwert	Standardab-weichung	Standardfehler des Mittelwertes
Positives und Negatives	Ja	112	4,18	,633	,060
	Nein	530	4,25	,686	,030
positives Lebensgefühl	Ja	109	4,27	,689	,066
	Nein	537	4,27	,705	,030
beeinflusst das Wohlergehen	Ja	110	4,13	,836	,080
	Nein	533	4,05	,802	,035

Test bei unabhängigen Stichproben

		Levene-Test der Varianzgleichheit			T-Test für die Mittelwertgleichheit						95 % Konfidenzintervall der Differenz	
		F	Signifikanz	Entscheidung	T	df	Sig. (2-seitig)	Entscheidung	Mittlere Differenz	Standardfehler der Differenz	Untere	Obere
Positives und Negatives	Varianzen sind gleich	4,207	,041	ablehnen	-1,001	640	,317		-,070	,070	-,209	,068
	Varianzen sind nicht gleich				-1,055	170,843	,293	annehmen	-,070	,067	-,202	,061
positives Lebensgefühl	Varianzen sind gleich	,163	,686	annehmen	-,104	644	,917	annehmen	-,008	,074	-,153	,137
	Varianzen sind nicht gleich				-,106	157,404	,916		-,008	,073	-,151	,136
beeinflusst das Wohlergehen	Varianzen sind gleich	,146	,703	annehmen	,883	641	,378	annehmen	,075	,085	-,091	,241
	Varianzen sind nicht gleich				,859	153,229	,392		,075	,087	-,097	,247

Quelle: Auswertung selbst erhobener Daten.

Tabelle 60: Spearmans Rangkorrelationskoeffizient: Glück und die Netzwerkgröße – Bewohner

Korrelationen^a

		Positives und Negatives	positives Lebensgefühl	beeinflusst das Wohlergehen	wieviele Freunde/Bekannte
Bewohner	wieviele Freunde/Bekannte				
	Korrelationskoeffizient	,083	,147**	,106*	1,000
	Sig. (2-seitig)	,086	,002	,030	.
	N	433	430	422	449

**. Die Korrelation ist auf dem 0,01 Niveau signifikant (zweiseitig).
*. Die Korrelation ist auf dem 0,05 Niveau signifikant (zweiseitig).

Quelle: Auswertung selbst erhobener Daten.

Tabelle 61: Spearmans Rangkorrelationskoeffizient: Glück und die Netzwerkgröße – Prospects

Korrelationen^a

		Positives und Negatives	positives Lebensgefühl	beeinflusst das Wohlergehen	wieviele Freunde/Bekannte
Prospects	wieviele Freunde/Bekannte t				
	Korrelationskoeffizient	,137**	,155**	,112**	1,000
	Sig. (2-seitig)	,000	,000	,004	.
	N	660	664	658	671

**. Die Korrelation ist auf dem 0,01 Niveau signifikant (zweiseitig).
*. Die Korrelation ist auf dem 0,05 Niveau signifikant (zweiseitig).

Quelle: Auswertung selbst erhobener Daten.

Tabelle 62: Spearmans Rangkorrelationskoeffizient: Glück und die
Zufriedenheit – Bewohner

		Positives und Ne-gatives	positives Lebensgefühl	beeinflusst das Wohler-gehen
Zufriedenheit: Wohnen	Korrelationskoeffizient	,212**	,152**	,062
	Sig. (2-seitig)	,000	,002	,209
	N	428	426	419
Zufriedenheit: Verpflegung	Korrelationskoeffizient	,209**	,183**	,152**
	Sig. (2-seitig)	,000	,000	,002
	N	425	424	416
Zufriedenheit: Freizeit und Kultur	Korrelationskoeffizient	,160**	,142**	,056
	Sig. (2-seitig)	,001	,004	,265
	N	410	408	403
Zufriedenheit: Service	Korrelationskoeffizient	,221**	,177**	,097*
	Sig. (2-seitig)	,000	,000	,048
	N	427	425	419
Zufriedenheit: Weiche Fakto-ren	Korrelationskoeffizient	,201**	,191**	,118*
	Sig. (2-seitig)	,000	,000	,019
	N	406	402	397
Zufriedenheit: Pflege	Korrelationskoeffizient	,199**	,110*	,024
	Sig. (2-seitig)	,000	,027	,626
	N	411	409	401
Zufriedenheit: Preis	Korrelationskoeffizient	,262**	,201**	-,001
	Sig. (2-seitig)	,000	,000	,986
	N	391	388	384
Zufriedenheit: Gesamtangebot	Korrelationskoeffizient	,259**	,188**	,069
	Sig. (2-seitig)	,000	,000	,173
	N	404	402	396

**. Die Korrelation ist auf dem 0,01 Niveau signifikant (zweiseitig).

*. Die Korrelation ist auf dem 0,05 Niveau signifikant (zweiseitig).

Quelle: Auswertung selbst erhobener Daten.

Zufriedenheit

Tabelle 63: Spearmans Rangkorrelationskoeffizient: Die Zufriedenheit und das Alter – Bewohner

Korrelationen

		Zufriedenheit: Wohnen	Zufriedenheit: Verpflegung	Zufriedenheit: Freizeit und Kultur	Zufriedenheit: Service	Zufriedenheit: Weiche Faktoren	Zufriedenheit: Pflege	Zufriedenheit: Preis	Zufriedenheit: Gesamtangebot	Alter
Alter	Korrelationskoeffizient nach Spearman	,137**	,088	,045	,073	,036	,125**	,127*	,132**	1,000
	Sig. (2-seitig)	,004	,068	,355	,127	,470	,010	,011	,007	.
	N	438	435	420	438	412	422	399	414	456

**. Die Korrelation ist auf dem 0,01 Niveau signifikant (zweiseitig).
*. Die Korrelation ist auf dem 0,05 Niveau signifikant (zweiseitig).

Quelle: Auswertung selbst erhobener Daten.

Tabelle 64: Mittelvergleich und t-Test: Die Zufriedenheit und das Geschlecht –
Bewohner

Gruppenstatistiken

	Geschlecht – Bewohner	N	Mittelwert	Standardab-weichung	Standardfehler des Mittelwer-tes
Zufriedenheit: Wohnen	Weiblich	305	4,25	,794	,045
	Männlich	131	4,18	,759	,066
Zufriedenheit: Verpflegung	Weiblich	303	4,13	,889	,051
	Männlich	131	4,06	,926	,081
Zufriedenheit: Freizeit und Kultur	Weiblich	287	4,29	,814	,048
	Männlich	130	4,15	,798	,070
Zufriedenheit: Service	Weiblich	305	4,56	,742	,042
	Männlich	131	4,58	,607	,053
Zufriedenheit: Weiche Faktoren	Weiblich	284	4,24	,831	,049
	Männlich	126	4,23	,739	,066
Zufriedenheit: Pflege	Weiblich	293	3,99	,907	,053
	Männlich	126	4,00	,876	,078
Zufriedenheit: Preis	Weiblich	270	3,80	,833	,051
	Männlich	128	3,67	,833	,074
Zufriedenheit: Gesamtangebot	Weiblich	285	4,25	,721	,043
	Männlich	126	4,09	,738	,066

Test bei unabhängigen Stichproben

		Levene-Test der Varianzgleichheit			T-Test für die Mittelwertgleichheit						95 % Konfidenzintervall der Differenz	
		F	Signifikanz	Entscheidung	T	df	Sig. (2-seitig)	Entscheidung	Mittlere Differenz	Standardfehler der Differenz	Untere	Obere
Zufriedenheit: Wohnen	Varianzen sind gleich	,752	,386	annehmen	,939	434	,348	annehmen	,077	,082	-,084	,238
	Varianzen sind nicht gleich				,956	256,508	,340		,077	,080	-,081	,235
Zufriedenheit: Verpflegung	Varianzen sind gleich	,176	,675	annehmen	,754	432	,452	annehmen	,071	,094	-,114	,256
	Varianzen sind nicht gleich				,741	237,963	,459		,071	,096	-,118	,259
Zufriedenheit: Freizeit und Kultur	Varianzen sind gleich	1,641	,201	annehmen	1,713	415	,087	annehmen	,147	,086	-,022	,315
	Varianzen sind nicht gleich				1,726	253,661	,086		,147	,085	-,021	,314
Zufriedenheit: Service	Varianzen sind gleich	2,064	,151	annehmen	-,310	434	,757	annehmen	-,023	,074	-,167	,122
	Varianzen sind nicht gleich				-,335	297,799	,738		-,023	,068	-,156	,111
Zufriedenheit: Weiche Faktoren	Varianzen sind gleich	5,493	,020	ablehnen	,067	408	,947	annehmen	,006	,086	-,163	,175
	Varianzen sind nicht gleich				,070	267,152	,944		,006	,082	-,156	,168

| | | Levene-Test der Varianzgleichheit | | | T-Test für die Mittelwertgleichheit | | | | | | 95 % Konfidenzintervall der Differenz | |
		F	Signifikanz	Entscheidung	T	df	Sig. (2-seitig)	Entscheidung	Mittlere Differenz	Standardfehler der Differenz	Untere	Obere
Zufriedenheit: Pflege	Varianzen sind gleich	,471	,493	annehmen	-,071	417	,943	annehmen	-,007	,096	-,195	,181
	Varianzen sind nicht gleich				-,072	244,368	,942		-,007	,094	-,193	,179
Zufriedenheit: Preis	Varianzen sind gleich	,064	,800	annehmen	1,475	396	,141	annehmen	,132	,089	-,044	,308
	Varianzen sind nicht gleich				1,474	249,328	,142		,132	,089	-,044	,308
Zufriedenheit: Gesamtangebot	Varianzen sind gleich	1,058	,304	annehmen	2,127	409	,034	ablehnen	,165	,078	,013	,318
	Varianzen sind nicht gleich				2,109	234,570	,036		,165	,078	,011	,320

Quelle: Auswertung selbst erhobener Daten.

Tabelle 65: Mittelvergleich und t-Test: Die Zufriedenheit und der Familienstand – Bewohner

Gruppenstatistiken

	Zusammenleben – Bewohner	N	Mittelwert	Standardab-weichung	Standardfehler des Mittelwertes
Zufriedenheit: Wohnen	Mit meinem Partner/in	137	4,25	,774	,066
	Allein	301	4,22	,788	,045
Zufriedenheit: Verpflegung –	Mit meinem Partner/in	138	4,08	,913	,078
	Allein	297	4,13	,899	,052
Zufriedenheit: Freizeit und Kul-tur	Mit meinem Partner/in	133	4,33	,756	,066
	Allein	287	4,21	,832	,049
Zufriedenheit: Service	Mit meinem Partner/in	139	4,68	,616	,052
	Allein	299	4,51	,739	,043
Zufriedenheit: Weiche Faktoren	Mit meinem Partner/in	129	4,32	,760	,067
	Allein	285	4,19	,819	,048
Zufriedenheit: Pflege	Mit meinem Partner/in	131	3,98	,928	,081
	Allein	291	4,00	,881	,052
Zufriedenheit: Preis	Mit meinem Partner/in	131	3,76	,830	,073
	Allein	269	3,77	,831	,051
Zufriedenheit: Gesamtangebot	Mit meinem Partner/in	127	4,20	,749	,066
	Allein	287	4,21	,721	,043

Test bei unabhängigen Stichproben

		Levene-Test der Varianzgleichheit			T-Test für die Mittelwertgleichheit						95 % Konfidenzintervall der Differenz	
		F	Signifikanz	Entscheidung	T	df	Sig. (2-seitig)	Entscheidung	Mittlere Differenz	Standardfehler der Differenz	Untere	Obere
Zufriedenheit: Wohnen	Varianzen sind gleich	1,226	,269	annehmen	,317	436	,752	annehmen	,026	,081	-,133	,184
	Varianzen sind nicht gleich				,319	267,329	,750		,026	,080	-,132	,184
Zufriedenheit: Verpflegung	Varianzen sind gleich	,172	,678	annehmen	-,518	433	,604	annehmen	-,048	,093	-,231	,135
	Varianzen sind nicht gleich				-,515	263,527	,607		-,048	,094	-,232	,136
Zufriedenheit: Freizeit und Kultur	Varianzen sind gleich	1,687	,195	annehmen	1,394	418	,164	annehmen	,118	,085	-,048	,285
	Varianzen sind nicht gleich				1,444	280,952	,150		,118	,082	-,043	,280
Zufriedenheit: Service	Varianzen sind gleich	10,145	,002	ablehnen	2,328	436	,020		,168	,072	,026	,310
	Varianzen sind nicht gleich				2,486	318,229	,013	ablehnen	,168	,068	,035	,301
Zufriedenheit: Weiche Faktoren	Varianzen sind gleich	,179	,672	annehmen	1,469	412	,143	annehmen	,125	,085	-,042	,292
	Varianzen sind nicht gleich				1,510	264,805	,132		,125	,083	-,038	,288

504

| | | Levene-Test der Varianzgleichheit | | | T-Test für die Mittelwertgleichheit | | | | | | 95 % Konfidenzintervall der Differenz | |
		F	Signifikanz	Entscheidung	T	df	Sig. (2-seitig)	Entscheidung	Mittlere Differenz	Standardfehler der Differenz	Untere	Obere
Zufriedenheit: Pflege	Varianzen sind gleich	1,061	,304	annehmen	-,198	420	,843	annehmen	-,019	,094	-,204	,167
	Varianzen sind nicht gleich				-,195	239,178	,846		-,019	,096	-,208	,171
Zufriedenheit: Preis	Varianzen sind gleich	,077	,782	annehmen	-,112	398	,911	annehmen	-,010	,089	-,184	,164
	Varianzen sind nicht gleich				-,112	257,992	,911		-,010	,089	-,184	,164
Zufriedenheit: Gesamtangebot	Varianzen sind gleich	,509	,476	annehmen	-,011	412	,991	annehmen	-,001	,078	-,154	,152
	Varianzen sind nicht gleich				-,011	233,389	,991		-,001	,079	-,156	,155

Quelle: Auswertung selbst erhobener Daten.

Tabelle 66: Mittelvergleich und t-Test: Die Zufriedenheit in Bezug auf die Pflege und die Inanspruchnahme von Pflegeleistungen – Bewohner

Gruppenstatistiken

	Pflegeleistungen – Bewohner	N	Mittelwert	Standardabweichung	Standardfehler des Mittelwertes
Zufriedenheit: Pflege – Bewohner	Ja	58	4,31	,777	,102
	Nein	356	3,95	,909	,048

Test bei unabhängigen Stichproben

		Levene-Test der Varianzgleichheit			T-Test für die Mittelwertgleichheit						95 % Konfidenzintervall der Differenz	
		F	Signifikanz	Entscheidung	T	df	Sig. (2-seitig)		Mittlere Differenz	Standardfehler der Differenz	Untere	Obere
Zufriedenheit: Pflege	Varianzen sind gleich	,435	,510	annehmen	2,859	412	,004	ablehnen	,361	,126	,113	,609
	Varianzen sind nicht gleich				3,199	84,553	,002		,361	,113	,137	,585

Quelle: Auswertung selbst erhobener Daten.

Tabelle 67: Spearmans Rangkorrelationskoeffizient: Die Zufriedenheit und die Wohndauer in dem betreuten Wohnen – Bewohner

		Zufrie-denheit: Wohnen	Zufrie-denheit: Verpfle-gung	Zufrie-denheit: Freizeit und Kultur	Zufrie-denheit: Service	Zufrie-denheit: Weiche Faktoren	Zufrie-denheit: Pflege	Zufrie-denheit: Preis	Zufrie-denheit: Gesamt-angebot	Wohn-dauer
Wohn-dauer	Korrelationskoef-fizient nach Spe-arman	-,063	-,123*	-,127**	-,094*	-,048	,009	,037	-,058	1,000
	Sig. (2-seitig)	,189	,010	,009	,049	,332	,858	,461	,241	.
	N	438	435	420	438	412	421	399	414	456

**. Die Korrelation ist auf dem 0,01 Niveau signifikant (zweiseitig).

*. Die Korrelation ist auf dem 0,05 Niveau signifikant (zweiseitig).

Quelle: Auswertung selbst erhobener Daten.

Tabelle 68: Spearmans Rangkorrelationskoeffizient: Die Zufriedenheit und die Netzwerkgröße – Bewohner

		Zufriedenheit: Wohnen	Zufriedenheit: Verpflegung	Zufriedenheit: Freizeit und Kultur	Zufriedenheit: Service	Zufriedenheit: Weiche Faktoren	Zufriedenheit: Pflege	Zufriedenheit: Preis	Zufriedenheit: Gesamtangebot	Freunde und Bekannte
Freunde und Bekannte	Korrelationskoeffizient nach Spearman	,072	,088	,201**	,172**	,200**	,040	,108*	,118*	1,000
	Sig. (2-seitig)	,134	,068	,000	,000	,000	,415	,031	,016	.
	N	435	432	416	435	409	419	398	414	449

**. Die Korrelation ist auf dem 0,01 Niveau signifikant (zweiseitig).

*. Die Korrelation ist auf dem 0,05 Niveau signifikant (zweiseitig).

Quelle: Auswertung selbst erhobener Daten.

Tabelle 69: Spearmans Rangkorrelationskoeffizient: Die Gesamtzufriedenheit und die Weiterempfehlung – Bewohner

		Zufriedenheit: Gesamtangebot	WoM: Ich empfehle weiter	WoM: Ich erzähle positiv	WoM: Positives gehört
Spearman-Rho	Zufriedenheit: Gesamtangebot	Korrelationskoeffizient	1,000	,489**	,538**	,445**
		Sig. (2-seitig)	.	,000	,000	,000
		N	418	399	405	402

**. Die Korrelation ist auf dem 0,01 Niveau signifikant (zweiseitig).
*. Die Korrelation ist auf dem 0,05 Niveau signifikant (zweiseitig).

Quelle: Auswertung selbst erhobener Daten.

Tabelle 70: Spearmans Rangkorrelationskoeffizient: Die Gesamtzufriedenheit und die Customer Cooperation – Bewohner

		Zufriedenheit: Gesamtangebot	mitzuhelfen	auf Mitarbeiter einstellen	Regeln beachten
Spearman-Rho	Zufriedenheit: Gesamtangebot	Korrelationskoeffizient	1,000	,339**	,396**	,272**
		Sig. (2-seitig)	.	,000	,000	,000
		N	418	395	398	408

**. Die Korrelation ist auf dem 0,01 Niveau signifikant (zweiseitig).
*. Die Korrelation ist auf dem 0,05 Niveau signifikant (zweiseitig).
Quelle: Auswertung selbst erhobener Daten.

Tabelle 71: Spearmans Rangkorrelationskoeffizient: Die Gesamtzufriedenheit und die Customer Participation – Bewohner

			Zufriedenheit: Gesamtangebot	Problem bemerke	konstruktive Vorschläge	Mitarbeiter wissen lassen
Spearman-Rho	Zufriedenheit: Gesamtangebot	Korrelationskoeffizient	1,000	,120*	-,069	-,018
		Sig. (2-seitig)	.	,017	,180	,731
		N	418	398	385	387

**. Die Korrelation ist auf dem 0,01 Niveau signifikant (zweiseitig).
*. Die Korrelation ist auf dem 0,05 Niveau signifikant (zweiseitig).

Quelle: Auswertung selbst erhobener Daten.

Tabelle 72: Spearmans Rangkorrelationskoeffizient: Die Gesamtzufriedenheit und der Instrumental Support- Bewohner

			Zufriedenheit: Gesamtangebot	die anderen besuchen Sie	unternehmen	helfen
Spearman-Rho	Zufriedenheit: Gesamtangebot	Korrelationskoeffizient	1,000	,022	,060	,071
		Sig. (2-seitig)	.	,660	,234	,160
		N	418	394	398	398

Quelle: Auswertung selbst erhobener Daten.

Tabelle 73: Spearmans Rangkorrelationskoeffizient: Die Gesamtzufriedenheit und der Social-Emotional Support – Bewohner

		Zufriedenheit: Gesamtangebot	Ängste nehmen	nicht den Mut verlieren	erheitern/aufmuntern	freundliche Gespäche
Spearman-Rho	Zufriedenheit: Gesamtangebot	Korrelationskoeffizient	1,000	,106*	,098	,143**	,156**
		Sig. (2-seitig)	.	,041	,055	,004	,002
		N	418	374	379	391	396

**. Die Korrelation ist auf dem 0,01 Niveau signifikant (zweiseitig).
*. Die Korrelation ist auf dem 0,05 Niveau signifikant (zweiseitig).

Quelle: Auswertung selbst erhobener Daten.

Tabelle 74: Test bei gepaarten Stichprobe – Zufriedenheit und Involvement: Bewohner

Test bei gepaarten Stichproben

	Gepaarte Differenzen					T	df	Sig. (2-seitig)
	Mittelwert	Standardab-weichung	Standardfehler des Mittelwertes	95 % Konfidenzintervall der Differenz				
				Untere	Obere			
Paaren 1 — Wichtigkeit: Alles rund um das Wohnen – Zufriedenheit: Alles rund um das Wohnen	,246	,804	,039	,170	,322	6,379	434	,000
Paaren 2 — Wichtigkeit: Verpflegung – Zufriedenheit: Verpflegung	,210	1,006	,048	,115	,305	4,344	433	,000
Paaren 3 — Wichtigkeit: Freizeit und Kultur – Zufriedenheit: Freizeit und Kultur	-,053	,895	,044	-,140	,033	-1,208	413	,228
Paaren 4 — Wichtigkeit: Service – Zufriedenheit: Service	,055	,657	,032	-,007	,117	1,755	433	,080
Paaren 5 — Wichtigkeit: Weiche Faktoren – Zufriedenheit: Weiche Faktoren	,099	,790	,039	,022	,176	2,516	404	,012
Paaren 6 — Wichtigkeit: Pflege – Zufriedenheit: Pflege	,519	,916	,045	,431	,607	11,567	415	,000
Paaren 7 — Wichtigkeit: Preis – Zufriedenheit: Preis	,495	,964	,049	,398	,592	10,057	383	,000

Quelle: Auswertung selbst erhobener Daten.

Involvement

Tabelle 75: Spearmans Rangkorrelationskoeffizient: Das Involvement, die empfundenen Wichtigkeiten, und das Alter – Bewohner

			Alter Bewohner	Wichtigkeit: Wohnen	Wichtigkeit: Verpflegung	Wichtigkeit: Freizeit und Kultur	Wichtigkeit: Service	Wichtigkeit: Weiche Faktoren	Wichtigkeit: Pflege	Wichtigkeit: Preis
Spearman-Rho	Alter Bewohner	Korrelationskoeffizient	1,000	,070	-,008	,009	,084	,065	,049	,047
		Sig. (2-seitig)	.	,144	,860	,849	,080	,187	,307	,349
		N	456	435	437	429	435	417	429	402

Quelle: Auswertung selbst erhobener Daten.

Tabelle 76: Spearmans Rangkorrelationskoeffizient: Das Involvement, die empfundenen Wichtigkeiten und das Alter – Prospects

			Alter Prospects	Wichtigkeit: Wohnen	Wichtigkeit: Verpflegung	Wichtigkeit: Freizeit und Kultur	Wichtigkeit: Service	Wichtigkeit: Weiche Faktoren	Wichtigkeit: Pflege	Wichtigkeit: Preis
Spearman-Rho	Alter Prospects	Korrelationskoeffizient	1,000	,013	-,032	,014	-,014	-,043	-,017	,005
		Sig. (2-seitig)	.	,734	,414	,721	,726	,276	,668	,904
		N	673	668	664	660	666	657	665	642

Quelle: Auswertung selbst erhobener Daten.

Tabelle 77: Mittelvergleich und t-Test: Das Involvement, die empfundenen Wichtigkeiten und das Geschlecht – Bewohner

Gruppenstatistiken[a]

	Geschlecht – Bewohner	N	Mittelwert	Standardab-weichung	Standardfehler des Mittelwertes
Wichtigkeit: Wohnen	Weiblich	303	4,51	,699	,040
	Männlich	131	4,40	,741	,065
Wichtigkeit: Verpflegung	Weiblich	304	4,35	,773	,044
	Männlich	133	4,21	,729	,063
Wichtigkeit: Freizeit und Kultur	Weiblich	297	4,27	,835	,048
	Männlich	131	3,91	,898	,078
Wichtigkeit: Service	Weiblich	303	4,63	,647	,037
	Männlich	131	4,55	,610	,053
Wichtigkeit: Weiche Faktoren	Weiblich	290	4,35	,749	,044
	Männlich	126	4,25	,838	,075
Wichtigkeit: Pflege	Weiblich	299	4,56	,755	,044
	Männlich	129	4,45	,780	,069
Wichtigkeit: Preis	Weiblich	276	4,32	,831	,050
	Männlich	126	4,06	,856	,076

Test bei unabhängigen Stichproben

		Levene-Test der Varianzgleichheit			T-Test für die Mittelwertgleichheit						95 % Konfidenzintervall der Differenz	
		F	Signifikanz	Entscheidung	T	df	Sig. (2-seitig)	Entscheidung	Mittlere Differenz	Standardfehler der Differenz	Untere	Obere
Wichtigkeit: Wohnen	Varianzen sind gleich	,729	,394	annehmen	1,584	432	,114	annehmen	,118	,074	-,028	,264
	Varianzen sind nicht gleich				1,548	234,457	,123		,118	,076	-,032	,268
Wichtigkeit: Verpflegung	Varianzen sind gleich	1,493	,222	annehmen	1,749	435	,081	annehmen	,138	,079	-,017	,293
	Varianzen sind nicht gleich				1,790	265,858	,075		,138	,077	-,014	,290
Wichtigkeit: Freizeit und Kultur	Varianzen sind gleich	,008	,928	annehmen	4,026	426	,000	ablehnen	,361	,090	,185	,537
	Varianzen sind nicht gleich				3,913	233,137	,000		,361	,092	,179	,543
Wichtigkeit: Service	Varianzen sind gleich	,682	,409	annehmen	1,213	432	,226	annehmen	,081	,067	-,050	,212
	Varianzen sind nicht gleich				1,242	260,705	,215		,081	,065	-,047	,209
Wichtigkeit: Weiche Faktoren	Varianzen sind gleich	1,603	,206	annehmen	1,179	414	,239	annehmen	,098	,083	-,065	,261
	Varianzen sind nicht gleich				1,128	215,501	,261		,098	,087	-,073	,269

| | | Levene-Test der Varianzgleichheit | | | T-Test für die Mittelwertgleichheit | | | | | | 95 % Konfidenzintervall der Differenz | |
		F	Signifikanz	Entscheidung	T	df	Sig. (2-seitig)	Entscheidung	Mittlere Differenz	Standardfehler der Differenz	Untere	Obere
Wichtigkeit: Pflege	Varianzen sind gleich	1,374	,242	**annehmen**	1,356	426	,176	**annehmen**	,109	,080	-,049	,267
	Varianzen sind nicht gleich				1,338	235,693	,182		,109	,081	-,051	,269
Wichtigkeit: Preis	Varianzen sind gleich	,277	,599	**annehmen**	2,831	400	,005	ablehnen	,255	,090	,078	,433
	Varianzen sind nicht gleich				2,801	235,991	,006		,255	,091	,076	,435

Quelle: Auswertung selbst erhobener Daten.

516

Tabelle 78: Mittelvergleich und t-Test: Das Involvement, die empfundenen Wichtigkeiten und das Geschlecht – Prospects

Gruppenstatistiken[a]

	Geschlecht – Prospect	N	Mittelwert	Standardabweichung	Standardfehler des Mittelwertes
Wichtigkeit: Wohnen	Weiblich	338	4,33	,813	,044
	Männlich	331	4,29	,775	,043
Wichtigkeit: Verpflegung –	Weiblich	336	4,17	,804	,044
	Männlich	329	4,07	,748	,041
Wichtigkeit: Freizeit und Kultur	Weiblich	333	4,04	,917	,050
	Männlich	328	3,73	,897	,050
Wichtigkeit: Service	Weiblich	337	4,37	,796	,043
	Männlich	330	4,24	,833	,046
Wichtigkeit: Weiche Faktoren	Weiblich	332	4,27	,797	,044
	Männlich	326	4,13	,827	,046
Wichtigkeit: Pflege	Weiblich	336	4,72	,516	,028
	Männlich	330	4,64	,579	,032
Wichtigkeit: Preis	Weiblich	321	4,30	,788	,044
	Männlich	322	4,15	,784	,044

Test bei unabhängigen Stichproben

		Levene-Test der Varianzgleichheit			T-Test für die Mittelwertgleichheit						95 % Konfidenzintervall der Differenz	
		F	Signifi-kanz	Entschei-dung	T	df	Sig. (2-sei-tig)	Entschei-dung	Mitt-lere Diffe-renz	Standard-fehler der Differenz	Untere	Obere
Wichtig-keit: Wohnen	Varianzen sind gleich	1,464	,227	**annehmen**	,625	667	,532	**annehmen**	,038	,061	-,082	,159
	Varianzen sind nicht gleich				,625	666,529	,532		,038	,061	-,082	,159
Wichtig-keit: Ver-pflegung	Varianzen sind gleich	9,755	,002	ablehnen	1,606	663	,109		,097	,060	-,022	,215
	Varianzen sind nicht gleich				1,607	661,236	,108	**annehmen**	,097	,060	-,021	,215
Wichtig-keit: Frei-zeit und Kultur	Varianzen sind gleich	,233	,629	**annehmen**	4,482	659	,000	ablehnen	,316	,071	,178	,455
	Varianzen sind nicht gleich				4,483	658,968	,000		,316	,071	,178	,455
Wichtig-keit: Ser-vice	Varianzen sind gleich	,005	,946	**annehmen**	2,133	665	,033	ablehnen	,134	,063	,011	,258
	Varianzen sind nicht gleich				2,132	662,118	,033		,134	,063	,011	,258
Wichtig-keit: Wei-che Fakto-ren	Varianzen sind gleich	,718	,397	**annehmen**	2,199	656	,028	ablehnen	,139	,063	,015	,263
	Varianzen sind nicht gleich				2,198	654,009	,028		,139	,063	,015	,263

		Levene-Test der Varianzgleichheit			T-Test für die Mittelwertgleichheit						95 % Konfidenzintervall der Differenz	
		F	Signifikanz	Entscheidung	T	df	Sig. (2-seitig)	Entscheidung	Mittlere Differenz	Standardfehler der Differenz	Untere	Obere
Wichtigkeit: Pflege	Varianzen sind gleich	10,006	,002	ablehnen	2,044	664	,041		,087	,042	,003	,170
	Varianzen sind nicht gleich				2,042	652,531	,042	ablehnen	,087	,043	,003	,170
Wichtigkeit: Preis	Varianzen sind gleich	1,627	,203	**annehmen**	2,318	641	,021	ablehnen	,144	,062	,022	,266
	Varianzen sind nicht gleich				2,318	640,958	,021		,144	,062	,022	,266

Quelle: Auswertung selbst erhobener Daten.

Tabelle 79: Mittelvergleich und t-Test: Das Involvement, die empfundenen Wichtigkeiten und der Familienstand – Bewohner

Gruppenstatistiken[a]

	Zusammenleben – Bewohner	N	Mittelwert	Standardab-weichung	Standardfehler des Mittelwertes
Wichtigkeit: Wohnen	Mit meinem Partner/in	138	4,54	,618	,053
	Allein	297	4,45	,752	,044
Wichtigkeit: Verpflegung	Mit meinem Partner/in	137	4,35	,713	,061
	Allein	300	4,29	,785	,045
Wichtigkeit: Freizeit und Kultur	Mit meinem Partner/in	136	4,18	,815	,070
	Allein	293	4,16	,888	,052
Wichtigkeit: Service	Mit meinem Partner/in	136	4,65	,576	,049
	Allein	299	4,60	,655	,038
Wichtigkeit: Weiche Faktoren	Mit meinem Partner/in	134	4,39	,775	,067
	Allein	285	4,29	,772	,046
Wichtigkeit: Pflege	Mit meinem Partner/in	134	4,60	,727	,063
	Allein	296	4,49	,777	,045
Wichtigkeit: Preis	Mit meinem Partner/in	133	4,26	,843	,073
	Allein	270	4,23	,844	,051

Test bei unabhängigen Stichproben

		Levene-Test der Varianzgleichheit			T-Test für die Mittelwertgleichheit						95 % Konfidenzintervall der Differenz	
		F	Signifikanz	Entscheidung	T	df	Sig. (2-seitig)	Entscheidung	Mittlere Differenz	Standardfehler der Differenz	Untere	Obere
Wichtigkeit: Wohnen	Varianzen sind gleich	3,390	,066	annehmen	1,159	433	,247	annehmen	,085	,073	-,059	,229
	Varianzen sind nicht gleich				1,244	320,353	,214		,085	,068	-,049	,220
Wichtigkeit: Verpflegung	Varianzen sind gleich	,623	,430	annehmen	,725	435	,469	annehmen	,057	,079	-,098	,212
	Varianzen sind nicht gleich				,751	287,954	,453		,057	,076	-,092	,206
Wichtigkeit: Freizeit und Kultur	Varianzen sind gleich	,610	,435	annehmen	,141	427	,888	annehmen	,013	,090	-,164	,189
	Varianzen sind nicht gleich				,145	284,585	,885		,013	,087	-,159	,184
Wichtigkeit: Service	Varianzen sind gleich	2,194	,139	annehmen	,904	433	,366	annehmen	,059	,065	-,069	,188
	Varianzen sind nicht gleich				,949	294,674	,343		,059	,062	-,063	,182
Wichtigkeit: Weiche Faktoren	Varianzen sind gleich	,010	,920	annehmen	1,153	417	,250	annehmen	,093	,081	-,066	,252
	Varianzen sind nicht gleich				1,151	259,668	,251		,093	,081	-,066	,253

521

		Levene-Test der Varianzgleichheit			T-Test für die Mittelwertgleichheit							
		F	Signifikanz	Entscheidung	T	df	Sig. (2-seitig)	Entscheidung	Mittlere Differenz	Standardfehler der Differenz	95 % Konfidenzintervall der Differenz	
											Untere	Obere
Wichtigkeit: Pflege	Varianzen sind gleich	1,672	,197	**annehmen**	1,309	428	,191	**annehmen**	,104	,079	-,052	,260
	Varianzen sind nicht gleich				1,342	273,202	,181		,104	,077	-,048	,256
Wichtigkeit: Preis	Varianzen sind gleich	,360	,549	**annehmen**	,375	401	,708	**annehmen**	,034	,089	-,142	,209
	Varianzen sind nicht gleich				,375	263,172	,708		,034	,089	-,142	,209

Quelle: Auswertung selbst erhobener Daten.

Tabelle 80: Mittelvergleich und t-Test: Das Involvement, die empfundenen Wichtigkeiten und der Familienstand – Prospects

Gruppenstatistiken[a]

	Zusammenleben: Prospects	N	Mittelwert	Standardabweichung	Standardfehler des Mittelwertes
Wichtigkeit: Wohnen	Mit meinem Partner/in	468	4,34	,785	,036
	Allein	202	4,24	,812	,057
Wichtigkeit: Verpflegung –	Mit meinem Partner/in	465	4,16	,762	,035
	Allein	201	4,03	,809	,057
Wichtigkeit: Freizeit und Kultur	Mit meinem Partner/in	462	3,82	,909	,042
	Allein	199	4,04	,934	,066
Wichtigkeit: Service	Mit meinem Partner/in	468	4,31	,812	,038
	Allein	200	4,30	,827	,058
Wichtigkeit: Weiche Faktoren	Mit meinem Partner/in	462	4,19	,826	,038
	Allein	197	4,23	,785	,056
Wichtigkeit: Pflege	Mit meinem Partner/in	467	4,68	,552	,026
	Allein	199	4,67	,559	,040
Wichtigkeit: Preis	Mit meinem Partner/in	451	4,20	,784	,037
	Allein	193	4,29	,796	,057

Test bei unabhängigen Stichproben

		Levene-Test der Varianzgleichheit			T-Test für die Mittelwertgleichheit						95 % Konfidenzintervall der Differenz	
		F	Signifikanz	Entscheidung	T	df	Sig. (2-seitig)	Entscheidung	Mittlere Differenz	Standardfehler der Differenz	Untere	Obere
Wichtigkeit: Wohnen	Varianzen sind gleich	,862	,353	annehmen	1,593	668	,112	annehmen	,106	,067	-,025	,237
	Varianzen sind nicht gleich				1,572	369,787	,117		,106	,068	-,027	,239
Wichtigkeit: Verpflegung	Varianzen sind gleich	,630	,428	annehmen	1,864	664	,063	annehmen	,122	,066	-,007	,251
	Varianzen sind nicht gleich				1,821	360,228	,069		,122	,067	-,010	,254
Wichtigkeit: Freizeit und Kultur	Varianzen sind gleich	,042	,838	annehmen	-2,709	659	,007	ablehnen	-,211	,078	-,363	-,058
	Varianzen sind nicht gleich				-2,679	366,255	,008		-,211	,079	-,365	-,056
Wichtigkeit: Service	Varianzen sind gleich	,334	,564	annehmen	,142	666	,887	annehmen	,010	,069	-,126	,145
	Varianzen sind nicht gleich				,141	370,199	,888		,010	,069	-,127	,146
Wichtigkeit: Weiche Faktoren	Varianzen sind gleich	,038	,846	annehmen	-,485	657	,627	annehmen	-,034	,069	-,170	,102
	Varianzen sind nicht gleich				-,496	388,041	,620		-,034	,068	-,167	,100

| | | Levene-Test der Varianzgleichheit | | | T-Test für die Mittelwertgleichheit | | | | | | 95 % Konfidenzintervall der Differenz | |
		F	Signifikanz	Entscheidung	T	df	Sig. (2-seitig)	Entscheidung	Mittlere Differenz	Standardfehler der Differenz	Untere	Obere
Wichtigkeit: Pflege	Varianzen sind gleich	,241	,624	**annehmen**	,116	664	,908	**annehmen**	,005	,047	-,087	,097
	Varianzen sind nicht gleich				,115	369,690	,908		,005	,047	-,087	,098
Wichtigkeit: Preis	Varianzen sind gleich	1,427	,233	**annehmen**	-1,402	642	,161	**annehmen**	-,095	,068	-,228	,038
	Varianzen sind nicht gleich				-1,394	358,171	,164		-,095	,068	-,229	,039

Quelle: Auswertung selbst erhobener Daten.

525

Tabelle 81: Mittelvergleich und t-Test: Das Involvement, die Wichtigkeit in Bezug auf die Pflege und die Inanspruchnahme von Pflegeleistungen – Bewohner

Gruppenstatistiken^a

	Pflegeleistungen – Bewohner	N	Mittelwert	Standardabweichung	Standardfehler des Mittelwertes
Wichtigkeit: Pflege – Bewohner	Ja	61	4,56	,786	,101
	Nein	361	4,53	,760	,040

Test bei unabhängigen Stichproben

		Levene-Test der Varianzgleichheit			T-Test für die Mittelwertgleichheit						95 % Konfidenzintervall der Differenz	
		F	Signifikanz	Entscheidung	T	df	Sig. (2-seitig)	Entscheidung	Mittlere Differenz	Standardfehler der Differenz	Untere	Obere
Wichtigkeit: Wohnen	Varianzen sind gleich	,232	,630	annehmen	,294	420	,769	annehmen	,031	,106	-,177	,239
	Varianzen sind nicht gleich				,287	80,139	,775		,031	,108	-,184	,247

Quelle: Auswertung selbst erhobener Daten.

Tabelle 82: Mittelvergleich und t-Test: Das Involvement, die Wichtigkeit in Bezug auf die Pflege und die Inanspruchnahme von Pflegeleistungen – Prospects

Gruppenstatistiken^a

Pflegeleistungen: Prospects		N	Mittelwert	Standardabweichung	Standardfehler des Mittelwertes
Wichtigkeit: Pflege Prospect	Ja	111	4,65	,598	,057
	Nein	535	4,68	,548	,024

Test bei unabhängigen Stichproben

		Levene-Test der Varianzgleichheit		T-Test für die Mittelwertgleichheit							
										95 % Konfidenzintervall der Differenz	
		F	Signifikanz	Entscheidung	T	df	Sig. (2-seitig)	Entscheidung	Mittlere Differenz	Standardfehler der Differenz	Untere	Obere
Wichtigkeit: Wohnen	Varianzen sind gleich	,860	,354	annehmen	-,546	644	,585	annehmen	-,032	,058	-,146	,082
	Varianzen sind nicht gleich				-,516	150,766	,607		-,032	,061	-,153	,090

Quelle: Auswertung selbst erhobener Daten.

527

Social-Emotional Support

Tabelle 83: Spearmans Rangkorrelationskoeffizient: Der Social-Emotional Support und das Alter – Bewohner

Korrelationen[a]

		Ängste nehmen	nicht den Mut verlieren	erheitern/ aufmuntern	freundliche Gespräche	Alter Bewohner
Alter Bewohner	Korrelationskoeffizient	-,007	,006	-,025	-,124*	1,000
	Sig. (2-seitig)	,886	,908	,614	,010	.
	N	394	400	411	428	456

*. Die Korrelation ist auf dem 0,05 Niveau signifikant (zweiseitig).

Quelle: Auswertung selbst erhobener Daten.

Tabelle 84: Spearmans Rangkorrelationskoeffizient: Der Social-Emotional Support und das Alter – Prospects

Korrelationen[a]

		Ängste nehmen	nicht den Mut verlieren	erheitern/ aufmuntern	freundliche Gespräche	Alter Prospects
Alter Prospects	Korrelationskoeffizient	,055	,052	,008	-,046	1,000
	Sig. (2-seitig)	,164	,181	,830	,242	.
	N	651	653	657	661	673

**. Die Korrelation ist auf dem 0,01 Niveau signifikant (zweiseitig).

Quelle: Auswertung selbst erhobener Daten.

Tabelle 85: Mittelvergleich und t-Test: Der Social-Emotional Support und das Geschlecht – Bewohner

Gruppenstatistiken[a]

	Geschlecht – Bewohner	N	Mittelwert	Standardab-weichung	Standardfehler des Mittelwertes
Ängste nehmen	Weiblich	265	2,89	1,176	,072
	Männlich	127	2,49	1,140	,101
nicht den Mut verlieren	Weiblich	274	2,95	1,199	,072
	Männlich	125	2,66	1,071	,096
erheitern/aufmuntern	Weiblich	281	3,43	1,154	,069
	Männlich	128	3,24	1,128	,100
freundliche Gespräche	Weiblich	296	4,02	,983	,057
	Männlich	131	3,75	,987	,086

Test bei unabhängigen Stichproben[a]

		Levene-Test der Varianzgleichheit			T-Test für die Mittelwertgleichheit						95 % Konfidenzintervall der Differenz	
		F	Signifikanz	Entscheidung	T	df	Sig. (2-seitig)	Entscheidung	Mittlere Differenz	Standardfehler der Differenz	Untere	Obere
Ängste nehmen	Varianzen sind gleich	,348	,555	**annehmen**	3,232	390	,001	ablehnen	,406	,126	,159	,653
	Varianzen sind nicht gleich				3,268	255,557	,001		,406	,124	,161	,651
nicht den Mut verlieren	Varianzen sind gleich	,047	,828	**annehmen**	2,368	397	,018	ablehnen	,297	,125	,050	,543
	Varianzen sind nicht gleich				2,470	266,725	,014		,297	,120	,060	,533
erheitern/aufmuntern	Varianzen sind gleich	,243	,622	**annehmen**	1,542	407	,124	**annehmen**	,188	,122	-,052	,429
	Varianzen sind nicht gleich				1,555	251,155	,121		,188	,121	-,050	,427
freundliche Gespräche	Varianzen sind gleich	,573	,450	**annehmen**	2,603	425	,010	ablehnen	,269	,103	,066	,472
	Varianzen sind nicht gleich				2,598	248,023	,010		,269	,103	,065	,473

Quelle: Auswertung selbst erhobener Daten.

Tabelle 86: Mittelvergleich und t-Test: Der Social-Emotional Support und das Geschlecht – Prospects

Gruppenstatistiken[a]

Geschlecht – Bewohner und Prospect		N	Mittelwert	Standardab-weichung	Standardfehler des Mittelwertes
Ängste nehmen	Weiblich	331	3,51	1,022	,056
	Männlich	321	3,21	1,005	,056
nicht den Mut verlieren	Weiblich	330	3,60	1,024	,056
	Männlich	324	3,36	1,005	,056
erheitern/aufmuntern	Weiblich	334	3,75	,927	,051
	Männlich	324	3,65	,900	,050
freundliche Gespräche	Weiblich	336	4,28	,828	,045
	Männlich	326	4,10	,828	,046

531

Test bei unabhängigen Stichproben[a]

		Levene-Test der Varianzgleichheit		T-Test für die Mittelwertgleichheit						95 % Konfidenzintervall der Differenz	
		F	Signifikanz	Entscheidung	T	df	Sig. (2-seitig)	Entscheidung	Mittlere Differenz	Standardfehler der Differenz	Untere	Obere
Ängste nehmen	Varianzen sind gleich	2,115	,146	annehmen	3,840	650	,000	ablehnen	,305	,079	,149	,461
	Varianzen sind nicht gleich				3,841	649,879	,000	ablehnen	,305	,079	,149	,461
nicht den Mut verlieren	Varianzen sind gleich	,142	,707	annehmen	3,048	652	,002	ablehnen	,242	,079	,086	,398
	Varianzen sind nicht gleich				3,049	652,000	,002	ablehnen	,242	,079	,086	,398
erheitern/aufmuntern	Varianzen sind gleich	,194	,660	annehmen	1,492	656	,136	annehmen	,106	,071	-,034	,246
	Varianzen sind nicht gleich				1,493	655,998	,136	annehmen	,106	,071	-,034	,246
freundliche Gespräche	Varianzen sind gleich	,768	,381	annehmen	2,821	660	,005	ablehnen	,182	,064	,055	,308
	Varianzen sind nicht gleich				2,821	659,395	,005		,182	,064	,055	,308

Quelle: Auswertung selbst erhobener Daten.

Tabelle 87: Spearmans Rangkorrelationskoeffizient: Der Social-Emotional Support und die Inanspruchnahme von Pflegeleistungen – Bewohner

Gruppenstatistiken[a]

	Pflegeleistungen – Bewohner	N	Mittelwert	Standardab-weichung	Standardfehler des Mittelwertes
Ängste nehmen	Ja	48	2,56	1,219	,176
	Nein	340	2,77	1,174	,064
nicht den Mut verlieren	Ja	50	2,48	1,111	,157
	Nein	344	2,90	1,169	,063
erheitern/aufmuntern	Ja	51	2,96	1,216	,170
	Nein	354	3,42	1,122	,060
freundliche Gespräche	Ja	56	3,50	1,027	,137
	Nein	365	3,99	,971	,051

Test bei unabhängigen Stichproben[a]

		Levene-Test der Varianzgleichheit		T-Test für die Mittelwertgleichheit						95 % Konfidenzintervall der Differenz	
		F	Signifikanz	Entscheidung	T	df	Sig. (2-seitig)	Entscheidung	Mittlere Differenz	Standardfehler der Differenz	Untere	Obere
Ängste nehmen	Varianzen sind gleich	,406	,524	annehmen	-1,160	386	,247	annehmenn	-,211	,182	-,569	,147
	Varianzen sind nicht gleich				-1,128	59,987	,264		-,211	,187	-,585	,163
nicht den Mut verlieren	Varianzen sind gleich	,020	,886	annehmen	-2,395	392	,017	ablehnen	-,421	,176	-,767	-,075
	Varianzen sind nicht gleich				-2,488	65,793	,015		-,421	,169	-,759	-,083
erheitern/ aufmuntern	Varianzen sind gleich	,379	,538	annehmen	-2,725	403	,007	ablehnen	-,463	,170	-,797	-,129
	Varianzen sind nicht gleich				-2,566	62,887	,013		-,463	,180	-,823	-,102
freundliche Gespräche	Varianzen sind gleich	1,734	,189	annehmen	-3,503	419	,001	ablehnen	-,492	,140	-,768	-,216
	Varianzen sind nicht gleich				-3,361	70,912	,001		-,492	,146	-,784	-,200

Quelle: Auswertung selbst erhobener Daten.

Tabelle 88: Spearmans Rangkorrelationskoeffizient: Der Social-Emotional Support und die Inanspruchnahme von Pflegeleistungen – Prospects

Gruppenstatistiken[a]

	Pflegeleistungen: Prospects	N	Mittelwert	Standardab-weichung	Standardfehler des Mittelwertes
Ängste nehmen	Ja	107	3,44	1,030	,100
	Nein	526	3,33	1,025	,045
nicht den Mut verlieren	Ja	110	3,56	,991	,094
	Nein	525	3,45	1,028	,045
erheitern/aufmuntern	Ja	110	3,67	,910	,087
	Nein	529	3,70	,917	,040
freundliche Gespräche	Ja	111	4,04	,933	,089
	Nein	532	4,22	,810	,035

535

Test bei unabhängigen Stichproben[a]

		Levene-Test der Varianzgleichheit			T-Test für die Mittelwertgleichheit						95 % Konfidenzintervall der Differenz	
		F	Signifikanz	Entscheidung	T	df	Sig. (2-seitig)	Entscheidung	Mittlere Differenz	Standardfehler der Differenz	Untere	Obere
Ängste nehmen	Varianzen sind gleich	,333	,564	annehmen	,962	631	,336	annehmen	,105	,109	-,109	,318
	Varianzen sind nicht gleich				,959	151,768	,339		,105	,109	-,111	,320
nicht den Mut verlieren	Varianzen sind gleich	,197	,658	annehmen	1,101	633	,271	annehmen	,118	,107	-,092	,328
	Varianzen sind nicht gleich				1,127	161,969	,261		,118	,105	-,089	,324
erheitern/ aufmuntern	Varianzen sind gleich	,054	,816	annehmen	-,318	637	,751	annehmen	-,030	,096	-,219	,158
	Varianzen sind nicht gleich				-,319	158,507	,750		-,030	,095	-,219	,158
freundliche Gespräche	Varianzen sind gleich	,205	,651	annehmen	-2,074	641	,038	ablehnen	-,180	,087	-,351	-,010
	Varianzen sind nicht gleich				-1,890	146,499	,061		-,180	,095	-,368	,008

Quelle: Auswertung selbst erhobener Daten.

Instrumental Support

Tabelle 89: Spearmans Rangkorrelationskoeffizient: Der Instrumental Support und das Alter- Bewohner

Korrelationen^a

		die anderen besuchen Sie	unternehmen	helfen	Alter Bewohner
Alter Bewohner	Korrelationskoeffizient	-,129**	-,107*	-,052	1,000
	Sig. (2-seitig)	,008	,027	,288	.
	N	424	427	426	456

**. Die Korrelation ist auf dem 0,01 Niveau signifikant (zweiseitig).
*. Die Korrelation ist auf dem 0,05 Niveau signifikant (zweiseitig).

Quelle: Auswertung selbst erhobener Daten.

Tabelle 90: Spearmans Rangkorrelationskoeffizient: Der Instrumental Support und das Alter – Prospects

Korrelationen^a

		die anderen besuchen Sie	unternehmen	helfen	Alter Prospects
Alter Prospects	Korrelationskoeffizient	-,052	-,167**	-,075	1,000
	Sig. (2-seitig)	,178	,000	,055	.
	N	667	665	660	673

**. Die Korrelation ist auf dem 0,01 Niveau signifikant (zweiseitig).
*. Die Korrelation ist auf dem 0,05 Niveau signifikant (zweiseitig).

Quelle: Auswertung selbst erhobener Daten.

Tabelle 91: Mittelvergleich und t-Test: Der Instrumental Support und das Geschlecht – Bewohner

Gruppenstatistiken[a]

	Geschlecht – Bewohner	N	Mittelwert	Standardab-weichung	Standardfehler des Mittelwertes
die anderen besuchen	Weiblich	292	2,39	1,015	,059
	Männlich	130	2,25	1,037	,091
unternehmen	Weiblich	294	2,82	1,134	,066
	Männlich	131	2,74	1,206	,105
	Weiblich	293	3,13	1,117	,065
helfen	Männlich	131	2,96	,995	,087

Test bei unabhängigen Stichproben[a]

		Levene-Test der Varianzgleichheit			T-Test für die Mittelwertgleichheit							
		F	Signifikanz	Entscheidung	T	df	Sig. (2-seitig)	Entscheidung	Mittlere Differenz	Standardfehler der Differenz	95 % Konfidenzintervall der Differenz Untere	Obere
die anderen besuchen	Varianzen sind gleich	,236	,627	annehmen	1,300	420	,194	annehmen	,140	,108	-,072	,352
	Varianzen sind nicht gleich				1,289	242,965	,199		,140	,109	-,074	,354
unternehmen	Varianzen sind gleich	3,202	,074	annehmen	,680	423	,497	annehmen	,083	,122	-,156	,322
	Varianzen sind nicht gleich				,664	236,284	,507		,083	,124	-,162	,328
helfen	Varianzen sind gleich	1,670	,197	annehmen	1,447	422	,149	annehmen	,164	,114	-,059	,388
	Varianzen sind nicht gleich				1,512	278,312	,132		,164	,109	-,050	,378

Quelle: Auswertung selbst erhobener Daten.

Tabelle 92: Mittelvergleich und t-Test: Der Instrumental Support und das Geschlecht – Prospects

Gruppenstatistiken[a]

	Geschlecht – Prospect	N	Mittelwert	Standardab-weichung	Standardfehler des Mittelwertes
die anderen besuchen	Weiblich	339	3,52	,943	,051
	Männlich	329	3,42	,914	,050
unternehmen	Weiblich	338	3,84	1,000	,054
	Männlich	328	3,62	,937	,052
helfen	Weiblich	335	3,85	,925	,051
	Männlich	326	3,69	,866	,048

Test bei unabhängigen Stichproben[a]

		Levene-Test der Varianzgleichheit			T-Test für die Mittelwertgleichheit						95 % Konfidenzintervall der Differenz	
		F	Signifikanz	Entscheidung	T	df	Sig. (2-seitig)	Entscheidung	Mittlere Differenz	Standardfehler der Differenz	Untere	Obere
die anderen besuchen	Varianzen sind gleich	1,361	,244	annehmen	1,471	666	,142	annehmen	,106	,072	-,035	,247
	Varianzen sind nicht gleich				1,471	665,999	,142		,106	,072	-,035	,247
unternehmen	Varianzen sind gleich	,447	,504	annehmen	2,985	664	,003	ablehnen	,224	,075	,077	,372
	Varianzen sind nicht gleich				2,988	663,232	,003		,224	,075	,077	,372
helfen	Varianzen sind gleich	1,172	,279	annehmen	2,345	659	,019	ablehnen	,164	,070	,027	,300
	Varianzen sind nicht gleich				2,347	658,012	,019		,164	,070	,027	,300

Quelle: Auswertung selbst erhobener Daten.

Tabelle 93: Mittelvergleich und t-Test: Der Instrumental Support und die Inanspruchnahme von Pflegeleistungen – Bewohner

Gruppenstatistiken[a]

	Pflegeleistungen – Bewohner	N	Mittelwert	Standardab-weichung	Standardfehler des Mittelwertes
die anderen besuchen	Ja	53	2,09	1,005	,138
	Nein	364	2,38	1,017	,053
unternehmen	Ja	54	2,26	1,136	,155
	Nein	366	2,87	1,148	,060
helfen	Ja	52	2,46	1,093	,152
	Nein	367	3,16	1,069	,056

Test bei unabhängigen Stichproben[a]

		Levene-Test der Varianzgleichheit			T-Test für die Mittelwertgleichheit						95 % Konfidenzintervall der Differenz	
		F	Signifikanz	Entscheidung	T	df	Sig. (2-seitig)	Entscheidung	Mittlere Differenz	Standardfehler der Differenz	Untere	Obere
die anderen besuchen	Varianzen sind gleich	1,838	,176	**annehmen**	-1,889	415	,060	ablehnen	-,282	,149	-,576	,011
	Varianzen sind nicht gleich				-1,906	68,442	,061		-,282	,148	-,577	,013
unternehmen	Varianzen sind gleich	,037	,847	**annehmen**	-3,664	418	,000	ablehnen	-,612	,167	-,941	-,284
	Varianzen sind nicht gleich				-3,693	69,948	,000		-,612	,166	-,943	-,282
helfen	Varianzen sind gleich	,670	,414	**annehmen**	-4,420	417	,000	ablehnen	-,702	,159	-1,014	-,390
	Varianzen sind nicht gleich				-4,346	65,592	,000		-,702	,162	-1,024	-,379

Quelle: Auswertung selbst erhobener Daten.

Tabelle 94: Mittelvergleich und t-Test: Der Instrumental Support und die Inanspruchnahme von Pflegeleistungen – Prospects

Gruppenstatistiken[a]

	Pflegeleistungen: Prospects	N	Mittelwert	Standardab-weichung	Standardfehler des Mittelwertes
die anderen besuchen	Ja	111	3,55	,998	,095
	Nein	537	3,45	,921	,040
unternehmen	Ja	109	3,61	,999	,096
	Nein	537	3,75	,970	,042
helfen	Ja	109	3,67	,982	,094
	Nein	532	3,79	,884	,038

Test bei unabhängigen Stichproben[a]

		Levene-Test der Varianzgleichheit			T-Test für die Mittelwertgleichheit						95 % Konfidenzintervall der Differenz	
		F	Signifikanz	Entscheidung	T	df	Sig. (2-seitig)	Entscheidung	Mittlere Differenz	Standardfehler der Differenz	Untere	Obere
die anderen besuchen	Varianzen sind gleich	2,739	,098	ablehnen	1,034	646	,302		,101	,097	-,091	,292
	Varianzen sind nicht gleich				,981	151,226	,328	annehmen	,101	,103	-,102	,304
unternehmen	Varianzen sind gleich	,989	,320	annehmen	-1,344	644	,179		-,138	,102	-,339	,063
	Varianzen sind nicht gleich				-1,318	152,129	,190	annehmen	-,138	,104	-,344	,069
helfen	Varianzen sind gleich	4,011	,046	ablehnen	-1,303	639	,193		-,124	,095	-,310	,063
	Varianzen sind nicht gleich				-1,216	146,065	,226	annehmen	-,124	,102	-,324	,077

Quelle: Auswertung selbst erhobener Daten.

Customer Participation

Tabelle 95: Spearmans Rangkorrelationskoeffizient: Die Customer Participation und das Alter – Bewohner

Korrelationen[a]

		Problem bemerke	konstruktive Vorschläge t	Mitarbeiter wissen lassen	Alter Bewohner
Alter Bewohner	Korrelationskoeffizient	,026	-,043	,054	1,000
	Sig. (2-seitig)	,586	,377	,271	.
	N	430	415	416	456

Quelle: Auswertung selbst erhobener Daten.

Tabelle 96: Spearmans Rangkorrelationskoeffizient: Die Customer Participation und das Alter – Prospects

Korrelationen[a]

		Problem bemerke	konstruktive Vorschläge t	Mitarbeiter wissen lassen	Alter Prospects
Alter Prospects	Korrelationskoeffizient	-,064	-,162[**]	-,053	1,000
	Sig. (2-seitig)	,101	,000	,173	.
	N	664	660	659	673

**. Die Korrelation ist auf dem 0,01 Niveau signifikant (zweiseitig).

Quelle: Auswertung selbst erhobener Daten.

Tabelle 97: Mittelvergleich und t-Test: Die Customer Participation und das Geschlecht – Bewohner

Gruppenstatistiken[a]

Geschlecht – Bewohner und Prospect		N	Mittelwert	Standardab-weichung	Standardfehler des Mittelwertes
Problem bemerke	Weiblich	298	3,78	1,228	,071
	Männlich	130	3,82	1,045	,092
konstruktive Vorschläge	Weiblich	286	2,74	1,334	,079
	Männlich	128	3,18	1,325	,117
Mitarbeiter wissen lassen	Weiblich	288	2,97	1,387	,082
	Männlich	126	2,98	1,323	,118

Test bei unabhängigen Stichproben[a]

		Levene-Test der Varianzgleichheit			T-Test für die Mittelwertgleichheit						95 % Konfidenzintervall der Differenz	
		F	Signifi-kanz	Entschei-dung	T	df	Sig. (2-sei-tig)	Entschei-dung	Mittlere Diffe-renz	Standard-fehler der Diffe-renz	Untere	Obere
Problem bemerke	Varianzen sind gleich	5,529	,019	ablehnen	-,388	426	,698		-,048	,124	-,291	,195
	Varianzen sind nicht gleich				-,413	286,096	,680	**annehmen**	-,048	,116	-,276	,180
konstrukti-ve Vor-schläge	Varianzen sind gleich	,298	,585	**annehmen**	-3,098	412	,002		-,438	,142	-,717	-,160
	Varianzen sind nicht gleich				-3,106	245,799	,002	ablehnen	-,438	,141	-,716	-,160
Mitarbeiter wissen lassen	Varianzen sind gleich	,590	,443	**annehmen**	-,027	412	,978		-,004	,146	-,291	,283
	Varianzen sind nicht gleich				-,028	248,891	,978	**annehmen**	-,004	,143	-,286	,279

Quelle: Auswertung selbst erhobener Daten.

Tabelle 98: Mittelvergleich und t-Test: Die Customer Participation und das Geschlecht – Prospects

Gruppenstatistiken[a]

	Geschlecht – Bewohner und Prospect	N	Mittelwert	Standardab-weichung	Standardfehler des Mittelwertes
Problem bemerke	Weiblich	336	4,24	,859	,047
	Männlich	329	4,27	,833	,046
konstruktive Vorschläge	Weiblich	332	4,14	,916	,050
	Männlich	329	4,21	,885	,049
Mitarbeiter wissen lassen	Weiblich	330	3,96	,996	,055
	Männlich	330	4,00	,945	,052

Test bei unabhängigen Stichproben[a]

		Levene-Test der Varianzgleichheit			T-Test für die Mittelwertgleichheit						95 % Konfidenzintervall der Differenz	
		F	Signifikanz	Entscheidung	T	df	Sig. (2-seitig)	Entscheidung	Mittlere Differenz	Standardfehler der Differenz	Untere	Obere
Problem bemerke	Varianzen sind gleich	,329	,567	**annehmen**	-,495	663	,621	**annehmen**	-,032	,066	-,161	,096
	Varianzen sind nicht gleich				-,495	662,924	,621		-,032	,066	-,161	,096
konstruktive Vorschläge	Varianzen sind gleich	1,225	,269	**annehmen**	-1,059	659	,290	**annehmen**	-,074	,070	-,212	,063
	Varianzen sind nicht gleich				-1,059	658,597	,290		-,074	,070	-,212	,063
Mitarbeiter wissen lassen	Varianzen sind gleich	3,285	,070	**annehmen**	-,521	658	,602	**annehmen**	-,039	,076	-,188	,109
	Varianzen sind nicht gleich				-,521	656,201	,602		-,039	,076	-,188	,109

Quelle: Auswertung selbst erhobener Daten.

Tabelle 99: Mittelvergleich und t-Test: Die Customer Participation und die Inanspruchnahme von Pflegeleistungen – Bewohner

Gruppenstatistiken[a]

	Pflegeleistungen – Bewohner	N	Mittelwert	Standardab-weichung	Standardfehler des Mittelwertes
Problem bemerke	Ja	54	3,81	1,100	,150
	Nein	369	3,79	1,190	,062
konstruktive Vorschläge	Ja	52	2,69	1,394	,193
	Nein	357	2,91	1,338	,071
Mitarbeiter wissen lassen	Ja	52	3,37	1,299	,180
	Nein	358	2,94	1,367	,072

Test bei unabhängigen Stichproben[a]

		Levene-Test der Varianzgleichheit			T-Test für die Mittelwertgleichheit						95 % Konfidenzintervall der Differenz	
		F	Signi-fikanz	Entschei-dung	T	df	Sig. (2-sei-tig)	Entschei-dung	Mittlere Diffe-renz	Stan-dard-fehler der Dif-ferenz	Untere	Obere
Problem bemerke	Varian-zen sind gleich	,916	,339	**annehmen**	,137	421	,891	**annehmen**	,023	,172	-,314	,361
	Varian-zen sind nicht gleich				,145	72,390	,885		,023	,162	-,299	,346
konstrukti-ve Vor-schläge	Varian-zen sind gleich	,549	,459	**annehmen**	-1,092	407	,275	**annehmen**	-,218	,200	-,610	,174
	Varian-zen sind nicht gleich				-1,059	65,437	,293		-,218	,206	-,629	,193
Mitarbeiter wissen lassen	Varian-zen sind gleich	,033	,857	**annehmen**	2,118	408	,035	ablehnen	,427	,202	,031	,823
	Varian-zen sind nicht gleich				2,199	68,461	,031		,427	,194	,040	,814

Quelle: Auswertung selbst erhobener Daten.

552

Tabelle 100: Mittelvergleich und t-Test: Die Customer Participation und die Inanspruchnahme von Pflegeleistungen – Prospects

Gruppenstatistiken[a]

Pflegeleistungen: Prospects		N	Mittelwert	Standardab-weichung	Standardfehler des Mittelwertes
Problem bemerke	Ja	110	4,02	,878	,084
	Nein	536	4,31	,831	,036
konstruktive Vorschläge	Ja	109	3,96	,881	,084
	Nein	533	4,21	,903	,039
Mitarbeiter wissen lassen	Ja	111	3,87	,973	,092
	Nein	532	4,00	,966	,042

Test bei unabhängigen Stichproben[a]

		Levene-Test der Varianzgleichheit			T-Test für die Mittelwertgleichheit						95 % Konfidenzintervall der Differenz	
		F	Signifikanz	Entscheidung	T	df	Sig. (2-seitig)	Entscheidung	Mittlere Differenz	Standardfehler der Differenz	Untere	Obere
Problem bemerke	Varianzen sind gleich	1,425	,233	**annehmen**	-3,275	644	,001	ablehnen	-,288	,088	-,460	-,115
	Varianzen sind nicht gleich				-3,160	151,795	,002		-,288	,091	-,468	-,108
konstruktive Vorschläge	Varianzen sind gleich	,661	,416	**annehmen**	-2,651	640	,008	ablehnen	-,251	,095	-,436	-,065
	Varianzen sind nicht gleich				-2,694	157,872	,008		-,251	,093	-,434	-,067
Mitarbeiter wissen lassen	Varianzen sind gleich	,717	,398	**annehmen**	-1,269	641	,205	**annehmen**	-,128	,101	-,326	,070
	Varianzen sind nicht gleich				-1,262	158,409	,209		-,128	,101	-,328	,072

Quelle: Auswertung selbst erhobener Daten.

554

Customer Cooperation

Tabelle 101: Spearmans Rangkorrelationskoeffizient: Die Customer Cooperation und das Alter – Bewohner

Korrelationen[a]

		auf alle Mitarbeiter einstellen	mitzuhelfen	Regeln beachten	Alter Bewohner
Alter Bewohner	Korrelationskoeffizient	,047	,004	,079	1,000
	Sig. (2-seitig)	,331	,936	,100	.
	N	426	422	440	456

Quelle: Auswertung selbst erhobener Daten.

Tabelle 102: Spearmans Rangkorrelationskoeffizient: Die Customer Cooperation und das Alter – Prospects

Korrelationen[a]

		auf alle Mitarbeiter einstellen	mitzuhelfen	Regeln beachten	Alter Prospects
Alter Prospects	Korrelationskoeffizient	,061	-,079*	,076*	1,000
	Sig. (2-seitig)	,113	,043	,049	.
	N	666	663	664	673

*. Die Korrelation ist auf dem 0,05 Niveau signifikant (zweiseitig).

Quelle: Auswertung selbst erhobener Daten.

555

Tabelle 103: Mittelvergleich und t-Test: Die Customer Cooperation und das Geschlecht – Bewohner

Gruppenstatistiken[a]

	Geschlecht – Bewohner	N	Mittelwert	Standardab-weichung	Standardfehler des Mittelwertes
mitzuhelfen	Weiblich	294	4,36	,977	,057
	Männlich	128	4,25	,896	,079
auf Mitarbeiter einstellen	Weiblich	296	4,45	,725	,042
	Männlich	129	4,34	,755	,066
Regeln beachten	Weiblich	306	4,77	,491	,028
	Männlich	134	4,59	,628	,054

Test bei unabhängigen Stichproben^a

		Levene-Test der Varianzgleichheit			T-Test für die Mittelwertgleichheit						95 % Konfidenzintervall der Differenz	
		F	Signifikanz	Entscheidung	T	df	Sig. (2-seitig)	Entscheidung	Mittlere Differenz	Standardfehler der Differenz	Untere	Obere
mitzuhelfen	Varianzen sind gleich	,200	,655	annehmen	1,095	420	,274	annehmen	,111	,101	-,088	,309
	Varianzen sind nicht gleich				1,133	262,070	,258		,111	,098	-,082	,303
auf Mitarbeiter einstellen	Varianzen sind gleich	,013	,908	annehmen	1,397	423	,163	annehmen	,108	,077	-,044	,261
	Varianzen sind nicht gleich				1,375	235,156	,170		,108	,079	-,047	,263
Regeln beachten	Varianzen sind gleich	27,771	,000	ablehnen	3,331	438	,001	ablehnen	,185	,056	,076	,294
	Varianzen sind nicht gleich				3,029	207,208	,003		,185	,061	,065	,305

Quelle: Auswertung selbst erhobener Daten.

557

Tabelle 104: Mittelvergleich und t-Test: Die Customer Cooperation und das Geschlecht – Prospects

Gruppenstatistiken[a]

	Geschlecht – Prospect	N	Mittelwert	Standardab-weichung	Standardfehler des Mittelwertes
mitzuhelfen	Weiblich	335	4,28	1,025	,056
	Männlich	329	4,34	,913	,050
auf Mitarbeiter einstellen	Weiblich	336	4,00	,937	,051
	Männlich	331	3,96	,899	,049
Regeln beachten	Weiblich	336	4,67	,599	,033
	Männlich	329	4,65	,561	,031

Test bei unabhängigen Stichproben[a]

		Levene-Test der Varianzgleichheit			T-Test für die Mittelwertgleichheit						95 % Konfidenzintervall der Differenz	
		F	Signifikanz	Entscheidung	T	df	Sig. (2-seitig)	Entscheidung	Mittlere Differenz	Standardfehler der Differenz	Untere	Obere
mitzuhelfen	Varianzen sind gleich	3,672	,056	annehmen	-,793	662	,428	annehmen	-,060	,075	-,208	,088
	Varianzen sind nicht gleich				-,794	655,786	,428		-,060	,075	-,208	,088
auf Mitarbeiter einstellen	Varianzen sind gleich	,071	,790	annehmen	,552	665	,581	annehmen	,039	,071	-,100	,179
	Varianzen sind nicht gleich				,553	664,531	,581		,039	,071	-,100	,179
Regeln beachten	Varianzen sind gleich	,003	,958	ablehnen	,494	663	,622	annehmen	,022	,045	-,066	,111
	Varianzen sind nicht gleich				,494	661,626	,621		,022	,045	-,066	,111

Quelle: Auswertung selbst erhobener Daten.

Tabelle 105: Mittelvergleich und t-Test: Die Customer Cooperation und die Inanspruchnahme von Pflegeleistungen – Bewohner

Gruppenstatistiken[a]

	Pflegeleistungen – Bewohner	N	Mittelwert	Standardabweichung	Standardfehler des Mittelwertes
mitzuhelfen	Ja	56	4,27	,981	,131
	Nein	360	4,34	,954	,050
auf Mitarbeiter einstellen	Ja	55	4,45	,765	,103
	Nein	363	4,40	,731	,038
Regeln beachten	Ja	57	4,86	,350	,046
	Nein	376	4,69	,565	,029

Test bei unabhängigen Stichproben[a]

		Levene-Test der Varianzgleichheit		T-Test für die Mittelwertgleichheit						95 % Konfidenzintervall der Differenz	
		F	Signifikanz	Entscheidung	T	df	Sig. (2-seitig)	Entscheidung	Mittlere Differenz	Standardfehler der Differenz	Untere	Obere
mitzuhelfen	Varianzen sind gleich	,427	,514	annehmen	-,516	414	,606	annehmen	-,071	,138	-,341	,199
	Varianzen sind nicht gleich				-,506	72,111	,615		-,071	,140	-,351	,209
auf Mitarbeiter einstellen	Varianzen sind gleich	,217	,642	annehmen	,466	416	,642	annehmen	,050	,106	-,160	,259
	Varianzen sind nicht gleich				,450	69,761	,654		,050	,110	-,170	,269
Regeln beachten	Varianzen sind gleich	19,879	,000	ablehnen	2,147	431	,032		,166	,077	,014	,317
	Varianzen sind nicht gleich				3,019	106,418	,003	ablehnen	,166	,055	,057	,274

Quelle: Auswertung selbst erhobener Daten.

561

Tabelle 106: Mittelvergleich und t-Test: Die Customer Cooperation und die Inanspruchnahme von Pflegeleistungen – Prospects

Gruppenstatistiken[a]

	Pflegeleistungen: Prospects	N	Mittelwert	Standardab-weichung	Standardfehler des Mittelwertes
mitzuhelfen	Ja	112	4,22	,917	,087
	Nein	533	4,33	,981	,042
auf Mitarbeiter einstellen	Ja	112	3,98	,782	,074
	Nein	536	3,97	,948	,041
Regeln beachten	Ja	112	4,58	,610	,058
	Nein	534	4,67	,573	,025

Test bei unabhängigen Stichproben^a

		Levene-Test der Varianzgleichheit			T-Test für die Mittelwertgleichheit						95 % Konfidenzintervall der Differenz	
		F	Signifikanz	Entscheidung	T	df	Sig. (2-seitig)	Entscheidung	Mittlere Differenz	Standardfehler der Differenz	Untere	Obere
mitzuhelfen	Varianzen sind gleich	3,384	,066	annehmen	-1,043	643	,298	annehmen	-,105	,101	-,303	,093
	Varianzen sind nicht gleich				-1,089	168,666	,278		-,105	,097	-,296	,085
auf Mitarbeiter einstellen	Varianzen sind gleich	5,991	,015	ablehnen	,145	646	,885		,014	,096	-,174	,202
	Varianzen sind nicht gleich				,164	185,843	,870	annehmen	,014	,085	-,153	,181
Regeln beachten	Varianzen sind gleich	4,157	,042	ablehnen	-1,556	644	,120		-,094	,060	-,212	,025
	Varianzen sind nicht gleich				-1,495	154,892	,137	annehmen	-,094	,063	-,218	,030

Quelle: Auswertung selbst erhobener Daten.

563

Weiterempfehlung

Tabelle 107: Spearmans Rangkorrelationskoeffizient: Das aktive Weiterempfehlungsverhalten und das Alter – Bewohner

Korrelationen[a]

		Positives gehört	empfehle weiter	erzähle positiv	Alter Bewohner
Alter Bewohner	Korrelationskoeffizient	,022	,100*	,045	1,000
	Sig. (2-seitig)	,643	,039	,347	.
	N	429	430	437	456

*. Die Korrelation ist auf dem 0,05 Niveau signifikant (zweiseitig).

Quelle: Auswertung selbst erhobener Daten.

Tabelle 108: Spearmans Rangkorrelationskoeffizient: Das aktive Weiterempfehlungsverhalten und das Alter – Prospects

Korrelationen[a]

		Positives gehört	empfehle weiter	erzähle positiv	Alter Prospects
Alter Prospects	Korrelationskoeffizient	,060	,069	,048	1,000
	Sig. (2-seitig)	,126	,079	,223	.
	N	656	647	659	673

Quelle: Auswertung selbst erhobener Daten.

Tabelle 109: Mittelvergleich und t-Test: Das aktive Weiterempfehlungsverhalten und das Geschlecht – Bewohner

Gruppenstatistiken[a]

	Geschlecht – Bewohner	N	Mittelwert	Standardab-weichung	Standardfehler des Mittelwertes
Positives gehört	Weiblich	298	4,25	,920	,053
	Männlich	130	4,19	,855	,075
empfehle weiter	Weiblich	299	4,40	,933	,054
	Männlich	132	4,42	,839	,073
erzähle positiv	Weiblich	305	4,57	,709	,041
	Männlich	131	4,53	,768	,067

Test bei unabhängigen Stichproben

	Levene-Test der Varianzgleichheit			T-Test für die Mittelwertgleichheit						95 % Konfidenzintervall der Differenz	
	F	Signifikanz	Entscheidung	T	df	Sig. (2-seitig)	Entscheidung	Mittlere Differenz	Standardfehler der Differenz	Untere	Obere
Positives gehört — Varianzen sind gleich	1,524	,218	annehmen	,591	426	,555	annehmen	,056	,095	-,130	,242
Positives gehört — Varianzen sind nicht gleich				,609	263,338	,543		,056	,092	-,125	,237
empfehle weiter — Varianzen sind gleich	1,157	,283	annehmen	-,277	429	,782	annehmen	-,026	,095	-,212	,160
empfehle weiter — Varianzen sind nicht gleich				-,289	276,888	,773		-,026	,091	-,205	,153
erzähle positiv — Varianzen sind gleich	,374	,541	annehmen	,433	434	,665	annehmen	,033	,076	-,116	,182
erzähle positiv — Varianzen sind nicht gleich				,419	229,587	,675		,033	,078	-,122	,187

Quelle: Auswertung selbst erhobener Daten.

566

Tabelle 110: Mittelvergleich und t-Test : Das aktive Weiterempfehlungsverhalten und das Geschlecht – Prospects

Gruppenstatistiken[a]

	Geschlecht – Prospect	N	Mittelwert	Standardab- weichung	Standardfehler des Mittelwertes
Positives gehört	Weiblich	332	4,34	,767	,042
	Männlich	325	4,30	,759	,042
empfehle weiter	Weiblich	326	4,17	1,050	,058
	Männlich	322	4,19	,891	,050
erzähle positiv	Weiblich	333	4,37	,839	,046
	Männlich	327	4,31	,832	,046

Test bei unabhängigen Stichproben

		Levene-Test der Varianzgleichheit		T-Test für die Mittelwertgleichheit						95 % Konfidenzintervall der Differenz	
		F	Signifikanz	Entscheidung	T	df	Sig. (2-seitig)	Entscheidung	Mittlere Differenz	Standardfehler der Differenz	Untere	Obere
Positives gehört	Varianzen sind gleich	,626	,429	annehmen	,703	655	,483	annehmen	,042	,060	-,075	,159
	Varianzen sind nicht gleich				,703	654,935	,482		,042	,060	-,075	,159
empfehle weiter	Varianzen sind gleich	8,231	,004	annehmen	-,190	646	,849	annehmen	-,015	,077	-,165	,136
	Varianzen sind nicht gleich				-,190	631,662	,849		-,015	,076	-,165	,136
erzähle positiv	Varianzen sind gleich	,774	,379	annehmen	,930	658	,353	annehmen	,061	,065	-,067	,188
	Varianzen sind nicht gleich				,930	657,928	,353		,061	,065	-,067	,188

Quelle: Auswertung selbst erhobener Daten.

Tabelle 111: Mittelvergleich und t-Test: Das aktive Weiterempfehlungsverhalten und die Inanspruchnahme von Pflegeleistungen – Bewohner

Gruppenstatistiken[a]

	Pflegeleistungen – Bewohner	N	Mittelwert	Standardab-weichung	Standardfehler des Mittelwertes
Positives gehört	Ja	55	4,20	1,043	,141
	Nein	367	4,23	,873	,046
empfehle weiter	Ja	57	4,26	1,142	,151
	Nein	366	4,42	,871	,046
erzähle positiv	Ja	57	4,42	,944	,125
	Nein	373	4,56	,707	,037

Test bei unabhängigen Stichproben

		Levene-Test der Varianzgleichheit			T-Test für die Mittelwertgleichheit						95 % Konfidenzintervall der Differenz	
		F	Signifikanz	Entscheidung	T	df	Sig. (2-seitig)	Entscheidung	Mittlere Differenz	Standardfehler der Differenz	Untere	Obere
Positives gehört	Varianzen sind gleich	2,617	,107	annehmen	-,223	420	,824	annehmen	-,029	,130	-,284	,226
	Varianzen sind nicht gleich				-,195	65,808	,846		-,029	,148	-,324	,266
empfehle weiter	Varianzen sind gleich	3,248	,072	annehmen	-1,213	421	,226	annehmen	-,158	,130	-,413	,098
	Varianzen sind nicht gleich				-,998	66,531	,322		-,158	,158	-,473	,158
erzähle positiv	Varianzen sind gleich	4,104	,043	annehmen	-1,345	428	,179	annehmen	-,142	,106	-,349	,065
	Varianzen sind nicht gleich				-1,090	65,931	,280		-,142	,130	-,402	,118

Quelle: Auswertung selbst erhobener Daten.

Tabelle 112: Mittelvergleich und t-Test: Das aktive Weiterempfehlungsverhalten und die Inanspruchnahme von Pflegeleistungen – Prospects

Gruppenstatistiken[a]

Pflegeleistungen: Prospects		N	Mittelwert	Standardab-weichung	Standardfehler des Mittelwertes
Positives gehört	Ja	110	4,25	,722	,069
	Nein	527	4,33	,771	,034
empfehle weiter	Ja	106	4,29	,828	,080
	Nein	523	4,15	1,004	,044
erzähle positiv	Ja	108	4,34	,775	,075
	Nein	533	4,34	,848	,037

Test bei unabhängigen Stichproben

		Levene-Test der Varianzgleichheit			T-Test für die Mittelwertgleichheit						95 % Konfidenzintervall der Differenz	
		F	Signifikanz	Entscheidung	T	df	Sig. (2-seitig)	Entscheidung	Mittlere Differenz	Standardfehler der Differenz	Untere	Obere
Positives gehört	Varianzen sind gleich	2,188	,140	annehmen	-,969	635	,333	annehmen	-,078	,080	-,235	,080
	Varianzen sind nicht gleich				-1,012	165,111	,313		-,078	,077	-,229	,074
empfehle weiter	Varianzen sind gleich	4,521	,034	annehmen	1,377	627	,169	annehmen	,143	,104	-,061	,348
	Varianzen sind nicht gleich				1,565	173,878	,120		,143	,092	-,037	,324
erzähle positiv	Varianzen sind gleich	,635	,426	annehmen	,077	639	,939	annehmen	,007	,088	-,167	,180
	Varianzen sind nicht gleich				,081	163,277	,935		,007	,083	-,157	,171

Quelle: Auswertung selbst erhobener Daten.

Preisfairness

Tabelle 113: Spearmans Rangkorrelationskoeffizient: Die Preisfairness und das Alter – Bewohner

Korrelationen^a

		Preisgestaltung ist fair	Preis erwartet	Preise sind angemessen	ist seinen Preis wert	Alter Bewohner
Alter Bewohner	Korrelationskoeffizient	,147**	,080	,160**	,155**	1,000
	Sig. (2-seitig)	,002	,105	,001	,001	.
	N	424	409	427	434	456

**. Die Korrelation ist auf dem 0,01 Niveau signifikant (zweiseitig).

Quelle: Auswertung selbst erhobener Daten.

Tabelle 114: Spearmans Rangkorrelationskoeffizient: Die Preisfairness und das Alter – Prospects

Korrelationen^a

		Preisgestaltung ist fair	Preis erwartet	Preise sind angemessen	ist seinen Preis wert	Alter Prospects
Alter Prospects	Korrelationskoeffizient	,032	,001	,027	,022	1,000
	Sig. (2-seitig)	,430	,990	,513	,585	.
	N	610	595	607	601	673

Quelle: Auswertung selbst erhobener Daten.

Tabelle 115: Spearmans Rangkorrelationskoeffizient: Die Preisfairness und das Alter – Bewohner

Korrelationen[a]

		Preisgestaltung ist fair	Preis erwartet	Preise sind angemessen	ist seinen Preis wert	Geschlecht Bewohner
Geschlecht Bewohner	Korrelationskoeffizient	-,093	-,016	-,050	-,084	1,000
	Sig. (2-seitig)	,057	,748	,305	,083	.
	N	420	407	424	431	453

Quelle: Auswertung selbst erhobener Daten.

Tabelle 116: Spearmans Rangkorrelationskoeffizient – Hypothese H$_P$2: Prospects

Korrelationen[a]

		Preisgestaltung ist fair	Preis erwartet	Preise sind angemessen	ist seinen Preis wert	Geschlecht Prospects
Geschlecht Prospect	Korrelationskoeffizient	-,011	-,029	-,003	-,008	1,000
	Sig. (2-seitig)	,781	,473	,944	,853	.
	N	609	594	608	600	674

Quelle: Auswertung selbst erhobener Daten.

Tabelle 117: Mittelvergleich und t-Test: Die Preisfairness und der Familienstand – Bewohner

Gruppenstatistiken[a]

	Zusammenleben – Bewohner	N	Mittelwert	Standard-abweichung	Standardfehler des Mittelwertes
Preisgestaltung ist fair	Mit meinem Partner/in	134	3,90	,928	,080
	Allein	289	4,08	,858	,050
Preis erwartet	Mit meinem Partner/in	133	3,98	,900	,078
	Allein	276	3,93	1,028	,062
Preise sind angemessen	Mit meinem Partner/in	137	4,14	,833	,071
	Allein	290	4,10	,874	,051
ist seinen Preis wert	Mit meinem Partner/in	138	4,20	,812	,069
	Allein	296	4,24	,870	,051

Test bei unabhängigen Stichproben[a]

	Levene-Test der Varianzgleichheit			T-Test für die Mittelwertgleichheit						95 % Konfidenzintervall der Differenz	
	F	Signifikanz		T	df	Sig. (2-seitig)	Entscheidung	Mittlere Differenz	Standardfehler der Differenz	Untere	Obere
Preisgestaltung ist fair — Varianzen sind gleich	1,400	,237	annehmen	-2,037	421	,042	ablehnen	-,188	,092	-,368	-,007
Varianzen sind nicht gleich				-1,980	241,780	,049		-,188	,095	-,374	-,001
Preis erwartet — Varianzen sind gleich	3,803	,052	ablehnen	,478	407	,633		,050	,104	-,155	,255
Varianzen sind nicht gleich				,501	294,268	,617	annehmen	,050	,100	-,146	,246
Preise sind angemessen — Varianzen sind gleich	,096	,757	annehmen	,395	425	,693	annehmen	,035	,089	-,140	,211
Varianzen sind nicht gleich				,402	278,845	,688		,035	,088	-,138	,208
ist seinen Preis wert — Varianzen sind gleich	,376	,540	annehmen	-,382	432	,702	annehmen	-,034	,088	-,206	,139
Varianzen sind nicht gleich				-,392	285,088	,695		-,034	,086	-,202	,135

Quelle: Auswertung selbst erhobener Daten.

Tabelle 118: Mittelvergleich und t-Test: Die Preisfairness und der Familienstand – Prospects

Gruppenstatistiken[a]

	Zusammenleben: Prospects	N	Mittelwert	Standardab-weichung	Standardfehler des Mittelwertes
Preisgestaltung ist fair	Mit meinem Partner/in	428	3,81	,818	,040
	Allein	181	3,90	,870	,065
Preis erwartet	Mit meinem Partner/in	415	3,48	,960	,047
	Allein	180	3,52	1,075	,080
Preise sind angemessen	Mit meinem Partner/in	430	3,81	,813	,039
	Allein	179	3,89	,917	,069
ist seinen Preis wert	Mit meinem Partner/in	424	3,87	,808	,039
	Allein	177	3,99	,853	,064

577

Test bei unabhängigen Stichproben[a]

		Levene-Test der Varianzgleichheit			T-Test für die Mittelwertgleichheit						95 % Konfidenzintervall der Differenz	
		F	Signifikanz		T	df	Sig. (2-seitig)	Entscheidung	Mittlere Differenz	Standardfehler der Differenz	Untere	Obere
Preisgestaltung ist fair	Varianzen sind gleich	,038	,845	annehmen	-1,215	607	,225	annehmen	-,090	,074	-,235	,055
	Varianzen sind nicht gleich				-1,185	320,853	,237		-,090	,076	-,239	,059
Preis erwartet	Varianzen sind gleich	3,823	,051	ablehnen	-,480	593	,631	annehmen	-,043	,089	-,217	,132
	Varianzen sind nicht gleich				-,459	308,278	,646		-,043	,093	-,226	,140
Preise sind angemessen	Varianzen sind gleich	3,863	,050	ablehnen	-1,020	607	,308	annehmen	-,077	,075	-,224	,071
	Varianzen sind nicht gleich				-,970	300,217	,333		-,077	,079	-,232	,079
ist seinen Preis wert	Varianzen sind gleich	,099	,753	annehmen	-1,612	599	,108	annehmen	-,118	,073	-,263	,026
	Varianzen sind nicht gleich				-1,576	314,141	,116		-,118	,075	-,266	,029

Quelle: Auswertung selbst erhobener Daten.

Tabelle 119: Spearmans Rangkorrelationskoeffizient: Die Preisfairness und die Wohndauer in dem betreuten Wohnen – Bewohner

Korrelationen[a]

		Preisgestaltung ist fair	Preis erwartet	Preise sind angemessen	ist seinen Preis wert	Leben im betreuten Wohnen
Leben im betreuten Wohnen	Korrelationskoeffizient	-,068	-,029	-,049	-,058	1,000
	Sig. (2-seitig)	,164	,565	,310	,232	.
	N	423	409	427	434	456

Quelle: Auswertung selbst erhobener Daten.

Tabelle 120: Spearmans Rangkorrelationskoeffizient: Die Preisfairness und die Wohndauer in dem betreuten Wohnen – Prospects

Korrelationen[a]

		Preisgestaltung ist fair	Preis erwartet	Preise sind angemessen	ist seinen Preis wert	Appartement
Appartement im Augustinum – Bewohner	Korrelationskoeffizient	-,122*	-,061	-,085	-,066	1,000
	Sig. (2-seitig)	,012	,219	,078	,170	.
	N	424	410	428	435	456

*. Die Korrelation ist auf dem 0,05 Niveau signifikant (zweiseitig).

Quelle: Auswertung selbst erhobener Daten.

579

Tabelle 121: Mittelvergleich und t-Test: Die Preisfairness und die Inanspruchnahme von Pflegeleistungen – Bewohner

Gruppenstatistiken[a]

Pflegeleistungen – Bewohner		N	Mittelwert	Standard-abweichung	Standardfehler des Mittelwertes
Preisgestaltung ist fair	Ja	58	4,03	1,008	,132
	Nein	358	4,02	,866	,046
Preis erwartet	Ja	55	3,85	1,161	,157
	Nein	347	3,95	,962	,052
Preise sind angemessen	Ja	56	4,14	1,017	,136
	Nein	364	4,10	,839	,044
ist seinen Preis wert	Ja	56	4,32	1,011	,135
	Nein	371	4,20	,832	,043

Test bei unabhängigen Stichproben[a]

		Levene-Test der Varianzgleichheit		T-Test für die Mittelwertgleichheit						95 % Konfidenzintervall der Differenz	
		F	Signifikanz	T	df	Sig. (2-seitig)	Entscheidung	Mittlere Differenz	Standardfehler der Differenz	Untere	Obere
Preisgestaltung ist fair	Varianzen sind gleich	1,512	,220 annehmen	,141	414	,888	annehmen	,018	,126	-,229	,265
	Varianzen sind nicht gleich			,127	71,290	,900		,018	,140	-,262	,297
Preis erwartet	Varianzen sind gleich	6,389	,012 ablehnen	-,671	400	,503	annehmen	-,096	,144	-,379	,186
	Varianzen sind nicht gleich			-,585	66,260	,561		-,096	,165	-,426	,233
Preise sind angemessen	Varianzen sind gleich	2,104	,148 annehmen	,332	418	,740	annehmen	,041	,124	-,203	,285
	Varianzen sind nicht gleich			,289	67,002	,774		,041	,143	-,244	,326
ist seinen Preis wert	Varianzen sind gleich	2,561	,110 annehmen	,971	425	,332	annehmen	,119	,123	-,122	,361
	Varianzen sind nicht gleich			,841	66,703	,403		,119	,142	-,164	,402

Quelle: Auswertung selbst erhobener Daten.

581

Tabelle 122: Mittelvergleich und t-Test: : Die Preisfairness und die Inanspruchnahme von Pflegeleistungen – Prospects

Gruppenstatistiken^a

	Pflegeleistungen: Prospects	N	Mittelwert	Standard-abweichung	Standardfehler des Mittelwertes
Preisgestaltung ist fair	Ja	104	3,73	,895	,088
	Nein	489	3,85	,815	,037
Preis erwartet	Ja	100	3,39	1,004	,100
	Nein	479	3,51	,993	,045
Preise sind angemessen	Ja	98	3,83	,862	,087
	Nein	493	3,83	,842	,038
ist seinen Preis wert	Ja	97	3,88	,869	,088
	Nein	488	3,91	,811	,037

Test bei unabhängigen Stichproben[a]

		Levene-Test der Varianzgleichheit			T-Test für die Mittelwertgleichheit						95 % Konfidenzintervall der Differenz	
		F	Signifikanz	Entscheidung	T	df	Sig. (2-seitig)	Entscheidung	Mittlere Differenz	Standardfehler der Differenz	Untere	Obere
Preisgestaltung ist fair	Varianzen sind gleich	2,425	,120	**annehmen**	-1,339	591	,181	**annehmen**	-,120	,090	-,296	,056
	Varianzen sind nicht gleich				-1,260	141,620	,210		-,120	,095	-,308	,068
Preis erwartet	Varianzen sind gleich	,100	,752	**annehmen**	-1,110	577	,267	**annehmen**	-,121	,109	-,336	,093
	Varianzen sind nicht gleich				-1,103	142,371	,272		-,121	,110	-,339	,096
Preise sind angemessen	Varianzen sind gleich	,018	,893	**annehmen**	-,055	589	,956	**annehmen**	-,005	,094	-,189	,179
	Varianzen sind nicht gleich				-,054	136,357	,957		-,005	,095	-,193	,183
ist seinen Preis wert	Varianzen sind gleich	,487	,486	**annehmen**	-,368	583	,713	**annehmen**	-,034	,091	-,213	,146
	Varianzen sind nicht gleich				-,351	131,298	,726		-,034	,096	-,223	,156

Quelle: Auswertung selbst erhobener Daten.

Tabelle 123: Spearmans Rangkorrelationskoeffizient: Die Preisfairness und die Zufriedenheit mit dem Preis – Bewohner

Korrelationen^a

		Preisgestaltung ist fair	Preis erwartet	Preise sind angemessen	ist sei- nen Preis wert	Zufriedenheit: Preis
Zufriedenheit: Preis	Korrelationskoeffizient	,597**	,482**	,648**	,630**	1,000
	Sig. (2-seitig)	,000	,000	,000	,000	.
	N	386	375	388	390	404

**. Die Korrelation ist auf dem 0,01 Niveau signifikant (zweiseitig).

Quelle: Auswertung selbst erhobener Daten.

Tabelle 124: Spearmans Rangkorrelationskoeffizient : Die Preisfairness und die empfundene Wichtigkeit des Preises (Involvement) – Bewohner

Korrelationen^a

	Preisgestaltung ist fair	Preis erwartet	Preise sind angemessen	ist seinen Preis wert	Wichtigkeit: Preis – Bewohner
Wichtigkeit: Preis – Bewohner Korrelationskoeffizient	,254**	,149**	,237**	,190**	1,000
Sig. (2-seitig)	,000	,004	,000	,000	.
N	387	376	392	394	407

**. Die Korrelation ist auf dem 0,01 Niveau signifikant (zweiseitig).

Quelle: Auswertung selbst erhobener Daten.

Tabelle 125: Spearmans Rangkorrelationskoeffizient: Die Preisfairness und die empfundene Wichtigkeit des Preises (Involvement) – Prospects

Korrelationen^a

	Preisgestaltung ist fair	Preis erwartet	Preise sind angemessen	ist seinen Preis wert	Wichtigkeit: Preis – Prospects
Wichtigkeit: Preis – Prospect Korrelationskoeffizient	,013	,012	,004	,003	1,000
Sig. (2-seitig)	,755	,768	,916	,942	.
N	589	579	589	584	647

Quelle: Auswertung selbst erhobener Daten.

Tabelle 126: Kolmogorov-Smirnov-Test zur Normalverteilung mit einer Stichprobe

Nullhypothese	Mittelwert			Standardabweichung			Signifikanz			Entscheidung		
	Gesamt-Modell	Bewohner-Modell	Prospect-Modell	Gesamt-Modell	Bewohner-Modell	Prospect-Modell	Gesamt-Modell	Bewohner-Modell	Prospect-Modell	Gesamt-Modell	Bewohner-Modell	Prospect-Modell
Involvement – Wie wichtig sind Ihnen die einzelnen Angebote?												
Die Verteilung von „Wohnen" ist normalverteilt.	**4,378**	4,480	4,312	**0,77**	0,71	0,79	,000	,000	,000	ablehnen	ablehnen	ablehnen
Die Verteilung von „Verpflegung" ist normalverteilt.	**4,196**	4,312	4,120	**0,78**	0,76	0,78	,000	,000	,000	ablehnen	ablehnen	ablehnen
Die Verteilung von „Freizeit und Kultur" ist normalverteilt.	**3,998**	4,168	3,887	**0,91**	0,87	0,92	,000	,000	,000	ablehnen	ablehnen	ablehnen
Die Verteilung von „Service" ist normalverteilt.	**4,428**	4,611	4,308	**0,76**	0,63	0,82	,000	,000	,000	ablehnen	ablehnen	ablehnen
Die Verteilung von „Weiche Faktoren" ist normalverteilt.	**4,252**	4,322	4,207	**0,80**	0,77	0,81	,000	,000	,000	ablehnen	ablehnen	ablehnen
Die Verteilung von „Pflege" ist normalverteilt.	**4,617**	4,523	4,677	**0,65**	0,76	0,55	,000	,000	,000	ablehnen	ablehnen	ablehnen
Die Verteilung von „Preis" ist normalverteilt.	**4,231**	4,241	4,226	**0,81**	0,84	0,79	,000	,000	,000	ablehnen	ablehnen	ablehnen

Nullhypothese	Mittelwert			Standardabweichung			Signifikanz			Entscheidung		
	Gesamt-Modell	Bewohner-Modell	Prospect-Modell	Gesamt-Modell	Bewohner-Modell	Prospect-Modell	Gesamt-Modell	Bewohner-Modell	Prospect-Modell	Gesamt-Modell	Bewohner-Modell	Prospect-Modell
Social-Emotional Support												
Die Verteilung von „Ängste nehmen" ist normalverteilt.	**3,138**	2,766	3,363	**1,12**	1,18	1,03	,000	,000	,000	ablehnen	ablehnen	ablehnen
Die Verteilung von „nicht den Mut verlieren" ist normalverteilt.	**3,248**	2,89	3,480	**1,12**	1,17	1,02	,000	,000	,000	ablehnen	ablehnen	ablehnen
Die Verteilung von „erheitern/ aufmuntern" ist normalverteilt.	**3,579**	3,383	3,702	**1,02**	1,15	0,92	,000	,000	,000	ablehnen	ablehnen	ablehnen
Die Verteilung von „freundliche Gespräche" ist normalverteilt.	**4,089**	3,935	4,189	**0,91**	0,99	0,83	,000	,000	,000	ablehnen	ablehnen	ablehnen
Instrumental Support												
Die Verteilung von „die anderen besuchen Sie" ist normalverteilt.	**3,034**	2,346	3,472	**1,11**	1,02	0,93	,000	,000	,000	ablehnen	ablehnen	ablehnen

Nullhypothese	Mittelwert			Standardabweichung			Signifikanz			Entscheidung		
	Gesamt-Modell	Bewohner-Modell	Prospect-Modell	Gesamt-Modell	Bewohner-Modell	Prospect-Modell	Gesamt-Modell	Bewohner-Modell	Prospect-Modell	Gesamt-Modell	Bewohner-Modell	Prospect-Modell
Die Verteilung von „unternehmen" ist normalverteilt.	**3,363**	2,791	3,731	**1,15**	1,16	0,98	,000	,000	,000	ablehnen	ablehnen	ablehnen
Die Verteilung von „helfen" ist normalverteilt.	**3,500**	3,079	3,771	**1,04**	1,09	0,90	,000	,000	,000	ablehnen	ablehnen	ablehnen
Customer Participation												
Die Verteilung von „Problem bemerken" ist normalverteilt.	**4,073**	3,788	4,259	**1,02**	1,18	0,84	,000	,000	,000	ablehnen	ablehnen	ablehnen
Die Verteilung von „konstruktive Vorschläge" ist normalverteilt.	**3,675**	2,881	4,176	**1,26**	1,34	0,90	,000	,000	,000	ablehnen	ablehnen	ablehnen
Die Verteilung von „Mitarbeiter wissen lassen" ist normalverteilt.	**3,596**	2,986	3,982	**1,24**	1,37	0,97	,000	,000	,000	ablehnen	ablehnen	ablehnen
Customer Cooperation												
Die Verteilung von „mitzuhelfen" ist normalverteilt.	**4,315**	4,326	4,308	**0,96**	0,95	0,97	,000	,000	,000	ablehnen	ablehnen	ablehnen

Nullhypothese	Mittelwert			Standardabweichung			Signifikanz			Entscheidung		
	Gesamt-Modell	Bewohner-Modell	Prospect-Modell	Gesamt-Modell	Bewohner-Modell	Prospect-Modell	Gesamt-Modell	Bewohner-Modell	Prospect-Modell	Gesamt-Modell	Bewohner-Modell	Prospect-Modell
Die Verteilung von „auf Mitarbeiter einstellen" ist normalverteilt.	**4,166**	4,459	3,979	**1,04**	1,16	0,92	,000	,000	,000	ablehnen	ablehnen	ablehnen
Die Verteilung von „Regeln beachten" ist normalverteilt.	**4,682**	4,718	4,658	**0,57**	0,54	0,58	,000	,000	,000	ablehnen	ablehnen	ablehnen
Word-of-Mouth (WoM)												
Die Verteilung von „empfehle weiter" ist normalverteilt.	**4,266**	4,403	4,321	**0,96**	0,91	0,76	,000	,000	,000	ablehnen	ablehnen	ablehnen
Die Verteilung von „erzähle positiv" ist normalverteilt.	**4,422**	4,551	4,336	**0,81**	0,74	0,84	,000	,000	,000	ablehnen	ablehnen	ablehnen
Die Verteilung von „Positives gehört" ist normalverteilt.	**4,282**	4,222	4,321	**0,82**	0,91	0,76	,000	,000	,000	ablehnen	ablehnen	ablehnen
Glück												
Die Verteilung von „Positives und Negatives" ist normalverteilt.	**4,211**	4,177	4,233	**0,70**	0,74	0,68	,000	,000	,000	ablehnen	ablehnen	ablehnen

Nullhypothese	Mittelwert			Standardabweichung			Signifikanz			Entscheidung		
	Gesamt-Modell	Bewohner-Modell	Prospect-Modell	Gesamt-Modell	Bewohner-Modell	Prospect-Modell	Gesamt-Modell	Bewohner-Modell	Prospect-Modell	Gesamt-Modell	Bewohner-Modell	Prospect-Modell
Die Verteilung von „positives Lebensgefühl" ist normalverteilt.	**4,217**	4,144	4,265	**0,74**	0,80	0,70	,000	,000	,000	ablehnen	ablehnen	ablehnen
Die Verteilung von „beeinflusst das Wohlergehen" ist normalverteilt.	**3,879**	3,597	4,062	**0,92**	1,01	0,80	,000	,000	,000	ablehnen	ablehnen	ablehnen
Qualitatives Luxusverständnis												
Die Verteilung von „finanzielle Absicherung" ist normalverteilt.	**4,419**	4,403	4,430	**1,07**	1,05	1,08	,000	,000	,000	ablehnen	ablehnen	ablehnen
Die Verteilung von „Gesundheit" ist normalverteilt.	**4,169**	4,047	4,247	**1,41**	1,44	1,39	,000	,000	,000	ablehnen	ablehnen	ablehnen
Die Verteilung von „lebenswerte Umwelt" ist normalverteilt.	**4,149**	4,101	4,180	**1,22**	1,20	1,23	,000	,000	,000	ablehnen	ablehnen	ablehnen

Nullhypothese	Mittelwert			Standardabweichung			Signifikanz			Entscheidung		
	Gesamt-Modell	Bewohner-Modell	Prospect-Modell	Gesamt-Modell	Bewohner-Modell	Prospect-Modell	Gesamt-Modell	Bewohner-Modell	Prospect-Modell	Gesamt-Modell	Bewohner-Modell	Prospect-Modell
Die Verteilung von „Schmuck, teure Autos, 5-Sterne-Hotels" ist normalverteilt.	**3,991**	4,074	3,939	**1,32**	1,30	1,32	,000	,000	,000	ablehnen	ablehnen	ablehnen
Die Verteilung von „Zwischenmenschliche Beziehungen" ist normalverteilt.	**4,138**	4,112	4,228	**1,29**	1,31	1,28	,000	,000	,000	ablehnen	ablehnen	ablehnen
Die Verteilung von „selbstbestimmtes Leben" ist normalverteilt.	**4,401**	4,356	4,430	**1,15**	1,05	1,16	,000	,000	,000	ablehnen	ablehnen	ablehnen
Preisfairness												
Die Verteilung von „Preisgestaltung ist fair" ist normalverteilt.	**3,912**	4,019	3,838	**0,86**	0,89	0,83	,000	,000	,000	ablehnen	ablehnen	ablehnen
Die Verteilung von „Preis erwartet" ist normalverteilt.	**3,676**	3,940	3,493	**1,02**	0,99	0,99	,000	,000	,000	ablehnen	ablehnen	ablehnen

Nullhypothese	Mittelwert			Standardabweichung			Signifikanz			Entscheidung		
	Gesamt-Modell	Bewohner-Modell	Prospect-Modell	Gesamt-Modell	Bewohner-Modell	Prospect-Modell	Gesamt-Modell	Bewohner-Modell	Prospect-Modell	Gesamt-Modell	Bewohner-Modell	Prospect-Modell
Die Verteilung von „Preis ist angemessen" ist normalverteilt.	**3,948**	4,109	3,835	**0,86**	0,89	0,82	,000	,000	,000	ablehnen	ablehnen	ablehnen
Die Verteilung von „ist seinen Preis wert" ist normalverteilt.	**4,037**	4,219	3,906	**0,85**	0,86	0,82	,000	,000	,000	**ablehnen**	ablehnen	ablehnen

Min = 1 und Max = 5; das Signifikanzniveau beträgt 0,05.

Quelle: Auswertung selbst erhobener Daten.

Abbildung 75: P-P-Diagramme für das Gesamt-Modell

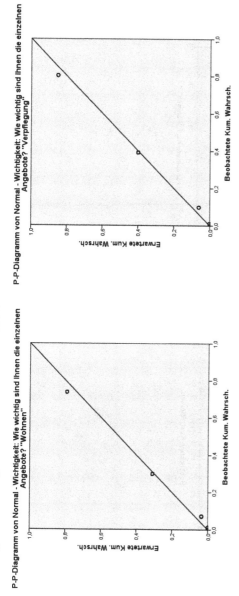

593

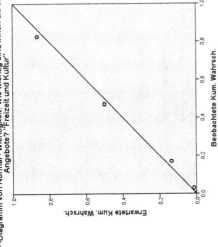

P-P-Diagramm von Normal - Wichtigkeit: Wie wichtig sind Ihnen die einzelnen Angebote? "Service"

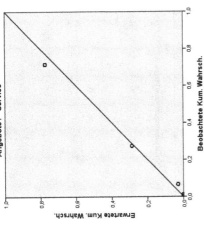

P-P-Diagramm von Normal - Wichtigkeit: Wie wichtig sind Ihnen die einzelnen Angebote? "Freizeit und Kultur"

594

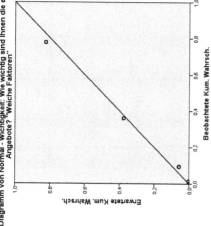

P-P-Diagramm von Normal - Wichtigkeit: Wie wichtig sind Ihnen die einzelnen Angebote? "Pflege"

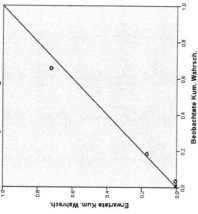

P-P-Diagramm von Normal - Wichtigkeit: Wie wichtig sind Ihnen die einzelnen Angebote? "Weiche Faktoren"

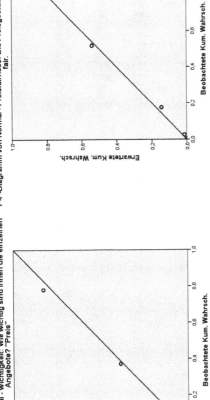

P-P-Diagramm von Normal - Wichtigkeit: Wie wichtig sind Ihnen die einzelnen Angebote? "Preis"

P-P-Diagramm von Normal - Preisfairness: Die Preisgestaltung im Augustinum ist fair.

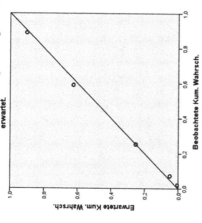

P-P-Diagramm von Normal - Preisfairness: Bei meiner Entscheidung für das Augustinum, bzw. bei der Informationssammlung habe ich genau den Preis erwartet.

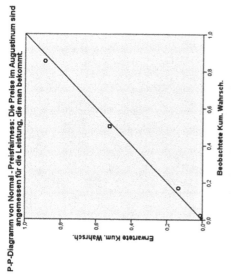

P-P-Diagramm von Normal - Preisfairness: Die Preise im Augustinum sind angemessen für die Leistung, die man bekommt.

597

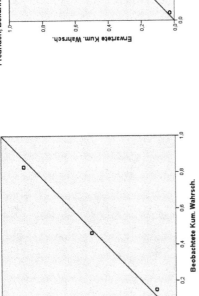

598

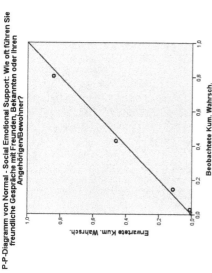
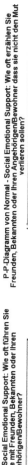

P-P-Diagramm von Normal - Social Emotional Support: Wie oft führen Sie freundliche Gespräche mit Freunden, Bekannten oder Ihren Angehörigen/Bewohner?

P-P-Diagramm von Normal - Social Emotional Support: Wie oft erzählen Sie Freunden, Bekannten oder Ihren Angehörigen/Bewohner dass sie nicht den Mut verlieren sollen?

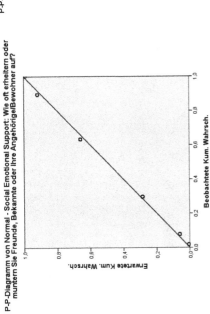

P-P-Diagramm von Normal - Social Emotional Support: Wie oft erheitern oder muntern Sie Freunde, Bekannte oder Ihre Angehörige/Bewohner auf?

P-P-Diagramm von Normal - Social Emotional Support: Wie oft führen Sie freundliche Gespräche mit Freunden, Bekannten oder Ihren Angehörigen/Bewohner?

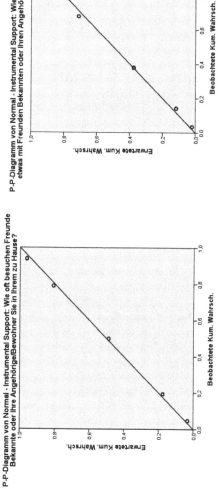

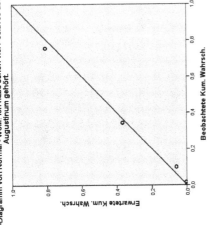

P-P-Diagramm von Normal - WoM: Ich habe schon viel Positives über das Augustinum gehört.

Beobachtete Kum. Wahrsch.

Erwartete Kum. Wahrsch.

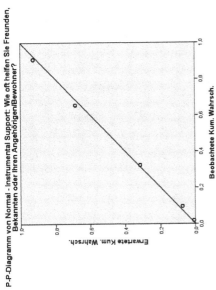

P-P-Diagramm von Normal - Instrumental Support: Wie oft helfen Sie Freunden, Bekannten oder Ihren Angehörigen/Bewohner?

Beobachtete Kum. Wahrsch.

Erwartete Kum. Wahrsch.

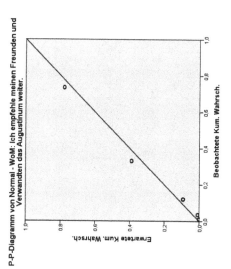

P-P-Diagramm von Normal - WoM: Ich erzähle positiv über das Augustinum.

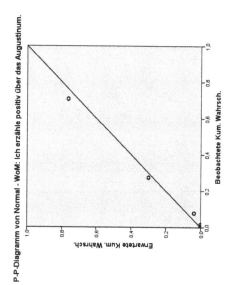

P-P-Diagramm von Normal - WoM: Ich empfehle meinen Freunden und Verwandten das Augustinum weiter.

603

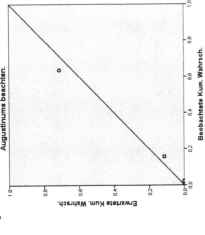

P-P-Diagramm von Normal - Customer Cooperation: Ich würde die Regeln des Augustinums beachten.

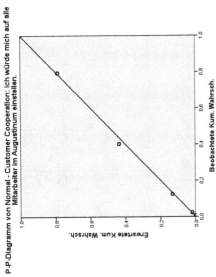

P-P-Diagramm von Normal - Customer Cooperation: Ich würde mich auf alle Mitarbeiter im Augustinum einstellen.

604

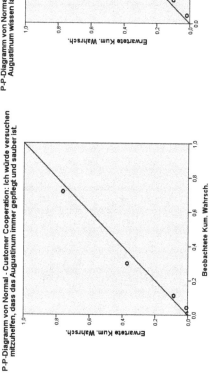

P-P-Diagramm von Normal - Customer Cooperation: Ich würde versuchen mitzuhelfen, dass das Augustinum immer gepflegt und sauber ist.

P-P-Diagramm von Normal - Customer Partizipation: Ich würde die Mitarbeiter im Augustinum wissen lassen, was sie besser machen könnten, um meinen Bedürfnissen zu genügen.

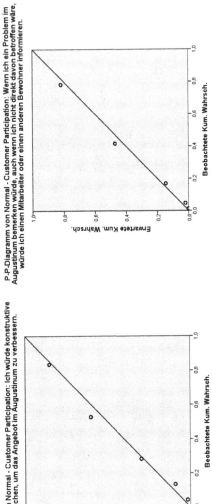

P-P-Diagramm von Normal - Customer Participation: Ich würde konstruktive Vorschläge machen, um das Angebot im Augustinum zu verbessern.

P-P-Diagramm von Normal - Customer Participation: Wenn ich ein Problem im Augustinum bemerken würde, auch wenn ich nicht direkt davon betroffen wäre, würde ich einen Mitarbeiter oder einen anderen Bewohner informieren.

606

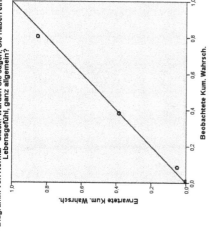

P-P-Diagramm von Normal - Glück: Würden Sie sagen, Sie haben ein positives Lebensgefühl, ganz allgemein?

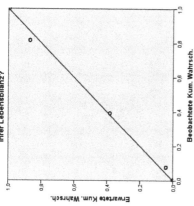

P-P-Diagramm von Normal - Glück: Wenn Sie Positives und Negatives in Ihrem Leben gegeneinander abwägen wie zufrieden sind Sie dann im Allgemeinen mit Ihrer Lebensbilanz?

607

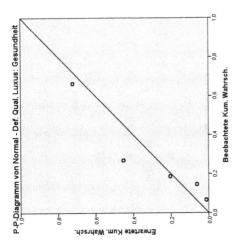

P-P-Diagramm von Normal - Def. Qual. Luxus : Gesundheit

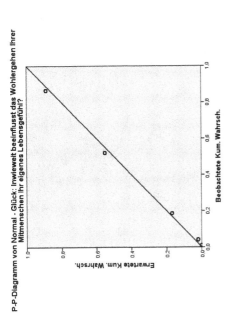

P-P-Diagramm von Normal - Glück: Inwieweit beeinflusst das Wohlergehen Ihrer Mitmenschen Ihr eigenes Lebensgefühl?

608

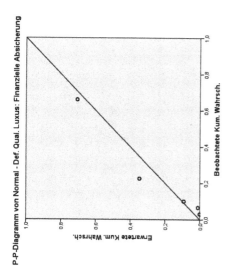

P-P-Diagramm von Normal - Def. Qual. Luxus: Zwischenmenschliche Beziehungen wie Familie und Freunde

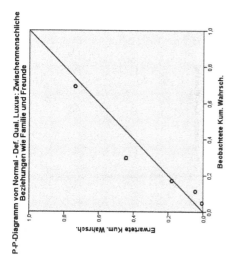

P-P-Diagramm von Normal - Def. Qual. Luxus: Finanzielle Absicherung

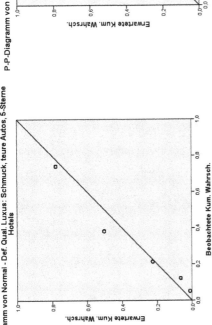

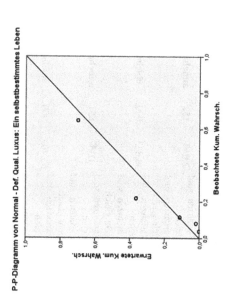

P-P-Diagramm von Normal - Def. Qual. Luxus: Ein selbstbestimmtes Leben

Quelle: Auswertung selbst erhobener Daten.

Tabelle 127: Test bei unabhängigen Stichproben – Levene-Test der Varianzgleichheit und T-Test für die Mittelwertgleichheit

		Levene-Test der Varianzgleichheit			T-Test für die Mittelwertgleichheit						95 % Konfidenzintervall der Differenz	
		F	Signifikanz	Entscheidung	T	df	Sig. (2-seitig)	Entscheidung	Mittlere Differenz	Standardfehler der Differenz	Untere	Obere
Involvement – Wie wichtig sind Ihnen die einzelnen Angebote?												
Wohnen	Varianzen sind gleich	7,439	,006	ablehnen	3,588	1111	,000		,168	,047	,076	,259
	Varianzen sind nicht gleich				3,671	1007,981	,000	ablehnen	,168	,046	,078	,257
Verpflegung	Varianzen sind gleich	,792	,374	**annehmen**	4,076	1109	,000	ablehnen	,193	,047	,100	,285
	Varianzen sind nicht gleich				4,095	959,269	,000		,193	,047	,100	,285
Freizeit und Kultur	Varianzen sind gleich	2,059	,152	**annehmen**	5,057	1096	,000	ablehnen	,281	,056	,172	,390
	Varianzen sind nicht gleich				5,119	963,474	,000		,281	,055	,173	,389
Service	Varianzen sind gleich	38,873	,000	ablehnen	6,594	1109	,000		,303	,046	,213	,393
	Varianzen sind nicht gleich				6,941	1077,111	,000	ablehnen	,303	,044	,217	,388
Weiche Faktoren	Varianzen sind gleich	,035	,851	**annehmen**	2,320	1082	,021	ablehnen	,115	,050	,018	,213
	Varianzen sind nicht gleich				2,346	928,684	,019		,115	,049	,019	,212
Pflege	Varianzen sind gleich	53,409	,000	ablehnen	-3,882	1101	,000		-,154	,040	-,232	-,076
	Varianzen sind nicht gleich				-3,632	723,674	,000	ablehnen	-,154	,042	-,237	-,071

| | Levene-Test der Varianzgleichheit | | | T-Test für die Mittelwertgleichheit | | | | | | 95 % Konfidenzintervall der Differenz | |
	F	Signifikanz	Entscheidung	T	df	Sig. (2-seitig)	Entscheidung	Mittlere Differenz	Standardfehler der Differenz	Untere	Obere
Preis Varianzen sind gleich	2,583	,108	**annehmen**	,295	1052	,768	**annehmen**	,015	,051	-,085	,116
Varianzen sind nicht gleich				,291	819,467	,771		,015	,052	-,087	,117
Social-Emotional Support											
Ängste nehmen Varianzen sind gleich	8,335	,004	ablehnen	-8,644	1052	,000		-,596	,069	-,732	-,461
Varianzen sind nicht gleich				-8,357	750,076	,000	ablehnen	-,596	,071	-,737	-,456
nicht den Mut verlieren Varianzen sind gleich	3,207	,074	**annehmen**	-8,929	1060	,000		-,611	,068	-,746	-,477
Varianzen sind nicht gleich				-8,647	766,397	,000	ablehnen	-,611	,071	-,750	-,473
erheitern /aufmuntern Varianzen sind gleich	27,122	,000	ablehnen	-5,040	1075	,000		-,319	,063	-,444	-,195
Varianzen sind nicht gleich				-4,793	738,612	,000	ablehnen	-,319	,067	-,450	-,188
freundliche Gespräche Varianzen sind gleich	8,610	,003	ablehnen	-4,583	1096	,000		-,254	,055	-,363	-,145
Varianzen sind nicht gleich				-4,421	809,557	,000	ablehnen	-,254	,057	-,367	-,141
Instrumental Support											
die anderen besuchen Sie Varianzen sind gleich	2,815	,094	**annehmen**	-18,813	1098	,000	ablehnen	-1,126	,060	-1,243	-1,009
Varianzen sind nicht gleich				-18,441	848,996	,000		-1,126	,061	-1,246	-1,006
unternehmen Varianzen sind gleich	8,546	,004	ablehnen	-14,494	1099	,000		-,940	,065	-1,067	-,813

		Levene-Test der Varianzgleichheit			T-Test für die Mittelwertgleichheit						95 % Konfidenzintervall der Differenz	
		F	Signifikanz	Entscheidung	T	df	Sig. (2-seitig)	Entscheidung	Mittlere Differenz	Standardfehler der Differenz	Untere	Obere
unternehmen	Varianzen sind nicht gleich				-13,974	805,720	,000	ablehnen	-,940	,067	-1,072	-,808
helfen	Varianzen sind gleich	5,793	,016	ablehnen	-11,423	1093	,000		-,692	,061	-,811	-,573
	Varianzen sind nicht gleich				-10,972	792,302	,000	ablehnen	-,692	,063	-,816	-,568
Customer Participation												
Problem bemerke	Varianzen sind gleich	80,562	,000	ablehnen	-7,713	1101	,000		-,471	,061	-,590	-,351
	Varianzen sind nicht gleich				-7,200	717,329	,000	ablehnen	-,471	,065	-,599	-,342
konstruktive Vorschläge	Varianzen sind gleich	101,270	,000	ablehnen	-19,015	1082	,000		-1,295	,068	-1,429	-1,162
	Varianzen sind nicht gleich				-17,434	654,377	,000	ablehnen	-1,295	,074	-1,441	-1,149
Mitarbeiter wissen lassen	Varianzen sind gleich	68,070	,000	ablehnen	-14,019	1082	,000		-,996	,071	-1,136	-,857
	Varianzen sind nicht gleich				-13,014	684,836	,000	ablehnen	-,996	,077	-1,147	-,846
Customer Cooperation												
mitzuhelfen	Varianzen sind gleich	,116	,734	**annehmen**	,300	1092	,764	**annehmen**	,018	,060	-,099	,135
	Varianzen sind nicht gleich				,301	916,746	,763		,018	,059	-,099	,135

	Levene-Test der Varianzgleichheit			T-Test für die Mittelwertgleichheit						95 % Konfidenzintervall der Differenz	
	F	Signifikanz	Entscheidung	T	df	Sig. (2-seitig)	Entscheidung	Mittlere Differenz	Standardfehler der Differenz	Untere	Obere
auf Mitarbeiter einstellen Varianzen sind gleich	,058	,809	**annehmen**	7,634	1098	,000	ablehnen	,480	,063	,357	,603
Varianzen sind nicht gleich				7,255	760,574	,000		,480	,066	,350	,610
Regeln beachten Varianzen sind gleich	9,570	,002	ablehnen	1,758	1111	,079		,061	,035	-,007	,129
Varianzen sind nicht gleich				1,782	992,820	,075	**annehmen**	,061	,034	-,006	,128
Word-of-Mouth (WoM)											
empfehle weiter Varianzen sind gleich	1,675	,196	**annehmen**	3,884	1084	,000	ablehnen	,228	,059	,113	,344
Varianzen sind nicht gleich				3,938	970,341	,000		,228	,058	,115	,342
erzähle positiv Varianzen sind gleich	14,571	,000	ablehnen	4,387	1103	,000		,215	,049	,119	,311
Varianzen sind nicht gleich				4,500	1019,639	,000	ablehnen	,215	,048	,121	,309
Positives gehört Varianzen sind gleich	9,694	,002	ablehnen	-1,945	1092	,052		-,099	,051	-,199	,001
Varianzen sind nicht gleich				-1,878	813,293	,061	**annehmen**	-,099	,053	-,203	,004
Glück											
Positives und Negatives Varianzen sind gleich	1,591	,208	**annehmen**	-1,303	1104	,193	**annehmen**	-,056	,043	-,141	,028
Varianzen sind nicht gleich				-1,282	890,157	,200		-,056	,044	-,142	,030

		Levene-Test der Varianzgleichheit			T-Test für die Mittelwertgleichheit						95 % Konfidenzintervall der Differenz	
		F	Signifikanz	Entscheidung	T	df	Sig. (2-seitig)	Entscheidung	Mittlere Differenz	Standardfehler der Differenz	Untere	Obere
positives Lebensgefühl	Varianzen sind gleich	2,105	,147	annehmen	-2,648	1105	,008	ablehnen	-,121	,046	-,210	-,031
	Varianzen sind nicht gleich				-2,579	850,739	,010		-,121	,047	-,213	-,029
beeinflusst das Wohlergehen	Varianzen sind gleich	51,925	,000	ablehnen	-8,432	1090	,000	ablehnen	-,465	,055	-,573	-,357
	Varianzen sind nicht gleich				-8,032	766,075	,000	ablehnen	-,465	,058	-,579	-,351
Qualitatives Luxusverständnis												
finanzielle Absicherung	Varianzen sind gleich	,008	,927	annehmen	-,400	1100	,689	annehmen	-,026	,066	-,156	,103
	Varianzen sind nicht gleich				-,402	943,762	,688		-,026	,066	-,155	,103
Gesundheit	Varianzen sind gleich	1,031	,310	annehmen	-2,281	1090	,023	ablehnen	-,200	,088	-,372	-,028
	Varianzen sind nicht gleich				-2,266	880,297	,024		-,200	,088	-,373	-,027
Lebenswerte und intakte Umwelt	Varianzen sind gleich	,000	,986	annehmen	-1,049	1090	,295	annehmen	-,079	,076	-,228	,069
	Varianzen sind nicht gleich				-1,053	919,398	,292		-,079	,075	-,227	,068
Schmuck, teure Autos, 5-Sterne-Hotels	Varianzen sind gleich	,013	,910	annehmen	1,623	1062	,105	annehmen	,135	,083	-,028	,297
	Varianzen sind nicht gleich				1,630	872,509	,103		,135	,083	-,027	,297
zwischenmenschliche Beziehungen	Varianzen sind gleich	,945	,331	annehmen	-1,443	1083	,149	annehmen	-,116	,080	-,274	,042
	Varianzen sind nicht gleich				-1,434	869,347	,152		-,116	,081	-,275	,043

| | Levene-Test der Varianzgleichheit | | | T-Test für die Mittelwertgleichheit | | | | | | 95 % Konfidenzintervall der Differenz | |
	F	Signifikanz	Entscheidung	T	df	Sig. (2-seitig)	Entscheidung	Mittlere Differenz	Standardfehler der Differenz	Untere	Obere
selbstbestimmtes Leben Varianzen sind gleich	,192	,661	annehmen	-1,053	1100	,293	annehmen	-,075	,071	-,214	,065
Varianzen sind nicht gleich				-1,056	930,539	,291		-,075	,071	-,214	,064
Preisfairness											
Preisgestaltung ist fair Varianzen sind gleich	,618	,432	annehmen	3,345	1038	,001	ablehnen	,180	,054	,075	,286
Varianzen sind nicht gleich				3,306	879,345	,001		,180	,055	,073	,288
Preis erwartet Varianzen sind gleich	3,338	,068	annehmen	7,033	1010	,000	ablehnen	,446	,063	,322	,571
Varianzen sind nicht gleich				7,037	889,878	,000		,446	,063	,322	,571
Preise ist angemessen Varianzen sind gleich	,117	,732	annehmen	5,108	1042	,000	ablehnen	,274	,054	,169	,379
Varianzen sind nicht gleich				5,084	911,933	,000		,274	,054	,168	,380
ist seinen Preis wert Varianzen sind gleich	3,821	,051	annehmen	5,966	1041	,000	ablehnen	,313	,052	,210	,416
Varianzen sind nicht gleich				5,923	918,147	,000		,313	,053	,209	,417

Quelle: Auswertung selbst erhobener Daten.

Literaturverzeichnis

Ahearne, Michael/Bhattacharya, C. B./Gruen, Thomas (2005): Antecedents and Consequences of Customer-Company Identification: Expanding the Role of Relationship Marketing, in: *The Journal of Applied Psychology*, 90 (3), 574–585.

Aholt, Andreas/Queißer, Claudia/Rowe, Joanna/Vogel, Rick (2009): Das organisationspsychologische Fairness-Konstrukt im Marketing, in: *Zeitschrift für Management*, 3 (4), 321–338.

Andersson, Lars (1982): Interdisciplinary Study of Loneliness – with Evaluation of Social Contacts as a Means towards Improving Competence in Old Age, in: *Acta Sociologia*, 25 (1), 75–80.

Angerer, Thomas/Foscht, Thomas/Swoboda, Bernhard (2006): Mixed Methods – Ein neuerer Zugang in der empirischen Marketingforschung, in: *der markt*, 45 (178), 115–127.

Backhaus, Knut/Erichson, Bernd/Plinke, Wulff/Weiber, Rolf (2006): Multivariate Analysemethoden: Eine anwendungsorientierte Einführung, Berlin [u. a.]: Springer.

Bagozzi, Richard P./Baumgartner, Hans (1994): The Evaluation of Structural Equation Models and Hypothesis Testing, in: Bagozzi, Richard P. (Hrsg.), *Principles of Marketing Research*, Chambridge: Blackwell, 386–422.

Balderjahn, Ingo/Hedergott, Doreen/Peyer, Mathias (2009): Choice-Based Conjointanalyse, in: Baier, Daniel/Brusch, Michael (Hrsg.), *Conjointanalyse: Methoden – Anwendungen – Praxisbeispiele*, Dordrecht [u. a.]: Springer, 129–146.

Baltes, Paul B. (1996): Über die Zukunft des Altern: Hoffnung mit Trauerflor, in: Baltes, Margret M./Montada, Leo (Hrsg.) *Produktives Leben im Alter*, Frankfurt am Main/New York: Campus Verlag, 29–68.

Baltes, Paul, B./Baltes, Margret, M. (1992): Gerontologie: Begriff, Herausforderung und Brennpunkte, in: Baltes, Paul, B./Mittelstraß, Jürgen (Hrsg.), *Zukunft des Altern und gesellschaftliche Entwicklung*, Berlin/New York, 1–34.

Baumgartner, Hans (1996): Applications of structural equation modeling in marketing and consumer research: A review, in: *Journal of Research in Marketing*, 13 (2), 139–161.

Bearden, William O./Etzel, Michael J. (1982): Reference Group Influence on Product and Brand Purchase Decisions, in: *Journal of Consumer Research*, 9 (2), 183–194.

Bei, Lien-Ti/Chiao, Yu-Ching (2001): An integrated model for the effects of perceived product, perceived service quality and perceived price fairness on consumer satisfaction and loyalty, in: *Journal of Consumer Satisfaction Dissatisfaction and Complaining Behaviour*, 14, 125–140.

Ben-Akiva, Moshe/Boccara, Bruno (1995): Discrete choice models with latent choice sets, in: *International Journal of Research in Marketing*, 12 (1), 9–24.

Bendel, Klaus/Matiaske, Wenzel/Schramm, Florian/Weller, Ingo (2001): „Kundenzufriedenheit" bei ambulanten Pflegedienstleistern: Bestandsaufnahme und Vorschläge für ein stresstheoretisch fundiertes Messinstrument, in: *Berichte der Werkstatt für Organisations- und Personalforschung e.V.*, Bericht Nr. 3, Berlin.

Bernhardt, Kenneth L./Donthu, Naveen/Kennett, Pamela A. (2000): A Longitudinal Analysis of Satisfaction and Profitability, in: *Journal of Business Research*, 7, 161–171.

Berry, Christopher J. (1994): The Idea of Luxury: A conceptual and historical Investigation, Cambridge: Cambridge University Press.

Berry, Leonard L./Bendapudi Neeli (2007): Health Care: A Fertile Field for Service Research, in: *Journal of Service Research*, 10 (2), 111–122.

Besley, Timothy (1989): A Definition of Luxury and Necessity for cardinal Utility Functions, in: *The Economic Journal*, 99 (397), 844–849.

Bettencourt, Lance A. (1997): „Customer Voluntary Performance: Customers As Partners In Service Delivery, in: *Journal of Retailing*, 73 (3), 383–406.

Beutin, Nikolas (2006): Verfahren zur Messung der Kundenzufriedenheit im Überblick, in: Homburg, Christian (Hrsg.), *Kundenzufriedenheit: Konzepte – Methoden – Erfahrungen*, Wiesbaden: Gabler Verlag/GWV Fachverlage, 121–169.

Bhattacharya, CB/Sen, Sankar (2003): Consumer-company identification: a framework for understanding consumers' relationships with companies, in: *Journal of Marketing*, 67 (2), 76–88.

Bichler, Axel; Trommsdorff, Volker (2009): Präferenzmodelle bei der Conjointanalyse, in: Baier, Daniel/Brusch. Michael (Hrsg.), *Conjointanalyse: Methoden – Anwendungen – Praxisbeispiele*, Dordrecht [u. a.]: Springer, 59–71.

van Bilsen, Pascalle M. A./Hamers, Jan P. H./Groot, Wim/Spreeuwenberg, Cor (2008): The use of community-based social services by elderly people at risk of institutionalization: an evaluation, in: *Health Policy*. 87 (3), 285–95.

Bitner, Mary Jo (1990): Evaluation Service Encounters, in: *Journal of Marketing*, 54 (April), 69–82.

Blinkert, Baldo (2007): Bedarf und Chancen. – Die Versorgungssituation pflegebedürftiger Menschen im Prozess des demografischen und sozialen Wandels, in: *Pflege & Gesellschaft*, 12 (3), 227–239.

Böhler, Heymo/Scigliano, Dino (2009): Traditionelle Conjointanalyse, in: Baier, Daniel/Brusch. Michael (Hrsg.), *Conjointanalyse: Methoden – Anwendungen – Praxisbeispiele*, Dordrecht [u. a.]: Springer, 101–112.

Böhm, Sabine/Mardorf, Silke (2009): Finanzierung der Gesundheitsversorgung, in: Böhm, Karin/Tesch-Römer, Clemens/Ziese, Thomas (Hrsg.) *Beiträge zur Gesundheitsbericht-erstattung des Bundes, Gesundheit und Krankheit im Alter, Beiträge zur Gesundheitsberichterstattung des Bundes, Eine gemeinsame Veröffentlichung des Statistischen Bundesamtes, des Deutschen Zentrums für Altersfragen und des Robert Koch-Instituts*, Berlin, 216-227.

Bolton, Lisa E./Alba, Joseph W. (2006): Price fairness: Good and Service Sifferences and the Eole of Vendor Costs, in: *Journal of Consumer Research*, 33 (2), 258–265.

Borchers, Andreas (1998): Soziale Netzwerke älterer Menschen, in: Deutsches Zentrum für Altersfragen (Hrsg.), *Wohnbedürfnisse, Zeitverwendung und soziale Netzwerke älterer Menschen*. Expertisen. Frankfurt, New York: Campus Verlag.

Bortz, Jürgen/Döring, Nicola (2006): Forschungsmethoden und Evaluation, 4. überarbeite Auflage, Berlin/Heidelberg: Springer.

Bortz, Jürgen/Schuster, Christof (2010): Statistik für Human- und Sozialwissenschaftler, 7. Auflage, Berlin, Heidelberg: Springer.

Bove, Liliana L./Pervan, Simon J./Beatty, Sharon E./Shiu, Edward (2009): Service worker role in encouraging customer organizational citizenship behaviors, in: *Journal of Business Research*, 62 (7), 698–705.

Bramberger, Andrea (2005): Zukunft: Altern: Wohnen, Reihe: Wissenschaftliche Schriftenreihe des Zentrums für Zukunftsstudien – Salzburg, Band 5, Wien: LIT Verlag.

Brandt, D. Randall (1988): How Service Marketers can identify value-enhancing Service Elements, in: *Journal of Services Marketing*, 2 (3), 35–41.

Brinkmann, Jörg (2006): Buying Center-Analye auf der Basis von Vertriebsinformationen, Dissertation der Universität Hohenheim, Wiesbaden: Deutscher Universitätsverlag.

Brown, Stephanie L./Nesse, Randolph M./Vinokur, Amiram D./Smith, Dylan M. (2003): Providing social support may be more beneficial than receiving it: Results from a prospective study of mortality, in: *Psychological Science*, 14 (4), 320–7.

Bruhn, Manfred (2008): Qualitätsmanagement für Dienstleistungen: Grundlagen – Konzepte – Methoden, 7. Auflage, Berlin, Heidelberg: Springer.

Brünner, Björn O. (1997): Die Zielgruppe Senioren: Eine interdisziplinäre Analyse der älteren Konsumenten, Frankfurt am Main [u. a.]: Peter Lang.

Brüsemeister, Thomas (2008): Qualitative Forschung: Ein Überblick, in Abels, Heinz/Fuchs-Heinritz, Werner/Jäger, Wieland/Schimank, Uwe (Hrsg), *Hagener Studientexte zur Soziologie*, 2. überarbeitete Auflage, Wiesbaden: VS Verlag/GWV Fachverlage.

Bukov, Aleksej (2007): Soziale Beteiligung im hohen Alter: Ein theoretischer und empirischer Beitrag zur Analyse einer Aktivitätsart bei alten und sehr alten Menschen, Dissertation der Universität Kassel, Kassel: university press.

Bundesministerium für Bildung und Forschung (o. J.): AAL in Deutschland — Technik für ein selbstbestimmtes Leben, *http://www.aal-deutschland.de/deutschland*, Abruf am 22.03.2013.

Bundesministerium für Familie, Senioren, Frauen und Jugend (2005): Fünfter Bericht zur Lage der älteren Generation in der Bundesrepublik Deutschland, Bericht der Sachverständigenkommission, Berlin.

Bundesministerium für Familie und Senioren (1994): *Nutzenanalyse altenspezifischer Wohnformen: Endbericht*, Schriftenreihe Band 39, Stuttgart [u. a.]: Kohlhammer.

Bundesministerium für Verkehr; Bau und Stadtentwicklung (2011): Wohnen im Alter: Marktprozesse und wohnungspolitischer Handlungsbedarf, Berlin: Bundesamt für Bauwesen und Raumordnung.

Büschken, Joachim (1994): Conjoint-Analyse: Methodische Grundlagen und Anwendungen in der Marktforschungspraxis, in: Tomczak, Torsten/Reinecke, Sven (Hrsg.), *Marktforschung, St. Gallen, Thexis,* 72–89.

Büssing, André/Giesenbauer, Bijörn/Glaser, Jürgen (2003): Gefühlsarbeit: Beeinflussung der Gefühle von Bewohnern und Patienten in der stationären und ambulanten Altenpflege, in: *Pflege*, 16 (6), 357–365.

Campbell, Margaret C. (2007): "Says Who ?!" How the Source of Price Information and Affect Influence Perceived Price (Un)fairness, in: *Journal of Marketing Research*, XLIV (Mai), 261–271.

Cardozo, Richard N. (1965): An Experimental Study of Consumer Effort, Expaction and Satisfaction, in: *Journal of Marketing Research*, 2, 244–249.

Carman, James M. (1990): Consumer Perceptions of Service Quality: An Assessment of the SERVQUAL Dimensions, in: *Journal of Retailing*, 66 (1), 33–55.

Carmines, Edward G./Zeller, Richard A. (1979): *Reliability and Validity Assessment*. Newbury Park: SAGE Publications.

Chin, Wynne W. (2004): Frequently asked questions: Partial Least Squares & PLS-Graph, http://disc-nt.cba.uh.edu/chin/plsfaq/plsfaq.htm, Abruf am 13.02.2013.

Chin, Wynne W. (1998): The Partial Least Sqares Approach to Structural Equation Modeling, in: Marcoulides, George A. (Hrsg.): *Modern Methods for Business Research*, Mahwah: Erlbaum: 295-336.

Churchill Jr., Gilbert A./Surprenant, Carol (1982): An Investigation Into the Determinants of Customer Satisfaction, in: *Journal of Marketing Research*, 19 (4), 419–504.

Cohen, Jack (1988): Statistical Power Analysis for the Behavioral Sciences, Hillsdale: Lawrence Erlbaum Associates.

Collins, Kathleen M. T./Onwuegbuzie, Anthony J./Jiao, Qun G. (2007): A Mixed Methods Investigation of Mixed Methods Sampling Designs in Social and Health Science Research, in: *Journal of Mixed Methods Research*, 1 (3), 267–294.

Corfman, Kim P./Lehmann, Donald R. (1987): Models of Cooperative Group Decision-Making and Relative Influence: An Experimental Investigation of Family Purchase Decisions, in: *Journal of Consumer Research*, 14 (1), 1–13.

Cox, Jennifer Lyn (2001): Can differential prices be fair?, in: *Journal of Product & Brand Management*, 10 (5), 264–275.

Cronbach, Lee J. (1951): Coefficient alpha and the internal structure of tests, in: *Psychometrika*, 16 (3), 297-334.

Cronin Jr., Joseph J./Taylor, Steven A. (1992): Measuring Service Quality: A Reexamination and Extension, in: *Journal of Marketing*, 56 (3), 55–68.

Cronin Jr., Joseph J./Taylor, Steven A. (1994): SERVPERF versus SERVQUAL: Reconciling Performance-Based and Perceptions-Minus Expactations Measurement of Service Quality, in: *Journal of Marketing*, 58 (1), 125–131.

Curry, Adrienne/Stark, Sandra/Summerhill, Lesley (1999): Patient and stakeholder consultation in healthcare, in: *Managing Service Quality*, 9 (5), 327–336.

Dagger, Tracey S./Sweeney, Jillian C. (2007): Service Quality Attribute Weights: How Do Novice and Longer-Term Customers Construct Service Quality Perceptions?, in: *Journal of Service Research*, 10 (1), 22–42.

Darby, Michael R.; Karni, Edi (1973): Free Competition and the Optimal Amount of Fraud, in: *Journal of Law and Economics*, 16 (1), 67–88.

Darke, Peter R./Dahl, Darren W. (2003): Fairness and Discounts: The Subjective Value of a Bargain, in: *Journal of Consumer Psychology*, 13 (3), 328–338.

DatenClearingStelle (2011): Aktuelle Statistiken aus der DCS–Pflege, der monatliche Newsletter des vdek, Dezember 2011, _http://www.vdek.com/vertragspartner/-

Pflegeversicherung/Newsletter_Pflegenoten/_
jcr_content/par/download_14/file.res/dcs_monatliche_statistik_20111205.pdf, Abruf
am 30.07.2013.

Deck, Ruth/Böhmer, Sonja (2001): Erfahrungen alter Menschen mit einem
Krankenhaus-aufenthalt, in: *Gesundheitswesen*, 63, 522–529.

Deutscher Berufsverband für Pflegeberufe (2011): Definition der Pflege –
International Council of Nurses ICN, http://www.dbfk.de/download/download/ICN-
Definition der Pflege - ICN deutsch DBfK.pdf, Abruf am 27.05.2013.

Deutscher Verband für Wohnungswesen Städtebau und Raumordnung e.V. (2009):
Wohnen im Alter: Bericht der Kommission des Deutschen Verbandes für
Wohnungswesen, Städtebau und Raumordnung e.V. in Kooperation mit dem
Bundesministerium für Verkehr, Bau und Stadtentwicklung, Berlin.

Die Bundesregierung (2012): Neuausrichtung der Pflegeversicherung,
http://www.bundes-regierung.de/Content/DE/StatischeSeiten/Breg/Jahresbericht/7-
Sozialer_Zusammenhalt/ Neuausrichtung_der_Pflegeversicherung/2012-10-05-
pflegeversicherung.html, Abruf am 24.05.2013.

Diekmann, Andreas (2010): Empirische Sozialforschung, 4. Auflage, Hamburg:
rowohlts enzyklopädie.

Diller, Hermann (2008): Preispolitik, 4. vollständig überarbeite Auflage, Stuttgart:
Kohlhammer.

Diller, Hermann/Anselstetter, Sabine (2008): Die empfundene Preisfairness bei
Preiserhöhungen: Eine theoretische und empirische Studie am deutschen
Lebensmittelmarkt,. in: *Jahrbuch der Absatz- und Verbrauchsforschung*, 4, 366–
385.

DIN – Deutsches Deutsches Institut für (2005): DIN EN ISO 9000:2005 Qualitätsmanagementsysteme – Grundlagen und Begriffe, Berlin: Beuth.

**Donges, Juergen B./Eekhoff, Johann/Franz, Wolfgang/Fuest, Clemens/Möschel,
Wernhard/ Neumann, Manfred J.M. (Kronberger Kreis) (2005):** Tragfähige
Pflege-versicherung, Schriftenreihe der Stiftung Marktwirtschaft, Band 42, Berlin.

Dubois, Bernard/Duquesne, Patrick (1993): The Market for Luxury Goods: Income
versus Culture, in: *European Journal of Marketing*, 27 (1), 35–44.

Dubois, Bernard/Laurent, Gilles/Czellar, Sandor (2001): Consumer rapport to luxury:
analyzing complex and ambivalent attitudes, working paper.

Dubois, Bernard/Paternault, Claire (1995): Observations: understanding the world of
international luxury brands: The „dream formula", in: *Journal of Advertising
Research*. 35 (4), 69–77.

Egger de Campo, Marianne (2009): Abwanderung und Widerspruch auf Wohlfahrts-
märkten: Ein internationaler Vergleich von Altenpflegesystemen, in: *Zeitschrift für
Sozialreform*. 55 (4), 347–368.

Eisenberger, Robert/Fasolo, Peter/Davis-LaMastro, Valerie (1990): Perceived
Organizational Support and Employee Diligence, Commitment, and Innovation, in:
Journal of Applied Psychology, 75 (1), 51–59.

Eisenberger, Robert/Huntington, Robin/Hutchison, Steven/Sowa, Debora. (1986):
Perceived Organizational Support, in: *Journal of Applied Psychology*, 71 (3), 500–
507.

Elosua, Paula (2010): Subjective Values of Quality of Life Dimensions in Elderly People. A SEM Preference Model Approach, in: *Social Indicators Research*, 104 (3), 427–437.

Engels, Dietrich/Pfeuffer, Frank (2007): Die Einbeziehung von Angehörigen und Freiwilligen in die Pflege und Betreuung in Einrichtungen, in: Instituts für Sozialforschung und Gesellschaftspolitik (Hrsg.), *Möglichkeiten und Grenzen selbstständiger Lebensführung in stationären Einrichtungen*, Köln: Bundesministeriums für Familie, Senioren, Frauen und Jugend.

Engstler, Heribert/Menning, Sonja (2003): Die Familie im Spiegel der amtlichen Statistik: Lebensformen, Familienstrukturen, wirtschaftliche Situation der Familien und familiendemographische Entwicklung in Deutschland, erweiterte Neuauflage, Bonn: Bundesministeriums für Familie, Senioren, Frauen und Jugend.

Esslinger, Adelheid Susanne/Rager, Edeltraud (2010): Serviceverständnis und -qualität in der Altenpflege und organisationsweite Maßnahmen zu deren Beeinflussung, in: Bruhn, Manfred/Stauss, Bernd (Hrsg.), *Serviceorientierung im Unternehmen: Forum Dienst-leistungsmanagement*, 1. Auflage, Wiesbaden: Gabler Verlag/GWV Fachverlage.

Evans, Joel R./Berman, Barry (1995): Principles of Marketing, 6. Auflage, New York: Macmillan.

Fachinger, Uwe/Koch, Hellen/Henke, Klaus-Dirk/Troppens, Sabine/Braseke, Grit /Merda, Meiko (2012): Ökonomische Potenziale altersgerechter Assistenzsysteme: Ergebnisse der „Studie zu Ökonomischen Potenzialen und neuartigen Geschäftsmodellen im Bereich Altersgerechte Assistenzsysteme", Forschungsprojekt im Auftrag des Bundesministeriums für Bildung und Forschung, Offenbach: VDE Verlag.

Falk, Juliane (1998): Pflege als Dienstleistungsmanagement, in: Kerres, Andrea; Falk, Juliane; Seeberger, Bernd (Hrsg.) *Lehrbuch Pflegemanagement*, Berlin/Heidelberg: Springer, 243–256.

Falk, Frank R./Miller, Nancy B. (1992): A Primer for Soft Modeling, Akron: University of Akron Press.

Farrar, Shelley/Ryan, Mandy/Ross, Donald/Ludbrook, Anna (2000): „Using discrete choice modelling in priority setting: an application to clinical service developments, in: *Social Science & Medicine,* 50 (1), 63–75.

Fassnacht, Martin/Mahadevan, Jochen (2010): Grundlagen der Preisfairness – Bestandsaufnahme und Ansätze für zukünftige Forschung, in: *Journal für Betriebswirtschaft*, 60 (4), 295–326.

Feinberg, Fred M./Krishna, Aradhna/Zhang, Z. John (2002): Do We Care What Others Get? A Behaviorist Approach to Targeted Promotions, in: *Journal of Marketing Research*, 39 (3), 277–291.

Festinger, Leon (1962): A Theory of Cognitive Dissonance, Standford: Stanford University Press.

Flanagan, John C. (1954): The critical incident technique, in: *Psychological Bulletin*, 51 (4), 327–58.

Flick, Uwe (1996): Psychologie des technisierten Alltags: Soziale Konstruktion und Repräsentation technischen Wandels in verschiedenen kulturellen Kontexten, Wiesbaden: VS Verlag für Sozialwissenschaften/Springer Fachmedien.

Flick, Uwe (2007): Qualitative Forschung: Eine Einführung, Reinbek bei Hamburg: Rowohlt Taschenbuch Verlag.

Fließ, Sabine/Marra, Andreas/Reckenfelderbäumer, Martin (2005): Betriebswirtschaft-liche Aspekte des Pflegemanagements, in: Kerres, Andrea/Seeberger, Bernd (Hrsg.), *Gesamtlehrbuch Pflegemanagement*, Heidelberg: Springer, 393–436.

Fornell, Claes/Larcker, David F. (1981): Evaluating Structural Equation Models with Unobservable Variables and Measurement Error, in: *Journal of Marketing Research*, 18 (1), 39–50.

Fornell, Claes/Cha, Jaesung (1994): Partial Least Squares, in: Bagozzi, Richard P. (Hrsg.), *Advanced Methods of Marketing Research*, 1. Auflage, Cambridge/Oxford: Blackwell, 52–78.

Fournier, Susan/Mick, David Glen (1999): Rediscovering Satisfaction, in: *Journal of Marketing*, 63 (October), 5–23.

Fowler, Jie Gao (2013): Customer Citizenship Behavior: An Expanded Theoretical Understanding, in: *International Journal of Business and Social Science*, 4 (5), 1–9.

Frischer, Winfried; Gerber, Hans (2011): Qualitätsprüfungen in Einrichtungen der ambulanten und stationären Pflege, in: Borutta, Manfred/Ketzer, Ruth (Hrsg.), *Die Prüfkonstrukte des Medizinischen Dienstes in der ambulanten und stationären Pflege: Eine genealogische Analyse der MDK-Prüfrichtlinien*, Marburg: Tectum-Verlag, 186–188.

Früh, Werner (2007): *Inhaltsanalyse: Theorie und Praxis*, 6. überarbeite Auflage, Konstanz: UVK Verlagsgesellschaft.

Fuchs, Andreas (2011): Methodische Aspekte linearer Strukturgleichungsmodelle: Ein Vergleich von kovarianz- und varianzbasierten Kausalanalyseverfahren, in: *Research Papers on Marketing Strategy*, Nr. 2, Würzburg.

Garma, Romana/Bove, Liliana L. (2011): Contributing to well-being: customer citizenship behaviors directed to service personnel, in: *Journal of Strategic Marketing*, 19 (7), 633–649.

Garvin, David A. (1984): What Does „Product Quality" Really Means, in: *Sloan Management Review*, Fall 1984, 25–43.

Geißler, Rainer (2011): Die Sozialstruktur Deutschlands: Zur gesellschaftlichen Entwicklung mit einer Bilanz zur Vereinigung, 6. Auflage, Wiesbaden: VS Verlag für Sozialwissenschaften.

Geißler, Rainer/Meyer, Thomas (2011): Struktur und Entwicklung der Bevölkerung, in: Geißler, Rainer (Hrsg.), *Die Sozialstruktur Deutschlands: Zur gesellschaftlichen Entwicklung mit einer Bilanz zur Vereinigung*, 6. Auflage, Wiesbaden: VS Verlag für Sozialwissenschaften, 41-67.

Gennrich, Rolf (2011): Alle Zeichen stehen auf Grün: Wohnen mit Service: Marktchancen für ein neues Betreutes Wohnen, in: *Häusliche Pflege*, 20 (9), 20–26.

Geraedts, Max/Holle, Bernhard/Vollmar, Horst Christian/Bartholomeyczik, Sabine (2011): Qualitätsmanagement in der ambulanten und stationären Pflege, in: *Bundesgesundheitsblatt, Gesundheitsforschung, Gesundheitsschutz*, 54 (2), 185–93.

Gerber, Hans (2011a): Gesetzliche Grundlagen der Qualitätsprüfungen in Pflegeeinrichtungen, in: Borutta, Manfred/Ketzer, Ruth (Hrsg.), *Die Prüfkonstrukte des*

Medizinischen Dienstes in der ambulanten und stationären Pflege: Eine genealogische Analyse der MDK-Prüfrichtlinien, Marburg: Tectum-Verlag, 180–186.

Gerber, Hans (2011b): Transparenz der Ergebnisse von Qualitätsprüfungen in Pflegeeinrichtungen, in: Borutta, Manfred; Ketzer, Ruth (Hrsg.), *Die Prüfkonstrukte des Medizinischen Dienstes in der ambulanten und stationären Pflege: Eine genealogische Analyse der MDK-Prüfrichtlinien*. Marburg: Tectum-Verlag, 188–194.

Gerber, Hans/Schwegler; Friedrich (2011): Entwicklung der Qualitätsprüfungen in Pflegeeinrichtungen, in: Borutta, Manfred/Ketzer, Ruth (Hrsg.), *Die Prüfkonstrukte des Medizinischen Dienstes in der ambulanten und stationären Pflege: Eine genealogische Analyse der MDK-Prüfrichtlinien*, Marburg: Tectum-Verlag, 177–180.

Gilberg, Reiner (2000): Hilfe- und Pflegebedürftigkeit im höheren Alter: Eine Analyse des Bedarfs und der Inanspruchnahme von Hilfeleistungen, Studien und Berichte, Band 68 von Max-Planck-Institut für Bildungsforschung, zugl. Dissertation Freie Universität Berlin, 1997, Berlin: Max-Planck-Institut für Bildungsforschung.

Götz, Oliver/Liehr-Gobbers, Kerstin (2004): Analyse von Strukturgleichungsmodellen mit Hilfe der Partial-Least-Squares (PLS)-Methode, in: *Die Betriebswirtschaft*, 64. Jg. (6), S. 714-738.

Götze, Wolfgang/Deutschmann, Christel/Link, Heike (2002): Statistik, München/Wien: Oldenbourg.

Govers, Cor P.M. (1993): Quality of services „applicable to production?", in: *International Journal of Production Economics*, 30-31, 385–397.

Grauel, Jonas/Spellerberg, Annette (2007): Akzeptanz neuer Wohntechniken für ein selbständiges Leben im Alter: Erklärung anhand sozialstruktureller Merkmale, Technikkompetenz und Technikeinstellungen, in: *Zeitschrift für Sozialreform*, 53 (2), 191–215.

Groth, Markus (2005): Customers as Good Soldiers: Examining Citizenship Behaviors in Internet Service Deliveries, in: *Journal of Management*, 31 (1), 7–27.

Guiry, Michael/Vequist, David G. (2011): Traveling Abroad for Medical Care: U.S. Medical Tourists' Expectations and Perceptions of Service Quality, in: *Health Marketing Quarterly*, 28 (3), 253–269.

Häcker, Jasmin/Hackmann, Tobias/Raffelhüschen, Bernd (2011): Soziale Pflegeversicherung heute und morgen: mit nachhaltigen Reformen aus der Krise, Köln: Deutsches Institut für Altersvorsorge

Häcker, Jasmin/Raffelhüschen, Bernd (2006): Zukünftige Pflege ohne Familie: Konsequenzen des „Heimog-Effekts", in: *Diskussionsbeiträge des Forschungszentrums Generationenverträge der Albert-Ludwig-Universität*, Nr. 11, Freiburg.

Hackmann, Tobias (2009): Arbeitsmarkt Pflege: Bestimmung der zukünftigen Altenpflegekräfte unter Berücksichtigung der Berufsweildauer, in: *Diskussionsbeiträge des Forschungszentrums Generationenverträge der Albert-Ludwig-Universität*, Nr. 40, Freiburg.

Hackmann, Tobias/Moog, Stefan (2010): Pflege im Spannungsfeld von Angebot und Nachfrage, in: *Zeitschrift für Sozial*reform, 56 (1), 113–137.

Hair, Joe F./Ringle, Christian M./Sarstedt, Marko (2011): PLS-SEM: Indeed a silver bullet, in: *The Journal of Marketing Theory and Practice*, 19 (2), 139–152.

Haller, Sabine (2012): Dienstleistungsmanagement: Grundlagen – Konzepte – Instrumente, 5. aktualisierte Auflage, Wiesbaden: Gabler/Springer Fachmedien.

Hasseler, Martina/Wolf-Ostermann, Karin (2010): Wissenschaftliche Evaluation zur Beurteilung der Pflege-Transparenzvereinbarungen für den ambulanten (PTVA) und stationären (PTVS) Bereich, gefördert von GKV Spitzenverband.

Haws, Kelly L./Bearden, William O. (2006): Dynamic Pricing and Consumer Fairness Perceptions, in: *Journal of Consumer Research*, 33 (December 2006).

Heiber, Andreas (2001): Heimliche Leistungen – Serviceleistungen – Privatleistungen, in: *PDL Praxis*, 8-10.

Heinlein, Michael/Anderson, Philip (2003): Der Bewohner als Kunde? Wie Pflegekräfte den Kundenbegriff deuten, in: *Pflegemagazin*. 4 (2), 16–21.

Heinzelmann, Martin (2004): Das Altenheim – immer noch eine „totale Institution"? Eine Untersuchung des Binnenlebens zweier Altenheime, Dissertation der Universität Göttingen.

Helfferich, Cornelia (2011): Die Qualität qualitativer Daten: Manuel für die Durchführung qualitativer Interviews, 4. Auflage, Wiesbaden: VS Verlag für Sozialwissenschaften/ Springer Fachmedien.

Helson, Harry (1964): Current trends and issues in adaptation-level theory, in: *American Psychologist*, 19 (1), 26–38.

Henseler, Jörg (2009): „On the convergence of the partial least squares path modeling algorithm, in: *Computational Statistics*, 25 (1), 107–120.

Henseler, Jörg/Chin, Wynne W. (2010): A Comparison of Approaches for the Analysis of Interaction Effects Between Latent Variables Using Partial Least Squares Path Modeling, in: *Structural Equation Modeling*, 17 (1), 82–109.

Hentschel, Bert (2000): Multiattributive Messung von Dienstleistungsqualität, in: Bruhn, Manfred/Stauss, Bert (Hrsg.) *Dienstleistungsqualität: Konzepte, Methoden, Erfahrungen*, 3. Auflage, Wiesbaden: Gabler, 289–320.

Herrmann, Andreas/Huber, Frank/Regier, Stefanie (2009): Adaptive Conjointanalyse, in: Baier, Daniel/Brusch, Michael (Hrsg.), *Conjointanalyse: Methoden – Anwendungen – Praxisbeispiele*, Dordrecht [u. a.]: Springer, 113–127.

Herrmann, Andreas/Huber, Frank/Kressmann, Frank (2006): Varianz- und kovarianzbasierte Strukturgleichungsmodelle: Ein Leitfaden zu deren Spezifikation, Schätzung und Beurteilung, in: *Zeitschrift für betriebliche Forschung,* 58 (Februar), 34–66.

Herrmann, Andreas/Wricke, Martin/Huber, Frank (2000): Kundenzufriedenheit durch Preisfairness, in: *Marketing Zeitschrift für Forschung und Praxis*, 22 (2), 131–143.

Herzberg, Frederick (1966): Work and the Nature of Man, Oxford: World Publishing.

Heskett, James L./Jones, Thomas O./Loveman, Gary W./Sasser Jr., Earl W./Schlesinger, Leonard A. (2008): Putting the Service-Profit Chain to Work, in: *Hardvard Business Review*, (July-August), 118-129.

Heskett, James L./Jones, Thomas O./Loveman, Gary W./Sasser Jr., Earl W./Schlesinger, Leonard A. (1994): Putting the Service-Profit Chain to Work, in: *Hardvard Business Review*, (March-April), 164-170.

Heusinger, Josefine (2009): Menschenwürdige Pflege und Versorgung-Kriterien, Methoden und Ergebnisse qualitativer Fallstudien in stationären Pflegeeinrichtungen, in: *Hallesche Beiträge zu den Gesundheits- und Pflegewissenschaften*, 8 (18).

Hildebrandt, Lutz/Görz, Nicole (1999): Zum Stand der Kausalanalyse mit Strukturgleichungsmodellen: Methodische Trends und Software-Entwicklungen, Discussion Papers, Interdisciplinary Research Project 373, Humboldt-Universität zu Berlin.

Hildebrandt, Lutz/Temme, Dirk (2006): Probleme der Validierung mit Strukturgleichungs-modellen, in: Die Betriebswirtschaft, 66 (1), S. 618-639.

Hoinville, Gerald (1983): Carrying out surveys among the elderly: Some problems of samling and interviewing, in: *Journal of the Market Research Society*, 25 (3), 223-237.

Hojat, Mohammadreza (2009): Ten approaches for enhancing empathy in health and human services cultures, in: *Journal of Health and Human Services Administration*, 31 (4), 412-450.

Homans; George Caspar (1961): Social behaviour: its elementary forms, New York: Harcourt, Brace & World.

Homburg, Christian/Giering, Annette (1996): Konzeptualisierung und Operationalisierung komplexer Konstrukte: Ein Leitfaden für die Marketingforschung, in: *Marketing ZFP*, 18 (1), 5–24.

Homburg, Christian/Klarmann, Martin (2008): Die Kausalanalyse in der empirischen betriebswirtschaftlichen Forschung: Problemfelder und Anwendungsempfehlungen, in: *Die Betriebswirtschaft*, 66 (6), 727–748.

Homburg, Christian/Stock-Homburg, Ruth (2006): Theoretische Perspektiven zur Kundenzufriedenheit, in: Homburg, Christian (Hrsg.) *Kundenzufriedenheit: Konzepte – Methoden – Erfahrungen*, Wiesbaden: Gabler Verlag/GWV Fachverlage, 17–51.

Homburg, Christian/Koschate, Nicole (2004): Wie reagieren Kunden auf Preiserhöhungen? Eine Untersuchung zur Rolle von wahrgenommener Fairness des Preisanstiegs und Kundenzufriedenheit, in: *Marketing ZFP*, 26 (4), 316–329.

Homburg, Christian/Werner, Harald (1998): *Kundenorientierung mit System: Mit Customer Orientation Management zu profitablem Wachstum*, Frankfurt [u. a.]: Campus.

Hovland, Carl I./Harvey, OJ/Sherif, Muzafer (1957): Assimilation and contrast effects in reactions to communication and attitude change, in: *Journal of Abnormal Psychology*, 55 (2), 244–52.

Huber, Frank/Herrmann, Andreas/Meyer, Frederik/Vogel, Johannes/Vollhardt, Kai (2007): *Kausalmodellierung mit Partial Least Squares: Eine anwendungsorientierte Einführung*, Wiesbaden: Gabler Verlag/GWV Fachverlage.

Huifan, Li (2011): Customer Voluntary Performance: the effect of Customer Satisfaction and the Mediating Role of Customer-Company Identification, 8. *International*

628

Conference on Service Systems and Service Management (ICSSSM), Tianjin, China, 500 – 505.

Hulland, John (1999): Use of partial least squares (PLS) in strategic management research: A review of four recent studies, in: *Strategic Management Journal.* 20 (2), 195–204.

Jahn, Steffen (2007): Strukturgleichungsmodellierung mit LISREL, AMOS und SmartPLS: Eine Einführung, Technische Universität Chemnitz, Fakultät für Wirtschafts-wissenschaften.

Jansen, Jürgen; Latz, Wilfried (2007): Statistische Datenanalyse mit SPSS für Windows, Berlin /Heidelberg [u. a.]: Springer.

Jenrich, Holger (2012): Abrechnung mit einem System, in: *Häusliche Pflege*, 3, 19.

Johnson, Rose L./Kellaris, James J. (1988): An Exploratory Study of Price/Perceived-Quality Relationships Amoung Consumer Services, in: *Advances in Consumer Research.* 15, 316-322.

Johnson, Michael D./Herrmann, Andreas/Huber, Frank (2006): The Evolution of Loyalty Intentions, in: *Journal of Marketing*, 70 (April), 122–132.

Jones, Michael A./Reynolds, Kristy E./Mothersbaugh, David L./Beatty, Sharon E. (2007): The Positive and Negative Effects of Switching Costs on Relational Outcomes, in: *Journal of Service Research*, 9 (4), 335–355.

Kahneman, Daniel/Knetsch, Jack, L./Thaler, Richard (1986): Fairness as a Constraint on Profit Seeking: Entitlements in the Market, in: *The American Economic Review*, 728–741.

Kamakura, Wagner A./Mittal, Vikas/de Rosa, Fernando/Mazzon, José Afonso (2002): Assessing the Service-Profit Chain, in: *Journal of Marketing Science*, 21 (2), 294–317.

Kaplan, Robert S./Norton, David P. (1996): Using the Balanced Management System, in: *Harvard Business Review*, January-February, 75–86.

von Kardorff, Ernst (1995): Qualitative Sozialforschung – Versuch einer Standortbestimmung, in: Flick, Uwe/von Kardorff, Ernst/Keupp, Heiner/von Rosenstiel, Lutz/Wolff, Stephan (Hrsg.) Handbuch Qualitative Sozialforschung: Grundlagen, Konzepte, Methoden und Anwendungen, 2. Auflage, Weinheim/Basel: Beltz, 3-8.

Kelle, Udo (2008): Die Integration qualitativer und quantitativer Methoden in der empirischen Sozialforschung: Theoretische Grundlagen und methodologische Konzepte, Wiesbaden: VS Verlag.

Kelle, Udo (2004): Empirische Sozialforschung zur Evidenzbasierung komplexen sozialen Handelns – Handlungstheoretische und methodologische Grundlagen, in: *Pflege und Gesellschaft*, 9 (2), 52–58.

Kelle, Udo (2007): „Kundenorientierung" in der Altenpflege? Potemkinsche Dörfer sozialpolitischen Qualitätsmanagements, in: *Zeitschrift für kritische Sozialwirtschaft*, 146 (1), 113 – 128.

Kelle, Von Udo/Niggemann, Christiane (2003): Gesundheits- und Pflegewissenschaften Datenerhebung als sozialer Prozess in der Evaluations- und Wirkungsforschung – das Beispiel »Pflegequalität«, in: *Hallensche Beiträge zu den Gesundheits- und Pflegewissenschaften*, 2 (13).

Kelle, Udo/Niggemann, Christiane/Metje, Brigitte (2008): Datenerhebung in totalen Institutionen als Forschungsgegenstand einer kritischen gerontologischen Sozialforschung, in: Amann, Anton/Kolland, Franz (Hrsg.) *Das erzwungene Paradies des Alters? Fragen an eine kritische Gerontologie*, 1. Auflage, Wiesbaden: VS Verlag.

Kelley, Harold H. (1973): The Processes of Causal Attribution, in: *American Psychologist*, 28 (2), 107–128.

Kenrick, Douglas T./Gutierres, Sara E. (1980): Contrast Effects and Judgments of Physical Attractiveness: When Beauty Becomes a Social Problem, in: *Journal of Personality and Social Psychology*, 38 (1), 131–140.

Kisabaka, Linda (2001): Marketing für Luxusprodukte, in: Koppelmann, Udo (Hrsg.) *Beiträge zum Produkt-Marketing*, Seminar für Allgemeine Betriebswirtschaftslehre, Beschaffung Produktpolitik der Univisität zu Köln, Band 32, Dissertation der Universität Köln, Köln: Fördergesellschaft Produkt-Marketing.

Klein, Thomas/Gabler, Siegfried (1996): Der Altenheimsurvey: Durchführung und Repräsentativität einer Befragung in den Einrichtungen der stationären Altenhilfe, in: *ZUMA-Nachrichten*, 38 (20), 112–134.

Kleinaltenkamp, Michael (2001): Begriffsabgrenzungen und Erscheinungsformen von Dienstleistungen, in: Bruhn, Manfred/Meffert, Heribert (Hrsg.), *Handbuch Dienstleistungsmanagement*, 2. Auflage, Wiesbaden: Gabler Verlag.

Kornmeier, Klaus (2009): Determinanten der Endkundenakzeptanz mobil-kommunikationsbasierter Zahlungssysteme: Eine theoretische und empirische Analyse, Dissertation der Universität Duisburg-Essen.

Kremer-Preiß, Ursula (1997): Betreutes Wohnen in Altenwohnheimen und Altenwohnanlagen: Analyse der Betreuungsverträge, in: Deutsche Zentrum für Altersfragen (Hrsg.), *Betreutes Wohnen und Wohnen im Heim: Rechtliche Aspekte*, Expertisenband 5 zum Zweiten Altenbericht der Bundesregierung, Frankfurt/New York: Campus.

Kremer-Preiß, Ursula; Stolarz, Holger (2003): Neue Wohnkonzepte für das Alter und paktische Erfahrungen bei der Umsetzung: Eine Bestandsanalyse, Zwischenbericht im Rahmen des Projektes „Leben und Wohnen im Alter" der Bertelsmann Stiftung und des Kuratoriums Deutsche Altershilfe. Köln.

Krings-Heckemeier, Marie Therese/Braun, Reiner/Schmidt, Markus/Schwedt, Annamaria (2006): Die Generation über 50: Wohnsituation, Potenziale, Perspektiven, im Auftrag der LBS, Berlin.

Kühn, Konstanze; Porst, Rolf (1999): *Befragung alter und sehr alter Menschen: Besonderheiten, Schwierigkeiten und methodische Konsequenzen. Ein Literaturbericht*, ZUMA-Arbeitsbericht, 99/03.

Kuhn-Zuber, Gabriele (2012): Bedarfe und Bedürfnisse pflegebedürftiger Menschen – selbstbestimmte Pflege zu Hause, in: *Archiv für Wissenschaft und Praxis der sozialen Arbeit*, 3, 16–27.

Kuratorium Deutsche Altenhilfe (2004): Demenzbewältigung in der eigenen Häuslichkeit: Alltagsgestaltung in ambulant betreuten Wohn- und Hausgemeinschaften, Band 20 der Broschürenreihe BMGS-Modellprojekte, Köln.

Kurz, Karin/Prüfer, Peter/Rexroth, Margit (1998): Zur Validität von Fragen in standardisierten Erhebungen: Ergebnisse des Einsatzes eines kognitiven Pretestinterviews, ZUMA-Nachrichten, 44 (23), 83-107.

Küster, Christine (1998): Zeitverwendung und Wohnen im Alter, in: Deutsches Zentrum für Altersfragen (Hrsg.), Wohnbedürfnisse, Zeitverwendung und soziale Netzwerke älterer Menschen, Expertisenband 1 zum zweiten Altenbericht der Bundesregierung, Frankfurt am Main/New York: Campus, 51-175.

Laband, David N. (1991): An objektive measure of search versus experience goods, in: *Journal of Economic Inquiry*, 29 (July), 497 – 509.

Lasslop, Ingo (2005): Identitätsorientierte Führung von Luxusmarken, in: Meffert, Heribert (Hrsg.), *Markenmanagement: Identitätsorientierte Markenführung und praktische Umsetzung*, 2. vollständig überarbeitete und erweiterte Auflage, Wiesbaden: Gabler, 470–494.

LBS Bausparkasse der Sparkassen (2007): Die sichere Wahl: Wohnen mit Service, in: Inforeihe: Wohnen mit Zukunft, Band 4.

Lee, Hanjoon/Delene, Linda M./Bunda, Mary Anne/Kim, Chankon. (2000): Methods of Measuring Health-Care Service Quality, in: *Journal of Business Research*, 48, 233–246.

Leibenstein, Harvey (1950): Bandwagon, Snob, and Veblen Effects in the Theory of Consumers' Demand, in: *The Quarterly Journal of Economics*, Oxford University Press 64 (2), 183–207.

Lennartz, Peter/Kersel, Hans (2011): Stationärer Pflegemarkt im Wandel: Gewinner und Verlierer 2020, Ernst & Young (Hrsg.).

von der Lippe, Peter (2011): Wie groß muss meine Stichprobe sein, damit sie repräsentativ ist?, Diskussionsbeitrag aus der Fakultät für Wirtschaftswissenschaften der Universität Duisburg-Essen, Nr. 187.

Little, Todd. D./Lindenberger, Ulman/Nesselroade, John R. (1999): On selecting indicators for multivariate measurement and modeling with latent variables: When "good" indicators are bad and "bad" indicators are good, in: *Psychological Methods*, 4 (2), 192–211.

Lohmöller, Jan-Bernd (1989): Latent Variable Path Modeling with Partial Least Squares, Heidelberg: Physica-Verlag.

Luria, Gil/Gal, Iddo/Yagil, Dana (2009): Employees' Willingness to Report Service Complaints, in: *Journal of Service Research*, 12 (2), 156–174

Lyyra, Tiina-Mari/Heikkinen, Riitta-Liisa (2006): Perceived Social Support and Mortality in Older People, in: *Journals of Gerontology*, 61 (3), 147–152.

Masi, Christopher M./Chen, Hsi-Yuan/Hawkley, Louise C./Cacioppo, John T. (2011): A meta-analysis of interventions to reduce loneliness, in: *Personality and Social Psychology Review*, 15 (3), 219–266.

Matute-Vallejo, Jorge/Bravo, Rafael/Pina, José M. (2011): The Influence of Corporate Social Responsibility and Price Fairness on Customer Behaviour: Evidence from the Financial Sector, in: *Corporate Social Responsibility and Environmental Management*, 18, 317-331.

Matzler, Kurt (2003): Preiszufriedenheit in: Diller, Hermann/Herrmann, Andreas (Hrsg.) *Handbuch Preispolitik: Strategien – Planung – Organisation – Umsetzung,* Wiesbaden: Gabler, 303–328.

Matzler, Kurt/Bailom, Franz (2006): Messung von Kundenzufriedenheit, in: Hinterhuber, Hans H./Matzler, Kurt (Hrsg.) *Kundenorientierte Unternehmensführung: Kundenorientierung – Kundenzufriedenheit – Kundenbindung,* 5. Auflage. Wiesbaden: Gabler, 241–288.

Matzler, Kurt/Sauerwein, Elmar/Stark, Christian (2006): Methoden zur Identifikation von Basis Leistungs und Begeistungsfaktoren, in: Hinterhuber, Hans H./Matzler, Kurt (Hrsg.) *Kundenorientierte Unternehmensführung: Kundenorientierung – Kundenzufriedenheit – Kundenbindung,* 5. Auflage. Wiesbaden: Gabler, 289–313.

Maxwell, Sarah (2002): Rule-based price fairness and its effect on willingness to purchase, in: *Journal of Economic Psychology,* 23 (2), 191–212.

Mayring, Philipp (1991): *Psychologie des Glücks. Psychologie des Glücks,* Stuttgart [u. a.]: W. Kohlhammer.

Mayring, Philipp (2010a): Qualitative Inhaltsanalyse, in: Mey, Günter/Mruck, Katja (Hrsg.) *Handbuch Qualitative Forschung in der Psychologie,* 1. Auflage, Wiesbaden: VS Verlag für Sozialwissneschaften/Springer Fachmedien, 601–613.

Mayring, Philipp (2010b): Qualitative Inhaltsanalyse: Grundlagen und Techniken, Weinheim/Basel: Beltz.

Medizinischer Dienst des Spitzenverbandes Bund der Krankenkassen e.V. (2012): 3. Bericht des MDS nach § 114 a Abs. 6 SGB XI: Qualität in der ambulanten und stationären Pflege. Essen.

Medizinischer Dienst des Spitzenverbandes Bund der Krankenkassen und der GKV-Spitzenverband (2009a): Qualitätsprüfungs-Richtlinien – MDK-Anleitung – Transparenzvereinbarung: Grundlagen der MDK-Qualitätsprüfungen in der ambulanten Pflege.

Medizinischer Dienst des Spitzenverbandes Bund der Krankenkassen und der GKV-Spitzenverband (2009b): Qualitätsprüfungs-Richtlinien – MDK-Anleitung – Transparenzvereinbarung: Grundlagen der MDK-Qualitätsprüfungen in der stationären Pflege.

Meffert, Heribert/Bruhn, Manfred (2009): Dienstleistungsmarketing: Grundlagen – Konzepte – Methoden, 6. Auflage, Wiesbaden: Gabler Verlag/GWV Fachverlage.

Mehmet, Yasemin (2011): Qualitätsurteile in Patientenbefragungen: Von der Zufriedenheit zum reflektierten Urteil, Wiesbaden: Gabler/Springer Fachmedien.

Mei-Pochtler, Antonella (2003): Auf- oder Abstieg? Zwischen Premiummarken und Discountern sind viele Anbieter unter gefährlichen Druck geraten. Gibt es einen Königsweg aus dem Niemandsland zwischen „Trading up" und „Trading down"?, in: *Absatzwirtschaft,* Sonderheft, 92–96.

Meyer, Günter (2009): Der erweiterte Kundenbegriff in der Pflege – Konsequenzen für Qualität, Marketing und Kommunikation, in: Roski, Reinhold (Hrsg.) *Zielgruppengerechte Gesundheitskommunikation Akteure – Audience Segmentation – Anwendungsfelder,* 1. Auflage, Wiesbaden: VS Verlag für Sozialwissneschaften, 239–260.

Meyers-levy, Joan/Tybout, Alice M. (1997): Context Effects at Encoding and Judgment in Consumption Settings: The Role of Cognitive Resources, in: *Journal of Consumer Research*, 24 (1), 1–14.

Michell-Auli, Peter (2011): KDA-Quartiershäuser: Die 5. Generation der Alten- und Pflegeheime, in: *Pro Alter*, September, 11–12.

Michell-Auli, Peter/Kremer-Preiss, Ursula/Sowinski, Christine (2010): Akteure und Quartier: Füreinander und miteinander, in: *Pro Alter*, November, 30–36.

Miklautz, Michaela/Mayring, Philipp/Jenull-Schiefer, Brigitte (2007): Datenerhebung bei hochaltrigen institutionalisierten Menschen, in: *Zeitschrift für Gerontopsychologie & -Psychiatrie*, 18 (2), 81–95.

Ministerium für Arbeit und Soziales Baden-Württemberg (2006): Neue Wohnformen für ältere Menschen: Stand und Perspektiven, Stuttgart.

Mittelstaedt, Ekkehard (1998): Abgrenzung von Grund- und Behandlungspflege aus sozialrechtlicher und ökonomischer Perspektive, in *Pflege*, 3 (2), 7–10.

Morgan, Ivor/Rao, Jay (2006): Growing negative services, in: *MIT Sloan Management Review*. 47 (3), 69-74.

Mühlmann, Horst (1975): Luxus and Komfort: Wortgeschichte und Wortvergleich, Dissertation der Rheinische Friedrich-Wilhelms-Universität zu Bonn.

Nelson, Phillip (1970): Information und Customer Behaviour, in: *Journal of Political Economy*, 78 (2), 311–329.

Niederauer, Christian (2009): Messung von Zahlungsbereitschaften bei industriellen Dienstleistungen, Dissertation der Universität Hohenheim, Wiesbaden: Gabler/GWV Fachverlage.

Nitzl, Christian (2010): Eine anwenderorientierte Einführung in die Partial Least Square (PLS)-Methode, in: Hansmann, Karl-Werner, *Industrielles Management*, Arbeitspapier Nr. 21.

Nunnally, Jum C. (1978): Psychometric Theory, 2. Auflage, New York: McGraw-Hill.

Oliver, Richard L./Swan, John E. (1989): Consumer Perceptions of Interpersonal Equity and Satisfaction in Transactions: A Field Survey Approach, in: *The Journal of Marketing*, 53 (2), 21–35.

Oliver, Richard L. (1981): Measurement and Evaluation of Satisfaction Processes in Retail Settings, in: *Journal of Retailing*, 75 (3), 25–48.

Olshavsky, Richard W./Miller, John A. (1972): Consumer Expectations, Product Performance, and Perceived Product Quality, in: *Journal of Marketing Research*, 9 (1), 19–21.

Organ, Dennis W. (1988): Organizational Citizenship Behavior: The Good Soldier Syndrome, Lexington (MA): Lexington Books.

Ostasiewski, Paul/Fugate, Douglas L. (1994): Implementing the Patient Circle: Call on patients to help improve perceptions of health care quality, in: *Journal of Health Care Marketing*, 14 (4), 20–26.

Pakdil, Fatma/Harwood, Timothy N. (2005): Patient Satisfaction in a Preoperative Assessment Clinic: an Analysis Using SERVQUAL Dimensions, in: *Total Quality Management & Business Excellence*, 16 (1), 15–30.

Parasuraman, A./Zeithaml, Valerie A./Berry, Leonard L. (1991): Refinement and Reassessment of the SERVQUAL Scale, in: *Journal of Retailing*, 67 (4), 420–450.

Parasuraman, A./Zeithaml, Valerie A./Berry, Leonard L. (1988): SERVQUAL: A Multiple-Item Scale for Measuring Consumer Perceptions of Service Quality, in: *Journal of Retailing*, 64 (1), 12–40.

Parasuraman, A./Zeithaml, Valerie A./Berry, Leonard L. (1985): A Conceptual Model of Service Quality and Its Implications for Future Research, in: *Journal of Marketing Management*, 49 (Fall), 41–50.

Pelsma, Dennis/Flanagan, Marry (1986): Human Relation Training for the Elderly, in: *Journal of Counseling and Development*, 65, 52–53.

Pepels, Werner (2008): Qualitäts- und Zufriedenheitsmessung, in: Helmke, Stefan/Uebel, Matthias/Dangelmaier, Wilhelm (Hrsg.) *Effektives Customer Relationship Management: Instrumente – Einführungskonzepte – Organisation*, 4. Auflage, Wiesbaden: Gabler/GWV Fachverlage, 25–56.

Peter, J. Paul (1981): Construct Validity: A Review of Basic Issues and Marketing Practices, in: *Journal of Marketing Research*, XVIII (May), 133–145.

Peterson, Robert A. (1994): A Meta-Analysis of Cronbach's Coefficient Alpha, in: *Journal of Consumer Research*, 21 (2), 381–391.

Pinquart, Martin/Sörensen, Silvia (2001): Influences on Loneliness in Older Adults: A Meta-Analysis, in: *Basic and Applied Social Psychology*, 23 (4), 245–266.

Pöll, Günther (1980): Luxus: Eine wirtschaftstheoretische Analyse, Volkswirtschaftliche Schriften, Heft 295, Berlin: Duncker & Humblot.

Puto, Christopher P. (1987): The Framing of Buying Decisions, in: *Journal of Consumer Research*, 14 (3), 301–315.

Qureshi, Israr/Compeau, Deborah R. (2009): Assessing between-group differences in information systems research: A comparision of covariance- and component-based SEM, in: *Management Information Systems Quarterly*, 33 (1), 197–214.

Raddatz, Guido (2008): Reform der Pflegeversicherung – Zurück auf Los, in Stiftung Marktwirtschaft (Hrsg): *Argumente zu Marktwirtschaft und Politik*, Nr. 105, Berlin.

Raithel, Jürgen (2006): Quantitative Forschung: Ein Praxiskurs, Wiesbaden: VS Verlag für Sozialwissenschaften/GWV Fachverlage.

Rasch, Björn/Friese, Malte/Hofmann, Wilhelm J./Naumann, Ewald (2006): Quantitative Methoden, Band 1, Heidelberg: Springer Medizin.

Raubenheimer, Jacques (2004): An item selection procedure to maximise scale reliability and validity, in: *Journal of Industrial Psychology*, 30 (4), 59–64.

Reitzle, Wolfgang (2001): Luxus schafft Wohlstand: Die Zukunft der globalen Wirtschaft, 1. Auflage, Reinbeck bei Hamburg: Rowohlt Verlag.

Ringle, Christian Marc (2004): Gütemaße für den Partial Least Squares-Ansatz zur Bestimmung von Kausalmodellen, in: Hansmann, Karl-Werner, *Industrielles Management*, Arbeitspapier Nr. 16.

Ringle, Christian Marc/Spreen, Florentine (2007): Beurteilung der Ergebnisse von PLS-Pfadanalysen, in: *Das Wirtschaftsstudium*, 6 (2), 211–216.

Rosenbaum, Marc S. (2006): Exploring the Social Supportive Role of Third Places in Consumers' Lives, in: *Journal of Service Research*, 9 (1), 59–72.

Rosenbaum, Marc S./Massiah, Carolyn A. (2007): When Customers Receive Support From Other Customers: Exploring the Influence of Intercustomer Social Support on Customer Voluntary Performance, in: *Journal of Service Research*, 9 (3), 257–270.

634

Ryan, Mandy (1999): Using conjoint analysis to take account of patient preferences and go beyond health outcomes: an application to in vitro fertilisation, in: *Social Science & Medicine*, 48 (4), 535–546.

Ryan, Mandy/Farrar, Shelley (2000): Using conjoint analysis to elicit preferences for health care, in: *British Medical Journal,* 320 (7248), 1530–1533.

Ryan, Mandy/Gerard, Karen (2003): Using discrete choice experiments to value health care programmes: current practice and future research reflections, in: *Applied Health Economics and Health Policy*, 2 (1), 55–64.

Ryan, Mandy/Bate, Angela (2001): Testing the assumptions of rationality, continuity and symmetry when applying discrete choice experiments in health care, in: *Applied Economics Letters*, 8 (1), 59–63.

Ryan, Mandy/Hughes, Jenny (1997): Using conjoint analysis to assess women's preferences for miscarriage management, in: *Health Economics*, 6 (3), 261–273.

Ryan, Mandy/Major, Kirsten/Skåtun, Diane (2005): Using discrete choice experiments to go beyond clinical outcomes when evaluating clinical practice, in: *Journal of Evaluation in Clinical Practice*, 11 (4), 328–338.

Sachweh, Svenja (2005): „Noch ein Löffelchen?" Effektive Kommunikation in der Altenpflege, 2. Vollständig überarbeitete und erweiterte Auflage, Bern [u. a.]: Huber.

Schloderer, Joachim; Balderjahn, Ingo (2006): Was unterscheidet harte und weiche Strukturgleichungsmodelle nun wirklich? Ein Klärungsversuch zur LISREL-PLS-Frage, in: *Marketing Zeitschrift für Forschung und Praxis*, 28 (1), 57–70.

Schmidt, Christian/Möller, Johannes/Reibe, Frank/Güntert, Bernhard/Kremer, Bernd (2003): Patientenzufriedenheit in der stationären Versorgung: Stellenwert, Methoden und Besonderheiten, in: *Deutsche Medizinische Wochenschrift*, 128, 619–624.

Schmitz, Gertrud/Picard, Anja (2006): Individuelle Zahlungsbereitschaften für Dienstleistungen: Konzeptionelle Grundlagen und Einflussgrößen, in: Kleinaltenkamp, Michael (Hrsg.) *Innovatives Dienstleistungsmarketing in Theorie und Praxis*, 1. Auflage, 154–172.

Schneider, Katrin (2010): Vom Altenheim zum Seniorenservice: Institutioneller Wandel und Akteurkonstellationen im sozialen Dienstleistungssektor, Reihe: Wirtschafts- und Sozialpolitik, Band 3, Dissertation der Universität Bochum, Baden-Baden: Nomos Verlagsgesellschaft.

Schnell, Rainer/Hill, Paul Bernhard/Esser, Elke (2005): Methoden der empirischen Sozialforschung, 7. Auflage, München: Oldenbourg Wissenschaftsverlag.

Schoenberg, Nancy E./Ravdal, Hege (2000): Using vignettes in awareness and attitudinal research, in: *International Journal of Social Research Methodology*, 3 (1), 63–74.

Schreier, Margrit/Odag, Özen (2010): Mixed Methods, in: Mey, Günter/Mruck, Katja (Hrsg.) *Handbuch Qualitative Forschung in der Psychologie*, 1. Auflage, VS Verlag für Sozialwissenschaften, 263–277.

Seltin, N./Keeves, John P. (1994): Path analysis with latent variables, in: Husen, Torsten/Postlethwaite, Neville T. (Hrsg.): The International Encyclopedia of Education, 2. Auflage, Oxford: Pergamon, 4352-4359.

Sherif, Muzafar/Hovland, Carl Iver (1961): *Social Judgment: Assimilation and Contrast Effects in Communication and Attitude Change*, New Haven, Yale University Press.

Shostack, G. Lynn (1987): Service Positioning Through Structural Change, in: *Journal of Marketing*, 51 (January), 34–43.

Siems, Florian (2009): Preismanagement: Konzepte – Strategien – Instrumente, 1. Auflage, München: Vahlen.

Simon, Hermann/Fassnacht, Martin (2009): Preismanagement, 3. vollständig überarbeitete und erweiterte Auflage, Wiesbaden: Gabler.

Simon, Michael (2012): Beschäftigte und Beschäftigungsstrukturen in Pflegeberufen: Eine Analyse der Jahre 1999 bis 2009, Studie für den Deutschen Pflegerat, Hannover.

Skiera, Bernd/Gensler, Sonja (2006a): Berechnung von Nutzenfunktionen und Marktsimulationen mit Hilfe der Conjoint-Analyse (Teil I), in: *Wirtschaftswissenschaftliches Studium Zeitschrift für Studium und Forschung*, 5, 254–258.

Skiera, Bernd/Gensler, Sonja (2006b): Berechnung von Nutzenfunktionen und Marktsimulationen mit Hilfe der Conjoint-Analyse (Teil II), in: *Wirtschaftswissenschaftliches Studium Zeitschrift für Studium und Forschung*, 6, 316–319.

Sozialgesetzbuch (SGB) Elftes Buch (1994): Soziale Pflegeversicherung: SGB XI, in der Fassung vom 26. Mai 1994.

Spellerberg, Annette/Grauel, Jonas/Schelisch, Lynn (2009): Ambient Assisted Living – ein erster Schritt in Richtung eines technisch-sozialen Assistenzsystems für ältere Menschen, in: *Hallensche Beiträge zu den Gesundheits- und Pflegewissenschaften*, 8 (39).

Spendolini, Michael J. (1992): The Benchmarking Book, New York: Amacom.

Statisches Bundesamt (2009): Bevölkerung Deutschlands bis 2060 – 12. koordinierte Bevölkerungsvorausberechnung, Begleitmaterial zur Pressekonfernz am 18. November 2009 in Berlin, Wiesbaden.

Statistische Ämter des Bundes und der Länder (2010): Demografischer Wandel in Deutschland: Auswirkungen auf Krankenhausbehandlungen und Pflegebedürftige im Bund und in den Ländern, Ausgabe 2010, Heft 2.

Statistisches Bundesamt (2013): Pflegestatistik 2011: Pflege im Rahmen der Pflegeversicherung – Deutschlandergebnisse. Wiesbaden.

Stauss, Bern/Seidel, Wolfgang (2007): Beschwerdemanagement: Unzufriedene Kunden als profitable Zielgruppe, 4. überarbeitete Auflage, München: Carl Hanser.

Stauss, Bernd/Neuhaus, Patricia (2004): Das Qualitative Zufriedenheitsmodell (QZM, in: Hinterhuber, Hans H./Matzler, Kurt (Hrsg.) *Kundenorientierte Unternehmensführung: Kundenorientierung – Kundenzufriedenheit – Kundenbindung*, Wiesbaden: Gabler Verlag/Springer Fachmedien, 85–100.

Stewart, David W. (2009): The role of method: some parting thoughts from a departing editor, in: *Journal of the Academy of Marketing Science*, 37 (4), 381–383.

Stock, Ruth (2006): Möglichkeiten und Grenzen von Mitarbeiterbefragungen bei Kunden-Kontaktmitarbeitern, in: Domsch, Michael, E./Ladwig, Désirée H. (Hrsg.), *Handbuch Mitarbeiterbefragung*, 2. Auflage, Berlin/Heidelberg: Springer, 365–388.

Stoffer, Franz J. (2011): Pflegenoten: „Warum kompliziert, wenn es einfach geht ?", in: *Altenheim*, 9, 8–9.

Stradinger, Manfred (2012): *Pflegeversicherung*, 2. Auflage, Freiburg: Haufe.

Streiner, David L. (2003): Starting at the Beginning: An Introduction to Coefficient Alpha and Internal Consistency, in: *Journal of Personality Assessment*, 80 (1), 99–103.

Strese, Hartmut/Seidel, Uwe/Knape, Thorsten/Botthof, Alfons (2010): *Smart Home in Deutschland: Untersuchung im Rahmen der wissenschaftlichen Begleitung zum Programm Next Generation Media (NGM) des Bundesministerium für Wirtschaft und Technologie*. Berlin.

Stroebe, Wolfgang/Stroebe, Margaret/Abakoumkin, Georgios/Schut, Henk (1996): The Role of Loneliness and Social Support in Adjustment to Loss: A Test of Attachment Versus Stress Theory, in: *Journal of Personality and Social Psychology*, 70 (6), 1241–1249.

Teddlie, Charles;Tashakkori, Abbas (2006): A General Typology of Research Designs Featuring Mixed Methods, in: Research in the Schools, 13 (1), 12–28.

Teichert, Thorsten/Shehu, Edlira (2009): Diskussion der Conjointanalyse in der Forschung, in: Baier, Daniel/Brusch, Michael (Hrsg.), *Conjointanalyse: Methoden – Anwendungen – Praxisbeispiele*, Dordrecht [u. a.]: Springer, 19-39.

Tenenhaus, Michel/Vinzi, Vincenzo Esposito/Chatelin, Yves-Marie/Lauro, Carlo (2005): PLS path modeling, in: *Computational Statistics & Data Analysis*, 48 (1), 159–205.

Tversky, Amos/Kahneman, Daniel (1986): Rational Choice and the Framing of Decisions, in: *The Journal of Business*, 59 (4, Part 2), 251–275.

Ulaga, Wolfgang/Chacour, Samir (2001): Measuring Customer-Perceived Value in Business Markets, in: *Industrial Marketing Management*, 30 (6), 525–540.

Vargo, Stephen L./Lusch, Robert F. (2008): From goods to service(s): Divergences and convergences of logics, in: *Industrial Marketing Management*. 37 (3), 254–259.

Vargo, Stephen L./Lusch, Robert F. (2007): Service-dominant logic: continuing the evolution, in: *Journal of the Academy of Marketing Science*, 36 (1), 1–10.

Vargo, Stephen L./Lusch, Robert, F. (2004): Envolving to a New Dominant Logic for Marketing, in: *Journal of Marketing*, 68 (January), 1–17.

Veblen, Thorstein (1989): Theorie der feinen Leute: Eine ökonomische Untersuchung der Institutionen, Frankfurt am Main: Fischer Wissenschaft.

Verbraucherzentrale Bundesverband (2008): Kurzinformationen zur Pflegeberatung: Ambulante Pflegedienste.

Vigneron, Franck/Johnson, Lester W. (1999): A Review and a Conceptual Framework of Prestige-Seeking Consumer Behavior, in: *Academy of Marketing Science Review*, 1, 1-15.

Vinzi, Vincenzo Esposito/Chin, Wynne W./Henseler, Jörg/Wang, Huiwen (2010): Handbook of Partial Least Squares: Concepts, Methods and Applications, Berlin/Heidelberg: Springer.

Vogel, Georg (1994): Gefragt sind Ideen und Kreativität: Das neue Pflege-Versicherungsgesetz (PflegeVG), in: *Häusliche Pflege*, 6, 347–357.

Vogel, Liselotte (2009): *Ich lebe weiter selbstbestimmt! Für einen mutigen Umgang mit dem eigenen Alter,* Köln: Fackelträger.

Völckner, Franziska (2006): Methoden zur Messung individueller Zahlungsbereitschaften: Ein Überblick zum State of the Art, in: *Journal für Betriebswirtschaft,* 56 (1), 33–60.

Vosseler, Birgit/Birnbaum, Babara/Prochowski, Patricia/Zech, Elke (2006): Krankenschwester ade – das neue Gesicht der Pflege, in: *Pflegewissenschaft,* 11 (06), 596–605.

Vriens, Marco (1994): Solving Marketing Problems With Conjoint Analysis, in: *Journal of Marketing Management,* 10, 37–55.

Wagner, Michael/Schütze, Yvonne/Lang, Frieder R. (2010): Soziale Beziehungen alter Menschen, in: Lindenbeger, Ulman/Smith, Jacqui/Mayer, Karl Ulrich/Baltes, Paul B. (Hrsg.), *Die Berliner Alterstudie,* 3. erweiterte Auflage, Akademie Verlag.

Warren, Carol A. B./Williams, Kristine N. (2008): Interviewing Elderly Residents in Assisted Living, in: *Qualitative Sociology,* 31 (4), 407–424.

Weiber, Rolf/Mühlhaus, Daniel (2009): Auswahl von Eigenschaften und Ausprägungen bei der Conjointanalyse, in: Baier, Daniel/Brusch, Michael (Hrsg.), *Conjointanalyse: Methoden – Anwendungen – Praxisbeispiele,* Dordrecht [u. a.]: Springer, 43–58.

Weiber, Rolf/Mühlhaus, Daniel (2010): Strukturgleichungsmodellierung: Eine anwendungs-orientierte Einführung in die Kausalanalyse mit Hilfe von AMOS, SmartPLS und SPSS, Berlin [u. a.]: Springer-Lehrbuch.

Weiner, Bernard (1980): A Cognitive (Attribution)-Emotion-Action Model of Motivated Behavior : An Analysis of Judgments of Help-Giving, in: *Journal of Personality and Social Psychology,* 39 (2), 186–200.

Wertz, Boris/Sesterhenn, Jörn (2004): Benchmarking – Einführung in die Methode, in: Luczak, Holger/Weber, Jürgen/Wiendahl, Peter (Hrsg.), *Logistik-Benchmarking: Praxisleitfaden mit LogiBEST,* 2. Auflage, Berlin/Heidelberg: Springer, 5–16.

Wild, Manuela/Anselstetter, Sabine (2007): Preisfairness: Ein State-of-the-Art-Review der theoretischen und empirischen Forschung, Arbeitspapier Nr. 150, Lehrstuhl für Marketing, Universität Erlangen-Nürnberg.

Wilkinson, Leland (1999): Statistical Methods in Psychology Journals: Guidelines and Explanations, in: *American Psychologist,* 54 (8), 594–604.

Wilson, Kate/Roe, Brenda (1998): Interviewing older people by telephone following initial contact by postal survey, in: *Journal of Advanced Nursing,* 27 (3), 575–581.

Wingenfeld, Klaus (2003): Studien zur Nutzerperspektive in der Pflege, Universität Bielefeld: Institut für Pflegewissenschaft.

Wingenfeld, Klaus/Kleina, Thomas/Franz, Simone/Engels, Dietrich/Mehlan, Silke/Engel, Heike (2011): Entwicklung und Erprobung von Instrumenten zur Beurteilung der Ergebnisqualität in der stationären Altenhilfe, Abschlussbericht, Bielefeld/Köln.

Wolff, Stephan (2008): Dokumenten- und Aktenanalyse, in: Flick, Uwe/ von Karforff, Ernst/ Steinke, Ines (Hrsg.) *Qualitative Forschung – Ein Handbuch,* 6.

durchgesehene und aktualisierte Auflage, Reinbeck bei Hamburg: rowohlts enzyklopädie.

Wolinsky, Asher (1983): Prices as Signals of Product Quality, in: *The Review of Economic Studies*, 50 (4), 647-658.

Woo, Ka-shing (2008): Customer Voluntary Performance: Does "Presence of Others" Really Matter?, ANZMAC Conference, 1–6.

Xia, Lan/Monroe, Kent B./Cox, Jennifer L. (2004): „The price is unfair! A conceptual framework of price fairness perceptions, in: *The Journal of Marketing*, 68 (4), 1–15.

Yesilada, Figen A./Yurdakul, Dicle (2009): Improving healthcare service quality: An application of integration SERVQUAL and Kano Model into quality funcion deployment, in: *Journal of Business Research*, 9 (7), 156–166.

Zeithaml, Valarie A. (1988): Consumer Perceptions of Price, Quality, and Value: A Means-End Model and Synthesis of Evidence, in: *Journal of Marketing*, 52 (July), 2–22.

Zeithaml, Valerie A./Parasuraman, A./Berry, Leonard (1990): Delivering Quality Service: Balancing Customer Perceptions and Expectations, New York: The Free Press.

Zeithaml, Valarie A./Berry, Leonard/Parasuraman. A. (1996): The Behavioral Consequences of Service Quality, in: *Journal of Marketing*. 60 (April), 31–46.

Zink, Klaus J. (2004): TQM als integratives Managementkonzept: Das EFQM Excellence Modell und seine Umsetzung, München/Wien: Carl Hanser Verlag.

Zinnbauer, Markus/Eberl, Markus (2004): Die Überprüfung von Spezifikation und Güte von Strukturgleichungsmodellen: Verfahren und Anwendung, Schriften zur Empirischen Forschung und Quantitativen Unternehmensplanung, Heft 21, München: Ludwig-Maximilians-Universität München, Seminar für EmpirischeForschung und Unternehmensplanung.

Wissenschaftlicher Werdegang der Verfasserin

Diplom-Kauffrau Claudia Kempf legte im Jahr 2000 ihr Abitur am Gymnasium Marienberg (Sachsen) ab. Sie studierte von 2000 bis 2007 an der Philipps Universität Marburg mit den Schwerpunkten Marketing und Handelsbetriebslehre, Organisation und Personalwirtschaft und Psychologie. Dabei absolvierte sie ein Auslandsstudium an der Universita degli Studi Milano Bicocca, Italien.

Seit September 2010 bis August 2012 war sie als wissenschaftliche Mitarbeiterin an der Professur für Betriebswirtschaftslehre, insbesondere Dienstleistungsmanagement der Universität Leipzig tätig. Ihre Forschungsschwerpunkte liegen in dem Bereich: Health Care Management, Customer Voluntary Performance, qualitative und quantitative Forschung bei Senioren und Luxusgütermarketing.

Bibliografische Daten

Kempf, Claudia

Service-Wohnen für Senioren: Eine empirische Untersuchung zu Dienstleistungsqualität, Customer Voluntary Performance und Preisfairness

Universität Leipzig, Dissertation

447 Seiten (ohne Verzeichnisse und Anlagen), 325 im Literaturverzeichnis ausgewiesene Literaturangaben

Kurzzusammenfassung

Die Arbeit untersucht das Service-Wohnen für Senioren – auch geläufig unter dem Begriff betreutes Wohnen – unter dem Gesichtspunkt des Dienstleistungsmanagements. Ein Fokus wird in diesem Kontext auf die Variablen Dienstleistungsqualität, Customer Voluntary Performance, als eine freiwillig durch den Kunden erbrachte Leistung, sowie Preisfairness gelegt. Bezüglich dieser Variablen wird der jeweilige theoretische Forschungsstand dargestellt und anschließend werden sie im Kontext der Altenpflege betrachtet.

Es wird ein gemischtes Design mit sequenzieller Vorgehensweise, ein Sequential Mixed Design, verwendet. Dieses ist zweistufig aufgebaut: Mit einem vorgeschalteten, leitfadenzentrierten Interview, um den Diskurs zu erweitern, und einem Fragebogen, welcher im ersten Teil eine Conjoint-Analyse und im zweiten Teil standardisierte Skalen für eine Strukturgleichungsmodellierung sowie soziodemografische Fragen beinhaltet. Die empirische Untersuchung wird mit zwei Probandengruppen durchgeführt – den Bewohnern von betreuten Wohnanlagen und Interessenten, welche noch nicht in einem betreuten Wohnen leben. Anhand der indirekten Befragungstechnik, der Conjoint-Analyse, werden die Leistungsangebote von betreutem Wohnen untersucht, um so die relativen Wichtigkeiten der Eigenschaftsausprägungen für betreute Wohnanlagen zu ermitteln. In einem Kausalmodell werden u. a. die Variablen Customer Voluntary Performance und Preisfairness untersucht, um die Wirkbeziehungen untereinander und mit anderen Variablen, wie Social-Emotional Support und Instrumental Support, Glück sowie Involvement abzubilden.